社 会 学 译 丛

法 律 与 社 会

LAW AND SOCIETY Twelfth Edition

Steven Vago & Steven E. Barkan

[美] 史蒂文·瓦戈　[美] 史蒂文·巴坎 ◎ 著

—————— 邢朝国　梁坤 ◎ 译　郭星华 ◎ 审校 ——————

中国人民大学出版社
·北京·

前　言

我很荣幸同时也很惶恐成为史蒂文·瓦戈《法律与社会》这本优秀教材的合著者。自从开始职业生涯以来，我就开始讲授法律与社会，并且瓦戈教授的教材是我最先在课程中使用的教材之一。在过去的几十年里，成千上万的本科生、研究生以及教学工作者通过阅读瓦戈教授的教材而受益良多。这本教材的质量和影响力已经被时间证明。

在为新一代读者准备最新版教材时，我将自己的工作定位为在传承瓦戈教授见解的基础上，让这本经典教材更容易被今天的学生理解。为此，我将一些与中心议题不太相关的材料删掉，并且每一章都增加了章节框架、学习目标、粗字体的术语和关键术语。为了便于理解，我将每一章的总结修改成一系列的小点。另外，我更新了每一章的内容和参考文献，以反映法律与社会最新研究进展，以及体现美国和其他国家新近发生的与法律相关的真实事件。我还增加了最后一章内容，检视美国进入 21 世纪以来的法律与不平等。

第 12 版教材在保留瓦戈教授贡献的基础上，我们做了一些修改，以使教材更容易被今天的读者所接受。这些修改包括更新参考文献、讨论一些新议题、更新一些章节的数据。一些章节的具体修改如下：

第三章：更新了联邦地区法院审判和定罪数据。

第四章：对导致华盛顿州废除死刑的社会研究证据进行讨论。

第五章：更新矫正人口和刑事司法支出数据；更新死刑数据；更新无受害人犯罪的逮捕数据；更新终身毒品使用数据。

第六章：增加有关大学生关于新冠病毒感染疫情期间减免学费和其他费用的诉讼的讨论。

第七章：增加有关新冠病毒感染疫情期间拒绝戴口罩作为抵抗法律变迁的案例讨论。

第八章：更新法学院入学数据；更新律师遭受性骚扰数据；增加"风险代理收费"新材料；更新法学院中女性和有色人种比例数据。

我衷心地感谢泰勒·贝（Tyler Bay）对这本书的持续兴趣以及夏洛特·泰勒（Charlotte Taylor）为这个新版本面世所做的努力。我还要感谢审阅了第 11 版的专家们，他们提供了非常有益的评论，对本教材的完善非常有帮助。

一如既往，我衷心感谢芭芭拉·坦南特（Barbara Tennent）、大卫·巴坎（David Barkan）和乔·巴坎（Joel Barkan）为我所做的一切。感谢我的已故父母莫瑞·巴坎（Morry Barkan）和西尔维娅·巴坎（Sylvia Barkan），正是他们的帮助才成就了我。

我同样要特别感谢史蒂文·瓦戈。当我开始职业生涯时，我从他撰写的《法律与社会》中获益良多。我希望并且相信瓦戈教授会对这版新教材感到满意。我很高兴读者们可以继续使用瓦戈的教材。

史蒂文·巴坎

目　录

第一章

导论：了解法律与社会　1

第二章

理论视角　29

第三章

法律制度的组织结构 63

第四章

立 法 103

第五章

法律与社会控制　139

第六章

法律与纠纷解决　175

第七章

法律与社会变迁　207

第八章

法律职业 237

第九章

在社会中研究法律 281

第十章

尾声：法律与不平等——在不断变迁的美国　303

第一章
导论：了解法律与社会

章节框架

学习目标

1. 理解为什么第二次世界大战之后，法律与社会的研习在美国快速增长。
2. 概述实体法和程序法、公法和私法之间的差别。
3. 描述普通法和大陆法之间的主要差别。
4. 理解法律的反功能呈现路径。
5. 列举合意视角和冲突视角的主要差别。

当我们迈向 21 世纪的第三个十年时，法律继续渗透进各种形式的社会行为之中，并且以各种方式影响社会。法律以微妙的或者不那么微妙的方式管控我们所有的存在和我们每一个行为。从出生登记到遗产分配，从约会、求偶、婚前协议到结婚和离婚，从宠物所有权到教授的课堂教学。法律限定车速，调控上学时间，规定我们的食品范围，告诉我们可以上哪儿买东西以及可以买什么样的东西，告诉我们该如何使用我们的电脑以及我们可以在电影院、电视上看什么节目，告诉我们可以穿戴什么以及如何穿戴。法律保护所有权，界定私有财产与公共财产的界限。法律调控商贸，提高税收，当合约破裂时提供救济，维护社会制度（比如家庭体制）。法律通过定义权力关系来保护占主导地位的法律与政治系统，以此确立在任何特定的情境下谁是上级谁是下级。法律维持现状并为变革提供动力。最后，法律（尤其是刑法）不仅保护个体利益和公共利益，而且还维护社会秩序。可以说，法律对我们的生活产生重大影响的方式几乎是无穷无尽的。

本书的主旨是为本科的法律与社会课程教学提供一本教材。本书被美国国内以及其他地区大量引用，表明本书对于那些从事法社会学研究的研究生、第一次从事法律与社会课程教学以及那些有志于深入了解法律与社会之间错综繁杂关系的人来说也是不可或缺的、很有价值的资料来源。由于本书主要是为本科学生编写的，所以笔者采取了一种兼收并蓄的方式来处理那些常常具有争议性的论题，没有偏向或者支持某一具体立场、意识形态或者理论取向。对一本教材而言，这样做可能是有局限的，它可能忽略一些重要的贡献或者脱离特定情境来谈论这些发展。因此，本书没有提倡某个单独的议题或者立场，相反，它向读者呈现了社会科学文献中那些被用来解释法律与社会之间关系的主要理论视角以及社会学方法。当然，对于那些有兴趣进一步了解某个理论视角和实际问题或者支持某一立场的读者来说，每个章节的议题、参考文献以及丰富的推荐阅读书目为其深入探讨与法律和社会相关的问题奠定了基础。

第一节　法律与社会研究概述

从古至今，每个人类社会都有一套推广、变革、管理以及执行人们生活所需规则的机制（Glenn，2014）。然而，并非所有的社会在利用正式的法律系统（法庭、法官、律师以及法律执行机构）方面都能达到相同的程度（Grillo et al., 2016）。在贫穷国家，大多数人不能分辨谁拥有什么，请愿呈文（address）无法得到核实，不同的社区甚至不同的街道都有不同的财产管理规则（de Soto，2001）。拥有财产所有权的观念主要限于为数不多的精英，他们的资产记载于正式的文件，是法律结构的组成部分，这在西方是普遍的现象。

此外，今天的农业社会主要将习俗作为法律规则的来源，并且纠纷解决的主要方式是由当事人进行协商，或者由村庄长老以及其他具有声望、感召权威的第三者进行调解。这些社会并不需要多少我们所熟知的法律。传统社会比现代社会的同质性强，社会关系更加直接、亲密，利益共享，需要争吵的事情相对较少。在传统社会中，人们彼此之间的互动更加直接，关系更为亲密，非法律的以及非正式社会控制机制具有普遍的功效。

伴随着社会规模不断扩大，社会的复杂性和现代性逐渐提高，社会的异质性将超过同质性成为主导，这使社会成员之间的共同利益逐渐减少，特殊利益逐渐增多，亲密关系的重要性也愈益降低（亲属关系也不例外）。物质必需品的获取变得更加间接，难度增大，分配的不公平性增加。这些都大大提高了社会冲突和纠纷发生的可能性。因此，社会愈发需要一套精细的规则及其执行机制来应对这些问题。另外，贸易和工业的发展需要一种正式的普遍性法律规则来规范商业组织和贸易活动，而这些领域则不在习惯法、宗教法常规的调控范围之内。此类商业行为同样需要保障、可预期性、持续性以及更为有效的纠纷解决方法，而不是神明裁判、角斗裁判抑或元老会的决议。正如一位评论家指出的那样，"悖论是……人类的文明程度越高，人类就越需要法律，制定越多的法律。法律几乎是对社会需求的反映"（Hoebel，1954：292）。

用霍姆斯（Oliver Wendell Holmes, Jr）铿锵有力的话来讲，"法律包含着一个民族数个世纪的发展故事"（Holmes，1963/1881：5），每项法律制度都与社会的观念、目的、需要紧密相连。法律与利益、目标以及协议不可分离，这些因素会形塑或平衡社会经济生活。当然，法律也反映某个具体"法律文化"中的观念、理想以及意识形态——这些行为和态度的特征将一个社会的法律与其他社会的法律区别开来，比如爱斯基摩人的法律与法国的法律便彼此相异（Friedman，2002）。

在社会学的学术传统中，法律研究包含许多业已确立的研究议题。社会学关注价值、互动模式以及作为社会基本的结构性安排之基础的意识形态——它们中有很多体现在作为实体规则的法律中。社会学与法学都关注规范——指导人们在特定情境下如何行为的规则；对冲突以及冲突解决的研究都是核心问题；都关注合法的权力主体的性质、社会控制的机制、人权问题、权力分配、公共领域与私人领域之间的关系、正式的契约义务。社会学家与律师都意识到，法官、陪审员、罪犯、诉讼当事人以及其他法律产品消费者的行为都掺杂了个人情感，有可能被认知缺陷和愿望落空所扭曲，受到利他主义、行业规范或者责任感的约束。

5   回溯历史，社会学和其他社会科学（人类学、经济学、心理学）与法学之间的协作关系并不是虚构的。在 20 世纪早期，美国的社会学家就强调了法律与社会之间的关系具有多个面相。E. 亚当森·罗斯（Ross，1922/1901：106）将法律视为"社会使用的最具专业性、高度精密化的控制引擎"。莱斯特·F. 沃德（Ward，1906：339）作为一位相信政府控制和社会计划的社会学家，宣称将来立法会解决"社会进步问题，改善所有人的生存状况，去除所有可能存在的贫困，采取措施积极增加社会福利。简言之，法律将安排人们的幸福"。

这些早期的社会学家的著作极大地影响了**社会学法学**（sociological jurisprudence）的发展，或者法律和法哲学的研究，以及人们如何使用法律来调控行为（Lauderdale，1997）。社会学法学将法律体系、法律原则以及法律制度当作一种社会现象并对其进行比较研究，且以实际的法律运作为研究对象——将"行动中的法"（law in action）与书本中的法加以区别。社会学法学的代表人物罗斯科·庞德（Roscoe Pound）借鉴吸收了早期社会学家的研究发现。这些社会学家宣称，法律应该作为一种社会制度进行研究。对于庞德而言，法律是一种特殊化的社会控制形式，它对个体施加压力，"目的是约束个体履行职责以维护文明社会，制止个体的反社会行为——与社会秩序的基本要求相悖的行为"（Pound，1941：18）。

第二次世界大战于 1945 年结束之后，社会学家对法律的兴趣迅速增加。在美国，一些社会学家对法律产生兴趣几乎可以说出于偶然。当在调查特定的问题（如种族关系）时，他们发现法律与这些问题息息相关。在 20 世纪 60 年代以及反越战时期，一些社会学家成为激进者，其研究开始强调社会冲突，凸显社会分层的功能。对于左翼社会学家们来说，解答法律制度的理想与现实之间的差距是迫在眉睫的。出于同样的原因，那些秉持这一研究路径的社会学家则急于展现法律是以合法性方式来处理社会冲突的。

与此同时，公共基金投入研究之中，以评估大量以法律为基础并旨在解决美国社会问题的项目，这进一步提升了社会学家对法律的兴趣（Ross，1989）。这些发展为法律与社会研究提供了必要的动力。法律与社会研究起步于 20 世纪 60 年代中期，标志是法律与社会学会（Law and Society Association）的成立以及学会官方杂志《法律与社会评论》（*Law & Society Review*）的创办。现今，除了《法律与社会评论》之外，大量的专业期刊为法律与社会领域高涨的兴趣提供了学术发表机会，如《法律与社会调查》（*Law & Social Inquiry*）、《法律与人类学》（*Law and Anthropology*）、《法律与社会杂志》（*Journal of Law and Society*）、《法实证研究》（*Journal of Empirical Legal Studies*）、《印第安纳全球法律研究杂志》（Indiana Journal of Global Legal Studies）以及《欧洲法律杂志》（*European Law Journal*）。

当然，许多其他国家的学者同样专攻法律与社会理论以及相关研究（Johns，2017/2010）。例如，斯堪的纳维亚学者强调了正义的社会意义，并且探讨了人们的法律知识、法律态度与正义观之间的关系。意大利社会科学家对法官判案以及法庭审判过程进行了实证研究。俄罗斯社会科学家们对俄罗斯社会主义法律体制向更具西方特点的、以市场为导向的法律体制转型过程进行了研究。德国社会学家则着重探讨移民和民族主义的法律面相。像联合国这样的国际组织也关注今天全球化带来的法律问题。

大多数法律与社会领域的学者可能会同意尤金·埃利希（Eugen Ehrlich）的那句广为传颂的名言："法律发展的重心不在于立法，不在于法律科学，也不在于司法判决，而在于社会本身。"（Ehrlich，1913/1936：Foreword）有鉴于此，社会学对于理解法律与社会非常有帮助。正如威洛克（Willock，1974：7）曾经说的，"至今为止，法学一直尝试为法律在整个人类活动中谋得一席之地，并且它将得益于社会学的发展"。社会学知识、视角、理论以及方法对于理解和改进社会中的法律与法律制度来说不仅是有用的，而且是指导性的。

社会科学家和律师

但是社会学家以及其他社会科学家与律师之间通常存在互动困难，这在某种程度上限制了他们的法律研究。无论是国内还是国际，这两个领域的专家在分析问题时所使用的话语方式都是不同的（Wagner and Cacciaguidi-Fahy, 2008）。对此，埃德温·M. 舒尔（Edwin M. Schur）一针见血地指出："在某种意义上，律师与社会学家'并不使用同一套语言系统'，这种沟通的缺乏不可避免地导致双方对彼此的研究半信半疑，使学科之间合作的尝试更是少之又少。"（1968：8）他接着指出，"社会学家与律师投身的事业相当不同"，"律师的职业特点是需要时不时地做出决定，这可能使他们对社会学家明显无限制地延缓对问题做最终判断的倾向感到不耐烦"（Schur, 1968：8）。

法律术语的复杂性进一步阻碍了互动。法律有特殊的修辞和词汇，诸如代位权（subrogation）、具结取回被扣押物（replevin）、雇主责任（respondeat superior）以及动产留置权（chattel lien）之类的术语大量存在。律师使用晦涩的写作风格（并不是说社会科学家总是写得很清楚），不时地掺杂着反复迭代，比如订立（made and entered into）、终止（cease and desist）、无效（null and void）、具有完全的法律效力（in full force and effect）以及遗赠（give, devise, bequeath）（Burton, 2018）。毫无意外地，"在这种专业性词汇与晦涩的文风下，法律语言对于外行们来说是个挑战"（Chambliss and Seidman, 1982：119）。对此，一种抵制法律术语的运动正在进行之中，律师和法学院逐渐认识到良好的语言表达是有意义的。

此外，法学圈与社会学圈两种不同的文化氛围强化了律师与社会学家之间的隔阂。律师是辩护者，注重证实和解决委托人的问题。社会学家对所有的证据一视同仁并用一种开放的思维来解决问题。律师极大地受到判例的影响，可以说过去的判决影响当下的案件。与此相反，社会学家强调创新性、理论的想象力以及研究的独创性。

法律声称主要是规定性的：它告诉人们应该如何行为，否则将会面临什么样的后果。而社会学则强调描述，注重说明人们在具体场景下做出特定行为的原因。法律在大多数情况下是对问题做出应对反应。而在社会学视野中，争端、焦虑以及问题的产生与学科紧密相关，与智识上的挑战、资助机构的需求勾连在一起。

上述专业文化的差异在很大程度上是由律师、社会学家以及其他社会科学家使用不同的方法和概念去寻求"事实"所导致的。例如，威尔海姆·奥伯特（Aubert, 1973：50-53）在数十年前就已经详细解释了法律思维不同于科学思维的几个原因：

1. 法律似乎更倾向于关注特殊性而不是普遍性（例如，在一个具体案件中发生了什么）。

2. 与物理学以及社会科学不同，法学并不致力于在手段和目标之间建立明确的关系（例如，判决对被告人未来行为的影响）。

3. 法律事实是规范性、非概率性的。某件事要么已经发生，要么没有发生过；条例要么有效，要么无效（例如，一个人是否触犯了法律）。

4. 法律主要是定位于过去和当前，但很少观照未来事件（例如，监狱中的罪犯将会遇到什么事）。

5. 法律后果是否发生对其效力没有影响，也就是说，法律后果的形式效力并不一定要依靠服从来体现（例如，遵守合约的义务。即使合约没有被遵守，也并不会使人们怀疑法律的效力）。

6. 法律判决是一个非此即彼（either-or）、全有或全无（all-or-nothing）的过程，折中解决的空间很小（例如，诉讼人要么胜诉要么败诉）。

当然，这些概括是有局限的。它仅仅凸显出法律是一种权威的且满足社会具体需求的问题解决反应系统。法律强调的是确定性（或者是可预测性和终结性），其运作方式经常建立在对世界的简单假设之上。律师通常将法律视为一种可资利用的工具，他们经常沉浸在法律的实践和武断判断之中，而不是将法律当作学术研究的对象。

那些对法律感兴趣的社会学家以及其他社会科学家可能最常被问到的一个问题是："你研究法律，到底研究些什么？"与律师不同，社会学家需要证明法律领域中的任何一种研究的正当性，他们经常羡慕法学院的同行们不需要重申研究的意义以及自身的研究能力便可以从事同样的研究。当然，这种"正当性"证明并不完全是坏事，因为这能够提醒社会学家他们并不是律师，而是具有特殊旨趣的专家。但与律师相同的一点是，社会学家也可能关注法律的理解、预测甚至是发展。

显然，社会学家与律师没有共享的经历，缺少共同的追求。与此同时，社会学家和律师在他们共同感兴趣的问题上逐渐加强彼此间的合作（比如陪审员的挑选、冲突解决、同性婚姻、移民、越轨行为、犯罪、人口问题，等等），并且开始将这种合作视为互惠行为。社会学家也意识到，他们的研究如果想吸引律师的话，那么就必须考虑到律师对金钱的实际需求。鉴于法学院的职业取向以及律师们对实际的法律学说的笃信，那种以理论建构为目标的研究很难引起或者维系大多数法学院学生和教授的兴趣（Posner，2014）。

第二节　法律的定义

通常意义上，"法律"一词有着诸多含义。对一些人来说，法律可能意味着收到一张超速驾驶的罚单，未到法定年龄不能买到啤酒，或者对当地"贝耙"① 条例（"pooper-scooper" ordinance）的抱怨。对于另外一些人而言，法律是上缴个人所得税，签署婚前财产协议，因吸食大麻而入狱。对于其他一部分人来说，法律是关于立法者颁布什么样的法律，或者法官做出什么样的判决。法律包括上面的一切但又不止是这些。即使是学者，对法律也没有一致的定义。此处，笔者将介绍一些现当代经典的法律定义，以此来说明法律定义的多元性。

到了今天，"何为法律"仍然是法学理论中挥之不去的一个问题。学者们对法律概念的定义和解释可能比社会学、法学中的任何其他概念的界定都要多。法人类学家霍贝尔评论道："寻找一种法律定义就像寻找圣杯一样。"（Hoebel，1954：18）他还借用了另外一位学者的警言："那些学会谦卑的人已经放弃了定义法律的尝试。"

在对多样化的法律概念进行阐释性梳理时，我们首先要介绍两位伟大的美国法官卡多佐（Benjamin Nathan Cardozo）和霍姆斯（Oliver Wendell Holmes，Jr.）。卡多佐将法律定义为："一种行为法则或者规范，其得以确立是为了证明具有合理确定性的预测是正当的，当这种法则或规范的权威受到挑战时，便将得到法庭的强制执行。"（Cardozo，1924：52）霍姆斯宣称："事实上对于法庭将会如何行事的预测，正是我所称的法律，而不是别的什么更为矫揉造作的东西。"（Holmes，1897：461）对于霍姆斯而言，法官是基于以往的经验来创制法律的。在上述两种法律定义中，法庭扮演了重要角色。这是一种实用主义的法律定义路径，即将法律视为法庭判决的呈现物（court-rendered decisions）。这一定义暗含了法律得到政治国家权威力量支持的意味，但它似乎具有暂时性特征，即当下的法律是什么。

从社会学的视角来看，马克斯·韦伯（Max Weber）对法律的定义是最具影响力的法律概念之一。韦伯从合法性秩序开始论述，认为"就外在方面而言，如果（物理的或者心理的）强制机制能够为其适用提供保障的话，即由那些为此目的而设立的专门人员采取行动强制遵守，或者在违法时施予惩

---

① "贝耙"在美语中是捡粪用的长柄粪铲，类似于宠物拾便器。——译者注

罚，以此实行这种强制，那么这种秩序就是法律"（Rheinstein，1954：5）。 *9*

韦伯指出法律有三个基本特征，这些特征集合在一起能够将法律与其他规范（如习俗和惯例）区分开来。第一，遵守法律的压力必须来自外部他者的行为或者行为的威胁，而不管个人是自愿遵守法律或者是出于习惯遵守法律。第二，这种外部行为或者威胁总是带有强制性或者暴力。第三，那些掌管强制性威胁的人是正式的法律执行者。韦伯认为习俗（customs）、惯例（conventions）能够与法律相区分，因为前两者不具有上述特征中的某一条或者不同时具备上述特征。

尽管许多学者接受韦伯对法律本质的定义，但他们对其中的两个重要方面提出了质疑（Selznick，1968）。第一，一些学者认为韦伯过于强调强制力，而忽视了其他可能导致人们遵守法律的因素。例如，很多时候，人们遵守法律是因为他们觉得自己有义务去遵守。第二，关于韦伯所说的执行法律的专门工作人员（special staff），一些学者认为韦伯的这一定义限制了"法律"这一术语在跨文化和历史情境中的运用。他们认为"工作人员"（staff）一词暗含了一种组织性行政机构，而这种机构在初民社会中可能并不存在。例如，霍贝尔（Hoebel，1954：28）提出了一个较为宽泛的术语，认为个体拥有"一种社会认可的特许权"（a socially recognized privilege）。罗纳德·L. 埃克斯（Akers，1965：306）则主张一种"社会授权的第三方主体"。后者的定义将允许法律存在于传统社会中，而韦伯的定义则意味着传统社会缺乏法律，因为它们通常没有执行法律的专门工作人员。

唐纳德·布莱克（Black，1976）从另外一种研究路径对法律进行了探讨，认为法律实际上是政府实施的社会控制。在此意义上，法律是"一个国家及其公民的规范化生活，比如立法、诉讼以及判决"。他宣称一个社会中可以观测到几种类型的法律，每种法律类型对应一种社会控制形式。法律可以体现为四种社会控制形式的类型：刑事的、赔偿的、治疗的以及调解的。在刑事类别中，越轨者被视为禁令的违犯者，将会被判罪并被施予惩罚（比如贩毒者）。在赔偿类型中，个体被认为负有契约义务，因此需赔偿受害者的损失（比如债务人没有偿还债权人的债务）。这两种法律类型都是控诉性的，具有原告和被告、赢家和输家。在治疗类型中，越轨者的行为被定义为非常态，并且越轨者需要外界帮助，比如精神病医师的治疗。在调解类型中，越轨行为代表了社会冲突中的一个方面，解决它们并不需要考虑谁对谁错（比如婚姻纠纷）。后两种法律类型是修复性的，目的是帮助身陷困境的人以及改善不利的社会状况。当然，这些法律类型并不是截然分离的，而是有可能在某一个特定的例子中一同呈现出来。例如，一个吸毒者被指控藏毒，但他可能被判缓刑，以使其参加一些戒毒的治疗项目。

10　　　上文所提及的法律定义阐明了一些可供选择的法律研究路径。法律内容的具体性、适用对象的普遍性以及执行方式的正式性使它与其他的社会控制手段之间有明显的区别。这些定义背后都暗含了法律在分析的层面上能够与其他的社会规范体系区分开来。法律拥有完善的政治设置、专业化的立法机构以及执法机构。法律的首要功能是调控和约束个体关涉他者的行为。在理想情况下，只有当其他正式的和非正式的社会控制方式失效或者效力不足时，法律才介入。

　　总而言之，法律能够与其他社会控制手段区分开的主要原因在于它是一种包含了明确的行为规则的正式制度，运用制裁来确保人们服从，并且有一群权威化的官方人员负责解释规则、对违犯者实施制裁。从社会学的视角来看，法律规则仅仅是一种行为向导。若无阐释和执行，法律将是一纸空文（Benda-Beckmann and Benda-Beckmann, 2016/2009）。在社会学视野中，法律可以被当作一种行事"方式"（method）。就这点而论，我们可以将法律视为一种社会过程而加以研究，因为它是在社会互动的过程中通过个体实施的。在社会学意义上，法律包含行为和情境以及制定、解释、使用法律规则的条件，而这些规则获得了国家合法的强制性执法机构的支撑。

第三节　法律的类型

　　法律的内容可以被划分为实体性的或者程序性的。**实体法**（substantive law）包含权利、责任以及法庭颁布的禁令——哪些行为是被允许的，哪些行为是被禁止的（比如禁止谋杀或者销售毒品）。**程序法**（procedure law）关注实体法如何被实施、执行、更改以及法律实践者在司法系统中如何运用法律（比如起草指控书、挑选陪审员、在法庭上举证或者起草判决书）。

　　有时候，法律会被划分成公法和私法。**公法**（public law）关注的是政府结构、官员的职责和权力以及个体与国家之间的关系。宪法、行政法、刑法都是公法的例子。**私法**（private law）则关注那些调控个体之间关系的实体规则和程序规则（侵权法或者私人伤害法、合同法、财产法、遗嘱法、继承法、婚姻法、离婚法、收养法，等等）。

此外，人们更为熟知的一种法律分类是民法与刑法。顾名思义，**民法**（civil law）与私法一样，都包括旨在调控个体之间行为的实体规则和程序规则。违反民事条例的行为，即所谓的**民事侵权行为**（torts）是一种私人的不当行为，受害方可以通过法庭来为自身承受的损失诉求赔偿。在大多数案件中，法庭会判定被告以一些支付形式弥补其被指控的伤害。与此相似，一家公司可能因为没有履行合同中的条款而被判定赔给另一家公司一笔钱，通过这种方法，原告公司因其他公司的疏忽或者无能而遭受的损失获得补偿。**刑法**（criminal law）关注的是犯罪的界定以及对罪犯的指控和刑罚处理。一起犯罪行为可能导致的是对某些人的伤害，而犯罪则被视为针对的是国家或民众（the people）。刑法针对的是一种公共性的不当行为，与个体或者私人的不当行为不可相提并论。在刑事案件中，由国家对违反者进行指控，而不是由受伤害的个体提起指控。另外，国家采取的行动与民事案件中原告采取的行动是不同的。例如，如果案件牵涉民事侵权或者民事伤害，那么法庭将根据伤害程度判定赔偿。但是在一起刑事案件中，若干惩罚形式将被执行，包括罚款、缓刑、监禁。有时候犯罪行为可能附带民事诉讼，比如在强奸案件中，除了刑事处罚之外，受害者还可以请求经济赔偿。

当然，我们还可以将法律划分为大陆法与普通法。其中**大陆法**（civil law）是指那些发展受到罗马法（《罗马民法法典》）极大影响的法律，它具有法典化的形式，基本法都编撰在法典中，法条由国民议会制定。法国便是大陆法的代表国家。法国于1804年颁布了《法国民法典》（又被称为《拿破仑法典》）。与大陆法不同，**普通法**（common law）并不是由议会制定的，而是来源于判例，即依据法官先前对案件的判决（Bennion，2009）。因此，这是一种"法官造法"，与立法或者制定法不同。

美国的法律可以被细化成以下分支：宪法性法律、判例法、成文法、行政命令以及行政法。其中**宪法**（constitutional law）属于公法的分支，它决定国家政治组织的设置及其权限，并且对政府权力的运行进行实体限制和程序限制。宪法还包含以宪法文本为基础的根本原则的适用，这是由最高法院加以解释的。**判例法**（case law）是由上诉法院的法官裁决的案件构成的。**成文法**（statutory law）是由立法机关颁布的制定法。**行政命令**（executive orders）是由联邦和州级政府部门的执行机构颁布的法规。最后，**行政法**（administrative law）是由行政机构以规章、条例和决策的形式发布的大量法令。本书后面将对这些多样化的法律分类做进一步的讨论。

第四节　主要的法系

除了法律类型之外，法系也是多种多样的。世界上主要的法系有大陆法系、普通法系、社会主义法系以及伊斯兰法系。大陆法系除了在欧洲占主导地位之外，在法国、德国、意大利、西班牙、葡萄牙、比利时这些国家以前的大部分殖民地以及那些在 19 世纪和 20 世纪对自身的法律制度加以西化的国家中都是占主流的。普通法系在英语国家盛行。伊斯兰法系存在于中东以及其他一些信仰伊斯兰教的地区。社会主义法系在中国、越南、古巴以及朝鲜等存在。社会主义法系在苏联前加盟共和国以及一些东欧国家仍有影响。接下来，我们对这些法系做进一步说明。

12　大陆法系

大陆法系或者罗马法系是指在罗马市民法或者民法的基础上发展起来的法系（Plessis，2010）。罗马法系的建立始于公元 6 世纪东罗马帝国皇帝查士丁尼（Justinian）在位时期编撰的法规，它包含在《查士丁尼法典》之中，并逐渐发展成实质上的私法，作为调控个体之间私人关系的方式（参见 Mears，2004）。

在罗马帝国灭亡之后，《查士丁尼法典》与入侵欧洲的日耳曼部族的习惯法产生抗衡。该法典于 1100 年至 1200 年重新进入北欧的法学院课程，之后被传播到欧洲大陆的其他地区。因此，一直到 17 世纪，罗马法与欧洲各地的地方法是共存的。在 19 世纪，《拿破仑法典》以及之后的《德国民法典》（1900）与《瑞士民法典》（1907）都是大陆法系制度化的例子。

法典编纂制度是将基本法编列在法典之中。一部法典仅仅是一系列法律的汇编。国民议会制定这些法条，对整个法律领域以一种有序的、综合的、渐增的以及符合逻辑的方式进行设置。当今，大多数欧洲国家制定了习惯法与罗马法混合在一起的国家法典。

普通法系

英国的法律制度属于普通法系。这一制度形成于 1066 年诺曼底人对英格兰的征服之后。英国法以及以此为模型的英美法（比如美国、加拿大、爱尔兰以及印度的法律）抵制法典化。法律并不是来源于议会的制定而是判例，即依照法官先前对类似案件的判决（Friedman，2002）。因此，与立法或者成文法不同，普通法采取的是"法官造法"。遵循先例是普通法在实践中强调的原则。普通法的各部分——包括概念、内容、结构、法律文化、语词以及律师和法官的工作方式——与罗马法或者大陆法存在着较大差异。

社会主义法系

社会主义法系可追溯至 1917 年的布尔什维克革命。这一革命最终缔造了苏维埃社会主义共和国联盟。经典的社会主义法律的目标有三个：第一，法律必须为国家安全服务。在理想的情况下，国家的权力必须集中强化以抵御外部对社会主义国家的攻击以及确保社会主义加盟共和国内部的和平共生。第二，基于社会主义原则，法律具有调控生产发展、物资分配的经济任务，以使每个人能够"按需分配"。第三个目标是教育，即克服长久以来由经济组织程度低下所导致的自私自利以及反社会的人格倾向。

社会主义法排斥分权思想，其核心概念是所有制。对物资的私人所有权被重新命名为个人所有制，而个人所有制不能作为增加收入的途径，只能被用于满足个人需求。实行社会主义法的国家一般具有独特的社会主义所有制，即集体所有制和国家所有制。集体所有制的一个典型例子是苏联的集体农庄，它建立在国有土地之上。国家所有制在工业部门占主导，体现为国家占有设备、器材、建筑、原材料以及产品。虽然苏联解体之后，社会主义法律制度遭受挫折，但这一法律制度仍然在中国、古巴、朝鲜以及越南存在。

1989 年之后，东欧剧变以及苏联解体导致这些国家的社会主义法系很快发生转变（Hesli，2007）。几乎一夜之间，这些国家需要重新审视一些基本概念，如产权、环境保护、权威、合法性、权力甚至法律。这些国家在创制与市场经济相适应的法律体系的尝试中，探索新的可行途径。

尽管东欧各国由于各自的历史条件和政治环境不同，在转型过程中遇到的困难也不尽相同，但它们需要应对一些共同的问题，比如建立新的政治意识形态，创立新的法律权利，对先前的精英施加约束以及引进新的合法化形式（Hesli，2007）。其中针对下述状况阐释和实行新的法律是极为现实的问题：确立新的所有权；在立法上达成共识；对私有化和合资企业进行规范；修改刑法；应对渐涨的民族主义、排外主义以及反犹情绪；采取多党选举制。此外，一些之前被回避的法律问题重新被人们关注，如卖淫、吸毒、失业以及经济短缺。而这些转变最终促使法学院设立新的课程、挑选新的授课教师。

新法制定者面对的最大挑战或许是如何营造旨在刺激海外投资的法律环境。西方投资者需要确保他们的投资是安全的，而这需要法律基础设施的保障。新的法律还需要确保投资者能够将利润输入本国，保护其财产权、私有化以及商品的流通。

但是，这些国家面对的最大挑战是犯罪控制（Slade and Light，2015）。在苏联一些前加盟共和国，原刑法典并没有被大幅度地更改，这导致了一些不曾预料的结果。法律的目标是维护作为一个整体的国家，而不是个体。总统的政令和立法机关的活动范围过大，从购买、销售财产的权利到开设银行、私有公司的自由。但是效率低下的法院对这些法令的解释有时并没有法律依据，而且很少执行它们。其结果是，警察不能正式地处理有组织犯罪活动，因为在现有的法律之下，只有个体才能被作为刑法处罚的对象。

有些国家的有组织犯罪非常猖獗，许多小企业向一些团伙支付保护金。储量巨大的原料——从黄金到石油——被团伙组织通过波罗的海诸国脆弱的边界走私出去。这些团伙组织用贿赂沿途的政府官员这一方式打通走私之路，所经之地的政府部门在获得丰厚报酬的同时对走私团伙给予关照。官员腐败十分猖獗，存在税收政策不稳定、许可证发放混乱、不尊重知识产权等问题（Eicher，2009）。

伊斯兰法系

伊斯兰法系中的法律与伊斯兰教紧密相连，法律是伊斯兰教不可分割的一部分（Ali-Karamali，2020）。伊斯兰教阐明了穆斯林必须信仰的教律，包括伊斯兰教法"沙里亚"（Shari'a）。该法基于神意以及神的启示为信徒们制定行为规范。与那些以法官的判决、先例、立法为基础的法律制度不同，伊斯兰教法主要有四种来源。

第一，《古兰经》（*Koran*），它是伊斯兰法主要的来源。第二，《逊奈》（*Sunna*），即穆罕默德言行录中记载的穆罕默德言行以及得到他默许的弟子的言行。第三，司法共识（judicial consensus），类似普通法中的先例，它依据合格的法律学者的历史共识，可以限制法官个人的判断。

类推（analogical reasoning）是伊斯兰法的第四个主要来源，它用于那些《古兰经》或者其他法律来源没有提供依据的情境。除了上述这些主要的法律来源之外，各种附补性来源也被普遍遵从，比如习俗、法官的个人偏好以及公共利益的要求（Nielsen and Christoffersen，2010）。

"沙里亚"中的法律规则可以被划分为五大类：指令性行为、被推荐的行为、受斥责的行为、被禁止的行为以及与法律关联不大的行为。伊斯兰法设立的行为规范涉及社会行为、家庭关系、继承以及宗教仪式等领域，并对如何惩罚邪恶的犯罪行为进行了规定，比如通奸、对通奸的错误指控、酗酒、偷盗以及抢劫。

总而言之，违反伊斯兰法所受到的制裁更多的是宗教性的而不是民法意义上的。由于伊斯兰教法和伊斯兰教高度融合，要想理解伊斯兰法，必须对伊斯兰教以及伊斯兰文明有一定了解。因此，对伊斯兰法之构成的讨论和分析不能断章取义、孤立来看。

15

第五节　法律的主要功能

我们为什么需要法律？法律为社会提供了什么？更具体地说，法律承担了什么功能？正如对法律的定义一样，法律与社会研究领域中的学者们对法律的具体功能和重要程度并没有一个共识。根据法律运作的特定情境和时空，诸多文献列举出了法律的各种功能。其中，学者们经常提到的法律功能包括社会控制、纠纷解决以及社会变迁。此处，我将对这些功能进行简单的阐述。本书后面章节会对法律的社会控制、纠纷解决以及社会变迁功能作详细介绍。

社会控制

在一个规模较小、传统保持良好、同质性较强的社会中，人们相似的社会化经历保证了行为的一致性。对所有人来说，社会规范都是一致的，而且得到普遍认可，并且得到了传统的强有力支持。在这样的社会中，社会控制主要靠自律。即使在需要外部约束的情况下，人们也很少运用正式的惩罚。越轨者主要受到非正式社会控制机制调控，比如闲言碎语、奚落、羞辱。在现代社会，驱逐或者体罚虽然存在，但很少被应用（Bracey，2006）。

即使在一个复杂异质的社会，比如美国，社会控制在很大程度上还是依靠内化了的共享规范。大部分个体都以社会可接受的方式来指导自己的言行。与简单社会一样，他们也担心来自家庭、朋友、邻居的反对，这通常足以使潜在的越轨者循规蹈矩（Matza，2010）。复杂社会的人口极具多样性，各个群体之间缺乏直接的沟通，缺少相似的价值观、态度以及行为标志，经济不平等，欲望膨胀，不同利益群体之间竞争激烈等等，这些都使社会急需正式社会控制机制。正式社会控制具有以下特征："（1）明确的行为规则；（2）有计划地使用制裁以维系规则；（3）由特定的人员来制定、解释和执行规则"（Davis，1962：43）。

在现代社会，正式的以及非正式社会控制方式有很多。法律是一种关键的正式社会控制方式，因为它不仅为行为提供了具体规范，而且对不良行为进行约束。当然，正如我们将要看到的那样，法律并不是唯一正式社会控制机制。其他正式社会控制类型（比如解雇、升迁、降级、调任、赔偿、管制等）遍布于产业界、学术圈、政府部门、商业领域以及各种私人组织。

16 ## 纠纷解决

每个社会都有纠纷，并且法律提供了一种重要的纠纷解决方法。正如卡尔·N. 卢埃林（Karl N. Llewewllyn）在半个世纪之前精彩地指出的那样：

> 法律何为？法律是为我们社会充满纠纷这一现实状况而存在的。实际存在的或潜在的纠纷、待解决的和应预防的纠纷，它们都诉诸法律，成为法律的事务……法律处理纠纷，并且以合理的方式来处理。（1960/1930：2）

法律通过对法定权利和义务进行权威性归类来解决纠纷，成为其他纠纷解决途径之外的一种途径。人们在社会生活中越来越多地诉诸法律途径来解决他们的问题，而这些问题以前是通过非正式、非法律的纠纷解决机制来解决的，比如协商、调解或者暴力性私力救济。然而，我们该注意到的一点是，法律只处理那些已经转化成法律纠纷的矛盾。法律途径对纠纷的解决并不一定能缓解敌对双方之间的紧张状况或者对抗性。例如，在一起涉及种族的就业歧视中，法庭可能只关注复杂的、勾连在一起的事件链中的一个事件，而通常不会轮廓鲜明地通盘解决问题。这虽然能够解决一个具体的法律纠纷，但却不能缓解导致这一冲突的更深层的问题。

社会变迁

在现代社会中，法律的一个主要功能是社会工程（social engineering）。这关涉到法律开启、引导以及支持的那些有目的、有计划、直接的社会变迁。正如庞德指出的：

> 出于理解当下法律的目的，我愿意把法律视为一种社会制度，它通过政治组织的社会对人们的行为进行调控，以此满足人们的需要或实现人们的诉求——简言之，一项愈发有效的社会工程。（Pound，1959：98-99）

在考虑法律的社会变迁功能时，一个主要的议题是法律在多大程度上能引发社会变迁。第七章将基于最近几十年的一些重要例子来进一步检视法律的社会变迁功能。

第六节　法律的反功能

尽管法律是社会生活中必不可少的普遍性制度，但它和大多数制度一样，具有一些特定的反功能（dysfunctions）。如果忽视这些反功能的话，将可能使法律的运行陷入困境之中。导致这些反功能的部分原因是法律的保守性、形式结构的内在僵化、与其控制功能相关的限制性因素以及法律本身包含了特定种类的歧视。

杰出的社会科学家汉斯·摩根索（Morgenthau，1993：418）认为，"法律制度的一个特性是稳定性和持久性"，法庭作为法律制度的主要工具，"其

17

运作体现了这一特性"。法律以宪法和法定规则为基础来确立特定时空中的社会政策或者使过去的先例具有约束力，这都折射出法律的保守主义特性。

与法律的保守性相关的是法律形式结构的内在僵化。由于法律规则是用概括的、抽象的以及普遍的术语来表达的，在特定情境下，它就像紧身衣一样具有束缚性。其中一个明证便是法律不会考虑特定违法行为的情有可原性，比如某人因为饥饿而偷窃或者为了谋利而偷窃。这种"紧身衣"是法律的第二个反功能。

法律的第三个反功能源自规范性控制所具有的限制性因素。规范是一种共享判断，即对群体成员而言，哪些行为模式是合适的或者不合适的。规范可以压制、预防失范（一种规范真空的状况）和社会解组。但是，当控制变成压迫时，法律可以逾越自身的界限，规则可以推翻规则。

此外，唐纳德·布莱克（Donald Black）认为法律本身包含特定种类的歧视，即法律的第四个反功能（1989）。原则上，法规平等地适用于每个人，但是法律权威对不同社会地位的人并非一视同仁。的确，每一个人在被指控犯罪时都有权利获得律师辩护服务，但是富人获得的法律代理服务远好于穷人。换言之，法律可能会歧视穷人、有色人种以及其他群体（Barkan，2019；Gabbidon and Greene，2019）。一言以蔽之，法律的第四种反功能是关于社会不平等。

毫无疑问，上文所描述的法律反功能并没有穷尽所有，比如法律程序效率低下，行政拖延，以及存在陈旧的法律术语。有时候，正义被否定，无辜的人被判定有罪（Gross et al.，2017）。当然，我们还可以说法律缺乏时效性，刑事判决具有不公正性，法律表述模糊导致漏洞和多样化解释，以及一个阶层借助法律来压制另一阶层。

第七节　社会的范式

社会学家对社会中的法律所做的思考经常建基于对理想社会的两种观点之语境上——合意视角（the consensus perspective）和冲突视角（the conflict perspective）。前者将社会描述为一个相对稳定的功能整合系统，由一套基本的价值共识来维系。社会秩序或多或少被认为是永恒的，个体通过相互合作可以最大限度地实现自身利益。社会冲突被当作那些没有充分认识到彼此之间共同利益和基本相依状况的个体和群体所做的无谓争斗。这一视角强调社会的凝聚、团结、整合、合作以及稳定，而这些都是由共同文化和共享价值观来支撑的。

与之相反，冲突视角认为社会是由处于冲突和纠纷之中的个体与群体构成的，这些个体和群体被强制性地组合在一起。秩序是暂时的、不稳定的，因为每个个体、群体都努力在有限的资源和生存资料下使自身的利益最大化。社会冲突内生于个体、群体之间的互动中。此研究路径强调权力必须具有劝诱性、强制性，权势者利用法律来压制与自身对立的利益、规范、价值观，以使自身的利益诉求永固。接下来，我们将对这两种视角下的法律角色进行检讨。

合意视角

合意视角将法律视为一种维系社会整合的中立性框架。该视角认为，社会是由那些利益经常相互冲突但保持基本和睦的多样性群体组成的，利益多样化是一个健康社会所必需的，对社会中不同群体之间的利益冲突进行调和是社会秩序得以维系的基础。用庞德的话来说：

> 法律尝试去满足、调和、协调以及调控那些相互重叠、充满冲突的诉求和需求——要么直接快速地保障它们，要么保障特定个体的利益，要么对个体的利益进行限定、折中，其目的是使总和利益最大化，或者使我们文明中最重要的利益最大化，将整体利益的损伤最小化。（Pound, 1943：39）

在庞德看来，我们最好将异质性、多元化社会（如美国）中的法律看做为实现社会秩序、协调而做的一种社会妥协。他认为法律的历史发展过程是对人类欲望、诉求、需求逐渐认知和满足的过程。随着历史的变迁，法律对人类利益谱系的观照范围将越来越广，越来越致力于提供公共品，越来越注重满足社会需求（Pound, 1959）。因此，庞德将法律视为获取社会和谐的一种"社会变迁"途径，法律的目的就是维护和确保对社会秩序至关重要的价值观与需求，它不是将一个群体的意志强加到另一群体之上，而是对一个社会中多元化以及相互冲突的个体利益和群体利益进行控制、调和、折中。简而言之，法律的目的是调控利益，维系和谐与社会整合。

总而言之，合意视角支持者强调，法律存在的目的就是维系秩序和稳定。法律体现了不同利益群体之间的妥协和合意。法律是一种必不可少的中立性工具，赏罚分明，不会偏向或者损害任何社会组织或者利益群体。

19 冲突视角

与合意性视角截然不同的是，冲突视角将法律视为一种"社会冲突中的武器"（Turk，1978）以及"统治阶级为自身利益"镇压其他阶级的工具（Chambliss and Seidman，1982）。正如理查德·奎尼（Richard Quinney）所言：

> 社会具有多样性，充满着冲突、强制与变迁，而不是合意的和稳定的。法律是利益运作的结果，而不是脱离特定利益来发挥作用的工具。尽管法律可能控制利益，但它首先是由拥有具体利益的人和群体所订立的，它绝不是整个社会的产物。法律由人创制，代表了那些有能力将自身利益转变成公共政策的人的特定利益。与政治多元化概念不同，法律并不是社会中多元利益妥协的结果，而是以损害其他群体的利益为代价来实现自身的利益。（1970：35）

冲突视角的支持者们坚信，法律是统治阶级实施社会控制的工具。法律既能保护当权者的财产，又能使精英免受政治威胁。奎尼（Quinney，1970）宣称，与传统认知不同，国家其实是统治阶级的工具，"法律是国家维护社会秩序和经济秩序的强制性武器"，并以损害一部分人的利益来满足特定群体的利益，即使损害的是大部分人的利益。

但是冲突视角的秉持者们的观点过于夸张。并不是所有的法律都是为维护社会中有权势的统治阶层的利益而制定和运行的。法律禁止谋杀、抢劫、纵火、乱伦以及殴打，这有益于所有的社会成员。因此，冲突视角过于凸显这样的假设：权势阶层为保护自身利益而对法律的内容和执行施加影响。正如我们在第四章将要展现的那样，尽管权势阶层对法律制定过程产生了相当大的影响，但是立法活动与所有的群体都紧密相连。

对冲突视角的上述批评其实是站不住脚的。例如，钱布利斯（Chambliss，1964）在对流浪者管理规章的研究中阐述了经济利益和商业利益对立法的影响。他注意到，在英国农奴制解体时期，流浪法与农场主对廉价劳动力的需求相一致。第一部流浪法案于 1349 年颁布，对那些具有劳动能力而却没有被雇用的人威胁给予刑事处罚——这一法案颁布的社会背景是大批农民正脱离土地向城市迁移。流浪法案起到了"强迫劳动者（无论是否有人身自由）接受低工资的雇用，以确保农场主在他可支付的工资限度内雇用到充足的劳动力"的作用（Chambliss，1964：69）。

在 19 世纪末期和 20 世纪早期的美国，流浪法案被再度启用，以维护富人利益。农业国家在农产品收获期会执行流浪法案，将穷人赶往农场。在经济萧条时期，相似的法律被再次颁发，将失业者拒于管辖区之外（Chambliss and Seidman，1982）。当然，这只是对法律如何反映社会中权势者的特定利益所做的一个诠释。我在第四章中将进一步阐述利益集团在法律制定过程中扮演的角色。

20

第八节 社会科学家的角色

正如法律与社会研究存在不同路径，人们对社会学家以及其他社会科学家在理解法律与社会中扮演什么样的角色持有不同观点（van Heugten and Gibbs，2015）。这些不同观点反映了人们对社会科学家在理解社会问题时应该扮演什么角色的争论。许多社会科学家认为他们的角色主要是整合材料，客观地描述和解释社会法律（sociolegal）现象。这些社会科学家注重理解社会生活和社会过程，在所谓的价值中立和实证导向下开展研究，并且声称只有当理论陈述能够被经验材料检验时才是科学的。

然而，其他一些社会科学家持更加批判的立场，并且不满足于描述和解释社会事件。他们宣称自己与科学家一样具有批判的权利。他们认为社会学家以及其他社会科学家的任务是解决人类的痛苦，因此，他们致力于祛除世界的魅影，告诉人们是什么东西在束缚他们以及他们的自由之路是什么。他们的信仰激发了他们的批判，即人类的生存境遇和社会秩序之"重"已经难以承受。这些批判坚信，社会学家不仅有责任去辨识那些恶化人类生存境况的因素，而且有义务通过经验研究和理论分析去调整和矫正这一境况。

在法律与社会这一研究领域中，过去几十年里，遵循这一研究取向的有：米歇尔·亚历山大（Michelle Alexander）的《新〈吉姆·克劳〉法：色盲时代的种族隔离》（*The New Jim Crow: Mass Incarceration in the Age of*

Colorblindness)（2012）①，奥尔巴赫（Jerold S. Auerbach）的《不平等的正义》(*Unequal Justice*)（1978），葛兰登（Mary Ann Glendon）的《法律之下的国家：法律职业危机如何改变美国社会》(*A Nation Under Lawyers: How the Crisis in the Legal Profession Is Transforming American Society*)（1994），亨顿（Elizabeth Hinton）的《从贫困战到犯罪战：美国种族隔离的制造》(*From the War on Poverty to the War on Crime: The Making of Mass Incarceration in America*)（2016），小查尔斯·奥格莱特里（Charles J. Ogletree, Jr.）和奥斯丁·萨拉特（Austin Sarat）的《当法律遭遇失败：理解误判正义的意涵》(*When Law Fails: Making Sense of Miscarriages of Justice*)（2009），格里·斯宾塞（Gerry Spence）的《正义的缺位：美国神话的破灭》(*With Justice for None: Destroying an American Myth*)（1990），安·施特里克（Ann Strick）的《所有人的不公正》(*Injustice for All*)（1978），罗纳德·哈夫等人的（C. Ronald Huff et al.）《被定罪的无辜者：错误定罪和公共政策》(*Convicted But Innocent: Wrongful Conviction and Public Policy*)（1996）。

有关社会科学家合适角色的争论使研究法律的社会学家以及其他社会科学的角色扮演变得负有责任性。基于一个人的价值观、社会学观念以及其他的一些理念，社会学家可能成为一个片面的社会生活观察者、一个社会秩序的批判者，或者一个激进的社会改革者。幸运的是，这些角色并不是相互排斥的。根据所关注的问题的性质以及投入、嵌入问题的程度，社会学家可以在这些角色中进行选择。作为一项智识事业，社会学在面对这些多样性的立场时具有足够的弹性。可以说，社会学家为理解法律与社会之间复杂的相互关系做出了举足轻重的贡献。

21 总　结

1. 法律的社会科学研究包括价值观、意识形态、社会制度、规范、权力关系以及社会过程。自二战之后，在美国以及其他国家，社会学家以及其他社会科学家对法律的兴趣与日俱增。法律与社会研究的议题包括：法律的社会效果、法律对社会的影响、纠纷解决的方法、庭审过程、立法过程以及行

---

① 《吉姆·克劳法》泛指1876年至1965年间美国南部各州以及边境各州对有色人种（主要针对非洲裔美国人，但同时也包含其他族群）实行种族隔离制度的法律。参见搜狐网，http://www.sohu.com/a/164835302_488629。——译者注

政程序。

2. 关于法律概念的学术争论在法学和社会科学中由来已久。许多学者认同法律是一种社会控制形式，对那些不服从的行为制定了详尽的惩罚。法律包含行为、情境以及法律规则创制、解释和适用的条件。

3. 法律的内容大致可以分为实体性的和程序性的。此外，法律还可以被划分为公法和私法、民法和刑法、判例法和成文法。

4. 当今世界的主要法系有大陆法系、普通法系、社会主义法系以及伊斯兰法系。

5. 法律在社会中承担了多种功能，主要包括社会控制、纠纷解决以及社会变迁。但是，法律也具有特定的反功能。导致这一状况的主要原因在于法律的保守性、形式结构的内在僵化、社会控制功能带来的限制性因素以及法律本身所具有的特定种类的歧视。

6. 对法律与社会进行社会学分析通常基于对理想社会的两种观点之语境上——合意视角和冲突视角。合意视角认为，社会是一种功能整合体和相对稳定的系统，由一些基本的价值共识加以支撑。冲突视角则认为，社会是由充满价值冲突和分歧的个体和群体构成的，一部分群体通过压制另一部分群体来保持社会的整合。

7. 除了对在社会中研究法律的方法存在分歧之外，社会科学家对自身在法律与社会研究中应该扮演什么样的角色也存在争论。其中最主要的争论在于他们是在价值中立原则指导下对社会现象进行理解、描述和经验分析，还是批判社会系统中功能失常的组件和程序。

------------ **关键术语** ------------

行政法（administrative law）：是由行政机构以规章、条例和决策形式发布的大量法令。

判例法（case law）：属于普通法系，是由上诉法院的法官裁决的案件构成的。

民法 / 大陆法（civil law）：（1）调控个人与他人关系的规则和

程序；（2）受罗马法极大影响的法律体系。

普通法（common law）：是一种依循判例的法律，塑造了英国及其前殖民地的法律体系的典型特征。

宪法（constitutional law）：是公法的分支，它决定国家政治组织的设置及其权限，并且对政府权力的运行

22

进行实体限制和程序限制。

刑法（criminal law）：关注犯罪的界定以及对罪犯的指控和刑罚处理。

行政命令（executive orders）：是由联邦和州级政府部门的执行机构颁布的法规。

私法（private law）：关注那些调控个体之间关系的实体规则和程序规则。

程序法（procedure law）：关注实体法如何被实施、执行、更改以及法律实践者在司法系统中如何运用法律。

公法（public law）：关注的是政府结构、官员的职责和权力以及个体与国家之间的关系。

社会学法学（sociological jurisprudence）：研究法律与法哲学以及如何使用法律来调控行为。

成文法（statutory law）：是政府各个层级立法者制定的法律。

实体法（substantive law）：包含权利、责任以及法庭颁布的禁令——哪些行为是被允许的，哪些行为是被禁止的（比如禁止谋杀或者销售毒品）。

民事侵权行为（torts）：是一种私人的不当行为，受害方可以通过法庭来为自身承受的损失诉求赔偿。

推荐阅读

Richard L. Abel (ed.), *The Law & Society Reader*. New York: New York University Press, 1995. 该书收录了那些原载于《法律与社会评论》杂志、引用率高的奠基性文章。

Mary P. Baumgartner (ed.), *The Social Organization of Law*.2nd ed. San Diego, CA: Academic Press, 1999. 这是一本对社会因素如何影响法律行为进行经验研究的论文集。萨拉特（Sarat）编撰的一本同名书籍也对这一论题进行了研究。

Kitty Calavita, *Invitation to Law and Society: An Introduction to the Study of Real Law*, 2nd ed. Chicago, IL：University of Chicago Press. 这本书对法律与社会领域进行了简要介绍，为深入阅读提供了一个起点。

David S. Clark (ed.), *Encyclopedia of Law and Society*. Three volumes. Thousand Oaks, CA: Sage Publications, 2007. 这是法律与社会领域中最大部头、最通用、最具综合性和国际性的著作。该书收录的词条超过 700 个，涉及历史、比较、论题、理论以及方法等诸多方面。

Werner Ende and Udo Steinbach (eds.), *Islam in the World Today: A*

Handbook of Politics, Religion, Culture, and Society. Ithaca, NY: Cornell University Press, 2010. 这是一本有关伊斯兰教的权威参考书，为理解伊斯兰法提供了重要的宗教、文化、社会以及政治生活背景信息。

Bryan A. Garner, *Legal Writing in Plain English: A Text with Exercises*. Chicago, IL: University of Chicago Press, 2001. 看看这本书如何做到它所说的。 *23*

Patrick Glenn, *Legal Traditions of the World: Sustainable Diversity in Law*. 5th ed. New York: Oxford University Press, 2014. 这本书对世界上的法律体系进行了概述。

Wael B. Hallaq, *An Introduction to Islamic Law*. Cambridge University Press, 2009. 这是一本关于伊斯兰法源起的论文集，共收录 14 篇论文。

E. Adamson Hoebel, *The Law of Primitive Man: A Study in Comparative Legal Dynamics*. Cambridge, MA: Harvard University Press, 1954. 这本书对法律的演化进行了跨文化研究，非常经典，影响力极大。对于那些对法社会学感兴趣的学生来说，这本书是必读的。

Richard Lempert and Joseph Sanders, *An Invitation to Law and Social Science: Desert, Disputes, and Distribution*. New York: Longman, 1986. 该书的作者是两位法学教授。其中对法律以及法律体系进行了跨学科分析，书的内容至今仍不过时，适合法学以及社会科学的学生阅读。

George Mousourakis, *A Legal History of Rome*. New York: Routledge, 2007. 本书追溯了罗马法的历史发展（从早期的罗马史到公元 16 世纪查士丁尼的法典化）及其对现代法律的影响。

Alain Pottage and Martha Mundy (eds.), *Law, Anthropology, and the Constitution of the Social: Making Persons and Things*. New York: Cambridge University Press, 2004. 该书收录的论文对法学与人类学之间的关系进行了跨文化研究。

Ronald Roesch, Steven D. Dart, and James R. P. Ogloff (eds.), *Psychology and the Law: The State of the Discipline*. Reprint ed. New York: Plenum Publishing Corporation, 2013. 该书非常好地总结了心理学对理解法律、法律制度以及法律程序所作出的贡献及其缺陷，是法律与社会领域中一本有价值的文献。

Austin Sarat (ed.), *Social Organization of Law*. Los Angeles, CA: Roxbury Publishing Company, 2004. 该书收录了诸多著名学者讨论社会中法律的各种

社会组织面相的文章。

Marjorie S. Zatz, *Producing Legality: Law and Socialism in Cuba*. New York: Routledge, 1994. 该书研究了古巴的法律体系，值得一读。另外，对于那些对法律体系比较研究感兴趣的读者来说，这本书同样具有参考价值。

参 考 文 献

Akers, Ronald L. 1965. "Toward a Comparative Definition of Law." *Journal of Criminal Law, Criminology, and Police Science* 56(September):301–306.

Alexander, Michelle. 2012. *The New Jim Crow: Mass Incarceration in the Age of Colorblindness*. New York: The New Press.

Ali-Karamali, Sumbul. 2020. *Demystifying Shariah: What It Is, How It Works, and Why It's Not Taking Over Our Country*. Beacon Press: Boston.

Aubert, Vilhelm. 1973. "Researches in the Sociology of Law." Pp. 48–62 in *Law and the Social System*, edited by M. Barkun. New York: Lieber-Atherton.

Auerbach, Jerold S. 1978. *Unequal Justice: Lawyers and Social Change in Modern America*. New York: Oxford University Press.

Barkan, Steven E. 2019. *Race, Crime, and Justice: The Continuing American Dilemma*. New York: Oxford University Press.

Benda-Beckmann, Franz von and Keebet von Benda-Beckmann. 2016/2009. *Rules of Law and Laws of Ruling: On the Governance of Law*. New York: Routledge.

Bennion, Francis A. R. 2009. *Understanding Common Law Legislation: Drafting and Interpretation*. New York: Oxford University Press.

Black, Donald J. 1976. *The Behavior of Law*. New York: Academic Press.

Black, Donald. 1989. *Sociological Justice*. New York: Oxford University Press.

Bracey, Dorothy H. 2006. *Exploring Law and Culture*. Long Grove, IL: Waveland Press.

Burton, Shawn. 2018. "The Case for Plain-Language Contracts." *Harvard Business Review* January–February:https://hbr.org/2018/01/the-case-for-plain-language-contracts.

Cardozo, Benjamin Nathan. 1924. *The Growth of the Law*. New Haven: Yale University Press.

Chambliss, William J. 1964. "A Sociological Analysis of the Law of Vagrancy." *Social Problems* 12:67–77.

Chambliss, William and Robert Seidman. 1982. *Law, Order, and Power*. Reading, MA: Addison-Wesley Publishing Company.

Davis, F. James. 1962. "Law as a Type of Social Control." Pp. 39–63 in *Society and the Law: New Meanings for an Old Profession*, edited by F. J. Davis, J. Henry, H. Foster, C. R. Jeffery, and E. E. Davis. New York: Free Press.

de Soto, Hernando. 2001. *The Mystery of Capital: Why Capitalism Triumphs in the West and Fails Everywhere Else*. New York: Basic Books.

Ehrlich, Eugen. 1913/1936. *Fundamental Principles of the Sociology of Law*. Translated by W. L. Moll. Cambridge, MA: Harvard University Press.

Eicher, Sharon, ed. 2009. *Corruption in International Business: The Challenge of Cultural and Legal Diversity*. New York: Routledge.

24

Friedman, Lawrence M. 2002. *American Law in the Twentieth Century*. New Haven: Yale University Press.

Gabbidon, Shaun L. and Helen Taylor Greene. 2019. *Race and Crime*. Thousand Oaks, CA: Sage Publications.

Glendon, Mary Ann. 1994. *A Nation Under Lawyers: How the Crisis in the Legal Profession Is Transforming American Society*. New York: Farrar, Starus, and Giroux.

Glenn, H. Patrick. 2014. *Legal Traditions of the World: Sustainable Diversity in Law*. New York: Oxford University Press.

Grillo, Ralph, Roger Ballard, Alessandro Ferrari, André J. Hoekema, Marcel Maussen, and Prakash Shah. 2016. *Legal Practice and Cultural Diversity*. New York: Routledge.

Gross, Samuel R., Maurice Possley, and Klara Stephens. 2017. *Race and Wrongful Convictions in the United States*. Irvine, CA: National Registry of Exonerations, University of California, Irvine.

Hesli, Vicki L. 2007. *Government and Politics in Russia and the Post-Soviet Region*. Boston: Houghton Mifflin.

Hinton, Elizabeth. 2016. *From the War on Poverty to the War on Crime: The Making of Mass Incarceration in America*. Cambridge, MA: Harvard University Press.

Hoebel, E. Adamson. 1954. *The Law of Primitive Man: A Study in Comparative Legal Dynamics*. Cambridge, MA: Harvard University Press.

Holmes, Oliver Wendell, Jr. 1897. "The Path of the Law." *Harvard Law Review* 10(March):457–461.

Holmes, Oliver Wendell, Jr. 1963/1881. *The Common Law*. Cambridge, MA: Harvard University Press.

Huff, C. Ronald, Arye Rattner, and Edward Sagarin. 1996. *Convicted But Innocent: Wrongful Conviction and Public Policy*. Thousand Oaks, CA: Sage Publications.

Johns, Fleur. 2017/2010. *International Legal Personality*. New York: Routledge.

Lauderdale, Pat. 1997. "Indigenous North American Jurisprudence." *International Journal of Comparative Sociology* 38(1–2):131–149.

Llewellyn, Karl. 1960/1930. *The Bramble Bush*. New York: Oceana.

Mears, T. Lambert. 2004. *The Institutes of Gaius and Justinian: The Twelve Tables, and the CXVIIIth and CXXVIIth Novels, with Introduction and Translation*. Clark, NJ: Lawbook Exchange.

Morgenthau, Hans. 1993. *Politics among Nations*. New York: McGraw-Hill.

Nielsen, Jørgen S. and Lisbet Christoffersen. 2010. *Shari'a as Discourse: Legal Traditions and the Encounter with Europe*. New York: Routledge.

Ogletree, Charles J., Jr. and Austin Sarat, eds. 2009. *When Law Fails: Making Sense of Miscarriages of Justice*. New York: NYU Press.

Posner, Richard A. 2014. *Economic Analysis of Law*. New York: Wolters Kluwer.

Pound, Roscoe. 1941. *My Philosophy of Law*. Boston: Boston Law Book Company.

Pound, Roscoe. 1943. "A Survey of Social Interests." *Harvard Law Review* 57(October):1–39.

Pound, Roscoe. 1959. *An Introduction to the Philosophy of Law*. New Haven: Yale University Press.

Quinney, Richard. 1970. *The Social Reality of Crime*. Boston: Little, Brown and Company.

Rheinstein, Max, ed. 1954. *Max Weber on Law in Economy and Society*. Cambridge, MA: Harvard University Press.

Ross, E. Adamson. 1922/1901. *Social Control*. New York: Macmillan.

Ross, H. Laurence. 1989. "Sociology and Legal Sanctions." Pp. 36–49 in *Sanctions and Rewards in the Legal System: A Multidisciplinary Approach*, edited by M. L. Friedland.

25

Ann Arbor, MI: University of Michigan Press.

Schur, Edwin M. 1968. *Law and Society: A Sociological View*. New York: Random House.

Selznick, Philip. 1968. "Law: The Sociology of Law." *International Encyclopedia of the Social Sciences* 9:50–59.

Slade, Gavin and Matthew Light. 2015. "Crime and Criminal Justice after Communism: Why Study the Post-Soviet Region." *Theoretical Criminology* 19(2):147–158.

Spence, Gerry. 1990. *With Justice for None: Destroying an American Myth*. New York: Penguin.

Strick, Anne. 1978. *Injustice for All*. New York: Penguin.

Turk, Austin T. 1978. "Law as a Weapon in Social Conflict." Pp. 213–232 in *The Sociology of Law: A Conflict Perspective*, edited by C. E. Reasons and R. M. Rich. Toronto: Butterworths.

van Heugten, Kate and Anita Gibbs, eds. 2015. *Social Work for Sociologists: Theory and Practice*. New York: Palgrave Macmillan.

Wagner, Anne and Sophie Cacciaguidi-Fahy, eds. 2008. *Obscurity and Clarity in the Law: Prospects and Challenges*. New York: Routledge.

Ward, Lester F. 1906. *Applied Sociology*. Boston: Ginn & Company.

Willock, I. D. 1974. "Getting on with Sociologists." *British Journal of Law and Society* 1(1):3–12.

第二章
理论视角

章节框架

学习目标

1. 理解传统社会中法律的本质。
2. 认识现代法律系统中法律的特征。
3. 描述涂尔干和韦伯的主要假设。
4. 列举对功能主义视角的批评。
5. 概述批判法学研究、女性主义法律理论、批判种族理论的观点。

　　本章主要检视法律系统的演变，梳理法律与社会研究领域中的一些古典理论和现当代理论。首先，我们需要澄清一点，法律与社会研究领域中并不存在独立的、普遍认可的、兼容并包的理论（事实上，其他社会科学也是如此）。由于这一研究领域极其复杂，论战不断，因此单个理论解释难以完全呈现出这种复杂性和多样性。有鉴于此，我们有必要学习一些主要的理论，以便对法律与社会领域形成更全面的理解。

30　　本章对这些理论的检视，将为读者理解这些理论的内容、发展以及彼此之间的关系提供一些概念图式。对这些理论的梳理会清晰地展现法律与社会之间复杂的、多维度的关系，这种梳理有助于读者辨识、组织和理解大量材料。因此，本章虽然旨在揭示法律与社会研究领域中理论的广博性和多样性，但目的是勾勒出这种广博性和多样性的内在关联。

　　我们需要谨记本章组织这些多样性理论的方式和过程。在法律与社会领域中，诸多理论之间的相互交织性会逐渐浮现出来。例如，读者们会发现"欧洲先驱"标题下的某一个理论与"古典社会学理论家"标题下包含的内容相似。所以，任何理论划分的尝试都应该被看做是一种方便讨论的启发式工具，而不是对所讨论的理论进行的最终定位。

　　正如一般的社会学理论一样，更为具体的法律与社会理论也存在多种分类方式。我们可以从学科视角进行划分，如法理学、法哲学、法社会学以及法人类学。我们也可以将其置于民法社会学、刑法社会学、社会学法学以及法律人类学这样的标题下面。也可以依据各种理论取向对其归类，如自然法、历史分析法学、功利主义、实证主义以及法律现实主义，或者在各种理论脉络下进行分析，如马克思式、韦伯式以及涂尔干式。将理论置于特定标签之下的任何尝试无疑都会遇到问题。而本章的尝试也难以避免。

　　本章的分类仅仅是为法律与社会中的主要理论路径提供一些可能的逻辑。那些想进一步了解古典理论或者现当代理论的读者，本章的推荐阅读书目将为其提供一个有价值的线索。由于许多法律与社会理论尝试解释当代法律与传统法律有什么区别，我们的讨论将从法律的演变切入，之后再转向理论本身。

第一节　法律系统演变

　　一个特定的社会中，当社会结构变得非常复杂以至于非正式的习俗、宗教或者道德约束不足以支撑调控机制和纠纷解决途径时，正式的法典就孕育而生了。当其他控制手段失效时，正式的、制度化的调控机制就会发挥作用。从宗族和部落社会向政治组织的疆域社会演变的过程中，法律制度必然随之发生变迁。当经济活动变得愈益复杂化和多样化，社会分工愈益细化，法律以及法律制度的基本内容也相应地日趋复杂和专业化。

从历史角度来看，法律发展与工业化、城市化以及现代化是紧密相连的（Grossi，2010）。在一个小规模的孤立的同质性社会中，劳动分工程度很低，社会整合程度很高，非正式的约束已足够使人们循规蹈矩。一个典型的例子是南大西洋上的特里斯坦－达库尼亚岛（Tristan da Cunha）。该岛居民只有几百人，以种植马铃薯和捕鱼为生。当社会科学家于 20 世纪 30 年代登上该岛时，他们对于岛上居民如何遵守法律感到惊奇，即使该岛不存在我们通常所说的法律。在当地居民的记忆中，该岛没有发生过严重的刑事犯罪，也不存在警察、法庭、监狱或者法官，人们不需要这些东西。当地居民依靠非正式社会控制机制来维系社会秩序，比如羞辱、公开批评。这些非正式社会控制方式以其独特的方式发挥作用，并且在小规模、同质性和面对面的社区中非常有效（Bracey，2006）。

但是在一个现代化、异质性、复杂化的社会中，社会分工高度发达，正式的规范和约束对于行为控制非常必要，它们能确保社会向功能有序、可预期的方向运行。当今的一些法律和法律系统对于社会秩序的维系而言意义重大。尽管现代化在某种意义上推动了法律发展，但是每个社会的法律具体如何发展是各不相同的，受到独特的条件影响，如地理位置、历史事件、征服、主导性的政治和社会力量。

因此，庞德（Pound，1959：366）声称"在成熟的系统下考察法律发展阶段是合宜的"，也就不足为奇了。法律与社会领域中的研究显示，社会复杂程度越高，其法律系统分化程度就越高（Schwartz and Miller，1964）。这一假设暗含了这样一个认知：法律发展受到社会的经济制度、政治制度、教育制度以及宗教制度等诸多因素合力的影响。基于这些制度之间以及这些制度与法律之间复杂多样的关系，我们可以廓清社会发展过程中存在的几种法律系统类型。事实上，法律系统的变化是没有边界的，并且诸多学者建立了不同的类型学来捕捉法律系统的多样性。这些类型学很少与现实世界完全吻合，但我们在对法律系统的类型进行分析时又少不了这些类型学。我们从以下三种类型来讨论法律的演变，即传统（traditional）法律系统、过渡性

（transitional）法律系统以及现代（modern）法律系统。

传统法律系统

传统法律系统（traditional legal systems）主要存在于狩猎采集社会以及简单的农耕社会。其法律是不成文的，渗透在习俗、传统、宗教信条和价值观之中。事实上，传统社会的法律仅仅是不成文的规范。就功能而言，传统社会的法与更高级社会的法在本质上是类似的（Bracey, 2006）。传统社会的法律帮助人们调整互动，解决纠纷，矫正越轨行为，规范交易。

传统社会并不存在发展完备的政治子系统，其政体是由族长、长老会以及各种宗教领袖构成的。我们所熟知的立法者在传统社会并不正式存在。在传统社会里，法官和政治领袖（长老之类的）是同一个人或者同一批人。酋长或者长老既能执行实体法又能执行程序法。因为不存在成文法，传统社会的首领可以批评、废黜或者更改旧法律，这要比现代社会的立法者容易得多。如果这样的行为看似合理，那么就很少有人反抗。显然，在现代社会中，将旧法律从法典中撤去并不是件易事。

许多传统社会有类似于现代"法庭"的组织，只是它们随着纠纷的发生而临时组织起来，又随着纠纷的解决而解散。尽管它们是临时的，但法庭至少由两个清楚明确的角色构成，即验听举证并且根据法律做决定的法官和遵守法官判决的诉讼人。偶尔，法庭中也会存在第三个角色，即为案件的原告进行争辩的代表律师。随着法律制度的发展，这些角色会愈发清晰。然而，在传统社会，这三个传统的安排足以维系一个社会的高度整合和协作。

过渡性法律系统

过渡性法律系统（transitional legal systems）是高级的农耕社会和早期的工业社会所具有的特征。在此类社会中，经济子系统、教育子系统以及政治子系统逐渐与亲属关系区分开来。由此，社会整合问题逐渐凸显，法律变得更加庞杂，其表征是一些基本的法律要件的边界逐渐清晰——法律、法庭、执行机构以及立法机构。在过渡阶段，虽然现代法律制度的大部分特点都已浮现，但只是初具雏形。法律与传统、习俗、宗教信条之间的差别也愈益明显，并且公法与私法（参见第一章）之间的差别也逐渐呈现。其中公法与政府的结构、官员的职责和权力、个体和国家之间的关系相关，而私法则调控非政治性主体之间的关系。此外，刑法与侵权法也被区分开。当然，在过渡性法律系统中，程序法与实体法也有明确区分（Friedman，1975）。

法庭的复杂性体现了法律的差异化。法庭中至少出现了五种身份类型：法官、代表人或者律师、诉讼当事人、法庭官员和行政官、陪审员。法官和律师成为制度化的角色，需要经过特殊培训才能担任。在过渡性法律制度中，记录法庭运作过程成为常事，这促进了各种行政人员的出现，而这反过来又导致了法庭早期的科层化。

伴随着法庭越来越分工明确化、稳定、自治，过渡社会的法律发展速度加快，并至少包含以下两个方面的原因（Turner，1972）：（1）由不断健全的政治性立法机构创制的法律能够被专业人士系统地运用到具体情境中。这意味着由控制立法权的政治部门颁布的法律有了制度化的实施渠道。（2）当这种政治性立法机构不存在时，一个已建立的法庭可以通过传递普通法的先例来造法。这样的普通法很可能与一个社会的结构状况相吻合，因为它们的目的在于调控真实具体的冲突。

最初，法庭是由普通法所塑造并形成特色的。此时，相互冲突、相互重叠的规则为法律系统的统一提供了动力，最终一种更具法典化的法律系统得以形成。

过渡性法律系统同样存在详细限定的、相对稳定的以及具有一定自治性的警察角色。与警察角色的发展相伴而生的是立法结构。其结果是使立法部门、司法部门（法院）以及执法部分（警察）之间的界限明确起来。创制新法或者废黜旧法已不再是社会领袖的一个简单命令所能办到的。

现代法律系统

在**现代法律系统**（modern legal systems）中，我们可以发现过渡性法律系统所有的结构性特征，但这些特征是以一种更加精致的方式组合在一起的。特纳指出："现代法律系统中的法律是一张将地方情形和国家情形、私法和公法、刑法和侵权法、普通法和民法、程序法和实体法统统囊括在内的大网。"（Turner，1972：225）现代法律系统的两个典型特征是：公法和程序法即所谓的行政法（参见第一章）内容激增；成文法的比例超过普通法。作为政治发展结构一部分的立法活动成为调整法律以适应社会状况的有效方

33

法。当然，从宪法到地区性的法规，法律的等级性仍然明显。

在现代法律系统中，法庭在缓解和解决冲突、纠纷、越轨行为以及其他社会整合弊病方面作用显著。律师和法官的角色高度职业化，需要从业资格证并接受正式规章的约束。各种行政身份——文员、法警、公诉人——也呈现专业化，并且数量猛增，形成严格的科层制。法庭的权限受到明确的诉讼程序规制。尤其在普通法系国家，低级法院没有解决的案件可以在高级法院进行讨论，而高级法院有权力推翻低级法院的判决。

在现代法律系统中，法律执行以及法庭判决的实施都由明确分立且组织有序的警察力量承担。地方、州以及联邦国家各个层级都有警察力量。每个层级的警察力量都有属于自己的组织，并且层次越高，组织的科层化程度也越高。除了警察力量之外，一些制定规章的机构（如食品及药物管理局、联邦商务委员会或者联邦航空管理局）有规则地执行法律以及监督法律被遵守的状况。此外，正如第四章和第五章将要讨论的那样，行政机构在自身的权限内也可以颁布和解释法律。

现代法律系统包含了一种"现代"法概念。马克·格兰特（Marc Galanter，1977）在一篇经典的、非常有影响的文章（《法律的现代化》）中列举了现代法律系统的一些特征，其中一个特征是"在现代法中，法律对所有人都一视同仁"（Galanter，1977：1047），相同的规章制度适用于每个人。现代法同样是事务导向的。权利和义务源自职务，并且与职务联系在一起，个体一旦离开特定职位就不再拥有该职位所赋予的权利。此外，格兰特坚称现代法律规范是普遍性的，其适用具有可预测性、统一性而且不带个人感情色彩。更进一步地讲，这种统一的以及可预测的系统运作依据的是成文法，并且有一套固定的操作流程。这一系统是韦伯意义上的理性系统，并且"规则的价值体现在工具效用上——生产所期望的结果，而不是体现在形式特性上"（Galanter，1977：1048）。这样的一个系统是由全职的专业人士操控的。这些专业人士的"资格来自对法律制度技术的掌握，而不是因为天赋异禀或者在社会生活中的其他领域地位显赫"（Galanter，1977：1048）。法律系统还是可以修改的。如有必要，它可以被更改。当然，法律系统还是"政治性的"——它与国家勾连在了一起，而国家则垄断了法律。最后，在现代法律系统中，立法权、司法权以及行政权是"分离且明晰的"。

至此，我们厘清了现代法律发展需要具备的一些先决条件。接下来，我们将评述一些关于现代法律发展的理论。

第二节 法律与社会理论

前面我们介绍了一些与现代化历程以及社会发展阶段相对应的普遍性法律系统类型。在这一部分里，我们将探讨两个从前面的论述中衍生出来的问题：法律系统的变迁为什么会发生？从历史的角度来看，什么因素推动了法律发展？为了回答这些问题，我们可以区分出两个一般性问题。第一个是所有社会的法律发展问题，第二个是推动或者抑制法律系统变迁的力量。

法律与社会的理论家一直以来致力于描述法律发展的历史路径，并且分析了那些影响法律系统变迁的因素。对此，相关文献可谓汗牛充栋，相关研究也可以追溯到之前的几个世纪。法律发展已经成为诸多领域的学者所关注的传统论题。鉴于这一理论梳理的难度，本书在此并不打算对所有的理论和学派做一个综合性、系统性评述，而是选择一些重要的理论进行阐述。

在将要介绍的理论家中，他们对社会的复杂性与法律的复杂性之间的相互关联多多少少有一些共识。除此之外，他们之间的共识非常少。不同的理论家在阐述和解释法律变迁与社会变迁之间的关系上存在差异。本书接下来会论述不同学科、不同历史时期、不同国籍的理论家的学说，希望以此向读者展示在法律与其他主要社会制度之间的多向度关系的研究中存在着多样化的研究路径。

欧洲先驱

在欧洲，几个世纪以来，法律一直被认为是一种绝对自主的实体，与其所处社会的结构和功能无关（参见例如 Feinberg and Coleman，2008）。**自然法**（natural law）思想构成了这一法律阐释的基石。自然法的缘起可追溯到古希腊。亚里士多德认为自然法具有普遍的有效性，建立在脱离所有激情的理性的基础之上（Daston and Stolleis，2010）。托马斯·阿奎那（St. Thomas Aquinas）更是宣称自然法是人类本性的一部分，通过自然法，人类在上帝的永恒法则下过着理性的生活。

自然法思想基于这样的一个假设：在理性的指引下，人类的本性能够被认知，而关于人类本性的知识能够为人类存在所需的社会秩序和法律秩序提供根基。自然法被认为是高于制定法的。对更高层次的正义原则的追求在立法者的法条中是可能的。当制定法与自然法的原则相悖时，制定法将被认为是不公正的。

在自然法的影响下，诸多欧洲学者相信，任何特定社会中的法律都是对普遍有效的法律原则的一种反映，因为在他们看来，理性分析可以确定人类本性（Daston and Stolleis，2010）。而获得的这些关于人类本性的知识可以为人类存在所必需的社会秩序和法律秩序提供依据。然而，自 19 世纪中期以降，自然法思想逐渐被法律历史演化学说以及法律实证主义代替。其中法律实证主义将法律与道德看做是两个截然分离的领域。法律历史演化学说和法律实证主义学说着力于用族群因素或者将法律推向特定发展路径的演化力量对法律现象进行因果解释。许多理论家尝试摒弃对法律本质和目标的哲学推断，将视角聚焦在由国家颁发、执行的制定法的发展和分析上。其中最有名的学者有法国的孟德斯鸠和英国的斯宾塞与梅因。下面，我将对他们的理论进行具体的阐述。

孟德斯鸠（Baron de Montesquieu，1689—1755） 孟德斯鸠出生在法国波尔多市附近，家境殷实。他继承了父亲在波尔多市议会中的席位，一直活跃于政坛。孟德斯鸠受到过良好的家庭教育，成为反对法国绝对主义君主政体的最有影响力的作家。

孟德斯鸠提出了一个新的激进性法律概念和社会理念，抨击了自然法的潜在预设。他认为，法律与特定民族的文化是紧密相连的。他的核心论断便是：法律是诸多社会因素综合作用的结果，比如习俗、地理环境以及历史事件。只有在特定的社会情境下才能理解法律。他进一步指出，法律是相对的，抽象意义上的法律并不存在好坏之分。这些观点与当时的法律观念大相径庭。孟德斯鸠主张，每一部法律必须与其社会背景、历史事件及其所处环境结合起来进行考察。如果一部法律与这些因素相契合，那么它就是善的，否则，它就是恶的。

但是孟德斯鸠最负盛名的是他的分权理论。根据这一理论，政治制度由三种不同的法律权力构成：立法权、行政权和司法权，并且每一种权力归属于一个不同的实体。立法机构的角色是创制法律；行政机构的角色是执行法律，以及在法律的框架内制定政策；司法机构的角色仅仅是对立法机构制定的法律进行解释。这一分权学说对后世的政治体制形式产生了相当大的影响，如《独立宣言》之后新建立的美利坚合众国就采纳了这一分权学说（Bodenheimer，1974）。另外，18 世纪末期和 19 世纪其他国家的政治制度研究者也极大地受到了孟德斯鸠分权思想的影响。

斯宾塞（Herbert Spencer，1820—1903） 作为哲学家和社会学家，斯

宾塞是维多利亚时代知识界的一位主要人物。斯宾塞出生于英格兰的德比郡,所受的训练和教育既不正规也不正式,家庭的反正统、反教权观念对他的影响颇深,这反映在了他的著作中。

与自然法的信条相反,在 19 世纪的英国,斯宾塞为经济领域的自由竞争理论提供了哲学基础。由于受到达尔文的强烈影响,斯宾塞勾勒了在自然选择、适者生存的法则下文明和法律的演化图景。斯宾塞认为演化包含了这样几个面相:差异性的增加、个体主义的膨胀、劳动分工的细化。文明是社会从原始同质性到高度异质性的演变过程。他指出了文明发展的两个阶段:原始或者军事社会、高级或者工业社会。前者充满着战争和压迫,身份是社会的调控机制;后者以和平自由为导向,契约成为社会控制的工具。

斯宾塞确信,在文明发展的第二个阶段,个体的自由程度会愈益增加,政府管制会逐渐减少,这些都体现了人类的进步。他认为政府应该逐渐将其活动领域限制在契约履行和个体安全的保障之上。此外,斯宾塞强烈反对公共教育、公共医院、公共沟通以及政府采取的任何旨在救济社会弱势群体的计划。他深信,此类的社会立法毫无根据地干涉了自然选择的法则。

斯宾塞的思想影响了一批早期的美国社会学家(McCann,2004)。例如,萨姆纳(William Graham Sumner,1914)所倡导的立场实际上与斯宾塞的思想相似,他认为国家的功能应该限制在保护私有财产方面,使秩序不被破坏。萨姆纳倡导契约性管理体制,在这一体制下,社会关系主要由双方的契约来调控,而不是由政府强加的法律规范。萨姆纳认为,社会并不需要任何监控,个体最大限度的行动自由应该得到法律的支持。那种旨在促进所有人之间的社会平等和经济平等的做法是拙劣的、违背规律的。

梅因(Sir Henry Sumner Maine,1822—1888) 梅因是英国历史法学派的奠基者和主要倡导者。梅因出生于苏格兰,在法国的戛纳去世。梅因早年在剑桥大学求学,在担任各种教职以及在印度从事行政工作之后,他回到剑桥,并当选为三一堂学院(Trinity Hall)的院长,讲授国际法课程。梅因是最早主张对法律以及法律制度进行历史研究的理论家之一。梅因深信,人类的法律史呈现出一种演化模式,这一模式在不同的社会相似的历史情境中会重复发生。

梅因在他的经典著作《古代法》(*Ancient Law*)中提出了法律演化的一般规律:

37

> 进步社会的运动有一个可供辨识的共同点,即在运动过程中,家族

依附日趋消解，取而代之的是个人义务的不断增加。其结果是个人不断地代替家族，成为民法所应对的单位。当然，不同社会的这种运动是有差异的。有些社会从表面上看停滞不前，实则不然。我们唯有细心研究这些社会所呈现出来的各种现象，方能察觉到其中的古代组织已在解体。但是不论这种运动的速度如何，变化是很少受到阻挠或者出现倒退的，只有当这种运动吸收了完全外来的陈旧的观念和习惯时，才会造成明显的阻滞状况。此外，我们也不难探究：究竟是个人与个人之间的什么样的关系逐渐代替了基于家族之上的各种相互关联的权利与义务？答案就是契约。起初，个人的所有关系都被囊括进家庭关系之中。如果我们将这种社会状态当作历史的一个基点的话，那么从这个基点出发，我们似乎是在不断地向着一种新的社会秩序迈进——所有的关系都建立在个体之间的自由合意之上。（Maine，1864：170）

因此，梅因得出一个经典结论，即"所有进步社会的运动都是从身份到契约的运动"（Maine，1864：170）。身份是一个确定的状态，在这个状态中，个体是没有意志和机会的。当先赋性地位（ascribed status）盛行时，法律关系的确定依据的是出生或者社会等级制度，这反映了以群体（而不是以个体）为主要单位的社会生活中的秩序。每个个体都嵌在家庭关系网络和群体纽带之中。伴随着文明程度的提高，身份状态逐渐被以契约为基础的社会系统所代替。而进步文明的一个标志就是独立、自由、自我决定以及注重后致性身份（achieved status）的个体的出现，并且成为社会生活的主要单位。梅因指出，对个体成就和自由契约关系的重视为法律系统的成熟创造了条件。成熟的法律系统是通过立法来使社会和法律之间关系达致和谐的。本质上，梅因的观点认为，现代社会中的法律关系并不受制于个体的先赋性身份地位，而是依据自由契约。

古典社会学理论家

早期社会学家已经认识到，法律制度与社会秩序之间存在着重要关联。在这一部分，我们将要介绍马克思、韦伯以及涂尔干对法律与社会之间关系的深刻诠释。

马克思（Karl Marx，1818—1883） 马克思出生在德国特里尔城（Trier）一个生活舒适的中产阶级家庭，他曾在波恩大学和柏林大学学习法律和文学，之后迁移到巴黎和英格兰。在英格兰，马克思与他的资助者恩格斯合作，写出了他一生中的大部分著作。1883 年 3 月 14 日，马克思在伦敦与世长辞。

在所有的社会学家中，很少有人在影响力、智慧或者创造力上能与马克思相媲美。马克思是哲学家、经济学家、社会学家以及历史学家，并且将政治党派性（political partisanship）与深刻的学术派性（scholarship）融合在一起。马克思或许是过去三个世纪里最具影响力的社会和政治理论家（Allan and Daynes，2017）。马克思以及之后的马克思主义意识形态对社会变迁的影响比现代世界（无论是发达社会还是发展中社会）里的任何其他力量可能都要大。

马克思的基本假定是：每个社会——无论它处在历史发展的哪个阶段——都建立在一定的经济基础之上。马克思称其为产品的"生产方式"，并且认为生产方式包含两个要素。第一个要素是经济活动的物理或者技术安排；第二个是"生产关系"，或者说是人们在经济活动中彼此之间形成的必不可少的相互依附关系。在马克思看来，生产方式的变化主要是人们所使用的生产技术的变化。可以说，经济决定论贯穿在马克思的法律理论中。

38

马克思的法律理论对全世界的社会认知与法学思维产生了极大的影响。其主要的假设可以归纳为三点：（1）法律是处于上升之中的经济力量的产物；（2）法律是统治阶级使用的维护自身对底层阶级统治的一种工具；（3）在未来的共产主义社会，作为一种社会控制工具的法律将式微并最终消解。

法律是经济基础的体现这一观念与辩证唯物主义是一致的。根据辩证唯物主义，任何时代的政治秩序、宗教秩序以及文化秩序都是由当时存在的生产制度决定的，并在经济基础之上形成上层建筑。上层建筑的形式、内容以及概念工具都体现了经济发展状况。法律就是这一上层建筑的一部分。这一法律观主张，法律仅仅是经济的一个功能，没有任何独立存在性。

在阶级差别明确的社会中，生产方式是由统治阶级占有和控制的。马克思的法律理论将法律视为阶级统治的方式。马克思在《共产党宣言》中对他所处时代的资产阶级进行了这样的批判："正像你们的法不过是被奉为法律的你们这个阶级的意志一样，而这种意志的内容是由你们这个阶级的物质生活条件来决定的"（Marx and Engels，1848/1955）[1]。

---

① 译文引自：马克思恩格斯选集：第 1 卷. 3 版. 北京：人民出版社，2012：417。
——译者注

最后，马克思暗示，在革命之后，当阶级冲突得到解决、私有财产制被共产制取代时，作为专制主义和压迫工具的法律和国家将消亡。那时，所有人的需求都将得到满足，普世和谐，威迫将成为历史。据此，未来的社会不再需要法律——这个未来将是人类进化的最终阶段，因为无国无法的共产主义将永存。

韦伯（Max Weber，1864—1920） 在众多的法律与社会理论家中，韦伯是一个核心人物。韦伯出生在德国中部的埃尔福特市（Erfurt），父亲是一名知名的政治家和公务员。韦伯曾在海德堡大学和柏林大学求学，并获得博士学位，成为一位经济学教授。1904 年，韦伯到美国旅行，参观了当时在圣路易斯举行的世界博览会（World's Fair）。返回德国之后，韦伯投身于写作和教学。可以说，韦伯是社会学发展史中的一座里程碑。韦伯的重要性并未成为历史，他在当代社会学中仍然是一股鲜活的力量。目前，在诸多的法律与社会理论家中，韦伯仍占据着核心地位。他是我们这个时代最有影响力的社会思想家之一。

39　　韦伯的法律系统类型学建立在两个基本轴线上（Rheinstein, 1954）。首先，法律程序是理性的或者非理性的。理性程序通过逻辑和科学方法来实现特定目标。非理性程序依靠的是伦理或者神秘猜想（如巫术或者对超自然的信仰）。其次，法律程序可以理性或者非理性地运作，与形式法或者实质法相对应。形式法依照已确立的规则来判决，而不关注判决是否公正。实质法将具体案件的情境与主导性的正义观结合在一起进行考察。这两个不同点创造了法律的四种理想类型。不过，我们很难在现实社会中找到它们的纯粹形式。

1. **实质非理性**（substantive irrationality）。当一个案件的判决是根据某些独特的宗教、伦理、情感或者政治因素做出来的，而不是依照普遍性规则，它就是实质非理性的。一个例子是一个宗教法官不参照明确的规则或者法则进行判决。

2. **形式非理性**（formal irrationality）。其判决是基于超自然力量之上。它之所以是非理性的，是因为没有人尝试去理解或者澄清超自然力量产生作用的原因，而其形式性表现在对特定程序的严格遵守。例如，"十诫"的执行方式就是一种形式非理性的：宗教领导者们宣布案件事实，引用刻在牌匾上的经文，并声称"这就是法律"。其他的例子可能包含考验和诅咒。

3. **实质理性**（substantive rationality）。它同样依照非法律性规则，如宗教、意识形态以及科学。其理性表现在它的规则有具体的公认来源，其实质性体现在它考虑具体案件判决结果的正义性。伊朗精神领袖阿亚图拉·霍梅尼（Ayatollah Khomeini）基于《古兰经》所做的宣判便是实质理性的例子。

4. **形式理性**（formal rationality）。它使用连贯的逻辑性规则，这些规则独立于道德、宗教或者其他规范标准，并且平等地适用于所有案件。现代美国或者西方世界的法律就属于这一类型。

在讨论形式理性和实质理性时，韦伯区分出了 3 种类型的正义：（1）卡地正义（Kahdi Justice）；（2）经验正义；（3）理性正义。其中卡地正义是由伊斯兰"沙里亚"法庭实施的正义（参见第一章）。它依据宗教信条，缺乏程序规则，从而看上去较为主观。经验正义基于类推和先例来断案，就正义程度而言，要优于卡地正义，但是缺乏绝对理性。理性正义建立在科层原则上并且是普遍性的，主张同样的规则适用于所有人，并且强调案件可观察的具体事实。

总而言之，韦伯的法社会学理论反映了他对现代社会与过去社会之间本质差别的理解，即现代社会更加的理性化，因为现代社会里的决定是基于事实和特定情境之上的逻辑推理。韦伯指出，将法律当作一门理性科学是基于一些特定的假设，比如法律是一个缜密的规则系统，每次具体的司法判决都是将一个抽象的法律命题应用到一个具体的情境中。韦伯关于**现代法律系统**（modern legal systems）的理性化特征的思想被广为接受。但具有讽刺意味的是，在 1920 年韦伯辞世之后，德国的理性法部分地被对感召型领导——希特勒（Adolph Hitler）——的直觉的信仰所代替。

40

涂尔干（Émile Durkheim，1858—1917）　涂尔干出生在法国埃皮纳勒（Épinal）。由于祖上几代都是犹太拉比[①]，涂尔干也被期待继承这一职业，因此他早年是在犹太学校接受教育的。但是到巴黎之后，涂尔干很快放弃了犹太教信仰。他进入了著名的巴黎高等师范学校（École Normal Supérieure）学习，之后在波尔多大学教书，并在那里创建了法国第一个教育学和社会学系。此外，涂尔干是法国第一份社会科学杂志《社会学年鉴》（*L'Année Sociologique*）的创办者，并撰写了一批杰出的社会学著作。

---

①　犹太教中负责执行教规、律法并主持宗教仪式的人。——译者注

涂尔干在其名著《社会分工论》（*The Division of Labor in Society*）中讨论了社会中的法律这一议题（Durkheim，1893/1933）。在考察社会制度和经济制度的基础的时候，涂尔干追溯了社会秩序的发展历程，提出了一种法律发展理论，将法律视为社会团结的一种方式。他认为社会团结共有两种类型：**机械团结**（mechanical solidarity）和**有机团结**（organic solidarity）。**机械团结**存在于相对简单的同质性社会中，亲密的私人关系和相似的习惯、观念以及态度维系了社会的统一。**有机团结**则是现代社会的典型特征。由于复杂的劳动分工，现代社会呈现出高度的异质性和差异性。承担不同功能的个体、群体之间的相互依赖性为有机团结提供了基础。

与这两种社会团结相对应的是两种法律类型：**压制性法律**（repressive law）和**复原性法律**（restitutive law）。与机械团结相对应的是**压制性法律**。在一个同质性、没有分化的社会中，一个犯罪行为冒犯的是集体精神（collective conscience），对犯罪行为的惩罚是对社会团结的维护。惩罚是一种机械反应，对越轨者的处罚具有杀一儆百的意味，表明越轨行为是不被容忍的。至于越轨者的改造、回归社会则并不被关注。

在当代异质性社会中，压制性法律逐渐被**复原性法律**所代替，赔偿愈益受到重视。对越轨者的惩罚是为了补偿受害者。犯罪行为被视为是对个体的伤害而不是对共同体集体精神的冒犯。惩罚依据对受害者有利这一原则来进行，并且惩罚的目的是恢复。对惩罚目的的这种理解为当代刑事司法中的恢复性司法提供了哲学支持（O'Mahoney and Doak，2017）。

简言之，涂尔干的观点是压制性法律反映了机械团结。现代社会是以有机团结为纽带的——与自由行动相伴而生的相互依赖性和劳动分工。现代社会是复杂的——高度专业化。通过契约——现代法律关注的核心——人们结成了数以万计的复杂关系。合同以及合同法是现代社会的基石，它们通过调控社会关系进而影响社会发展的路径。

41

尽管涂尔干的讨论没有为法律的社会学分析提供一个综合性的框架或者方法，但是他对法律的研究"促使以他为核心的学派形成了一种将法律作为一个社会过程来研究的兴趣"（Hunt，1978：65）。他的法律观为学界后来讨论原始法的本质和犯罪的本质提供了一个重要基础。尽管人们质疑涂尔干是否"为法社会学的系统化发展作出了重要贡献"（Hunt，1978：65），但毋庸置疑的是，涂尔干为我们理解法律与社会团结以及社会团结与法律演化之间的关系做出了不可磨灭的贡献。

社会法律理论家

本部分介绍的理论家都主张，对法律的理解不能脱离社会生活。自 20 世纪伊始，大西洋两岸的法理学以及相关学科的学者们对法律发展的分析便深受社会科学的影响。其中著名的学者有戴西（Albert Venn Dicey）、霍姆斯（Justice Oliver Wendell Holmes, Jr.）以及霍贝尔（E. Adamson Hoebel）。

戴西（Albert Venn Dicey，1835—1922）　戴西是一位英国的法律学者，出生在北安普敦郡拉特沃思（Lutterworth, Northamptonshire）。他的家族拥有自己的报业，并且逐渐繁盛。戴西在牛津大学学习，之后协助其在曼彻斯特创办法学院，并在那里当选为声望极高的瓦伊纳讲席（Vinerian Chair）教授。此后，戴西返回牛津大学，接受教授之职，并在那里度过了余生（Collins，2000）。

1898 年，戴西在哈佛大学法学院的演讲中提出的公共舆论对社会变迁的影响已经成为一个经典理论。他将成文法制定以及法律制度的发展放置在公共舆论的明晰表达和力量不断增强这一背景下进行考察，指出这一过程背后存在着一个新理念，即"让有创造力的人或者天才来掌管法律革新"。在戴西的心目中，像亚当·斯密（Adam Smith）、查尔斯·达尔文（Charles Darwin）就是这样的天才人物。然后，这样的理念会由支持者们向其他人进行宣教。随着时间的推移，"真理的布道者们会制造影响，或者对普通大众直接产生影响，或者对一些重要人物产生影响。比如，一个通过影响普通大众而掌握话语权的人能够赢得国家的支持"（Dicey，1905：23）。经过这些努力，公众舆论开始改变。在理想情况下，立法者应该反映和遵循公共舆论，但是法官通常滞后于公共舆论。这是因为"他们同样受到职业观点和思维方式的指导，而在一定程度上，这些观点和思维方式与公共舆论的一般基调并不相关，甚至相悖"（Dicey，1905：364）。

此外，戴西的"法治"学说也非常有名。这一学说包含三个方面：

第一，任何人都不因从事法律不禁止的行为而受罚，因此法治与政府的专断甚至独裁权威截然不同；

第二，法治意味着所有人都要受到法律的完全支配，即受法院掌管；

第三，个人权利来源于宪法的先例，而不是宪法条文。

从社会学视角来看，戴西对法律与社会研究领域做出的最重要的贡献是强调公共舆论在法律发展中的作用。正如坦利（Tangley，1965：48）所观察

42

到的那样，"我们从戴西教授的研究中受益良多——他开创性地讨论了公共舆论与法律改革之间的关系，并且考察了这一关系在 19 世纪的发展轨迹"。

霍姆斯（Oliver Wendell Holmes，Jr.，1841—1935） 霍姆斯出生在美国马萨诸塞州的波士顿，名字是按照他声名显赫的父亲（一位作家和医师）取的。当霍姆斯结束在美国内战中的服役之后，他进入哈佛大学法学院学习，之后成为那里的教授。1902 年，霍姆斯被任命为联邦最高法院的大法官，并担任此职长达 30 年。

霍姆斯是法律现实主义学派的奠基人之一（White，2006）。这一学派的一个基本概念是司法程序，在这一程序中，法官的责任是确切地阐释法律，而不是简单地在法律书本中寻找答案。法官在做判决时经常需要做出选择，如哪一条法则将会得到实施，哪一方将会赢得诉讼。根据法律现实主义的观点，法官做判决时首先依据的是他们自身的正义观，之后才是援引正式的法律先例。法官通过查找或者阐释先例来支持几乎任何结果。现实的判决依据的是法官的正义观、情境以及（某种程度上的）价值观、个人经历、偏好，等等。最终，这些因素统统用书面判决的方式理性地呈现出来。

霍姆斯强调，演绎逻辑在解决法律问题的过程中具有局限性。他主张法律的生命在于经验，而不在于逻辑，并认为只有当一个法官或者律师认识到了法律的历史面相、社会面相以及经济面相时才能适宜地履行自己的职责。

霍姆斯强调历史因素以及社会因素在法律生命中的重要性，弱化伦理因素和观念因素的影响。他认为法律是由法令所构成的体系，这些法令反映了社会中主导性利益群体的意志，并得到暴力的支持。尽管霍姆斯也承认，道德原则对法律规则的最初塑造有影响，但他倾向于将道德与社会中狡诈的权力群体的品位以及价值偏好视为同物。

霍贝尔（Edward Adamson Hoebel，1906—1993） 霍贝尔出生于美国威斯康星州麦迪逊，在威斯康星大学获得文学学士学位，在纽约大学获得硕士学位，在哥伦比亚大学获得人类学博士学位。霍贝尔是美国民族学会会长、美国人类学协会主席，并担任明尼苏达大学明尼阿波利斯分校人类学系名誉教授之职长达 18 年，直到 1972 年退休。

43 霍贝尔是法律人类学界最受尊敬、最有影响力、最杰出的美国学者之一，他深受卢埃林（Karl N. Llewellyn）的影响。卢埃林才华横溢，是一位懂得社会科学技术并对此颇感兴趣的杰出的法学家。霍贝尔与卢埃林两人合作研究传统的晒延人社会（Cheyenne society）的"法律方式"（law-ways），强

调"法律工作"（law-jobs）既是社会的一种"纯粹的生存"（pure survival）或者"本质"（bare bones）方面，又是一种"追求的"（questing）或者"改良的"（betterment）价值（Llewellyn and Hoebel，1941），这对法律制度的现代功能研究有着极其重要的贡献。在这一章后面对功能主义视角的介绍中会再次提及这一点。

霍贝尔（Hoebel，1954）在其名著《原始人的法》（*The Law of Traditional Man*）的结尾一章"法律发展的趋势"中阐释了他对法律制度发展的看法，认为"法律并不是呈线性发展的"（Hoebel，1954：288）。霍贝尔将法律和法律制度看做是一个特定共同体或者社会亚群体的所有物，认为"没有共同体感，就没有法律。没有法律，一个共同体就难以长期维系"（Hoebel，1954：332）。

霍贝尔在描述法律的发展趋势时，首先讨论了"低级传统社会"——狩猎采集社会，比如肖松尼族人（Shoshone Indians）和安达曼人（Andaman Islanders）。此类社会中的关系都是直接的亲密关系，文化很少为社会成员设置需求。奚落是一种潜在的社会控制机制。禁忌以及对超自然力量的恐惧调控了大部分行为。由于社会积累的财富很少，所以社会中的特殊利益并不多见。冲突大多数发生在私人关系中。亵渎习俗和社会关系准则会构成犯罪，违犯者可能会被共同体成员暴打一顿甚至被杀死。霍贝尔写道："在这里，我们可以发现世界上其他法律的全部内涵——拥有社会承认的、可以这样行事的特权人物或集团威胁给予或者实际给予物理强制。首先是威胁给予，之后才是实际给予——如果需要的话。"（Hoebel，1954：300）

在更具组织性的狩猎、耕作以及定居的社会中——比如晒延人、科曼契人（Comanche）、凯欧瓦人（Kiowa）以及北美洲西北海岸的印第安人，群体规模的扩大、文化复杂性的提高使社会成员之间的利益可能产生较大分化。随着利益冲突增多，社会愈益需要法律机制来对内部利益冲突加以解决和调控。由此，私法得以产生和推广——除了法律原则之外，诸多内在的社会控制机制也延续了下来。

"真正严密的法律是随着农业部落的兴起而发展起来的"，如萨摩亚人（Samoans）和阿散蒂人（Ashanti）（Hoebel，1954：316）。耕种活动为人口规模的扩大提供了经济基础。伴随着人口规模的扩大，面对面的直接关系难以维系。当更大规模的共同体形成时，"保持诸多紧密互动的共同体之间和谐平衡的压力剧增。这就需要法律提高发展程度并且更具效力"

（Hoebel，1954：316）。在此类社会中，将社会利益置于亲属团体利益之上的尝试是法律的一次重要发展。与土地相关的权利、义务、特权、权力、免责的设置愈发重要，"关于物的法律开始赶上关于人的法律"（Hoebel，1954：316）。

44

在霍贝尔看来，"法律发展的趋势"是将维护法律规范的各种权力和职能从个人和亲属团体转移到作为一种社会实体的国家。霍贝尔强调这就是人类社会法律发展的方式，但是某个具体社会的法律发展并不一定沿着这一常规的、预设的以及普遍的过程。在特定社会里，法律制度的发展只是体现了这里所揭示的一般性特征。

当代法律与社会理论家

许多当代理论家对法律与社会展开了讨论。此处，我们介绍两位最著名的理论家。

唐纳德·布莱克（Donald Black）　1968 年，布莱克在密歇根大学获得社会学博士学位。他同时在耶鲁大学以及哈佛大学的社会学系和法学院担任教职。1985 年，布莱克受聘于弗吉尼亚大学，直到今天，他仍然是该校的社会科学教授。

在《法律的运作行为》（*The Behavior of Law*）、《社会学视野中的司法》（*Sociological Justice*）以及《正义的纯粹社会学》（*The Social Structure of Right and Wrong*）三本有影响力的著作中（Black，1976；1989；1998），布莱克建立了一套具有普遍解释力的法律理论。正如本书第一章所提及的那样，布莱克将法定义为"政府对社会的控制"，具体方式有立法、诉讼以及判决。另外，布莱克区分了那些受法律控制的行为与受其他社会控制方式调控的行为，如礼仪、习俗和科层制。

布莱克认为法律是一个定量变量（quantitative variable），其测量方式是：在一个给定的社会情境下，条例被制定、规章被颁发、控诉被提交、越轨者被起诉、损失被赔偿以及惩罚被施予的频率。因此，在不同社会以及同一社会的不同历史时期，法律量（quantity of law）是不同的。在一个社会中，不同组织针对自身或者其他群体、组织的法律量可能更多或者更少。

法律的运作方向（即个体在不同社会情境下运用法律的频率和成功状况）同样也有差异。另外，正如我在前文中提到的，法律的类型可能是控诉性的（判决结果是刑罚或者赔偿）或者是治疗性的（判决结果是对当事人进行治疗或者抚慰）。

据此，布莱克提出了诸多命题，从社会生活的五个维度来解释法律量以及法律运作方向的变化，即纵向（分层）、横向、象征（文化）、组织（社团）和规范（社会控制）。纵向（财富的不平等）可以用财富和社会流动率的差异进行测量。横向可以用社会差异或者社会相互依赖程度来测量（如劳动分工的程度）。文化的测量方式是思想的容量、复杂性、多样性以及对主流文化的遵从状况。组织的测量主要是政治和经济领域中集体行动的执行程度。最后，人们遵守的非法律性社会控制的量可用来测量人们之间的象征规范距离的重要程度和差异状况。

基于社会学、历史学以及民族志材料，布莱克得出了一系列结论。他指出，法律量的变化与社会等级、社会整合、社会文化以及社会组织成正比，与其他社会控制形式成反比。因此，复杂社会比简单社会拥有的法律量大，富人比穷人拥有的法律量大，并且政府集权程度越高，其法律量越大。

法律量与分层、关系距离以及文化距离这些变量成曲线关系。在这些变量的两端，法律量越少，变量越偏向中间部位，法律量越多。例如，在简单社会中，人们从事相同的生产活动，并且生产者在一个共生性交易网络中进行贸易活动，因此，此类社会针对契约性经济交易的法律比较有限。

随着案件方向的不同，法律类型也会呈现出差异：在分层维度上，下行案件的结果更可能是控诉性的，上行案件的结果更可能是赔偿性或者治疗性的，当案件当事人双方处于相同层级时，案件判决结果则更可能是调解性的。就关系距离而言，发生在陌生人之间的案件更可能是控诉性的，亲密关系者之间的案件则更可能是治疗性或者调解性的。组织性较低的人更可能受到刑法的处罚，组织性较高的人更可能被判处赔偿。

这些类型变化模式能够解释以下问题：为什么当原告的社会地位高于被告时，被告更可能受到惩罚？为什么当原告的社会地位低于被告时，被告被判处赔偿的可能性较大？为什么在现代性不断推进的社会中，控诉型法律会逐渐代替治疗性法律？为什么亚文化成员比传统公民更容易受到法律制裁？为什么在案件当事人一方为组织而另一方为个体时，组织经常能够逃避惩罚？

在过去的几十年里，布莱克的理论引发了广泛的批评性争论和分析。一些批评指出，从他的理论中推导出的一些假设很难被宏观层面的经验研究所验证（Lessan and Sheley，1992）。尽管存在上述批评，但是布莱克的理论仍然是有影响力的，并且他的假设很可能会被进一步检验、批评、修正、重构。但是，正如谢尔曼（Lawrence W. Sherman）在《法律的运作行为》一书出版不久就十分到位地指出的："无论研究什么内容或者使用什么样的研究方法，关于法的社会研究都无法绕过布莱克。"（Sherman，1978：15）

46

昂格尔（Roberto Mangabeira Unger） 昂格尔目前是哈佛大学的法学教授。他长期研究巴西政治，并且于 2007—2009 年离开哈佛，在巴西政府的战略事务部担任部长。

在《现代社会中的法律》（*Law in Modern Society*）（1976）一书中，昂格尔重新探讨了韦伯的法律命题，将法律系统的理性化发展放置在一个更广的历史比较框架中进行考察。昂格尔将法律研究视为一般的社会理论问题：个体利益与社会利益之间的冲突、合法性与强制性之间的冲突以及国家与社会之间的冲突。昂格尔关注的主要论题是法治的发展，认为只有当竞争性群体争夺法律制度的控制权以及存在能够为国家法提供正当依据的普遍性标准时，具有普遍性、自治性的法律规则才有可能出现。

昂格尔的分析强调历史视角，目的是理解现代社会中的法律。他认为社会从习惯法或者相互作用法（interactional law）（涉及非正式规范和互惠性期待）演进到官僚法或者规则性法律（regulatory law）（涉及由一个真正的政府创制的清晰规则），再演进到法律秩序（legal order）（普遍的、独立于统治者的现代法律系统）。从进化的角度来看，这三种法律类型呈现出阶段性，彼此相互依赖，其中规则性法律依赖习惯法，自治的法律秩序依赖规则性法律。昂格尔复杂的法律理论远不止上述内容，但是这些理论已超出本书范围。可以确信的是，昂格尔的理论已经影响到最近的社会法律思维和学术研究，并且在可预见的未来，这种影响仍将持续。

第三节　当前法律与社会智识运动

正如第一章所讨论的那样，社会学对法律在社会中扮演的角色的讨论基于对理想社会的两种视角之上：合意视角和冲突视角。合意视角源自功能主义路径，冲突视角则发端于冲突理论以及马克思主义研究路径。这两种视角是社会学文献中的主导。大多数社会学家要么倾向于法律的功能理论与系统理论，要么倾向于冲突理论以及马克思主义路径对法律和法律制度的研究。

功能主义路径

功能主义起源于早期社会学的研究，尤其是涂尔干，并且是 20 世纪 60 年代之前最有影响力的社会学理论。功能主义看社会的方式与生物学看人体的方式是一样的。正如人类包含肢体、器官以及其他身体组织，社会由社会机构以及其他部分组成。正如身体的每个部分对身体健康产生作用，社会的每个组成部分对社会健康产生影响。

功能主义的基本观点可归纳为以下几点（Van den Berghe，1967）：

47

1. 社会必须被当作"由相互关联的部分组成的系统，并对其进行整体"分析。

2. 因果关系是"多重的和双向的"。

3. 社会系统处于一种"动态均衡"，对系统的影响力量进行调节令系统产生的变化很小。

4. 完美整合是难以达到的，因此每个社会系统都会有压力和越轨行为，但通过制度化，这些压力和越轨行为常常被压制。

5. 变迁本质上是一种缓慢的适应过程，而不是革命性转变。

6. 系统变迁的过程是：系统外部的变迁—系统各部分分化程度的加剧—系统内部革新。

7. 通过共享价值观，系统得以整合。

在一项运用功能主义研究法律议题的经典研究中，涂尔干（Durkheim，1895/1962）认为一个社会的越轨行为可能发挥特定的社会功能。涂尔干认为，社会需要越轨行为来反复确认行为边界。涂尔干指出，如果不存在无神论者，教堂可能就不会存在。教堂的存在为信徒们反复申明被无神论者侵犯的信仰提供了场所。因此，对于一个教堂而言，最糟糕的事情莫过于无神论者从这个世界上彻底消失，整个社会都彻底地信神。

功能主义同样存在于法人类学中。例如，卢埃林和霍贝尔在《晒延人方式》（*The Cheyenne Way*，1941）一书中提出了一种关于整体社会的法律工作理论。社会为了存续，必须满足一些基本需要。在此情景下，个体通过自身的需要、需求以及"差异化的欲求"（divisive urges）来彰显自己，由此所导致的社会冲突将不可避免。但与此同时，冲突对于群体的生存而言又必不可

少。"法律工作对人们的行为进行设置和调控，使社会（或者群体）仍然是
一个社会（或者一个群体），使足够多的能量得到释放和协作以保证一个社
会（或者一个群体）的功能运作。"（Llewellyn and Hoebel，1941：291）卢埃
林和霍贝尔将法律工作看做是普遍性的，并且是所有群体以及所有社会所必
备的。

其他学者也运用了功能主义视角。例如，杰罗姆·弗兰克（Jerome Frank）
在《法律和现代精神》（*Law and the Modern Mind*，1930）中对"基本法律
神话"（basic legal myth）以及相关联的"法律魔术"（legal magic）的讨论
是建立在对法律制度的功能后果进行检视的基础上的。另外，瑟曼·阿诺德
（Thurman Arnold，1935）是一位明确的功能主义者，他讨论了法律制度中的
象征角色问题。安德拉斯·萨尤（Sajo，2003）对所谓"后共产主义"转型中
政府腐败的本质及其政治决定功能以及政治结构自身如何生产腐败行为进行
探讨，这些研究都是运用功能主义路径来讨论法律与社会领域中的问题的。

然而，几乎从一开始，功能主义路径就因其理论局限和意识形态立场而
广受批评，比如功能主义过于简单。批评者们提出了诸如"谁的功能"之类
的问题，认为功能并不是没有立场的，因为社会中不同群体的利益和需求经
常是相互冲突的。对于一个群体是功能，对另一个群体则可能是反功能。其
他批评者认为，功能分析是一种静止的反历史的分析模式，具有保守主义倾
向。虽然存在上述批评，但功能主义视角为我们理解法律与社会提供了诸多
帮助。

冲突和马克思主义路径

冲突和马克思主义路径建立在这样的假设之上：只有将社会行为置于紧
张和冲突之中才能获得最佳理解（Appelrouyh and Edles，2016）。该研究路径
的支持者们认为，社会是一个争夺稀缺资源的竞技场。与社会冲突思想相关
联的是马克思的经济决定论。经济结构——尤其是生产资料所有权——决定
着社会其他方面的组织状况。阶级结构、制度设置、文化价值观、信仰以及
宗教信条最终反映的都是社会的经济构造。

在马克思看来，当时的法律以及法律制度的目的都是调控和维系资本主
义生产关系。对于一个马克思主义者而言，法律是统治阶级使用的一种统
治和社会控制的工具。法律保护权势者的利益，并且强化统治阶级与被统

治阶级之间的界限。因此，法律是统治阶级与被统治阶级之间斗争的结果。国家——作为统治阶级利益的组织性代表——颁布了维护统治阶级利益的法律。

这一路径将社会划分成两大阶级——拥有生产资料的统治阶级和为工资劳动的被统治阶级，这两大阶级之间必然会产生冲突。一旦冲突以骚乱或者叛乱这种明显的方式表现出来，代表统治阶级利益的国家将制定法律以控制那些威胁现存的利益分配格局的行为。伴随着资本主义发展，社会阶级之间的冲突愈益频繁，越来越多的行为被定义为犯罪。

作为上述观点的著名支持者，奎尼（Quinney，1974）认为，资本主义社会的法律是权势者的社会利益和经济利益在政治上的体现，在控制绝大多数社会成员方面，法律制度提供了强有力的控制机制。国家和法律制度都体现和维护统治阶级的需求。在《法律秩序批判》（*Critique of Legal Order*）一书中，奎尼（Quinney，1974）指出，当资本主义社会受到进一步威胁时，刑法被使用的频率会逐渐提高，以维持国内秩序。当统治阶级寻求自身的生存发展时，被统治阶级将一如既往地成为刑法监控的对象。被统治阶级要想摆脱这种压制，就必须推翻统治阶级和资本主义经济。

与奎尼相似，钱布利斯（William Chambliss）和罗伯特·塞德曼（Robert Seidman）在他们的法律分析中也使用了冲突视角。他们在强调社会中的利益冲突时，认为"国家成了特定阶级的一个武器。法律源自国家。因此，阶级社会中的法律一定代表并促进某个阶级的利益"（Chambliss and Seidman，1982：72–73）。在他们看来，法律是社会中拥有权势的利益群体所使用的工具。奥斯汀·特克（Turk，1978）同样将法律视为"社会冲突中的武器"，认为法律是一种维护当权者利益的社会秩序工具，对法律秩序的控制体现了使用国家强制性权威来保护特定群体利益的能力，对法律程序的控制意味着对政府决策和法律运作的控制，这更深层次地反映了权力分配以及利益维护问题。

在一项运用冲突视角的经典研究中，杰罗姆·霍尔（Hall，1952）将物权法和偷盗法的发展追溯到商业和工业化的出现。随着商业和贸易的兴起，商人和产业家作为一个新的经济阶层出现在历史的舞台上，保护这一新经济阶层的商业利益的需求不断增长。其结果是新法律被颁布以保护新经济阶层的利益和经济秩序。这些法律包括关于侵占法、偷盗财产的法律以及通过欺诈获取财产的法令。在冲突理论家看来，犯罪这一概念与其说来源于一般的对

49

错观念，还不如说源自那些通过法律维护自身利益的群体所觉察到的威胁。

当 20 世纪 60 年代至 20 世纪 70 年代，冲突和马克思主义视角变得流行之后，批评者认为它具有简单化、物化的倾向，并且对复杂的社会互动缺少敏感度。也有论者承认冲突以及利益群体的解释力，但是认为它关于"统治阶级"的断言所遮蔽了的东西比其揭示的东西要更多。此外，冲突视角认为统治阶级决定了立法行为以及法律创制，但现实的立法现象远比冲突视角的解读更为繁杂。尽管存在这样那样的批评，但冲突和马克思主义观点渗透到了法律与社会的社会学研究中，并且其影响将一直持续。

批判法学研究运动

批判法学研究（critical legal studies，CLS）运动是一项革命性的、标新立异的以及具有争议的智识运动，包含了诸多法理学论战，如当下正在持续的关于法学教育以及律师在社会中的角色的论争等（Hutchinson，1989；Trubek，1989；Tushnet，1986；Unger，2015）。批判法学研究被认为是最具刺激性的学派之一。一位法社会学家曾将它描述成"活跃之所"（where the action is）（Trubek，1989）。20 世纪 60 年代后期，批判法学研究运动由耶鲁大学的一批年轻教员和法学院学生发起（他们之后迁移到其他地方）。1977年，这一群体成立了批判法学研究中心，目前成员已超过 400 人，并且每年召开一次年会，吸引上千人参加。

这一运动受欧洲马克思主义理论家的影响非常大，并可追溯至美国的法律现实主义运动（Tomasic，1985）。20 世纪 20 年代至 30 年代的法律现实主义者对法治是至高无上的这一信念进行了抨击，认为一个优秀的律师足以在给定的案件中使案件双方信服，因此，司法判决并不存在必然性结果。甚至，法律现实主义者指出，一个案件的结果在很大程度上（如果不是全部的话）受那些恰好审理该案的法官的偏好影响。鉴于此，法律现实主义者认为法律远不是一门科学，它实际上与政治、经济以及文化密切关联，而不是超脱于政治和经济之上。

批判法学研究运动的支持者们推翻了法律推理除了法律因素之外不涉及其他问题这一传统的法律观。他们认为，法律推理实际上受到律师或者法官个人偏好、社会情境的影响。此外，法律是如此的相互矛盾，以至于一个案件的情境可以决定案件的判决结果。法律的这种特性——不能涵括所有情形——被称为不确定性（indeterminacy）（Trubek，1989）。由于法律包含了各种各样的矛盾和不一致性，法官的判决不可能是惯常认为的那种自洽的推理模式。除了正式的法律规则之外，判决必然受到政治性因素的影响。

批判法学研究的学者同样揭去了覆盖在法律上的价值自由且法律超越政治、经济以及社会事务的面纱。法律——甚至那些体现社会主流价值观的法律——仅仅是看起来客观中立罢了。况且，法律为社会的主导性价值观提供了合法性。因此，法律使社会现状合法化。事实上，法律是社会权力系统的一部分而不是抵抗权力系统的工具。

批判法学研究运动一经开始，就引发许多批评（Schwartz，1984）。这一运动被认为是马克思主义式的、乌托邦的、敌视规则的以及混乱不堪的。有论者批评这一运动倡导暴力压制协商，在法学教育中宣扬左翼价值观以及预设"不合法的等级"——比如法律职业，宣扬无政府主义，让学生变得愤世嫉俗，这可能导致（学生）"学会腐败的技术"。在批评者看来，具有革命倾向的无政府主义的法学教师很可能培养出罪犯，因此那些持批判立场的教师负有"离开法学院的道德义务"（Carrington，1984：227）。尽管在21世纪批判法学研究运动及其批评都有所减弱，批判法学研究的观点仍然提醒我们，法律不是纯粹的逻辑以及无偏见的，需要警惕传统法学研究对法律的假定。

女性主义法律理论

女性主义法律理论是另一个具有重要影响力的知识运动。它关注工作场所的性别平等、生育权、家庭暴力、性骚扰以及强奸，等等（Levit and Verchick，2016；West and Bowman，2019）。女性主义法律理论源于女性的经历以及其他学科在分析法律与性别之间关系方面所形成的批判性视角。批判性法律研究始于精英法学院，主要受到当代马克思主义启发，而女权主义法律理论是在20世纪70年代开始的女权运动背景下出现的。这场运动一直在争取平等权利修正案、堕胎权、同性婚姻合法化、工作场所两性平等以及终止对妇女的性骚扰和暴力。

尽管女性主义法律理论存在许多分支，但其主导性的立场是认为男性和父权制是导致男女不平等以及其他问题的重要根源。社会总体上被视为父权制的，由男性组织和主导，往往对女性怀有敌意。

在女性主义法律理论视野中，其他一些议题也受到关注（Moran，

51

2017）。其中一个议题关于女性在男性主导的法律职业以及更多的社会领域中争取平等。女性主义者质疑法律所宣称的平等，批判法律对女性的不公正。其论点是男性直接或者间接地维系自身的权力，限制女性的升迁。许多结构性限制维续了两性之间的不平等。

另一个主题是男性偏见渗透在法律的每个特征中。法律典型地体现了男性文化，反映了男性的行事方式。因此，法律内在的男性特质侵蚀着女性。女性主义者的任务就是为女性创制一种全新的法律。这种新法律应该彻底滤除那些强化男性特权、消解女性权力的规范和特征。例如，男性法律文化排斥或者轻视许多女性面临的问题，比如性骚扰、约会中的强暴。

第三个主题是质疑法律用于证明自身是一种公平正义的制度的观念。女性主义法律理论认为法律并不是价值中立、客观无偏、理性、脱离激情以及连贯一致的东西。法律是以男性思维方式来定义这些概念的，忽视或者轻视了那些与女性体验相关联的特质。一个本质问题是法律宣称自己对待性别（以及其他社会属性）是中立无偏的，但是它用来证明自己的中立性的方式本身就存在性别歧视。"理性人"（rational person）概念——一个虚构的法律主体，具有一致性和理性，按照自身的自由意志行动并且在常规情境中能够完全为自身的行为负责——最恰当地说明了法律的这种男性特质（Naffine，1990）。

女性主义者依靠女性主义法律方法来提出自己的理由。女性主义者认为，如果不理解女性主义方法，就不能察觉出法律是合理的或者是错误的。这些方法（尽管并不是女性主义者所独有的）致力于揭示那些被传统的法律视角所忽视或者压制的法律问题。这些方法基本上有三种（Bartlett，1991）。

一种方法是提出妇女问题（woman question），以此来探究社会惯例或者规则所具有的性别含义。提出妇女问题可以弥补法律对具有女性特质的经验和价值观的忽视。目前，女性主义者在许多法律领域提出了妇女问题。例如，在强奸案件中，女性主义者提出这样的问题：为何以受害者同意作为辩护理由（the defense of consent）是站在被告的角度并且应对的是被告"理所当然"（reasonably）所认为的女性的需要，而不是立足于女性的观点并且考虑她"理所当然"地认为自己向被告人表达的内容？妇女问题质问：为什么怀孕实际上是唯一被排除在国家劳工残疾方案之外的医疗状况？与男性相比，为什么女性不能在相同条件下成为狱警？为什么家庭责任与工作责任之间的冲突被认为是女性要解决的私人事件，而不是涉及工作场所重构的公共问题？本质上，女性主义者提出的妇女问题揭示了女性困境是社会的组织问题而不是女性的内在特质问题。

第二种方法是女性主义实际推论（feminist practical reasoning），旨在捕捉法律规则通常没有包含的特征。其潜在的预设是：女性的推论过程与男性不同，女性对情境和环境更为敏感，并倾向于抵制普遍的概括和法则。一个例子是未成年人堕胎。家庭自治观念似乎为未成年人在堕胎之前需要征得父母同意这一法律规定提供了正当性。年轻的女性是不成熟的，因此父母最适合帮助她决定是否堕胎。然而，通常的困境是一位未成年女性可能不想让她的父母知道堕胎的事情，这显示了堕胎问题的实际困难。通常，未成年女性会因父母知道自己怀孕的事而受到伤害。她们可能被强迫继续妊娠，然而不得不将孩子交由别人领养，这可能违背她本人的意愿。又或者，她们将遭受父母的各种责备或操控。女性主义的实际推论挑战了那些宣称代表共同体利益的规范的合理性，并且致力于辨识那些被湮没在主导的男性文化中的视角。

第三种方法是提高觉悟（consciousness raising），旨在通过那些受法律规则影响的女性的个体经验来检验法律规则的正当性。其做法是女性相互讲述自己的生活事件，以此探究女性的共同经验和模式。这使女性主义者从自身的经验以及其他女性的经验中获得洞见，并用这些洞见挑战社会事实的主导观念。在提高觉悟集会中，女性公开讲述自己作为婚内强奸受害者的经历、工作中受到的性骚扰或者其他形式的压迫，以此改变人们对女性遭遇的公众认知——这些遭遇在以男性为主导的文化中可能被认为是无害的或者谄媚的。

女性主义法律理论至少遭到三个方面的批评（Bassham，2012；Davies，2007）。首先，并不是所有男性都从法律的性别主义中同等获益，尤其是低收入男性、有色人种男性、性少数者在历史上就没有享有过中上阶层男性拥有的权益。其次，女性主义法律理论家对一些问题的立场不一致，例如女性是否应该与男性一样被对待，或者基于基本的性别差异，女性是否应该获得一些特殊对待。最后，在呼吁社会关注强奸、性虐待、性骚扰以及女性面临的其他问题时，女性主义法律理论家过于将女性描述为彻底的无助和没有反抗能力（Badinter，2006）。尽管存在诸多批评，但女性主义法律理论代表了一个重要的智识运动，挑战了传统的法律学说，并且为过去几十年里女性在法律领域取得的重要胜利铺平了道路。

53 批判种族理论

批判种族理论（critical race theory，CRT）是另一个非常重要的法律运动，有成百上千篇法律评论文章和几十部相关著作讨论这个议题（例如 Cole，2016；Delgado and Stefancic，2017；Edelman et al.，2016）。

与女性主义法律理论一样，批判种族理论关注法律职业中的歧视、压迫、差异、平等以及多样性的缺乏。尽管批判种族理论的知识脉络可以追溯到很久以前，但是这一运动的开端以及正式组织化可定位在 1989 年在威斯康星大学麦迪逊分校举行的批判种族理论工作坊。批判种族理论的许多支持者之前都从事过批判法学研究或者女性主义法学研究。在 1989 年的会议之后，CRT 正式成为法学理论的一部分。批判种族理论试图纠正种族主义的错误，同时承认种族主义是现代社会的固有组成部分。由于种族主义嵌在法律和政治制度之中，批判种族理论的支持者们意识到根除种族主义可能性极小，但是他们坚称必须要做出对抗种族主义的努力。

在某种意义上，"批判"一词体现了批判法学研究与批判种族研究之间的继承性。二者都致力于揭示法律、法学教育以及法律机构的惯例所支持和维系的压迫系统以及不平等关系。但是批判法学一般不从法律外部（法律外在视角）来发掘那些实际决定法律规则的力量，而批判种族理论则提出了种族问题的严峻性并且给出了相应的解决措施。批判种族理论的一个基本预设是：美国的有色人种遭受了压迫而且正在遭受压迫。因此，批判种族理论关注这些深受压迫的有色人种的经历和境遇，并为其提供了一种宣泄的渠道。由于遭受压迫，有色人种对世界的感知与那些没有经历过压迫的人对世界的感知不同。因此，批判种族理论学者可以为法律分析增添一个新的视角。通过故事叙述法，一些学者分享了有色人种的经历并且在法学研究中将有色人种的声音表达了出来。

批判种族理论家不仅认为种族主义是一种个体偏见和日常实践，而且是一种深嵌在语言和感知中的现象。种族主义是现代社会普遍存在并且无法逃避的特征，而且与官方常用的修辞相反，即使是最中性、最单纯的术语也经常包含种族含义。值得商榷的是，诸如正义、真理以及理性之类的概念也有与权力共谋的一面。无意识的种族主义所具有的超凡渗透性经常被法律制度所忽视。

批判种族理论的支持者们尝试将法律推理以及法律制度与所谓的种族主

义根源分离开来，承诺建设一个脱离种族主义的法律王国。在这个王国里，正义仍然是可能的，而且正义是白人和非白人的共有物。批判种族理论认为，提出正确的种族以及种族主义理论将会带来启蒙、赋权并且最终带来解放，并似乎对此很有信心。

正如其他所有的智识运动一样，批判种族理论也受到批评（参见例如 Ayres，2003）。批评者认为，在正式的法律之下，黑人以及其他有色人种已不再被排除在专业工作之外。法律以及社会规范的演变已经为他们敞开大门，尤其是那些合格的有色人种。当然，对这个大门该敞得多大目前存在争论。另外一个批评是，批判种族理论所说的种族是一种宏观层面的社会建构，主要关涉法律过程以及社会政治过程，而对种族的人际建构方式并不关心。换句话说，批判种族理论忽视有色人种如何有选择性地展现特定符号以将自己建构成一个种族化的人。还有一种批评是批判种族理论实质是一种改良主义工程，与传统的民权学派之间并没有明显的区别。尽管存在上述批评，但批判种族理论毫无疑问对法律领域以及对法律与社会的理解产生明显影响。

54

总 结 ▮▮▮▮▮▮▮▮▮▮▮▮▮▮▮▮▮

1. 从历史角度来看，法律发展与工业化、城市化以及现代化是紧密相关的。从发展角度来看，传统法律系统、过渡性法律系统以及现代法律系统都仍然存在于当今世界中。

2. 许多欧洲先驱者讨论了自然法的影响并尝试从进化角度对其进行解释。古典社会学理论家认识到法律制度在社会秩序中的重要角色，在法律与社会之间关系的探讨上有所建树。社会法律理论家在社会科学原则的指导下发展了多样化的法律与社会视角。

3. 社会学家所秉持的功能主义路径尝试在一个综合性的理论框架中解释社会中的法律，即社会是由相互关联的部分组成的，这些部分相互协作以维持社会系统的内在平衡。一些社会学家倡导以冲突和马克思主义路径来研究社会中的法律，认为社会成员对稀缺资源的竞争一直存在，因此社会中的冲突不可避免、无处不在。

4. 批判法学研究运动的支持者们认为，法律并不具有天生的理性、科学性或者中立性，没有东西可以规定特定案件的判决结果。他们认为法律充斥着矛盾和偏见，并明显地偏向于富人和权势者。

5. 女性主义法律理论推翻了法律对待女性也是客观公正的这一传统法律观，认为法律体现男性文化。女性主义者通过女性主义方法，旨在揭露传统法律方法容易忽视或者屏蔽的法律面相。

6. 批判种族理论认为导致种族不平等的根源仍然存在于美国社会，并且嵌入法律、语言、观念以及结构之中，因此必须坚决寻找到真正的解决方法来解决种族问题，而不是使用权宜之计。

关键术语

形式非理性（formal irrationality）：韦伯提出的术语，指法律基于超自然力量。

形式理性（formal rationality）：韦伯提出的术语，指法律基于连贯的逻辑性规则，这些规则独立于道德、宗教或者其他规范标准，并且平等地适用于所有案件。

机械团结（mechanical solidarity）：涂尔干提出的术语，指相对简单的同质性社会中的社会秩序，来源于亲密的私人关系和相似的习惯、观念以及态度。

现代法律系统（modern legal systems）：以行政、宪法和成文法的兴起和广泛使用为标志的法律体系。

自然法（natural law）：上帝和人类本性之法，超越任何特定国家和社会的制定法。

有机团结（organic solidarity）：涂尔干提出的有关现代社会秩序的术语，它产生于承担不同功能的个体、群体之间的相互依赖性。

压制性法律（repressive law）：涂尔干提出的有关惩罚的术语，常见于机械团结社会里。

复原性法律（restitutive law）：涂尔干提出的术语，描述有机团结社会里法律对越轨行为的回应。

实质非理性（substantive irrationality）：韦伯提出的术语，指案件的判决是根据某些独特的宗教、伦理、情感或者政治因素做出来的，而不是依照普遍性规则。

实质理性（substantive rationality）：韦伯提出的术语，指法律基于非法律性规则，如宗教、意识形态以及科学。

传统法律系统（traditional legal systems）：小规模的、同质性社会的非正式规范。

过渡性法律系统（transitional legal systems）：高级的农耕社会和早期的工业社会里的法律。

-------------------------------- 推荐阅读 --------------------------------

Bruce A. Arrigo and Dragan Milovanovic (eds.), *Postmodernist and Post-Structuralist Theories of Crime. Burlington*, VT: Ashgate, 2010. 本书集中体现了当代法律、犯罪以及刑事司法系统领域中著名理论家的冲突视角。

Katharine T.Bartlett and Rosanne Kennedy (eds.), *Feminist Legal Theory: Readings in Law and Gender.*Boulder, CO: Westview Press, 1991. 这本选集收录了早期有关女性主义法律理论和方法的论文。

Steven W. Bender, *Greasers and Gringos: Latinos, Law, and the American Imagination.*New York: New York University Press, 2004. 该书检视了美国拉美族裔负面刻板印象的形成及其矫正的可能性。

William J. Chambliss, and Milton Mankoff (eds.), *Whose Law? What Order? A Conflict Approach to Criminology.*New York: John Wiley, 1976. 这本书很好地体现了早期冲突犯罪学家的基本视角。

Richard Collier, *Masculinity, Law and the Family.*New York: Routledge, 1995. 该书对男子气概进行了批判研究，在一定程度上是对种族主义和女性主义法律研究的回应。

Martha Albertson Fineman, Jack E.Jackson, and Adam P. Romero(eds.), *Feminist and Queer Legal Theory: Intimate Encounters, and Uncomfortable Conversations*. Burlington, VT: Ashgate, 2009. 这本汇编呈现了女性主义和酷儿理论之间的跨学科对话，探讨了各种理论视角包含的法律、文化以及社会意涵。

Judith G.Greenberg, Martha L. Minow, and Dorothy E. Roberts, *Women and the Law.*4th ed. New York: Foundation Press, 2008. 本书非常详细地梳理了当前女性面临的具体法律问题。这些问题被归为三类：女性与就业、女性与家庭、女性与其身体。

Ian Haney López (ed.), *Race, Law, and Society.*Aldershot, Hants, UK/England, Burlington, VT: Ashgate. 2007. 本书收录了种族以及与种族研究相关的重要论文。 *56*

Charles E. Reasons and Robert M. Rich (eds.), *The Sociology of Law: A Conflict Perspective.*Toronto, Canada: Butterworths, 1978. 本书的旨趣在于介绍法社会学的主要范式，尤其是冲突视角和马克思主义路径。

Kim Lane Scheppele, "Legal Theory and Social Theory, " *Annual Review of Sociology, Annual 1994*，20：383–407，1994. 本书对法律理论的发展趋势做了简明和全面的回顾。

A. Javier Treviño, *The Sociology of Law: Classical and Contemporary Perspectives*.New York: Routledge, 2017. 该书对古典以及当代理论视角连同一些理论家的原著一并进行了梳理。

Adrien Katherine Wing (ed.), *Critical Race Feminism: A Reader*.2nd ed. New York: New York University Press, 2003. 本选集可以说是雄心勃勃的，既宣称了变革，又为变革提供了纲领——囊括了从就业、性骚扰到家庭暴力以及其他刑事司法问题。

参 考 文 献

Allan, Kenneth and Sarah Daynes. 2017. *Explorations in Classical Sociological Theory: Seeing the Social World*. Thousand Oaks, CA: Sage Publications.

Appelrouth, Scott and Laura Desfor Edles. 2016. *Classical and Contemporary Sociological Theory: Text and Readings*. Thousand Oaks, CA: Sage Publications.

Arnold, Thurman. 1935. *The Symbols of Government*. New Haven: Yale University Press.

Ayres, Ian. 2003. "Book Review Symposium: Prevention Perspectives on 'Different' Kinds of Discrimination: From Attacking Different 'Isms' to Promoting Acceptance in Critical Race Theory, Law and Economics, and Empirical Research: Pervasive Prejudice? Unconventional Evidence of Race and Gender Discrimination." *Stanford Law Review* 55(June):2293–2364.

Badinter, Elisabeth. 2006. *Dead End Feminism*. Malden, MA: Blackwell Publishing.

Bartlett, Katharine T. 1991. "Feminist Legal Methods." Pp. 370–403 in *Feminist Legal Theory: Readings in Law and Gender*, edited by K. T. Bartlett and R. Kennedy. Boulder, CO: Westview Press.

Bassham, Gregory. 2012. "Feminist Legal Theory: A Liberal Response." *Notre Dame Journal of Law, Ethics & Public Policy* 6(293–319).

Black, Donald J. 1976. *The Behavior of Law*. New York: Academic Press.

Black, Donald. 1989. *Sociological Justice*. New York: Oxford University Press.

Black, Donald. 1998. *The Social Structure of Right and Wrong*. San Deigo: Academic Press.

Bodenheimer, Edgar. 1974. *Jurisprudence: The Philosophy and Method of the Law*. Cambridge, MA: Harvard University Press.

Bracey, Dorothy H. 2006. *Exploring Law and Culture*. Long Grove, IL: Waveland Press.

Carrington, Paul D. 1984. "Of Law and the River." *Journal of Legal Education* 34(2):222–236.

Chambliss, William and Robert Seidman. 1982. *Law, Order, and Power*. Reading, MA: Addison-Wesley Publishing Company.

Cole, Mike. 2016. *New Developments in Critical Race Theory and Education: Revisiting Racialized Capitalism and Socialism in Austerity*. New York: Palgrave Macmillan.

Collins, Lawrence, ed. 2000. *Dicey and Morris on the Conflict of Laws*. London: Sweet & Maxwell.

Daston, Lorraine and Michael Stolleis, eds. 2010. *Natural Law and Laws of Nature in Early Modern Europe: Jurisprudence, Theology, Moral and Natural Philosophy*. Burlington, VT: Ashgate.

Davies, Margaret. 2007. "Unity and Diversity in Feminist Legal Theory." *Philosophy Compass* 2:650–664.

Delgado, Richard and Jean Stefancic. 2017. *Critical Race Theory: An Introduction*. New York: New York University Press.

Dicey, Albert Venn. 1905. *Lectures on the Relation between the Law and Public Opinion in England During the Nineteenth Century*. London: Macmillan.

Durkheim, Émile. 1893/1933. *The Division of Labor in Society*. London: The Free Press.

Durkheim, Émile. 1895/1962. *The Rules of Sociological Method*, Edited by S. Lukes. New York: Free Press.

Edelman, Lauren B., Aaron C. Smyth and Asad Rahim. 2016. "Legal Discrimination: Empirical Sociolegal and Critical Race Perspectives on Antidiscrimination Law." *Annual Review of Law and Social Science* 12(1):395–415. doi: 10.1146/annurev-lawsocsci-110615–085234.

Feinberg, Joel and Jules Coleman, eds. 2008. *Philosophy of Law*. Belmont, CA: Wadsworth Publishing Company.

Frank, Jerome. 1930. *Law and the Modern Mind*. New York: Brentano's.

Friedman, Lawrence M. 1975. *The Legal System: A Social Science Perspective*. New York: Russell Sage Foundation.

Galanter, Marc. 1977. "The Modernization of Law." Pp. 1046–1060 in *Law and the Behavioral Sciences*, edited by L. M. Friedman and S. Macaulay. Indianapolis: Bobbs-Merrill.

Grossi, Paolo. 2010. *A History of European Law*. New York: Wiley-Blackwell.

Hall, Jerome. 1952. *Theft, Law, and Society*. Indianapolis: Bobbs-Merrill.

Hoebel, E. Adamson. 1954. *The Law of Primitive Man: A Study in Comparative Legal Dynamics*. Cambridge, MA: Harvard University Press.

Hunt, Alan. 1978. *The Sociological Movement in Law*. Philadelphia: Temple University Press.

Hutchinson, Allan C., ed. 1989. *Critical Legal Studies*. Totowa, NJ: Rowman & Littlefield.

Lessan, Gloria T. and Joseph F. Sheley. 1992. "Does Law Behave? A Macrolevel Test of Black's Propositions on Change in Law." *Social Forces* 70(3):655–678.

Levit, Nancy and Robert R. M. Verchick. 2016. *Feminist Legal Theory: A Primer*. New York: NYU Press.

Llewellyn, Karl and E. Adamson Hoebel. 1941. *The Cheyenne Way: Conflict and Case Law in Primitive Jurisprudence*. Norman, OK: University of Oklahoma Press.

Maine, Sir Henry Sumner. 1864. *Ancient Law: Its Connection with the Early History of Society, and Its Relation to Modern Ideas*. New York: C. Scribner.

Manning, Peter K. 1975. "Deviance and Dogma." *British Journal of Criminology* 15(1):1–20.

Marx, Karl and Friedrich Engels. 1848/1955. *The Communist Manifesto*, Vol. 2. New York: Appleton Century-Crofts.

McCann, Charles R. 2004. *Individualism and the Social Order: The Social Element in Liberal Thought*. New York: Routledge.

Mears, T. Lambert. 2004. *The Institutes of Gaius and Justinian: The Twelve Tables, and the CXVIIIth and CXXVIIth Novels, with Introduction and Translation*. Clark, NJ: Lawbook Exchange.

Moran, Leslie J., ed. 2017. *Sexuality and Identity*. New York: Routledge.

Naffine, Ngaire. 1990. *Law and the Sexes: Explorations in Feminist Jurisprudence*. Sydney,

Australia: Allen & Unwin.

O'Mahoney, David and Jonathan Doak. 2017. *Reimagining Restorative Justice: Agency and Accountability in the Criminal Process*. Oxford: Hart Publishing.

Pound, Roscoe. 1959. *An Introduction to the Philosophy of Law*. New Haven: Yale University Press.

Quinney, Richard. 1974. *Critique of Legal Order: Crime Control in Capitalist Society*. Boston: Little, Brown and Company.

Rheinstein, Max, ed. 1954. *Max Weber on Law in Economy and Society*. Cambridge, MA: Harvard University Press.

Sajo, Andras. 2003. "From Corruption to Extortion: Conceptualization of Post-Communist Corruption." *Crime, Law, and Social Change* 40:171–195.

Schwartz, Louis B. 1984. "With Gun and Camera through Darkest Crits-Land." *Stanford Law Review* 36(1–2):413–464.

Schwartz, Richard D. and Jerome C. Miller. 1964. "Legal Evolution and Societal Complexity." *American Journal of Sociology* 70:159–169.

Sherman, Lawrence W. 1978. "Review of the Behavior of Law." *Contemporary Sociology* 7(1):10–15.

Sumner, William Graham. 1914. *The Challenge of Facts and Other Essays*. New Haven: Yale University Press.

Tangley, Lord. 1965. *New Law for a New World*. London: Stephens and Sons.

Tomasic, Roman. 1985. *The Sociology of Law*. London: Sage Publications.

Trubek, David M. 1989. "Where the Action Is: Critical Legal Studies and Empiricism." *Stanford Law Review* 36:575–622.

Turk, Austin T. 1978. "Law as a Weapon in Social Conflict." Pp. 213–232 in *The Sociology of Law: A Conflict Perspective*, edited by C. E. Reasons and R. M. Rich. Toronto: Butterworths.

Turner, Jonathan H. 1972. *Patterns of Social Organization: A Survey of Social Institutions*. New York: McGraw-Hill.

Tushnet, Mark. 1986. "Critical Legal Studies: An Introduction to Its Origins and Underpinnings." *Journal of Legal Education* 36:505–517.

Unger, Roberto Mangabeira. 1976. *Law in Modern Society: Toward a Criticism of Social Theory*. New York: Free Press.

Unger, Roberto Mangabeira. 2015. *The Critical Legal Studies Movement: Another Time, a Greater Task*. Cambridge, MA: Harvard University Press.

Van den, Berghe, Pierre, L. 1967. "Dialectic and Functionalism: Toward a Synthesis." Pp. 294–310 in *System Change and Conflict: A Reader on Contemporary Sociological Theory and the Debate over Functionalism*, edited by N. Demerath and R. A. Peterson. New York: Free Press.

West, Robin and Cynthia Grant Bowman, eds. 2019. *Research Handbook on Feminist Jurisprudence*. Northampton, MA: Edward Elgar Publishing Limited.

White, G. Edward. 2006. *Oliver Wendell Holmes: Sage of the Supreme Court*. New York: Oxford University Press.

第三章
法律制度的组织结构

章节框架

学习目标

1. 解释"经常性用法户"在乐于诉诸法院解决诉求方面表现出来的差异。
2. 评估民事及刑事法庭中陪审团的有效性。
3. 描述说客及利益集团在立法程序中的参与情况。
4. 举例说明行政机构是如何影响美国人的日常生活的。
5. 从人种、种族、社会阶层及其他因素出发，解释警察的自由裁量与其差别性地对待他人之间，为何界线并不十分清楚。

现如今，法律与我们的联系较之以往任何一个时代都更为密切，而且联系的方式可谓多种多样。这种联系可能令人愉悦抑或让人烦恼，有形抑或无形，直接抑或间接，但法律总是一种存在于我们生活中的恒久不变的力量。从社会学的视角对存在于社会中的法律加以理解，我们需要知晓这样一些内容：法律制度的社会组织结构、处于法律程序中的社会组织与社会关系、对法律加以解释和执行的人所表现出来的社会特性。本章将在使法律得以运行的官方（有时则为非官方）机构即司法、立法、行政及执法机构的框架下，对法律制度的社会组织结构加以检视。

第一节 法 院

62

就法院的多种功能而言，听审毫无疑问是其中最为重要的功能。纠纷的含义指向的是一种权利或诉求的冲突——一方对权利提出主张、诉求或请求，而另一方则与之针锋相对。在法院听取纠纷情况的时候，其便会尝试对那些存在异议、误解或彼此抵触的诉求进行裁决。这种纠纷可能产生于个人之间、（私营或政府）组织机构之间、个人与组织机构之间。琼斯可能会起诉史密斯，以平复因一起交通事故所遭受的损害；联邦政府可能会根据民权条款起诉某州，以强制该州的官员停止在选举程序中对黑人的歧视；密西西比州也可能因入室盗窃而对米勒提起控诉，从而在刑事程序中将其送到法官面前接受审判。当法官在一起民事或刑事案件的审判中就被告人有无过错做出了官方的评判时，这种程序就被称为**裁决**（adjudication）。

与立法和行政主体不同的是，法院处理的并非自己设置在议程中之事。法官通常并不会积极地对诸如投票权、种族歧视以及堕胎等事项做出裁决，然后宣布他们的"决定"。相反，法院具有被动性，它必须等待法律事务呈交到他面前之后，才能对其进行裁决。正是由于法院所具有的这种消极性，公民或组织机构必须担负起识别、阐释自身需求和难题的责任，从而决定哪些事项需要通过法院裁决加以解决。对于个人或组织未能意识到抑或希望忽略的纠纷，法院只会漠然视之。法院的这种回应式的特性（reactive nature）使得其只有在损害已经发生或问题已经出现的情况下，才会对纠纷加以考量。

从理论上讲，法院与其他形式的纠纷解决机制的不同之处在于，它们能够为社会中的任何一个成员所利用。从原则上讲，无论谁面临纠纷，而该纠纷可能通过法律救济加以解决，那么他就可以走进法庭来寻求帮助。在此情况下，无须考虑当事人的种族、人种、文化或其他方面存在的差异。与那些只有特定的社会群体方能使用的纠纷解决机制（比如大学中的申诉委员会或宗教法庭）不同，法院在真正意义上是具有公共特性的。当法官做出裁决的时候，他们总是被期望扮演一种不偏不倚的角色，只能接受法律原则的支配，而不能屈从于个人偏好或政治上的实用主义。

纠纷的类型

如果我们想要了解法院到底在处理哪些事务，那么就有必要去检视它所听审的纠纷的类型。谢尔登·戈德曼与奥斯丁·萨拉特（Goldman and Sarat, 1989）概括道，美国法院所做的工作的大部分内容可以指向三大类纠纷。

第一类纠纷系"民间纠纷"（private dispute）。这种纠纷的特点在于，没有任何公共机构会介入其中。比如，当一对夫妻发生争吵，两个商人因合同条款而产生争议，两辆汽车相撞，这些事件都可能引发民间纠纷。尽管这些纠纷可能发生在公共场所，或者可能涉及相互冲突的法律解释，然而只要政府并非其中的一方主体，这些纠纷就只能被称为民间纠纷。由于这些纠纷产生于常规的社会生活之中，因而通常都是在没有政府干预的情况下得到处理的。这些民间纠纷中的多数，一般情况下都可以随着彼此关系的发展变化而得以解决，或通过某种形式的讨价还价、协商谈判来获得处理。比如，一对夫妻可能寻求婚姻咨询服务来解决诉求，商人可能通过谈判而达成妥协，而汽车事故则可能通过保险公司的理赔而尘埃落定。然而有的时候，非法律形式的干预对纠纷双方来说并不充分。于是，面临纠纷的当事人便会寻求司法救济，从而诉诸法院。

第二类纠纷系"官方发起型纠纷"（public-initiated dispute）。这类纠纷发生在政府试图执行规范或者对触犯这些规范的个人加以惩处的过程之中。普通的刑事案件便是这种纠纷的一种典型样态，即国家或作为其代表的官方机构会试图通过法院来判定某种特定的违法行为是否发生，抑或是否应当对其适用制裁。

"官方发起型纠纷"是非常独特的，因为它往往牵涉到关乎整个社会的法律适用。在触犯刑法的情况下，民主体制中的纠纷往往是在公共场域即法

63

院加以解决，由其处理被告人被逮捕的后续事务，而检察官则会着手检控工作。然而，许多犯罪的发生并不会引起警察的注意，便不会出现后续的逮捕或检控。此外，需要注意的是，引发警察关注的多数犯罪实际上并没有导致相关人员实际遭到逮捕（Barkan and Bryjak，2019）。这些现象的原因在于，大多数犯罪最终没有演变为"官方发起型纠纷"，当然法院也就不会涉足其中对案件进行处理了。

第三类纠纷称为"官方被告型纠纷"（public defendant dispute）。在这类纠纷中，政府充当着被告人的角色。这些纠纷包含对当局中某些政府机构的质疑，抑或是由个人或组织对政府的一些行为的正当性所提出的疑问。在这些案件中，法院担负着审查政府行为的职责。这些纠纷涉及因政府没有遵循其所设定的规则或者程序而产生的诉求。比如，在实施种族隔离的公立学校就读的小孩的父母，可能会主张学校的行政人员违反了宪法对于法律平等保护的保障。总体而言，受侵害的主体只有在以下情况发生的时候，才会诉诸法院来寻求这些纠纷的解决：一是未能通过政府的程序（political process）解决纠纷，二是冒犯他的政府机构所提供的程序并未令自己所受到的伤害获得救济。

上述三类纠纷即"民间纠纷""官方发起型纠纷"以及"官方被告型纠纷"，代表了美国法院所处理的大部分事务。应当注意到，与已经广泛存在的信条所不同的是，法院总体而言其实更多的是在听审纠纷，而不是解决纠纷。实际上，法院的一项裁决绝不必然意味着一起纠纷的终结。比如，在法院做出一项离婚判决之后，分居的双方可能还是会喋喋不休地继续争吵，他们所针对的并不是已经得到处理的事项，而是小孩的探望权或者特定的监护方式。与此类似的是，在许多城市里，法院数十年前所追求的废止隔离并相应地实行校车接送的制度并未有效地解决孩子们应当去何处上学的问题，更不用提那些长久以来得不到解决的且更为深刻的种族问题了。于是乎，我们应当牢记于心的便是，无论纠纷是否仅仅包含将案件呈交法院的双方当事人，也无论案件是否还涉及更广范围的附带问题，法院的裁决实际上都绝不代表着纠纷的终结。现在，让我们来分析一下做出这些裁决的法院的组织结构。

法院的组织结构

美国的法院系统包含州和联邦两套体系（见图 3-1）。不仅联邦有自身的

终结上诉的最高层级法院
美国联邦最高法院

联邦最高法院有权接受或拒绝送交其审理的案件。不过，其必须审理某些少量的强制性
上诉案件，以及由美国宪法所指明的其拥有初审管辖权的案件。

州最高上诉法院

大多数州称为"州最高法院"。除了一小部分案件而外，它属于州内其他所有案件的终审法院。如果一个案件涉及由美国宪法所保护的权利，那么相关当事人便可以将案件上诉至美国联邦巡回上诉法院。

州中级上诉法院

40个州设有中级上诉法院。这些法院是大多数的州内案件的第一级上诉法院。在另外10个州，上诉案件则由州最高法院直接审理。

州初审法院

涉及各州民事及刑事法律适用的几乎所有的案件，一开始都是在州或地方的初审法院提起的。在华盛顿州，这些法院被称为地区法院(district courts)。
来自州初审法院的上诉通常都由州的中级法院审理。
美国法院处理的所有案件中大约有95%经历了各州初审法院的程序。

美国联邦巡回上诉法院

此类法院以州的边界为基础，共有12个。每个州及每一个联邦地区法院均位于这12个巡回上诉法院之一的辖区之内。每家巡回上诉法院负责审查其辖区之内联邦地区法院审理的案件。本级法院的上诉审则由联邦最高法院负责。

美国联邦地区法院

此类法院共有94家，处理涉及下列因素的刑事和民事案件：
—联邦法规；
—美国宪法；
—当事人来自不同的州，且争议金额超过75 000美元。（这是联邦地区法院审理的最为常见的案件类型）
此级法院的多数上诉案件由12个常规的联邦巡回上诉法院负责，也有一部分案件由单列的联邦巡回上诉法院负责。

美国联邦巡回上诉法院

该法院审查的案件包括：针对美国政府的小微索赔的民事上诉案件、专利权上诉案件以及涉及国际贸易纠纷的案件。

美国联邦国际贸易法院

该法院专门审理涉及国际贸易的案件。上诉审由联邦巡回上诉法院负责。

美国联邦索赔法院

该法院处理印第安人索赔委员会提出的金额超过1万美元的联邦案件，以及涉及某些政府承包商的案件。上诉审由联邦巡回上诉法院负责。

64

图 3-1 美国法院结构图

法院系统，50 个州的法院也自成体系。没有任何两个州的法院系统是完全一致的。事实上，法院的功能及其所获得的"标签"不仅为数众多，甚至会令人感到茫然不知所措。因此，如果要对所有州的法院的特点进行概括，那绝对是徒劳无功的。法院系统的发展几乎都不是长期性规划的产物。事实上，几乎所有的法院都是随着不断变化的需求而形成的一系列组织体系（Spohn and Hemmens, 2019）。

65　　尽管各州法院系统的组织形式和结构差异极大，但是大部分州都设置有如下这些法院：（1）初审法院（通常称为地区法院），大多数民事、刑事案件都在这里接受初次审理，而且这种审理经常会以陪审团审判的形式开展；（2）中级上诉法院，主要审查由初审法院所审理的案件；（3）终审法院（通常称为州最高法院），主要的功能在于审查由下一级别的上诉法院所审理的案件。

　　这个国家的大部分法律事务都是由州的法院所处理的，受州法的调整。但是，当州法院的裁决包含"联邦问题"时，即该裁决所提出的问题包含宪法问题（比如言论自由）或联邦法（比如种族或性别歧视）的时候，那么案件就可能会上诉到美国联邦法院甚至最高法院。

　　联邦地区法院承担了联邦法院系统的绝大部分工作。尽管有些比较大的州被细分到不同的辖区，但是每个州至少有这样一家地区法院。全美总共有94 家地区法院，650 名法官在其中履职。在联邦地区法院，审判通常采取独任法官审理的方式。尽管要求陪审团审理的权利乃是一项神圣的美国法律原则，然而事实上，联邦法院审理的刑事案件中极少有陪审团参与其中，而且绝大多数被告人都得到了有罪判决。在 2018 财年，在将近 8 万名联邦刑事被告人中，仅有大约 2% 的人经历了陪审团审理，90% 的人做出了有罪答辩，8% 的被告人的案件则被撤销。在确实经历了审判的被告人当中，绝大多数都被定罪。在这接近 8 万名被告人中，仅有 320 人也即还远不足 1% 的人经历了审判并最终被无罪释放（Gramlich, 2019）。

　　在联邦法院系统的等级序列中，有一些上诉法院紧邻地区法院之上。美国被划分成了 12 个基于地理区域的司法管辖区，称为"巡回区"。在此之外，还有一个覆盖全国的专门化的管辖区。每个巡回区都有一家由三名法官组成的上诉法院。这些法院的主要功能在于审查其司法管辖权内的地区法院所裁决的案件。与此同时，这些法院还有权审查诸如联邦贸易委员会（Federal Trade Commission）这样的联邦管理机构的决议。

综上，典型的司法案件总是在州和联邦法院系统的初审法院中审理的，而大部分案件只会停留在这一阶段。比如，刑事案件中的被告人在（通过审判或者做出有罪答辩之后）被法院定罪和量刑后，他的案件便就此终结。人身伤害案件也通过初审法院的审判而尘埃落定（或者当诉讼处于悬而未决状态的时候由双方当事人在庭外化解纠纷），这样一来争议双方便可以离开法院了。

但是，有些诉讼参与者会因为对初审法院的判决感到不完全满意，从而可能会根据法律所赋予的权利而提起上诉。上诉通常表现为两种形式：一种是重新审理，另一种则是针对审判程序的具体问题而进行的更为有限的审查。比如，刑事案件中的被告人坚信，他所遭受的定罪出于法院的错误（比如法院采纳了一个本应被排除的证据），进而寻求进行一次新的审判（a trial de novo）。此外，诉讼当事人也可能会基于程序性的理由而寻求对审判的特定事项进行审查。大部分州只有一家上诉法院，通常被称为州最高法院。① 州法院所审理的上诉案件来源于所有的初审法院的裁决，这其中不仅包括刑事裁决，也包括民事裁决。不过，那些次级法院（minor courts）的裁决并不包含在其中。各州的最高法院对涉及州法的所有案件可做出最终裁决。而美国联邦最高法院则对涉及联邦法或联邦宪法的所有问题拥有终审权。

在较低层级的法院，上诉的提起是由败诉方着手的。在刑事案件中，检察官被禁止对无罪判决提起上诉。上诉法院的唯一功能仅仅在于，纠正初审法院在法律适用中所出现的错误。当审级从初审法院提级到上诉法院之后，纠纷也会发生变化。具体而言，纠纷几乎都演变为有关法律或者程序的争议，诉讼双方在上诉法院中争辩的乃是审判方式方面的法律事项或问题。通常，初审程序中所核定的事实不会在上诉审中再予争辩。此外，在上诉审中，口头辩论的时间也是很有限的。纠纷的处理主要是法官通过审查案情摘要、庭审动议和备忘录的方式来展开的。

从某种意义上说，上诉审中的纠纷处理是一种"律师的游戏"。在初审法院，裁决是由一位独任法官或者由一名法官加陪审团共同做出的。而在上诉法院，只有法官在给出裁决的过程中发挥着作用。尽管大部分法院都有许多法官，但是有些上诉法院甚至只有一名法官坐镇。相较于引发初始分歧的

66

---

① 据图3-1所示，实际上只有少数州将州最高法院设置为唯一的上诉法院。因此，原文此处表述疑有误。——译者注

事件而言，上诉审中的争议从处理阶段和实质内容上讲都发生了巨大的变化。于是，较之于法律问题而言，最初的当事人、他们之间的纠纷及其具体的处理结果，都在上诉审中变得不再那么重要了。

法院程序中的参与者

在美国，法院中有 4 种类型的参与者：诉讼当事人、律师、法官和陪审团。这些参与者相应地为司法程序带来了各不相同的利益主张、价值取向及观察视角，这些因素都影响着纠纷处理的具体方式。

诉讼当事人　法院的主要功能在于处理纠纷，因此最显而易见的参与者莫过于诉讼当事人。当事人包括个人、组织机构及政府官员，其都在试图解决分歧，并且调整自身和对方的行为。显然，并非所有的个人、群体、组织机构在试图解决分歧的时候，都能够诉诸法院或者希望诉诸法院。诸如开销、效率、有效性、诉讼中法律要求的完备性、纠纷的性质等问题都会影响潜在当事人是否迈进法院的门槛。在此背景下，两种类型的当事人便应运而生了。

在一项引用率很高的经典研究中，格兰特（Galanter，1974）将这两种类型的诉讼参与者称为"偶然性用法户"（one-shotters）和"经常性用法户"（repeat players）。这两个术语恰如其分地反映了两类诉讼参与者诉诸法院解决诉求的相对频率。顾名思义，那些极少或者顶多可以说是偶尔诉诸法院去解决纠纷的人称为"偶然性用法户"。"偶然性用法户"的例子可以是这样一些情况：一位作者因出版商合同违约而提起控诉，或者一位女教授因主张其在晋升时受到了性别歧视而控告她所供职的大学。与此相对的是，"经常性用法户"则是指那些在一段时间内多次参与相似诉讼的主体。

67　　"偶然性用法户"通常是个人，而"经常性用法户"则通常是组织机构——比如金融公司、搬家公司、美国国税局（IRS）或者保险公司。在一起特定的案件中，它们的投入和兴趣相对而言都不是很大。由于它们参与诉讼的频率相当高，相较于单一案件的结果而言，"经常性用法户"更为关注的是，判决可能对今后相似案件的处理所造成的影响（Ross，1980）。相较于"偶然性用法户"，"经常性用法户"可以在诉讼中投入更多的资源，而它们在法院程序中频繁现身也保证了自身能够形成专业的表现。从它们挑选案件进行诉讼的方式，以及它们在法院着手诉讼的敏锐表现来看，这种专业性都

可以展现出来。

对比之后就可以发现，相较于案件结果于未来对其他案件的影响而言，"偶然性用法户"在诉讼中由于仅仅拥有一次性利益，因此一般而言更为关心的是自身案件的实质结果。比如，与为了给相似的案件创制一起先例相比，前文所提到的作者更为关注的是赢得其控告出版商的诉讼。作为"经常性用法户"，美国国税局的兴趣则更多地体现于维持特定的规则（比如那些管控慈善性支出扣除或电子计算机的规则），而非仅仅赢得一起具体的案件。一般情况下，组织机构是作为原告参与诉讼的，而个人则是以被告的身份参与诉讼的。政府或非政府组织通常有机会运用更多的资源，因此当它们与个体之间发生纠纷时，会更为频繁地提起诉讼。

律师　法律是一种技术性的游戏。参与这种游戏的选手在纷繁复杂的法律规则和艰深晦涩的法律类别方面都经受了高强度的训练。如果没有律师的帮助，大部分人无法仅凭一己之力在法庭上游刃有余。争议主体通常需要依靠律师的服务来获取关于法律规则的建议，并使这些规则适用到纠纷的具体事项中来。由于律师对法院的运作和法律规则都十分熟悉，因此他们可以帮助判定一起特定的纠纷是否值得司法干预。由此观之，律师实际上扮演着司法守门人的角色（Spohn and Hemmens，2019）。

尽管律师是裁判程序中的核心参与者，然而只有一小部分律师会参与到实际的诉讼程序之中。事实上，大部分律师参与的都是特定的非诉活动，比如代写遗嘱或代为执行常规的交易。正如第八章所要讨论的那样，某些诉讼律师只是精通特定的法律领域（比如离婚和刑法领域），而其他人也仅仅是在特定的法律领域内代理特定种类的客户（比如公司或大学），或者将自己的客户对象局限在具体的法律领域（比如税法）。

根据诉讼律师理解其客户的方式，乔纳森·卡斯帕（Casper，1972）将其划分成了不同的类型。他提出，作为第一种类型，一小部分律师认为，自己主要是公共利益的代表。比如，这些律师关注的是消费者的权益和环境保护问题。对于他们而言，单个案件仅仅是实现广泛的公共目标的媒介，于是希望通过单个案件来促成法律的巨大变革。因此，他们倾向于参与自己所认为的包含重大公共利益的案件。

第二类律师代表的是特定的利益或者组织机构。比如，一些公司聘有自己的内部律师，他们的主要职责就是代表该组织机构的成员。

第三类律师经常参与到实际的法庭审判之中，典型的便是刑事辩护律　*68*

师。这类律师作为法律专家，与公众对律师的预想形象最为接近。尽管关于辩护律师的角色最常见的表述乃是"护卫被告人"，然而他们其实也扮演着一系列特定的角色。这些角色具体包括辩护人、调停者和法律顾问（Cohn，1976）。

当然，辩护律师最主要的角色还是"辩护人"（advocate），他们会在法律和伦理允许的范围内采取一切可能的措施为客户赢得胜利，同时在刑事司法程序的每一步都致力于保护客户的权益。律师在实现这一目标的时候，经常是通过在客户和法律之间扮演一种"调停者"（intermediary）的角色，通过谈判、妥协的方式从司法制度中获取最具可能性的利益。辩护律师的第三个角色是"法律顾问"（counselor）。向客户提供他们所期望的或者看上去对其而言最大利益的建议，这是辩护律师的职责所在。

尽管大多数人都认同辩护律师应当展现以上功能，但是批评者却提出，事实往往表明他们未能胜任。对此，亚伯拉罕·S. 布隆伯格（Abraham S. Blumberg，1979：242）提供了一则很有影响的观点。其认为，相较于帮助客户实现正义，辩护律师更为关注的是为自己捞金。他写道：

> 理解辩护律师在刑事案件中角色的关键，在于他们所确定并收取的费用。这个问题会重要到影响刑事法院程序本身，而不仅仅只是影响律师与其客户之间的关系。究其本质，这是一个律师和当事人之间的"信任游戏"。

布隆伯格进一步主张，辩护律师操纵他们的客户，对案件施以幕后控制，以此至少提供表面上的服务。他将刑事律师称为"双面代言人"（double agent）。这是因为，他们主要关切的是与法院组织机构中的成员保持良好的关系。辩护律师为了客户的利益将竭尽所能，可能会给人以公正的专业人员的印象，然而其实际工作的成效却需要依赖于检察官和法官的善意。

回到卡斯帕所划分的律师类型，第四类律师将其角色主要理解成为雇用自己的主体提供服务，以此区别于政府指派的律师。他们只对自己参与的案件感兴趣，并且会在法律和伦理准则允许的范围内尽心竭力，从而为其客户争取有利的结果。从他们的观念来看，他们只是服务于案件的办理，而不考虑案件背后的原因究竟是什么。

法官 尽管有大量的公务人员在法庭内或者围绕法庭事务工作，但是没有任何人的声望可以与法官相提并论。法官对法院的管理负责，不仅非常注重自身在正直和公正方面的名望，而且也十分在意偶尔引发争议的裁决结果对自己声誉的影响。法庭的设计就是要保证注意力集中于法官，他所端坐的位置高于其他任何人。任何一个来到法庭的参观者都会注意到，旁听席绝不会高于法官席，而且那些在法院工作的人员都不能坐到或者站在法官席上。法官是法庭里唯一的官职人员，只有他会身着特别的服装即法袍。当法官进入法庭后，每个人都需肃然起立，所有的注意力都会顿时集中于他。不论法官的个人偏好如何，他们都被称为"法官阁下"。法官自行对诉讼程序的规则进行解释，他们自视为独立自主的决策者，没有人能够对他们颐指气使地发号施令（Spohn and Hemmens，2019）。

除了在法庭上基本的裁判和诉讼流程控制而外，法官还负有对他的法院进行管理的职责。这使得大量内务工作成为必需，比如指定书记员、编订预算，以及确保硬件设备能够满足法院运行的需要。法官在审前会议中也发挥着作用。而且，根据法律的规定，他们享有极大的自由裁量权（比如针对证据可采性问题而对陪审团的指示），这对案情考量和案件结果而言都会产生重要的影响。由于法官的角色极具声望，他们因而还具有许多司法之外的功能，比如任命公职人员到公共机构任职。具体而言，法官有时会任命相关人士到教育委员会任职，担任某些州的地方检察官，等等。

一般而言，法官们都来自社会的中上阶层，都需要经历党派确认、提名和任命程序。当然，他们当中也有一些是社会活动积极分子（Carp et al.，2020）。联邦法院的法官由总统提名，并且需要参议院大多数投票的批准。这些联邦法官享有终身职位，只有当受到弹劾或被判处一种重大罪名的时候才有可能免职。州和地方的法官则是由多种多样的方式选拔出来的：有的经选举，有的经任命，还有的是通过选举与任命相结合的方式产生的。在第三种产生方式中，法官首先由行政长官（比如州长）任命，经过一个任期后，他们必须获得选举者的支持方能够继续任职。这种制度同样存在一个选拔程序，行政长官选择的法官要经历一个委员会的审查，或者该法官需要限定在委员会所提供的候选人名单之中。在被选举之后，处于州这一层级的大部分法官的任职期限都是有限的，比如只有 6 年的任期。

在美国，几乎所有的法官都是律师，但是只有一小部分律师会成为法官。与此相反，在诸如法国和意大利这样的大陆法系国家，法官则是文职公务人员，与执业律师在职业训练和司法经验方面均存在很大的差异。那些热衷于成为法官的人从法学院毕业后，还需要通过竞争激烈的考试，然后才可以成为法官并且获得属于自己的职位。对于法官而言，并不需要先前有律师

69

执业的经历。而且，这些人也不太可能在今后从事律师实务了。

大陆法系法官的角色和功能也与对抗式制度下的美国同行们存在差异。与普通法系国家不同的是，大陆法系的法官采用的是纠问式审案法（Merryman et al., 2015）。例如在法国，审判程序中最重要的人物是预审法官和庭审阶段的主审法官。预审法官负责调查，他会将调查获取的材料呈交给主审法官，后者则负责讯问被告人和询问证人。总体来看，大陆法系的法官相较于美国的同行而言，表现得更加积极主动：他们在建构案件事实和做出判决的过程中扮演着更为重要的角色，他们亲力亲为地将证据汇集到一起，远远超越了普通法系法官所扮演的"仲裁者"（refereeing）的角色。

陪审团 公元 725 年，威尔士国王格拉摩根的摩根（Morgan of GlaMorgan）建立了陪审团审判制度。对于美国的陪审制度而言，则可以溯源到遵循英格兰古老的"盎格鲁-撒克逊法"而开展的民事和刑事调查（Abramson, 2000）。陪审团最初的观念最有可能是由 11 世纪的"诺曼征服"而传入英格兰的。当时，诺曼人安排一组当地人宣誓说出事实的真相。早期的陪审员扮演着地方事务信息来源的角色，后来才逐渐在民事和刑事案件中演变为裁判员。①

陪审制度是随着早期英国殖民者的到来而被引入美国的。作为争取独立的斗争过程的一个重要象征，陪审制度令人瞩目地在《宪法》的十条修正案的三条之中得到了规定。尽管《宪法》规定了当事人在刑事、民事案件中拥有要求进行陪审团审理的权利，但是在州的初审法院中，由陪审团做出的裁决还不到所有案件的 10%（Hemmens et al., 2020）。尽管如此，陪审团对于美国法院的运作而言仍然是至关重要的。这是因为，刑事案件中的检控方及辩护方、民事案件中的原告和被告往往都需要审慎地考虑，如果由陪审团参与并完成案件的听审，案件的结果将会怎么样。

陪审团审判主要是在普通法国家使用。当然，这种制度在美国的使用率已经大不如前了。尽管正如刚刚所指出的那样，陪审团审判在美国已属相当罕见，但是据估计，全球 80% 的陪审团审判乃是在美国发生的（Hans and Vidmar, 1986）。联邦法官理查德·A. 波斯纳（Richard A. Posner, 1995）曾指出，美国人民对陪审制度的这种坚持乃是基于他们对当局的不信任，这一传统在殖民地时期便深深地植下了根，而庭审律师的政治力量所发挥的作用

---

① 在陪审制度发展早期，陪审团实际上是审判前已经知晓案情的"知情陪审团"，与如今的证人有类似之处，后来才逐渐演变为"不知情陪审团"。——译者注

则相对较小。

无论是陪审团审判还是仅仅由一位法官听审的独任审判，都涉及两种基础性的问题：**法律问题**（issues of law）和**事实问题**（issues of fact）。个案中的当事人在试图识别和解释能够使他们的行为具有合法性的规则时，法律问题便随之产生。从某种意义上说，审判就是一场法律解释和法律推理的竞赛（Bankowski and MacLean，2007）。法官有权决定，哪一方对法律的解释更为恰当并且值得接受。但是，审判也并不仅仅涉及法律推理问题。审判也需要解决事实的重建、描述和解释（即事实问题）。审判的目的就是要回答，到底是谁对谁做了什么事，以及这一行为是否合法。陪审团的功能即在于，要对处于竞争和冲突状态的双方就事实的解释加以倾听，进而做出判定。在这场关于同一事实的不同陈述所形成的对抗性竞赛中，陪审团扮演着裁判者的角色。如果对裁判者的劳动进行简易的分工的话，那么陪审团便是事实的权威，而法官则是法律的权威。

但是与此同时，法官也要对陪审团加以控制。针对经常出现的陪审团行为出位的问题，普通法为法官提供了许多干涉性的、预防性的机制。这其中便包括：排除存有偏见的证据；将审判切割为不同的阶段，从而在陪审团听到原告所遭受的严重苦楚之前，便确定法律责任；指示陪审团按照法律的规定采用特定的判决，以此确保事实认定是理性的；有权限制陪审团的判决；当陪审团达成一项荒唐的裁决结果时，有权决定另行启动一次审判（Umphrey，2017）。

陪审员资格审查　庭审律师最重要的功能之一便是对陪审员的挑选（Hemmens et al.，2020）。有些律师声称，当陪审团成员被挑选出来之时，案件的结果便已经板上钉钉了。在**陪审员资格审查**（voir dire，字面意思即"去倾听、去询问"）的过程中，首先由法官对可能进入陪审席的人进行提问，接着再由代表控辩双方或原告的律师提问。

71

这种预先审查的目的可以体现在三个方面（Jonakait，2003）：首先，获取有助于挑选陪审员的信息，并找寻出陪审员的任何一种偏见；其次，便于律师同潜在的陪审团成员建立起情感上的沟通渠道；最后，双方会试图努力改变陪审员的态度、价值和观点。如果陪审员承认存在人种、宗教、政治或其他方面的偏见，而这种偏见会影响他的判断，那么受到危害的一方当事人的律师便可以要求法官对该陪审员实行"有因回避"。

在甄选陪审团成员的过程中，律师们会依靠自己的个人判断鉴别陪审员有多大可能存有偏见（Hullinger，2015）。通过提出"无因回避"，律师们可以排除掉那些最有可能令他们感到不快的人选。律师做出排除或保留陪审员的决定，乃是基于一系列的考量因素，这其中便包括他们对陪审员容貌和举止的反应。身体语言也会对陪审员的挑选产生影响。比如，流汗被视为陪审员不诚实的表现。肢体（手臂、下肢、踝关节）交叉，姿势僵硬刻板，这些则是愤怒和心理波动的表现。甚至观看电视节目的习惯也成了陪审员挑选过程中的考量因素。例如在本世纪初，当《犯罪现场调查》（Crime Scene Investigation）和《法律与秩序》（Law and Order）这样的节目广受欢迎的时候，刑事案件中可能成为陪审员的人会被详细问及他们观看电视节目的习惯。这是因为，他们观看电视的情况可能会对不存在法医证据材料的案件的裁决结果造成影响（Deutsch，2006）。一些研究发现，尽管许多刑事案件中缺乏法医证据材料，但是陪审员事实上确实期望这些案件中存在相应的证据，这就难怪律师会对前述影响表现出如此关切了（Clements，2015）。

数个世纪以来，民间传说、直觉、非系统性的既往经验都为陪审员的挑选提供了基础（Jonakait，2003）。陪审员的科学甄选则使得这一过程变得更为精密复杂，并达到了可预测的程度。律师们正在越来越多地运用社会科学研究的成果，抑或在"陪审团的科学甄选"过程中聘用社会科学家，接下来我们将就此展开进一步的探讨。

陪审团的科学甄选　究其本质而言，陪审团的科学甄选包含着数个步骤和程序。但是，这并不意味着每一个案件都会经历所有这些步骤和程序（Sales and Lieberman，2013）。第一，在人群中随机抽取一定的样本，并将样本的人口结构情况与预期的陪审员小组的情况进行比较。如果可能担任陪审员的人员是随机挑选出来的，那么该样本的人口结构便将满足需要。如果族群、年龄、职业等特定特征存在实质性的出入，那么律师便可以对陪审员候选名单提出异议。第二，一旦证实预期的陪审员可以大体上代表人口结构的状况，接下来便可以就被认为是对某一方有利的人口结构、个体情况及个人态度方面的特征进行评估，从而确定对该方而言理想的陪审员。第三，一旦确认关于该理想陪审员的心理及人口结构方面的特征，参与到陪审团甄选程序中的所有社会科学家便可以提出挑选单个陪审员的建议了。

"影子陪审团"（shadow jury）的使用乃是这个程序的补充方式之一。数十年前，"影子陪审团"在加利福尼亚阿纳海姆计算机产品公司（California Computer Products of Anaheim）诉国际商用机器公司（IBM）的反垄断案件中首次发挥了作用。IBM 的律师在该案中雇了一家名叫"诉讼科学"（Litigation Sciences）的咨询公司来为抗辩提供帮助。该公司的调查人员招募了 6 个人，他们与真实的陪审团组成人员的背景和态度都大体相仿。在审判过程持续的每一天，这 6 名影子陪审员都端坐在法庭里，到了晚上他们就通过电话的方式向调查人员报告当天听审的感受。由于原告首先主诉，公司调查人员便可以对这些影子陪审员的想法实时跟进，即后者是如何对他们认为重要的争点和问题加以反应的。尽管原告方主诉之后，法官的裁定有利于 IBM，但是 IBM 的律师并不满足，他们利用从"影子陪审团"那里获取的信息，顺利开展了后续的被告方主诉（Hans and Vidmar, 1986）。

72

除了使用"影子陪审团"外，有些律师还采取在"模拟陪审团"面前进行争辩的形式，而由社会科学家对他们争辩的说服力提出建议。微波通信公司（MCI Communications）诉电话电报公司（AT&T）的反垄断案件便是这其中经常受到引述的案件。代理前者的一家律师事务所聘请了顾问人员，以组织一个与预期会加入陪审席且对他们有利的人员特征类似的小组。顾问人员安排了由这样的人组成的模拟陪审团，让 MCI 公司的律师在他们面前演练庭上的论证。研究人员对 MCI 一方的证人也进行了录像，然后建议他们如何更为简明、更具有说服力地出庭作证。MCI 最终赢得了这场诉讼，并且获得了 6 亿美元赔偿（Hunt, 1982）。

陪审团的科学甄选也面临着争议（Hu, 2017）。开诚布公的律师们会承认，他们的目标并不是公正，而是甄别出能够令己方获利的偏见。用律师的话来说："我需要的并不是一个不偏不倚的陪审团。我期盼的是对我的客户有利的陪审员。"（Hunt, 1982：85）对陪审团进行科学甄选的批评者则声称，这会破坏美国的对抗式司法制度。原因在于，对社区人群进行抽样的技术以及陪审员资格审查阶段对他们价值观念进行的评估，很明显都是被设计用来建立陪审员的偏见的。除此之外，由于陪审团的科学甄选开销不菲，它只会令刑事案件中富裕的被告人和民事诉讼中更为殷实的一方获取优势。于是，当一方掌握了不平等的资源时，对抗式诉讼确保公平公正的陪审团审判的能力就会面临考验（Vidmar and Hans, 2007）。

涉及陪审的其他问题　除了陪审员甄选的问题之外，还有其他一些涉及陪审的重要问题（Broods, 2019；Hans and Vidmar, 2004）。其中，首要的问题便是，陪审团是否确实会根据事实而裁断案件，或者说是否会允许法律之外的事项影响他们的决定。在一项由哈里·卡尔文和汉斯·采泽尔（Kalven and Zeisel, 1966）开展的经典研究中，他们总结道，在陪审团认真承担其职责方面，他们是可以被信任的。卡尔文和采泽尔核查了同一案件中的法官和陪审团对特定的判决达成一致的百分比。研究发现，两者达成一致意见的比例是比较高的，大约有 75%。对于陪审员与法官的裁决意见确实不一致的情况，法官告诉研究者，从证据的角度而言，这些陪审员作出的裁决仍然是具有合理性的。其他一些研究的结论也支持卡尔文和采泽尔早前的结论，即陪审团有能力裁断案件（Hans and Vidmar, 2004）。

另外一个问题是陪审团的代表性。陪审员库中的人员通常是从选举登记名单或机动车驾驶证的记录中产生的。然而研究表明，这并不能很好地代表社区中不同的种族群体、社会群体和经济群体。原因在于，以城市中的穷人为例，他们相较于富人而言在参与投票或拥有驾照方面的可能性更低。因此，这些人相对而言就不那么可能受到征召，从而出庭行使陪审职责了。对于有工作或要承担家庭责任的人士而言，通常也能够免于承担陪审义务。这样一种状况的存在，导致陪审团的成员往往是由拥有富余时间（例如退休人员），抑或能够（或希望）从其工作中抽出时间的人组成的。

73

第二节　诉讼的流程

诉讼流程的许多特征是非常重要的。案件的处理过程因纠纷的类型、参与者、纠纷得到解决的司法程序阶段的不同而表现出很大的差异。在许多情况下，民事案件和刑事案件的差异极大，我们将分别进行分析。

刑事案件

刑事控诉的各个阶段都表现出高度的"自由裁量"（或称一系列的决定）的特征（Hemmens et al., 2020）。这一程序是从一起所谓的犯罪发生以及嫌疑人的识别开始的。在这个节点，警察必须决定，是否要逮捕这个人。一旦实施了逮捕，下一步便是对被羁押者提起公诉，并确定保释的金额。在这一阶段，法官在确定保释金额的时候可以行使极大的自由裁量权，这经常会导致许多被告人不得不在羁押场所等待审判，而这仅仅是因为他们无法负担保释金。不出所料的是，穷人在这个问题上处于非常不利的地位。许多致力于刑事司法改革的团体竭力主张，应大大削减保释金的数额，以免穷人在羁押场所备受煎熬（Digard and Swavola，2019）。

辩诉交易　在保释之后，下一个阶段的进行就取决于检察官、被告人和法官了。尽管在提讯或初次聆讯阶段就会确定审判日期，但是全美范围内仅有极少的案件会延伸到庭审程序中。检察官经常会撤回指控，原因在于，在案证据从支撑逮捕而言可能是足够强有力的，但是却还不足以排除合理怀疑地证明行为人有罪。从余下的案件来看，绝大多数都是通过辩诉交易而不是常规的审判程序而终结的（Hemmens et al.，2020）。在这些案件中，检察官会允诺量刑方面的折扣，以此换取被告人对较为次要的犯罪作有罪答辩。通过这种方式，检察官实际上扮演着法官的角色，对于案件的处理做出了大部分的决定（Subramanian et al.，2020）。

辩诉交易并不仅仅限于刑事案件，其在交通案件中也可以适用（Cunningham，2019）。例如，一项对于圣路易斯大都市区的研究发现，受到超速指控的被告人聘请了以处理交通案件为专长的律师后，其所受到的指控更可能被"调整"为一些与驾驶行为并不必然相关的交通违法行为（non-moving offense），比如消音器噪音过大或者前灯不亮，而这些问题都不会导致驾驶记录被扣分（Osborne，1992）。检察官则希望处理掉自己手中所有的这类交通案件，于是偏爱采用辩诉交易。他们的理由在于，交通案件中的违法者在不得不向律师支付费用后，便已经是"足够的惩罚"了。与此相对的是，在交通案件中，无法负担律师费抑或坚持做无罪答辩的被告人的驾驶行为违法（moving offense）便更有可能受到认定，而且驾驶执照也更有可能被吊销。

辩诉交易是一个极具争议的话题（Berdejó，2018；Subramanian et al.，2020）。政治上持保守主义立场的批评者认为，辩诉交易令一些罪犯获得了"廉价"的定罪（也即这些人并未因其实际所犯的罪行而付出代价）；改革派批评者也声称，这种做法导致一些被告人在事实上无罪的情况下做出了有罪答辩。从另一方面讲，支持者则提出，辩诉交易对于法律程序中时间、金钱和精力的节约而言是非常必要的。从检察官的立场而言，辩诉交易至少可以确保被告人领受一定程度的法律惩罚；而从被告人的观点来看，辩诉交易则减轻了他们可能受到的惩罚（Hemmens et al.，2020）。

74

量刑 大多数刑事程序的最后一步都是对被告的量刑，这时他们已经被定罪了。在大多数司法管辖区，法官有权在许多案件中行使相当程度的自由裁量权；然而在另外一些类型的案件中，他们的自由裁量权则相对较小，例如在一些情节严重的重罪案件中需要遵循强制性的最低限度量刑要求。

于是，法官在大多数案件的量刑选择中都拥有一定的裁量权，而且他们也乐于行使这样的权力。总体而言，法官的决定会受到检察官以及缓刑官（probation officer）建议的影响。除此之外，对法官的决定可能产生影响的其他因素还包括种族、性别、年龄、被告人的社会经济背景和犯罪背景、参与其中的律师的类型（比如，私人聘请的律师抑或法院指定的律师）。辩诉交易也是其中的一个影响因素。

在上世纪 70 年代，当美国实行"强硬方案"（get-tough approach）以对付犯罪时，许多州都采取了强制性的量刑法律制度，以此同高犯罪率作斗争。对于诸如强奸、谋杀、毒品走私以及违背危险武器禁令之类的特定犯罪，这些法律设定了最低限度的监禁期限。强制性的最低量刑使得监狱中罪犯的数量急剧增加，而监狱服刑的期限也相应地大大延长。就此而论，这些法律导致了大规模监禁的发生（Cullen, 2018）。尽管如此，如果一定要说这些法律对犯罪率产生了影响的话，那么这种影响也是微乎其微的（Walker, 2015）。除此之外，还有一些法律与秩序维护方面的举措，不过也没有让情况变得更好。例如"三振出局"的法律制度① 即是如此，具体而言乃是针对特定严重犯罪的再犯人员实行强制性的终身监禁，且不得假释。而且，这些举措对大规模监禁也起到了助推作用（Walker, 2015）。

民事案件

在民事案件中，当原告的律师向法院提交诉讼申请时，纠纷便进入了法院的视野。正如刑事程序普遍开展辩诉交易那样，诉讼双方的讨价还价经常促使民事案件以谈判的方式定纷止争。庭前会议为双方的谈判提供了场所。有时，法官甚至可能基于自己对类似案件的经验，提出看上去比较合理

---

① "三振出局"（Three strikes and you are out）源自棒球术语。"strike"在棒球术语中指"未被击球手击中的球"。击球手若三次都未击中投球手所投的球，就必须出局。相应地，"三振出局"法律规定，因暴力或严重罪行"进宫"两次者，以后每被判一次，无论新罪严重与否，都至少得服刑 25 年甚至是终身监禁，也即其已经"出局"。——译者注

的涉及偿付特定金额方面的方案。如果无法达成满意的解决方案，相应案件就会进入庭审程序，但是相对而言，实际上只有极少的案件是以这种方式终结的。

　　有时，纠纷在当事人到法院进行民事诉讼之前便已经得到解决了，而审判在这些情形下的功能便在于赋予该解决结果以合法性。这在离婚诉讼案件中表现得尤为明显。在这类案件中，分居状态的双方已经达成了分手的协议，然后一方会通过到法院采取行动来使得该协议表现得正式化和合法化。

　　经常有人讲，民事案件中的陪审团"失去了控制"。例如，在一名被告人遭遇小微问题的情况下，陪审团会不必要地判决被告公司一方提供高额的惩罚性赔偿。在过去的 30 年间，这种观念为"侵权法改革"（tort reform）的开展起到了推动作用。于是，针对惩罚性赔偿，一些州具体规定了相对较低的最高金额（Studdert et al., 2006）。然而，关于民事案件的研究发现，法官同陪审团那样，也经常施予惩罚性赔偿，而且在赔偿数额方面也与后者表现出同样的比例。这表明，与许多人想象的不一样，陪审团其实远远没有那么武断、不负责任，抑或不能胜任（Cohen and Harbacek, 2011; Eisenberg et al., 2006）。

75

第三节　立法机关

立法机关的功能

　　立法机关（legislature）指的是经选举产生的人士所组成的，由国家及州的宪法所规定的正式的议会机构。在联邦和州的层面，立法机关均具有多种多样的功能。当然，立法机关的标志性功能还是在于立法，我们将在第四章讨论这一功能是如何实现的。但是，立法机关只是把一小部分工作时间花在了制定法律之上。除此之外，它们还有冲突管理和整合方面的功能。

　　冲突管理功能　尽管冲突管理是行政机关和司法机关的细分系统所开展的部分工作，但是立法机关在这方面涉足之深也引人注目。具体而言，作为冲突管理的一种模式，折中妥协在立法机关的系统内部实现了制度化。

　　立法机关的冲突管理功能在其审议、做出决定和裁决的活动中均可以表现出来（Oleszek et al., 2020）。立法机关的审议经常会出现不能做出决议并进而采取行动的局面。但是，审议程序本身以及调节审议的规则都有助于对不同的利益加以调和。除了正式的辩论，审议有时是在议事厅进行的，有时是在议员的办公室里进行的，而有时则发生在议事厅周围的议院接待室、休息室中。这些非正式的审议有时扮演着至关重要的角色，因为这为大量的观点和利益的融通提供了机会。

立法机关也会程式化地开展一些具有裁判特性的工作。比如，有些立法委员会的工作就具有裁判特性。具体而言，调查委员会关于采取何种制裁的议事活动实际上就是一种裁判。一个著名的经典例子发生在上世纪 50 年代，美国参议院因威斯康星州的约瑟夫·麦卡锡（Joseph McCarthy）参议员的行为而对其进行了制裁。作为政府事务委员会下属的常设调查委员会的主席，此人指控称，共产党已经渗透进了美国政府的重要职位当中。1954 年 12 月，参议院投票通过了对麦卡锡的行动的不信任案。这并不是因为他不分青红皂白地恶意反共，也不是因为他滥用了国会的调查权，而是因为他的行为对参议院本身的职业操守构成了损害。

76　　　**整合功能**　通过向司法、行政及管理系统提供支持，立法机关对政治组织机构的整合做出了贡献。具体而言，立法机关是通过对政治组织机构进行授权、赋予其合法性及代表权的方式来提供这种支持的（Oleszek et al., 2020）。任何一部宪法的特征之一都在于对政府的不同部门进行具体的授权。在美国，立法机关享有对行政机构的各种各样的权力。立法机关同时也是多数管理机构的权力来源。在这其中，可能最为重要的便是预算程序。立法机关通过该程序授权一个特定的机构或主体收取税金，并分配资金。立法主体也会授权法院划定管辖权、创建组织机构并对其成员进行授权。此外，立法机关还要监督官僚政治活动，并力求对这种活动进行平衡，以免其受到社会中处于优势地位的特殊利益的侵蚀。

立法机关整合功能的产生，一定程度上是因为立法活动为政府的政策和工作程序赋予了合法性。这是因为，公众一般会认为，立法的决议和行动是具有合法性的。例如，当国会许可国税局收取更多的税金时，后者开展行动的权力就在这一程序中得到了合法化。于是，国税局不仅有权利（意为合法的权限）而且也有权力收取更多的税金。尽管许多人并不情愿支付更多的税金，然而事实在于，国会已经确定了税率及税法的其他条款，这就很可能有助于令公众遵从于此，并老老实实地支付自己所欠的税款。

立法机关的组织结构

由于联邦和州的立法机关的组织体系具有相似性，因此我们将在下文中对两者一并予以探讨。国会是由两个相互分隔的机构（参议院和众议院）所组成的。这两个机构在许多方面都存在差异，并且竭力护卫自己的特权和权力。众议院的议员名额是以人口为依据按州进行分配的。在每十年一次的人口普查之后，对各州议员代表的任命通常就会发生变化：人口增长最快的州会增加席位，而人口增长很少、没有增长抑或负增长的州则会减少相应的席位。与此相对的是，每个州都有资格拥有两名参议员，这与人口的变化情况并不挂钩。然而，与众议院的议员需要每两年进行一次选举不同，参议员的任期在时间上呈现出交错变化的样态。每隔两年，只有三分之一的参议员要经历选举。就正式及非正式的组织安排而言，这可以确保一种更大程度的连贯性。

赫伯特·阿舍（Asher，1973）指出，参议院和众议院的活动都受到一整套非正式规范的影响：（1）立法机关的新任人员会经历一段时间的学徒身份，他们接受任务、做功课，在学习开展工作的时候位居幕后；（2）成员在他们所分配到的委员会的工作中成为专家；（3）成员避免相互的个人攻击；（4）成员在可能的情况下会乐于通过妥协、投票交易（支持相互的提案）来进行交换；（5）议员不会做出不利于作为一个整体的立法机关及国会的整合特性的事。同样的非正式的标准和规范大抵也适用于州的立法机关。需要注意的是，阿舍是在半个世纪之前提炼出这些规范的。从那个时候开始，而且特别是在过去的大约 10 年间，这些规范中的一些方面已经崩坏。特别值得一提的是，相较于过去而言，国会已经越来越表现出充斥讥讽式激辩的氛围，国会的某些议员则遭到了腐败或其他渎职行为的指控（Mascaro，2018；Parramore，2019）。

回到阿舍所提炼的清单来看，避免个人冲突、将立法程序中的完整参与限于高级成员以及设立互惠的规则，都能有助于将立法机关内部的冲突减到最小。对专业化的强调使得国会有机会处理自己所必须面对的日渐复杂的问题。尽管如此，专业化也带来了一些组织层面的问题。总的来说，相较于参议员，众议院的议员在其所供职的委员会的工作中可能更为专业。而参议员则更容易吸引媒体的眼球，且负有登堂入室担任总统的更大的雄心壮志。从某种程度上讲，这是他们经历选举后履职的时间长度所导致的。

立法程序中的参与者

立法程序充斥着大量的各色人等（Jillson，2021）。与立法活动特别相关的有三种类型的参与者：议员、行政长官和说客，我们对此将分别予以分析。

议员 在联邦和州层面，美国总共有超过 7 900 名议员。他们都是谁？他们作为代表，能够反映整个人口的情况吗？在立法机关中，从社会人口学的角度而言，哪些群体的代表性过高，而哪些群体的代表性又过低呢？社会科学家对议员和其他政治决策者的社会起源和职业背景进行了诸多研究。从这些研究成果出发，可以对担任议员的人群的情况进行一番概括（Kurtz，2015）。

就在几十年前，几乎所有的议员都是白人、男性，并且是清教徒。从当今的情况来看，这样一种复合构成的背景仍是如此。原因在于，相较于国民的实际构成情况而言，白人、男性和清教徒议员在立法机关中是更为普遍的。不过也要注意到，比起过往，如今也有越来越多的女性和有色人种占据了立法机关的席位，尽管他们在立法机关中的代表性仍然并不充分。例如在1971 年，州议会中只有 4% 的女性议员，而这个比例在过去的一些年已经上升到了 25%（Kurtz，2015）。尽管已经出现了 6 倍的增长，这个比例仍然显著地反映出，在人口中达到 50% 的女性在立法机关的代表性是非常不充足的。

与此类似的是，非洲裔美国人于 1971 年在州议会中仅占 2% 的比例，如今则为 9%。尽管已经出现了 4 倍的增长，这仍然意味着，在美国人口中占据 13%~14% 比例的非洲裔美国人在州一级议员中的代表性仍然不足。同样类似的是，在上世纪 70 年代，拉美裔在州立法机关中几乎找不到踪影，而如今已经在这一级议会的议员中占到了 5% 的比例。然而，相较于拉美裔在国民中 17% 的比重，5% 这个数据甚至还不到其中的 1/3（Kurtz，2015）。

从另外一个层面来看，议员对国民的代表性也并不充足。这指的是，相较于国民普遍的情况而言，议员的受教育程度要高得多。通过比较就可以发现，联邦和州的议员中的大多数人都拥有至少 4 年的大学教育背景（也即取得了学士学位），而从全国范围来看，大约只有 1/3 的成年人（25 岁或以上）接受了至少本科阶段的教育。更为令人震惊的是，国会中 2/3 的议员及州议会中 40% 的议员拥有更高级别的学位（研究生学位或专业学位）。与此相对的是，在年龄 25 岁或以上的国民中，只有 12% 的人获取了此类更高级别的学位（Kurtz，2015；National Center for Education Statistics，2019）。

从州一级议员的职业背景来看，上世纪 70 年代至今也出现了一个有趣的变化。起初，律师议员在州议会中是更为常见的，而如今他们的比例仅仅是 14%。与此相对的是，如今州议员中占据首位的职业则是商人，在所有议员中占到了 30%。或许并不令人感到惊奇的是，中西部农业州中超过 15% 的议员是具有农业背景的（Kurtz，2015）。

行政长官　总统和州长在立法程序中具有如下功能（Jillson，2021）：

其一，他们为立法机关所考虑的计划提供构思的来源；

其二，他们是立法的催化剂；

其三，他们是法律的实施者。

尽管各州州长为立法计划提出构想的程度在各州之间存在差异，但是在大多数情况下，议员们议事日程中的关键条目确实是州长所提出的。而在联邦层面，立法建议来自单个的内阁部门或其他机构，它们在递交国会之前便早早地被摆放在了总统的案头。总统积极推动是联邦层面立法程序中一个永久且普遍的特征（Jillson，2021）。

总统和州长在立法程序中同时也发挥着催化剂的功能。他们不仅提出立法项目，而且努力提供支持。这些活动不仅在立法主体内部直接开展，而且也间接地通过利益集团、政党领袖和其他政治活动家进行。另外，他们也非常关注操纵公众的意见（Brooker and Schaefer，2006）。

法律的实施是行政长官对立法程序的第三个贡献。行政长官签署法案使之成为法律，并不意味着立法程序的终结。在许多情况下，颁布法律并不是制定公共政策的最重要的一环。许多立法是以概括性的条款来加以表达的，以此适用于变化多端的具体环境。当法律在行政长官的主导下得以适用时，其在这个过程中不仅获得了阐释，而且还被赋予了新的意义。

说客和利益集团　有些组织和群体会试图去影响政治决定，原因在于这些决定可能会对它们的成员和目标造成影响。这样的组织和群体被称为"利益集团"（Holyoke，2018）。利益集团代表的是谁呢？从最普遍意义上讲，美国的利益集团系统对于助力于及促进上流阶层的利益、处于支配地位的商业利益有着明显的偏好。利益集团通常被视为自私自利的，当然，这存在一定程度的正当性。"利益"这个特定的术语表明，其所寻求的目标主要就在于令社会中的一小部分人获益。例如，监狱管理公司会推动法院做出更为严厉的量刑，这是为了将罪犯填充进私营监狱的牢笼之中（Selman and Leighton，2010）。当然，并不是所有的利益集团都是为了追求利益，这是因为，有许多非营利性的利益集团也在游说国会和州议会中的议员。这些利益集团有的致力于环境保护，有的为儿童、消费者、性少数群体（LGBTQ）①、动物谋求权益，还有的则是基于其他的一些原因而开展工作。此外，也有一些利益集团代表着外国政府、中小型政治团体、公立或私立大学以及各种各样的慈善组织。

立法机关是政治性利益集团天然的栖息地。这些利益集团通过开展游说活动而卷入立法的过程当中。说客是指那些努力影响一部法律通过或搁浅，而据此领受报酬的人。游说则是一项专业性的事业。对于全职的经验丰富的说客而言，多数利益集团都把他们视为至关重要的人物。首都华盛顿便充斥着数千个利益集团，它们在 2019 年总共花费了 30 亿美元来对国会、联邦机构及白宫进行游说，此外还有 40 亿美元用在了竞选活动上（Center for Responsive Politics，2020）。

无论结果是好是坏，说客都在立法程序中扮演着多重角色。作为他们所代表的利益集团的联系人，说客的时间和精力都花在这些事务之上：游走于立法议事厅、访问议员、与议员的工作人员的行政助理和其他相关人员建立联系、在友善的基础上培养核心议员、与关键的立法委员会的工作人员建立联络；作为竞选组织者，说客会为他所属组织机构的立法项目寻求支持；作为信息提供者，说客会向议员传递信息，这种情况下其并不一定需要持一个特定的立场；最后，作为"看门狗"，说客会紧紧盯着立法日程，并仔细地监视立法活动的开展。通过这样的方式，说客便可以随时关注那些可能对其所代表的利益集团产生影响的立法机关的工作进展。

许多说客曾担任国会议员，抑或曾经受雇于政府且在其中身居要职。说客组织乐于向经验丰富的前参议员和前众议员提供的服务支付丰厚的报酬，特别当对方是一个最高级别委员会的前任主席或高级成员时尤为如此。通过支付酬劳，这些利益集团便获得了通往政府内部隐秘工作场所的通道。特别是在华盛顿，一位前议员享有其他说客所不具有的特权，包括可以进入众议院和参议院的议事厅、议员的私人餐厅、体育馆和游泳池。但是，这里也有

---

① 原文中的 LGBTQ 意指性少数群体，是女同性恋者（lesbian）、男同性恋者（gay）、双性恋者（bisexual）、跨性别者（transgender）和酷儿（queer）的英文首字母共同构成的缩略词。——译者注

一些限制。作为对自身努力的补充方式，说客们常常还持有一些公共关系公司，以便于搅动普通民众的情绪。在此背景下，大量的电话、信件和电报会像潮水般涌向议员们的办公室。

说客经常会赠送小件的私人礼物、诸如香水这样的公司产品的免费样品，在花费不菲的餐厅提供免费的餐食，以此为自己的努力创建一种容易获得接受的氛围。然而有的时候，特定的"礼物"可能会演变为彻头彻尾的贿赂。在这其中，最为臭名昭著的例子莫过于联邦调查局所开展的名为"阿伯斯坎"（ABSCAM）的"螫刺行动"（sting operation）。该局特工假扮成一名力图寻求华盛顿某些支持的"阿拉伯酋长"，说服了 8 名官员提起特定的议案，或者利用他们在政府中的影响来换取资金和其他报偿。有一位参议员因为该"酋长"在获得政府的合同方面所提供的帮助而接受了伪造的钛矿股票。另一位众议员则在将 2 万美元塞入自己口袋中的时候，被录了像。那些卷入"阿伯斯坎"事件的人不仅因各种罪名而被定罪，而且还受到了罚款和监禁的惩罚（Coleman，2006）。

第四节　行政机构

行政机构（administrative agencies）即政府当局，创建的目的在于施行特定的立法，因而不同于行政长官、立法机关和司法机关。它们的称谓多种多样，例如"委员会"（commissions）、"局"（bureaus）、"理事会"（boards）、"主管机关／当局"（authorities）、"办事处"（offices）、"部／厅"（departments）、"管理局"（administrations）、"部门"（divisions）。行政机构既可能是由立法所创建的，也可能是制定法所授权的行政决议所组建的，抑或来源于《宪法》条款的规定。一般而言，一个机构的权力和功能是由创建它的立法的内容所限定的（Breyer et al.，2017）。

在上个世纪，行政机构在美国得到了快速的发展，其所参与的活动及施展的权力也是如此。如今，大量的地方、州及联邦的政府机构都对美国人民的生活有着巨大的影响。它们被称为"政府的第四分支"，在联邦层面的数量至少有 60 个，而在每个州也是为数众多（Feldman，2016）。相较于司法机关而言，各种行政及管理机构对普通人的生活有着更多的直接或间接的影响，这从以下虚构的情节中便可见一斑（Seib，1995）：

伴随着一部正在充电的智能手机奏出的起床铃声，一对夫妇从睡梦中睁开了双眼。手机所充的电由一家公共事业公司提供，而该公司受到了联邦能源监管委员会（Federal Energy Regulatory Commission）和州的公共事业机构的管理。他们打开天气预报应用程序查看天气状况，其中的信息很可能是由美国国家气象局（NWS）所发布的，而该局又是商务部（DOC）的一部分。当他们刷牙时，会使用某公司制造的产品（牙膏），而该公司则受到食品及药物管理局（FDA）的监管。当他们享用麦片粥时，所消费的产品受到农业部（USDA）的监管。当他们驱车去工作时，会发现自己所系的安全带、车辆配备的气囊及其他的许多安全设备都有来自国家高速公路安全管理局（NHTSA）的指令性要求。除此之外，美国环境保护署（EPA）也对防止环境污染的设备下达有相应要求。我们还可以继续延伸这一情节，但是需要注意到的是，这对夫妇的一天才刚刚开始，而此时便已经有许多行政机构对他们的生活施加了影响。再就他们的工作而言，也会继续受到行政机构的影响，例如美国国家劳资关系委员会（NLRB）、美国职业安全与健康管理局（OSHA）、州际贸易委员会（ICC）等等。无论我们是否已经意识到，行政机构都以难以数计的方式影响着所有人的生活。

行政机构的组织结构

在联邦这一层级，所有行政机构的权力都来自国会的授予。国会拥有宪法赋予的职权来调控州际贸易，并以此为依据建立这些机构。很早以前，国会便已经开始授予这些职权，因为它很清楚这样的工作是如此的复杂和技术化，以至于完全由在有限的时间内进行的立法加以处理是并不可靠的，而且立法者由于在专业技术方面存在的局限也难以胜任。随着国家变得越来越工业化，经济活动越来越复杂，立法主体无法抑或也不愿意制定事无巨细的指导准则来对其进行规制。传统的政府机构没有办法再对大企业的活动进行调整（Friedman，2005）。于是，当需要将内容含混的成文法用于诸如大宗运输和大众传媒方面的具体事务之时，组建产生的行政机构便被赋予了相当程度的自由裁量权。相较于法院对公共政策的实施，这些机构拥有某些方面的优势。具体而言，这些优势包括工作方面的高速度、不拘形式、灵活性、技术领域的专业性，并且能持续性地监督一个行业或者一个经济领域的问题。

林林总总的这些机构在职责、功能和运转方面存在巨大的差异。有些机构关注的是大量公司的仅仅一部分活动而已，比如美国环境保护署和联邦贸易委员会（FTC）便是如此；而有些机构监管的则是包括相对较小的公司在内的大量的事务（交通即属这种情况），比如州际贸易委员会（ICC）便是如此。在第一类机构中，许多在健康、安全及市场活动方面承担着护卫公众利益的官方职责。第二类机构中的大多数所担负的使命不仅要体现在公共利益保护功能上，还要在其管辖范围内保障和促进特定的职业、行业或者经济部门的健康发展。

无论是保守主义者还是自由主义者，都对行政机构提出了批评（Box，2015）。保守主义者称，行政机构对商人的民事自由和经济体系的恰当运转所构成的威胁，反映出的是"大政府"的恶行。而自由主义者则称，行政机构未能对大公司所开展的有害活动施加充分的控制。

行政程序

行政机构在现代社会施展其重要功能的过程中，行使着特定的权力。展现其权力行使的程序包括调查、制定规章及裁决。

调查　几乎所有的行政机构都有权开展调查。在没有通过调查获取到信息的情况下，相应的行政机构便没有能力调控工业活动、保护环境、检举欺诈、收取税金，抑或实现其他的许多目标。行政机构的调查职权是与法院相区别开来的功能之一。

从传统的角度来看，国会赋予了联邦机构广泛的调查权，这些机构也就相应地可以使用一些方法来收集信息。具体而言，这些方法包括从接受管理的商事主体那里获取报告，以及开展实际的调查。如果这些信息资料尚不充分，行政机关还可能通过传召证人、调取材料进行检验或开展搜索的方式，以寻求进一步的信息收集。

制定规章　制定规章是政府机构最为重要的功能（Kerwin and Furlong，2019）。它划定了行政机构的任务，而且重要的是，它对这些机构将会适用于调控活动中所有人的政策进行了阐述或解释。作为准立法主体，行政机构制定的规章包括三种："程序性规章"（procedural rules）、"解释性规章"（interpretive rules）和"立法性规章"（legislative rules）。"程序性规章"确定了一个机构的组织结构，描述了它的运转方式，并且列举了规章的制定和裁决性听证活动的要求。"解释性规章"的功能在于引导其工作人员和受其监管的主体，令其知晓该机构将如何解释法令的要求。这些规章的范围非常广泛，从通过新闻稿发布的以非正式方式发展起来的政策表述，到对机构加以约束的官方裁决（这种裁决经常发生在一项声明或听证之后）。"立法性规章"实际上就是行政法规。在颁布立法性规章的时候，行政机构所行使的便是立法机关所赋予它的立法权力。

裁决　所有种类、所有层级的行政机构都必须解决纠纷、对冲突的诉求加以调和。裁决便是与司法审判相对应的行政机制，它将政策适用于已经存在的行为，并且对业已确定的当事人发出一项不利的抑或有利的指令。

大多数裁决发生在较低层级的机构中，通过对案件的自愿处理而以非正式方式对纠纷加以解决。在这样的层级中，机构对纠纷的处理相对较快，代价也相对较低，并且为法院卸除了大量的司法负担。不过，这种做法也面临着争议（Feldman, 2016）。许多人（特别是向行政机构陈述事件情况的人）已经对行政机构所被授予的司法权的范围表达了他们的关切。他们抱怨道，行政官员召开的会议是秘密进行且是非正式的，未给予利益相关方充分的听证，抑或将自己的判断立足于并不充分的证据之上，从而与法律的正当程序的要求格格不入。

从某种程度上讲，这些怨言之所以出现，乃是源自行政机构的程序与法院的程序之间的制度性差异。首先，行政机构的听证往往倾向于展示涉及一般性情况的证据，而法院的听审则与此不同——它所针对的事实往往只与应诉者相关。这种差异可以归因于行政机构最本源的正当性之一，即开发出某种政策。其次，行政听证是由裁决官员实施的，绝没有陪审团的参与，裁决官员不仅要进行事实认定，而且还要负责法律适用。于是，适用于陪审团而且由法官所统辖的证据规则在行政裁决中往往并不适用。

最后，法院会接受所有提交给它的纠纷。这就意味着，法官只是基于偶然的机会而接触到某个争议问题。与此相对的是，行政机构则通常会对案件进行挑选后再作处理。行政裁决人员与机构主管人员要么是专家，要么至少是对案件有着相当的熟知度，这是由于他们的职务管辖范围往往是限定了的。法院会对行政机构的程序和决议的作出进行司法审查，但是不会越俎代庖地决定行政机构所采取的规章制度。

第五节　执法机构

　　包括守法者在内的大多数人，对于警察的感受是模棱两可的。当警察在保护生命和财产的时候，他们扮演着救世主的角色；但是当我们因交通违章而被截停，抑或在街上散步却因所谓的可疑活动而被拦下时，警察便可能不那么受到欢迎了。2020 年发生的针对警察的许多"黑命贵"（Black Lives Matter）抗议运动提醒我们，警察也可能表现出具有种族偏见特性的且可能置人于死地的行为方式（Chalasani，2020）。不过，恐怕很少有人会主张，现代社会可以在完全脱离警察活动的情况下有序运行。警察的功能主要体现在法律的执行、秩序的维护及社区服务的供给上（Dempsey and Forst，2019）。

　　与美国法律制度的其他组成部分相似的是，警察的起源可以追溯到英国历史发展的早期（Novak et al.，2020）。在 9 世纪时，阿尔弗雷德大帝（Alfred the Great）开始向在民间抓获罪犯的普通百姓支付佣金。当时，所有的人口被分解为以 10 个家庭为一组的单位或称"十户联保组"（tithings），每个人都要负责监视其他人。这样的单位逐渐由十户扩展到百户，而其中有一个人被指定为"警官"（constable），负责维持秩序。后来，百户制又扩展到全国范围的郡，由一位接受任命的"郡行政司法官"（shire-reeve）进行控制，这便是随后所称的"郡长"（sheriff）。第一个覆盖全市的警察机关是由罗伯特·皮尔爵士（Sir Robert Peel）于 1829 年在伦敦建立的。工作人员统一着装，按军事化的方式进行组织，在创建之后被称为"警察"（Bobbies）。美国的殖民者沿用了英国的执法制度，大城市的首个警察机关是于 1833 年在费城建立的。

　　除了地方的警察部门、治安官办公室及州的执法部门而外，我们这个社会中还拥有其他类型的执法力量。某些联邦机构也拥有执法权力，比如联邦调查局、特勤局（USSS）、缉毒局（DEA）、邮政检查局（USPIS）、国税局（IRS）、海关与边境保卫局（CBP）、移民与海关执法署（ICE）以及财政部下辖的烟酒税及贸易分部，等等。除此之外，联邦政府同时还将美国法警局（U.S. Marshals Service）设置为一个执法部门。

　　私营部门的安保与调查人员或许也可以被视为这个国家整体执法力量中的组成部分。美国商务主体中的某些私营部门需要私营性质的警务巡逻与调查机构来提供服务。商业、工业、住宅区等等，都出于这样的原因而聘用自身的职员，抑或使用诸如平克顿公司（Pinkerton's Incorporated）这样的私营机构的服务。相关人员根据其雇主的需求，承担了多样化的任务：护卫财产、拘捕窃贼、调查犯罪，以及开展欺诈及侵占方面的调查。

最后，正如许多读者所知的那样，大多数学院及大学设置有校园内部的警务部门或安保力量。根据校园大小的不同，有的学校甚至还会雇用为数众多的警务人员。他们中的很多人持有武器。总而言之，他们实际上类似于由社区所雇用的地方警务人员。

84 现在，我们开始转向对市政警察的分析，他们是这个国家执法人员的主体。

执法机构的组织结构

市政警察与其他执法机构的组织结构依据的是复杂的科层制组织方式（见图 3-2），表现出劳动力方面形式性划分的特色。除了科层特征而外，执法机构的组织结构类似于准军事部门，这是它们的一种特性。正如比特纳（Bittner, 1970：53）对军事机构和执法机构的评论所言：

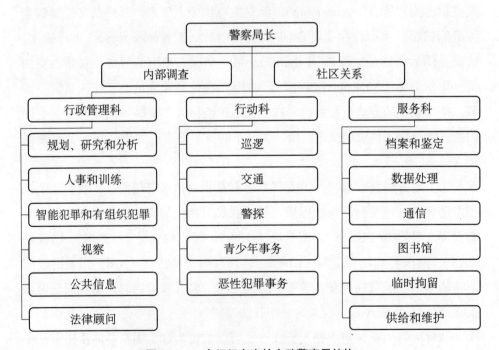

图 3-2 一个组织有序的市政警察局结构

两大机构都是武力工具，而且使用武力的情形都难以预测。于是，这两个机构的人员都必须保持战备性的高度纪律化的状态。军事化组织的正规化特征以及对规则法度、整洁衣着、服从上级等等的强调，都使它们具备了"了不起的本事"。

市政警察的执法体系是建立在指挥中枢的附属链条之上的（Novak et al., 2020）。尽管一个特定的警察局的所有单位都可能与一位中央指挥官相联系，但是整个指挥链条被划分成了多个单位。如此一来，警察局不同的分部或小组便可以对局部的指挥官做出即时的反应。警察局的功能性划分依据的是它所开展的工作的类型——比如交通巡逻工作、调查工作、卧底工作（如调查恶性犯罪和毒品犯罪）、群体管控及整装巡逻工作。

警察局并不要求入职者具有特别的教育背景。尽管要求入职者具备一定的未经特别训练的大学教育背景已经成为近期的常态，但是大多数进入警队的人员所受的教育不超过高中。警察的训练是非常实用主义的，并不强调智识性和理论化，往往在警察学校内部就可以开展。大多数警官来自中低阶层或工薪阶层。对于大多数人而言，成为一名警察是提高社会地位的一个机会。不过，女性进入执法队伍的还很少。在地方警察部门的全职宣誓类型的警官当中，她们所占的比例大约为12%（Hyland and Davis, 2019）。 *85*

警察队伍中的凝聚力和团结度很高，其程度要远高于其他的职业群体。正是基于其工作的特性，他们对平民和外人总是持一种比较多疑的态度。这些特征相应地意味着，警察容易展现出一种威权主义的面貌。与此同时，他们会遵循这样一种亚文化，也即当一名警察出现腐败或野蛮行为的时候，其他人会选择闭口不言（Novak et al., 2020）。

警察工作的性质 与通常的印象不同的是，除了警探（detectives）之外，其他类型的警察很少将自己的时间花在刑事侦查以及试图寻找和逮捕犯罪嫌疑人的事务当中。警察的活动主要是例行巡逻和维持秩序，具体的职责包括处理家庭滋扰事件、处置醉酒人员、帮助汽车驾驶员、管控交通、护送显贵以及处理青少年事务，等等。

威尔逊（Wilson, 1968）在一项较有影响的研究中，将警察的工作分为三种类型："警卫型"（watchman style）、"守法型"（legalistic style）和"服务型"（service style）。尽管所有这三种类型的要素都可以在任何一个执法机构中找到影子，但是不同的机构倾向于更为强调其中一种类型，这就令它们所奉行的执法政策也相应地存在一些差别。

"警卫型"强调维持公共秩序的职责，这与传统的执法工作形成了差异。在这样一种机构中工作的警察被视为"治安官"（peace officer），他们会忽视许多违法行为或者对相应违法行为的处理采取的是非正式的方式，对于执法需求和秩序维持所体现出来的地方性差异有着更为强烈的关注。"治安官"之角色的特点表现在充分的自由裁量上，这是因为，法律和机构的规则对于维护秩序的规定是比较粗梳的。"警卫型"警察局的特征表现在执法不力、腐败、逮捕率低。

"守法型"恰恰是与"警卫型"相对的。以这种类型为特征的警察局倾向于对所有的情况都加以处理，即使是那些维持秩序方面的普通问题也不例外，似乎这些问题都是严重的违法似的。在这种机构中工作的成员签发交通罚单的比例很高，逮捕的青少年违法者的数量很多，而且对不法单位所采取的措施也非常严厉。警察往往将注意力放在某些群体身上，特别是男性非洲裔美国人，而不是他们所认为的那些"值得尊敬"的人员。尽管这种类型的执法表现出技术性的高效和高逮捕率的特征，但是它也造成了执法方面的不平等，于是那些最为常态性地受到警察审查的群体会抱怨，其遭到了警察的侵扰和粗暴对待。

"服务型"将执法和秩序维护结合在了一起。这种类型的警务工作强调社区关系以及警察以非专门化小组形式表现出来的巡逻工作，警务指挥呈分散形态。这种类型与"警卫型"的不同之处在于，警察对所有的群体都要做出回应，并且对于轻微违法情形采用的是非正式的处罚。而它与"守法型"的不同之处在于，对轻微违法行为适用逮捕的情况很少，而且警察对于公共情绪和期望更为敏感。从这个意义上讲，"服务型"相较于"警卫型"在主观恣意性方面表现得更轻一些，相较于"守法型"则更为偏重对公共服务的实际考虑。在"服务型"警队中，鲜有腐败发生，而且针对他们的抗议也很少。它强调的是解决问题的警务方式，关注点并不是事件本身，而是事件背后的问题。它的目标在于减少警察与有色人种之间、警察与穷人之间的情感疏远和不信任感。

警察的自由裁量

如同法官审判一样，警察在执法过程中的一个重要特征也在于，其在特定情形下可以行使自由裁量权。自由裁量权的行使对于警察的日常工作而言是必不可少的，相应的情况很多，可以从常规的交通检查一直延伸到对家庭暴力求助电话的回应。

在一项很有影响的研究中，艾伯特·J. 赖斯和戴维·J. 博尔迪阿（Reiss Jr. and Bordua，1967）曾指出，警察的自由裁量在很大程度上源于现代警察工作所呈现出来的一般性组织结构。作为一种很大程度上主要依赖于公民动员（多数是通过拨打 911 电话的形式求助）的反应力量，警察在刑法方面发挥的功能与一个私人律师在民法方面发挥的功能是很相似的：判定受害者的诉求在何时需要警察采取正式的行动，以及在可能的情况下鼓励纠纷以私下处理的方式加以解决。警察做出的许多决定并不会导致他们受到支配或审查。结果，警察行使的自由裁量权是相当大的。从执行逮捕、开具交通罚单和叫停行人进行检查的数量来看，不同的警察机构表现出了极大的差异。

警察在"反应型警务"（reactive policing）和"主动型警务"（proactive policing）中都要行使自由裁量权。在"反应型警务"形态下，警察工作是对民众通过"911"报警电话或其他方式所发起的动员的一种反应。当有人拨打了报警电话，接线员就开始行使自由裁量权了。接线员会询问来电者一些问题，以确认其所报告的问题的性质和发生的地点，进而决定是否派遣巡逻车辆前往进行处置。如果一名调度人员决定派去一辆巡逻车，那么任务的性质（比如是盗窃还是抢劫）以及派出哪一辆车都要加以确定。当派出一辆车时，警察可能会对这一任务进行非正式的拒绝，或者在前往的路上拖延时间，甚至谎称已经对报警电话所涉事项进行了调查。

"主动型警务"是警察在并无民众动员的情况下自己开展的。交通部门和战术小组所开展的工作主要属于这类形式的警务。对于其他各种形式的警探和处理恶性犯罪事务的部门而言，在非经调度的情况下所开展的工作也是如此。在"主动型警务"中，自由裁量权的行使情形体现在，是否要叫停一个可疑的行人或一辆汽车进行调查，抑或是否要着手采取各种各样的犯罪预防措施。

在反应型和主动型这两种类型的警务工作中，自由裁量权的行使可以表现出多种形式：调查、对峙、处置、做出使用武力的决定。从某种程度上讲，警察可以选择调查某些行为，同时忽略其他行为。比如，对于公民的诉求，警察可以选择予以忽视或积极地予以追查。在有些案件中，警察会逮捕一名嫌疑人，而在另外一些案件中（即使行为和条件都相似）则会释放相应的人员。警察会不公平地对待某些人，而对另外一些人则会抱持尊重的态度。在整个过程中，警察会做出各种类型的决定。

87

由于警察在工作中行使着如此多的自由裁量权，他们便可能基于特定人员的人种、种族、性别、年龄、行为及其他方面的特征，而对其予以并不公平的对待。越来越多的证据显示，警察在叫停车辆和行人进行检查或采取其他一些行动的时候，会将对象锁定为年轻的非洲裔和拉美裔人员；相对于没有配备武器的白人男性而言，手无寸铁的非洲裔美国人更容易遭受警察的致命射击（Barkan，2019）。

尽管警察的自由裁量确实会导致种族歧视的出现，然而实际情况却是，警察的工作还是没有办法在相当程度的自由裁量缺位的情况下运行。正如戴维斯（Davis，1975：140）在很久以前所言：

> 警察的自由裁量绝对是必要的。这种权力不仅不能消除，而且任何消除这种权力的企图都是荒谬可笑的。自由裁量在警察的工作中居于核心地位，在执法和提供服务的活动中都是如此。没有自由裁量，警察的工作就如同一个人失去了腿、手臂和头，而只剩下一具无用的躯干。

虽然这样讲，但是并不意味着这是在为警察工作所表现出来的不公平对待找借口。相反，这是为了强调，应当减少他们不公平对待他人的情况。

总　结

1. 法院处理的案件通常因一起纠纷而产生。民间纠纷、官方发起型以及官方被告型纠纷构成了美国法院的大部分工作负荷。当纠纷从初审法院移转至上诉法院时，它们总是会发生变化，几乎无一例外地会转换成法律争议或程序争议。

2. 法院是由4种不同类型的参与者群体所构成的——诉讼当事人、律师、法官及陪审团。根据诉讼当事人诉诸法院的相对的频繁性，可以将他们划分为"偶然性用法户"和"经常性用法户"。

3. 法官在法院程序中是最具名望的参与者。法官除了裁决案件而外，还要掌控法庭中的诉讼流程，以及对法院进行管理。法官的个人背景和价值会对他们的决定造成影响，而这反过来又是他们获得更高级别法官席位的基础。

4. 陪审团都是在初审法院中运作的。围绕纠纷处理过程中陪审员的参与而产生的主要问题包括：陪审员制约法官权力的有效性、在陪审团甄选过程中所采用的科学方法、陪审团在社区中的代表性程度、陪审团的胜任度。

5. 尽管立法机关的主要功能是制定法律，但是它们也会参与到冲突管理当中来，而且还具有整合方面的功能。白人男性仍然是议员中绝对的主流。无论情况是好还是坏，说客在立法程序中也扮演着多种多样的重要角色。

6. 行政机构通常被称为政府的第四分支，其影响力几乎渗透到美国民众生活的各个角落。行政规则会影响我们所吞下的食物、驾驶的汽车、消耗的汽油、穿戴的衣服、居住的房屋，甚至是呼吸的空气。行政机构有权开展调查、制定规章和进行裁决。

7. 警察被期望进行执法，并且被赋予了执法的权力。在美国，并不存在关于执法的整齐划一的系统。执法的一个重要特征便是警察的高度科层化和军事化的组织结构方式。执法以高度的自由裁量为特征。当警察在执法的时候，由于警务活动存在这样一种基础性的特征，有时候很难判断他们到底是在行使自由裁量权，还是在差别化地处理相应的事务。

--------- **关键术语** ---------

裁决（adjudication）：法官在一起民事或刑事案件中关于被告人有无过错的官方评判。

行政机构（administrative agencies）：即政府当局，而非行政长官、立法机关和司法机关。创建行政机构的目的在于施行特定的立法。行政机构有时也被称为"委员会""局""理事会""主管机关 / 当局""办事处""部 / 厅""管理局""部门"。

事实问题（issues of fact）：法官或陪审员在一起审判中需要考虑的对事件的重建、描述及解释方面的问题。

法律问题（issues of law）：法官在一起审判中需要确定的关于法律的何种解释更为恰当、更可接受方面的问题。

立法机关（legislature）：国家及州的宪法所规定的，由一系列经选举产生的成员所组成的议会机构。

陪审员资格审查（voir dire）：在陪审团的甄选过程中针对陪审员的询问。

推荐阅读

Jennifer E. Cobbina, *Hands Up, Don't Shoot: Why the Protests in Ferguson and Baltimore Matter, and How They Changed America.* New York: NYU Press, 2019. 在密苏里州弗格森市、马里兰州巴尔的摩市发生了臭名昭著的警察杀害非洲裔美国人的事件之后，该书就当地居民对抗议的反应进行了深刻的分析。

Angela J. Davis, ed., *Policing the Black Man: Arrest, Prosecution, and Imprisonment.* New York: Vintage Books, 2018. 这本卓越的文集收录了对刑事司法系统的三个发展阶段的种族歧视所进行的研究。

Don J. Lofgren.*Dangerous Premises*: *An Insider's View of OSHA Enforcement.* Ithaca, NY: Cornell University, 1989. 作者曾担任美国职业安全与健康管理局 (OSHA) 的调查员，该书用平实的语言对自己的经历进行了富有洞察力的描述。

Jerome H. Skolnick, *Justice without Trial: Law Enforcement in Democratic Society.* New York: Macmillan, 1994. 这是一部有很大影响力的文献，最早于 1966 年出版，分析了警务活动在民主社会中造成的紧张状态。

Malcolm K. Sparrow, *Handcuffed: What Holds Policing Back, and the Keys to Reform Hardcover.* Washington, DC: Brookings Institution Press, 2016. 该书对当今的警务活动提出了尖锐的批判，同时也给出了改善建议。

Michael Tonry(ed.), *Why Punish? How Much? A Reader on Punishment.* New York: Oxford University Press, 2010. 该书对有关惩罚的某些时代发展的问题以及引人思考的问题进行了概要性的分析。

Michael Tonry and Norval Morris (eds.), *Modern Policing.* Chicago, IL: University of Chicago Press, 1992. 该书采用了很好的历史分析视角，是一部关于警务的各个方面问题的杰出论文的汇编著作。

Larry W. Yackle, *Regulatory Rights: Supreme Court Activism, the Public Interest, and the Making of Constitutional Law.* Chicago, IL: University of Chicago Press, 2007. 对于美国最高法院于 20 世纪后半叶在美国人的生活及法律中的角色，该书进行了很好的分析。

参 考 文 献

Abramson, Jeffrey. 2000. *We the Jury: The Jury System and the Ideal of Democracy.* Cambridge, MA: Harvard University Press.

Asher, Herbert. 1973. "The Learning of Legislative Norms." *American Political Science Review* 67(June):499–513.

Bankowski, Zenon and James MacLean, eds. 2007. *The Universal and the Particular in Legal Reasoning.* Burlington, VT: Ashgate.

Barkan, Steven E. 2019. *Race, Crime, and Justice: The Continuing American Dilemma.* New York: Oxford University Press.

Barkan, Steven E. and George Bryjak. 2019. *Fundamentals of Criminal Justice.* Boston: FlatWorld.

Berdejó, Carlos. 2018. "Criminalizing Race: Racial Disparities in Plea Bargaining." *Boston College Law Review* 59(4):1189–1249.

Bittner, Egon. 1970. *The Functions of the Police in Modern Society.* Rockville, MD: National Institute of Mental Health.

Blumberg, Abraham S. 1979. *Criminal Justice: Issues and Ironies.* New York: New Viewpoints.

Box, Richard C. 2015. *Public Administration and Society: Critical Issues in American Governance.* New York: Routledge.

Breyer, Stephen G., Richard B. Stewart, Cass R. Sunstein, Adrian Vermeule, and Michael Herz (Author). 2017. *Administrative Law and Regulatory Policy: Problems, Text, and Cases.* New York: Wolters Kluwer.

Brooker, Russell and Todd Schaefer. 2006. *Public Opinion in the 21st Century: Let the People Speak?* Boston: Houghton Mifflin.

Brooks, Thom. 2019. *The Right to a Fair Trial.* New York: Routledge.

Carp, Robert A., Kenneth L. Manning, Lisa M. Holmes, and Ronald Stidham. 2020. *Judicial Process in America.* Thousand Oaks, CA: CQ Press.

Casper, Jonathan. 1972. *Lawyers before the Warren Court.* Urbana, IL: University of Illinois Press.

Center for Responsive Politics. 2020. "Influence & Lobbying." http://www.opensecrets.org/influence/.

Chalasani, Radhika. 2020. "George Floyd Protests Aren't Just Happening in Big Cities." *ABCNews.com* June 20:https://abcnews.go.com/US/article/george-floyd-protests-happening-big-cities/story?id=71327256.

Clements, Paul. 2015. "The 'CSI' Effect: The Impact of 'Television-Educated' Jurors." Drexel University College of Nursing and Health Profesisons August 27:https://drexel.edu/cnhp/news/current/archive/2015/August/15-08-27-the-csi-effect/.

Cohen, Thomas H. and Kyle Harbacek. 2011. *Punitive Damage Awards in State Courts, 2005.* Washington, DC: Bureau of Justice Statistics, U.S. Department of Justice.

Cohn, Alvin W. 1976. *Crime and Justice Administration.* Lippincott.

Coleman, James William. 2006. *The Criminal Elite: Understanding White-Collar Crime.* New York: Worth Publishers.

Cullen, James. 2018. "Sentencing Laws and How They Contribute to Mass Incarceration." Brennan Center for Justice:https://www.brennancenter.org/our-work/analysis-opinion/sentencing-laws-and-how-they-contribute-mass-incarceration.

Cunningham, Sally. 2019. *Driving Offences: Law, Policy, and Practice.* New York: Routledge.

Davis, Kenneth C. 1975. *Police Discretion.* St. Paul, MN: West Publishing Company.

Dempsey, John S. and Linda S. Forst. 2019. *An Introduction to Policing.* Belmont, CA: Cengage Learning.

Deutsch, Linda. 2006. "Tv Distorting Jurors' Expectations?". *Seattle Times January* 15:A9.

Digard, Léon and Elizabeth Swavola. 2019. "Justice Denied: The Harmful and Lasting Effects of Pretrial Detention." Vera Institute of Justice:https://www.vera.org/ publications/for-the-record-justice-denied-pretrial-detention.

Eisenberg, Theodore, Paula L. Hannaford-Agor, Michael Heise, Neil LaFountain, G. Thomas Munsterman, Brian Ostrom, and Martin T. Wells. 2006. "Juries, Judges, and Punitive Damages: Empirical Analyses Using the Civil Justice Survey of State Courts 1992, 1996, and 2001 Data." *Journal of Empirical Legal Studies* 3:263–295.

Feldman, Daniel L. 2016. *Administrative Law: The Sources and Limits of Government Agency Power.* Thousand Oaks, CA: CQ Press.

Friedman, Lawrence M. 2005. *A History of American Law.* New York: Simon and Schuster.

Galanter, Marc. 1974. "Why the 'Haves' Come Out Ahead: Speculations on the Limits of Legal Change." *Law & Society Review* 9:95–160.

Goldman, Sheldon and Austin Sarat, eds. 1989. *American Court Systems: Readings in Judicial Process and Behavior.* New York: Longman.

Gramlich, John. 2019. "Only 2% of Federal Criminal Defendants Go to Trial, and Most Who Do Are Found Guilty." *Pew Research Center* June 11:https://www.pewresearch. org/fact-tank/2019/06/11/only-2-of-federal-criminal-defendants-go-to-trial-and-most-who-do-are-found-guilty/.

Hans, Valerie and Neil Vidmar. 1986. *Judging the Jury.* New York: Plenum Publishing Corp.

Hans, Valerie P. and Neil Vidmar. 2004. "Jurors and Juries." Pp. 195–211 in *The Blackwell Companion to Law and Society,* edited by A. Sarat. Malden, MA: Blackwell Publishing.

Hemmens, Craig, David C. Brody, and Cassia Spohn. 2020. *Criminal Courts: A Contemporary Perspective.* Thousand Oaks, CA: Sage Publications.

Holyoke, Thomas T. 2018. *Interest Groups and Lobbying: Pursuing Political Interests in America.* New York: Routledge.

Hu, Jane C. 2017. "The Unscientific Science of Jury Selection." *Pacific Standard* May 3:https://psmag.com/news/jody-arias-quackery-behind-scientific-jury-selection-94423.

Hullinger, Jessica. 2015. "9 Things Lawyers Look for When Picking a Jury." *Mental Floss* April 1:https://www.mentalfloss.com/article/62514/9-things-lawyers-look-when-picking-jury.

Hunt, Morton. 1982. "Putting Juries on the Couch." *New York Times Magazine* November 28:70–87.

Hyland, Shelley S. and Elizabeth Davis. 2019. *Local Police Departments, 2016: Personnel.* Washington, DC: Bureau of Justice Statistics, U.S. Department of Justice.

Jillson, Cal. 2021. *American Government: Political Development and Institutional Change.* New York: Routledge.

Jonakait, Randolph N. 2003. *The American Jury System.* New Haven: Yale University Press.

Kalven, Harry and Hans Zeisel. 1966. *The American Jury.* Boston: Little, Brown and Company.

Kerwin, Cornelius M. and Scott R. Furlong. 2019. *Rulemaking: How Government Agencies Write Law and Make Policy.* Thousand Oaks, CA: Sage Publications.

Kurtz, Karl. 2015. "Who We Elect: The Demographics of State Legislatures." *State Legislatures Magazine* December:http://www.ncsl.org/research/about-state-legislatures/who-we-elect.aspx.

Mascaro, Lisa. 2018. "Acrimony, Insults and a Congress Endlessly Split over Trump."

APNEWS.com July 13:https://apnews.com/c237fd3d2fc846438b326c2d1a47c73b.

Merryman, John Henry, David S. Clark, and John Owen Haley. 2015. *The Contemporary Civil Law Tradition: Europe, Latin America, and East Asia.* San Francisco: Matthew Bender & Company.

National Center for Education Statistics. 2019. *Digest of Education Statistics: 2017.* Washington, DC: National Center for Education Statistics. https://nces.ed.gov/programs/digest/.

Novak, Kenneth, Gary Cordner, Brad Smith, and Roy Roberg. 2020. *Police and Society.* New York: Oxford University Press.

Oleszek, Walter J., Mark J. Oleszek, Elizabeth E. Rybicki, and William Alan Heniff. 2020. *Congressional Procedures and the Policy Process.* Thousand Oaks, CA: CQ Press.

Osborne, Randal. 1992. "The Fixers." *Riverfront Times* June 17–23:1, 14–15.

Parramore, Lynn Stuart. 2019. "Alexandria Ocasio-Cortez Is Right About Corruption in Congress." *NBCNEWS.com* March 4:https://www.nbcnews.com/think/opinion/alexandria-ocasio-cortez-right-about-corruption-congress-ncna975906.

Posner, Richard A. 1995. "Juries on Trial." *Commentary* 99(3):49–53.

Reiss, Albert J., Jr. and David J. Bordua. 1967. "Environment and Organization: A Perspective on the Police." Pp. 25–55 in *The Police: Six Sociological Essays*, edited by D. J. Bordua. New York: John Wiley.

Ross, H. Laurence. 1980. *Settled Out of Court.* Chicago: Aldine.

Sales, Bruce D. and Joel D. Lieberman. 2013. *Scientific Jury Selection.* Washington, DC: American Psychological Association.

Seib, Gerald F. 1995. "You Can Get Away from Washington—but Not Government." *Wall Street Journal* June 21:A1.

Selman, Donna and Paul Leighton. 2010. *Punishment for Sale: Private Prisons, Big Business, and the Incarceration Binge.* Lanham, MD: Rowman & Littlefield.

Spohn, Cassia and Craig Hemmens, eds. 2019. *Courts: A Text/Reader.* Thousand Oaks, CA: Sage Publications.

Studdert, David M., Michelle M. Mello, Atul A. Gawande, Tejal K. Gandhi, Allen Kachalia, Catherine Yoon, Ann Louise Puopolo, and Troyen A. Brennan. 2006. "Claims, Errors, and Compensation Payments in Medical Malpractice Litigation." *New England Journal of Medicine* 354(19):2024–2033. doi: 10.1056/NEJMsa054479.

Subramanian, Ram, Léon Digard, Melvin Washington II, and Stephanie Sorage. 2020. "In the Shadows: A Review of the Research on Plea Bargaining." Vera Institute of Justice:https://www.vera.org/downloads/publications/in-the-shadows-plea-bargaining.pdf.

Umphrey, Marta Merrill, ed. 2017. *Trials.* New York: Routledge.

Vidmar, Neil and Valerie P. Hans. 2007. *American Juries: The Verdict.* Amherst, NY: Prometheus Books.

Walker, Samuel. 2015. *Sense and Nonsense About Crime, Drugs, and Communities.* Stamford, CT: Cengage Learning.

Wilson, James Q. 1968. *Varieties of Police Behavior: The Management of Law and Order in Eight Communities.* Cambridge, MA: Harvard University Press.

92

第四章
立 法

章节框架

学习目标

1. 概述关于立法的"道德事业家"理论。
2. 列出议会立法与法官造法的差异点。
3. 解释行政规章的制定与行政裁决的差异。
4. 描述法官造法的 3 种类型。
5. 概述任意两种推动法律发展的因素。

96   在地方、州和联邦的各个层面，立法机关、行政机构和司法机关每年都会程式化地出台成千上万的新法律。每部法律都是独一无二的。每部法律都有其不同的生成因素、特定的历史以及存在的理由。不过，仍然可以从中概括出一些规律：法律是如何形成的，社会学因素在立法过程中扮演着怎样的角色，社会力量又为立法或修法提供了什么样的动机。本章会将视角关注于：关于立法的更为重要的社会学理论，立法机关、行政机关以及法院造法的方式，既得利益集团、民意和社会科学在决策过程中扮演的角色，以及推动法律发展的源泉。

第一节　关于立法的理论观点

法律的产生和实施既是按部就班进行的，同时又处于不断发展的过程之中。在社会学的著述中，关于立法的许多方面的理论观点可谓百家争鸣（Chambliss and Zatz, 1993; Lange, 2009; Zander, 2020）。从事立法研究的学者在解释法律是如何产生或废止的时候，运用了不同的观点。我们将简明扼要地探讨这其中的 4 种理论，以此阐明这些观点的多样性。它们分别是理性主义模型、功能主义观点、冲突理论，以及"道德事业家"理论。

理性主义模型

理性主义模型（rationalistic model）主张，法律（特别是刑法）的创制是保护社会成员免受社会危害的理性手段。根据这种观点，犯罪对社会是有害的。这虽然是一种非常流行的理论，但是从某些方面来讲，实际上并不具有说服力。这种理论的一个主要的问题在于，立法者以及那些力量强大的利益集团确定了哪些活动可能对公共福祉有害（Goode, 2019）。实际上，价值判断、偏好以及其他的考量因素都会影响到是否有害方面的评判。（以第五章将要探讨的卖淫和赌博为例，为什么特定类型的行为会被贴上犯罪的标签？）

功能主义观点

保罗·博安南（Bohannan, 1973）所提出的关于立法的**功能主义观点**（functionalist view）主要关注的是，法律是如何生成的。博安南认为，法律是一种特别的惯例（custom）。如果社会制度要显现其功能，而且社会要持续发展，那么惯例便是关于人们必须采取的行为方式的规范或规则。于是，立法便是对某些惯例（比如那些关于经济交易或合同关系、婚姻中的财产权利，或者越轨行为的惯例）的重申，并由法律机构加以执行。

功能主义观点认为，其他形式的制度性规范的失效，为规范以法律制度的方式重新制度化提供了条件。从功能主义的视角来看，法律之所以得以通过，是由于它们代表了人们的声音。从本质上讲，法律乃是惯例、现存的标准化规则的凝结形式。尽管社会中存在着冲突，但是这些冲突相对而言是微不足道的，而且并不涉及基本的价值问题。根据这种观点，社会中的群体冲突和竞争实际上有助于加强凝聚力和团结度。

冲突理论

97

冲突理论（conflict perspective）将价值方面的不同意见、经济利益的不平等享用机会以及随之而来的社会的结构性分裂作为法律的决定性因素。具体而言，法律的起源反映了精英阶层的需要（参见第二章）。该理论提出，精英利用社会控制机制（比如法律）来永远保持他们在社会中的有利地位。当涉及一项规范的建议内容出现冲突的时候，那么冲突理论学者便会认为，那些与精英群体的利益更加紧密地联系在一起的利益集团将很可能在这场冲突中获得胜利。比如，正如第一章所述，威廉·J. 钱布利斯（Chambliss, 1964）写道，英国数个世纪前掌握最大权力创立流浪者法则（vagrncy laws）的群体，正是当时那些代表着支配性经济利益的人。更近的例子则表现在，公司的利益是如何助力于影响法律对 2009 年金融市场的动荡所给予的回应的（Halliday and Carruthers, 2009）。

"道德事业家"理论

"道德事业家"理论（moral entrepreneur theory）将法律的出台及关键事

件的发生归因于"具有开创性的个人或群体的出现"。他们的活动可以被恰当地称为"道德事业"，这是因为，其所致力的事业是创立社会的道德宪章的一个新的组成部分，用以确立关于正确抑或错误的准则（Becker, 1963: 146）。

关于"道德事业家"在立法中的角色，可以在霍华德·S.贝克（Becker, 1963）关于旨在压制大麻使用的刑法发展的研究中得到绝佳的体现。贝克指出，1937 年的联邦《大麻税法》（Marijuana Tax Act of 1937）的前身可以反映在早期的刑法条款中，比如《沃尔斯特德法》（Volstead Act）（酒精）及《哈里森麻醉品税法》（Harrison Narcotics Tax Act）（鸦片及其衍生物）中的规定。作为当今司法部下属的缉毒局（US Drug Enforcement Administration of the US Department of Justice）的前身，财政部的麻醉品管理局（Narcotics Bureau of the Treasury Department）在早期的时候并不怎么关心大麻的问题。该管理局在那个时代认为，对鸦片的规制才是真正的问题所在。但是，快到 1937 年的时候，该管理局将大麻的使用重新定性为一个严重的问题。于是，该机构扮演了一个"道德事业家"的角色，因为它尽力对危害社会的大麻的使用做出了全新的定性。比如，麻醉品管理局向大众传媒提供了关于大麻的有害信息，在此过程中还传播了一些"恶毒故事"。这些故事详尽地展现了吸食大麻所导致的令人恐惧的状况。

结果在 1937 年，《大麻税法》获得了通过。从表面看，这是一种税收措施，但是真实的目的则在于阻止人们吸食大麻。这里还有另外一个鲜为人知的插曲。抵制大麻的运动还由于这样一件事而平添了色彩：作为首个"禁毒沙皇"的哈里·安斯林格（Harry Anslinger）被他妻子的叔叔安德鲁·梅隆（Andrew Mellon）任命为联邦麻醉品管理局局长。作为财政部部长的梅隆曾是杜邦财团（DuPont）的银行家。当时，大麻类植物的销售威胁到了该财团建立合成纤维市场的努力。于是，散布关于大麻的恐慌故事便成了毁掉大麻声誉的一种方式。

另外一个关于"道德事业家"在立法中所扮演角色的例子乃是生育的控制。安德里亚·汤恩（Tone, 2001）在他那令人着迷的著作《设备与愿望：避孕用具在美国的历史》（*Devices and Desires, A History of Contraceptives in America*）中指出，直到 19 世纪中期，避孕技术才超越了沿用许多世纪的方法——比如利用动物的肠子来做避孕套。在查尔斯·古德伊尔（Charles Goodyear）于 1839 年发明了硫化橡胶之后，橡皮生产商开始不仅仅供应避孕套，而且还供应灌洗注射器和"子宫罩"（或称"子宫帽"和"宫颈帽"），以及宫内避孕器。在 19 世纪 70 年代，药房打着广告，宣传并销售化学栓剂、阴道海绵以及医用药塞。这种可以轻易获取生育控制设备的状态令安东尼·康斯托克（Anthony Comstock）感到焦虑不安，他当时是纽约市的一位推销员。康斯托克相信，那些药房将性与婚姻、生育分离开来，从事着邪恶交易。1837 年，他与志同道合的伙伴联合，成功地游说国会通过了一项法案。该法案将避孕贴上了淫秽下流的标签，并且禁止通过州的通信线路和邮件传送避孕物。结果，各种版本的"康斯托克法"在 24 个州获得了颁布。

除了通过立法而追寻现实的掌控力而外，"道德事业家"们也会寻求获得象征性的胜利。这种象征性的胜利可以体现在两个方面：其一，一部法律的通过也象征着支持它的群体获得了控制力；其二，一部法律的创制也意味着，人们的违法行为会受到负面的评价。由于不同的群体在声望和地位方面有着重要的差异，或者两个群体因地位而进行竞争，每个群体都会将法律视为一种合法性的标记。它们会力争利用法律来确认自身的生活方式处于受人尊重的地位。据古斯菲尔德（Gusfield, 1967：178）所言：

> 法案通过或政府对之进行确认，这一现实表达了公众关于一套规范的价值选择，或者说这反映出一种亚文化与其他的类型区分开来。这表明了哪一种文化具有合法性和公共支配力，而其他的文化则不具有这样的功能。相应地，这便提高了那些其文化受到确认的集团的社会地位，同时也相应地压低了那些其行为被定性为越轨的集团的社会地位。

关于立法理论的结语

时至今日，学者们仍然在上述 4 种关于立法的理论的相对优点方面喋喋不休地争论。不过应当意识到的是，我们无法依靠任何一种理论而对所有法律的产生进行全面的解释。对理论观点之优点的评估取决于研究者的理论视角。赞成冲突理论的学者会坚定地主张，社会冲突在立法过程中扮演着核心的角色，而支持其他理论的研究者也会对其各自的理论立场的解释力进行辩护。由于立法机关、行政机构和司法机关一直在创制大量的法律，因此要选择一些例子来说明任何一种可以想象得到的理论立场，往往都并不是什么难事。充其量，我们所探讨的理论只能部分地解释法律是如何产生的。尽管所有这些理论可能至少是部分正确的，但是如果说有一种理论可以完全解释法律是如何产生的话，则是值得怀疑的。有了这些认识，让我们转而考察议会立法、行政立法和法官造法的过程。

第二节　议会立法

立法机关最为重要且最为显而易见的法律工作便是制定法律。**"议会立法"**（legislation）这个词描述的是，作为政体组成部分的一个机关精心创制法律规则，从而在正式的法律文件中给予法律规则以明确的表述。就此而言，立法与法院做出的规范性判决存在着明显的区别。由一位法官对一项法律规则或原则做出的口头表达与由一个立法机关对一个主张做出的权威性的系统阐述相比，在一锤定音程度方面并不可相提并论。此外，尽管司法裁决和立法的工作都包括由作为政体组成部门的机关对法律的精心创制，但是设立司法机关的主要目的并不是制定法律。正如第二章所阐释的那样，司法机关的主要功能是在既存的法律的基础上定纷止争。而且，法官的造法功能应当被视为附属于司法判决这一主要功能之下。

此外，还应当记住的是，立法与法官造法之间还存在其他的一些差异。法官所造的法是基于对实际的争议的判定。在案件判决之前，并不存在任何规则可言，于是只能通过法院对纠纷进行判定。而与此相反的是，立法者则在案件发生之前便要对规则进行明确的阐述。一项司法裁决因适用一个特定的规则而获得了正当性，而一则法令则通常并不涉及某项论争式的抑或辩解式的陈述。法律只是简单地表述：这是禁止的，这是必须的，抑或这是经过授权的。

总的来说，相较于法官而言，立法者在对法律进行重要的修改及革新方面，有着更大的自由度。对于来自公众或个人的压力，立法者也较法官而言更为敏感。法官处理的是特定的案件，而立法者考虑的则是涉及所有阶层的相关状况的普遍性问题。有时，立法机关的注意力会聚焦于由一起特定事件引发的问题，但是它最终颁布的法律则具有普遍的适用性。比如，当国会于1932 年通过《联邦绑架法》（Federal Kidnapping Act of 1932）时，"林德伯格的小孩"① (Lindbergh baby) 遭遇绑架以及随后的死亡对于立法者而言还记忆犹新,但是颁布这部法律的目的则在于应对这种可能发生的事件的所有情形。于是可以得出的结论便是,立法者负责的仅仅是制定出全新的规则,或者是创造、修正那些能够使这些规则得以实施的制度。

立法与社会问题

议会立法往往代表着对某个特定问题的回应。这样的问题要么是达到了足够尖锐的程度,以至于损害了大量个人及组织机构或者政府的福祉;要么则是达到了足够显著的程度,从而引起了至少某些立法者的关注。但是,立法也可以通过其他的方式而产生,原因包括恐惧、社会动荡、冲突、环境恶化及科技革新,等等。

举例而言,各种各样的联邦纯净食品与药物法律 (federal pure food and drug laws) 之所以会在一个世纪之前以及在更近的年代出台,就是源于食品和药物生产者和加工者的不法行为遭到曝光 (Friedman and Macaulay, 1977)。从更近的例子来看,针对药品检测施加更加严格控制的立法,便是随着"反应停"② (thalidomide) 效果被披露而通过的——这种药品导致大量婴儿一出生便是畸形的;国家安全法律及相关举措是在 2001 年的"9·11"恐怖袭击事件之后发展起来的;移动网络 (cellular network) 及互联网的出现催生了许多类型的立法,以便对这些新型通信方式的使用进行监管。对新问题或者成功改头换面后的老问题进行回应的立法,可以说是无穷无尽的。

然而,立法者对一个社会问题的体认抑或他们对一个群体的特定行为诉求的认知都并不必然会导致一项立法的产生。当以下一些情况出现的时候,某种形式的立法反应的概率会相应提高:(1)强势的利益集团发动其成员采取立法行动;(2)公众对某个问题产生了强烈的关注——比如关于"反应停"的争议,或者与此相反的是,他们对一个利益集团所倡导的特定举

100

---

① "林德伯格的小孩"是指著名飞行员查尔斯·林德伯格 (Charles Lindbergh) 的儿子。林德伯格是首次单独飞越大西洋的人。1932 年 3 月 1 日,两岁的小林德伯格被歹徒绑架并残忍杀害。这起案件的前前后后十分曲折,也是美国历史上推进司法进步的一起重要案件。正因此案,美国国会通过了《林德伯格法》(Lindbergh Act),将绑架确立为联邦重罪,允许联邦政府机构调查此类案件。——译者注

② 一种用于妊娠妇女的镇静药。——译者注

措漠不关心；（3）没有人对维持现状施加压力，抑或立法建议案并无反对意见。

立法之前的活动

通常而言，在一项立法计划提出之前，立法前的程序阶段已经开展了一系列的活动（Price，1972）。第一个阶段是对一个特定的问题（比如对核废料的处理）进行鼓动及宣传（instigation and publicizing of a particular problem）。典型的鼓动者包括大众传媒（比如《60 分钟时事》这样的节目或者报纸及新闻杂志中的一系列文章和社论）、通过调查听证而突出强调该问题的众议院议员、对某一个社会问题进行记录和渲染的作家。

第二个阶段是"信息搜集"（information gathering）。具体搜集的资料包括：关于问题的性质、重要性和结果，解决问题及其代价、收益、内在困难的替代性计划，每个计划可能产生的政治影响，各种妥协方案的可行性。第三个阶段是对该问题进行"系统构思"（formulation），或者设计并主张一种具体的立法救济方案。第四个阶段是"利益集聚"（interests-aggregation）：通过折中或妥协的方式从其他的立法者那里寻求对该议案的支持（也即如果你支持我的议案，那么我也将支持你的议案）；支持这一个利益集团，而不支持其他利益集团；在相冲突的集团中进行协调。

第五个阶段是"动员"（mobilization），即推动某一法案的一个人（通常能够根据自己在体制中的身份）通过施加压力、劝服或者进行控制的方式来采取有效且相对直接的行动，以获取法案的颁布。一个立法事项是否能够经过前三个阶段，通常不仅有赖于来自个人、群体或者在政策领域拥有权威和合法性的政府组成部门的支持，也需要获得立法机关中核心人物的拥护。最后一个阶段是"修正"（modification），即对立法建议进行些许修饰。这种修饰有时是为了更好地巩固相应议案，有时则是对其反对者做出一些让步，以便于立法计划的正式提起。

虽然上文梳理了六个阶段，但是这并不是简单地表明它们都是立法程序所必然要涵盖的。这几个阶段不仅阐明了支配立法过程的标准范式（比如对一起事件的公开讨论以及调和不同利益的努力），而且还揭示了立法机关在制定法律的过程中暴露出来的彻头彻尾的政治属性。

第三节　行政立法

　　行政机构通过制定规章，对其管辖范围内的案件及争议事项进行裁决，从而参与到立法活动中来。行政机构不仅从事民事救济工作，而且也着手开展刑事制裁，从而力求遵从具有管理特性和行政特性的法律规定（Feldman，2016）。行政立法在现代社会中扮演着越来越重要的角色，正如第三章所强调的那样，社会的各个方面都可以感受到这种立法的结果。本节将进一步对行政立法中的基本程序进行讨论。

行政规章的制定

　　制定行政规章是政府机构最为重要的一项功能。总统和国会为政府的工作任务设定了总体框架，而行政规章的制定则细化了法律的规定，描绘了行政机构承担其职责的方式。通过规章的制定，一个特定的行政机构便可以依据立法来对政策进行调控。根据《联邦行政程序法》（Federal Administrative Procedure Act）的要求，获提议制定的规章必须在《联邦官报》（*Federal Register*）（关于全新的、拟修订的抑或获提议制定的规章的每日简报）上进行概要性公告。这样一种公告必须对规章制定程序的地点、提出规章建议的法定权力主体以及所提规章的实质内容进行详细说明。

　　在发布了这样一个公告之后，利益相关主体可以以呈交书面材料的方式获得参与制定相应规章的程序机会。根据相关机构权限内的灵活安排，相关主体有时也可以提出口头形式的陈述。除非调控行政机构行动的条例关于对外告知或听证有特别要求，否则如果相应机构认为这么做不切实际、并不必要或者不符合公共利益，那么它们便可以不对规章的制定进行对外告知。

　　行政机构在规章制定程序中的灵活性相比行政裁决而言要高出许多。除非有法令的要求，否则并不需要举办正式的听证。制定规章的行政官员可以自由地与利益相关主体进行非正式的协商，并且无须受到裁决听证那种更为僵硬的要求的约束。此外，参与到规章制定程序中的主体的数量也比裁决程序要潜在地多出许多。在裁决程序中，只有受到行政指令直接影响的主体才会参与到其中来（也即直接参与到案件中）。

　　在连篇累牍的联邦规则所编制成的宏大厚重的法典中，有大量的内容是由行政机构的实体规则所组成的。比如，《国内税收法典》（Internal Revenue

Code）便是这些法规目录中的一个组成部分，它是由表面上看起来无穷无尽的规则所构成的，而这些规则都是对国会所颁布的法令的阐释。在这一点上，应当注意到，相较于自身所发布的目的在于阐明其所要实施的法律的"立法性"规则而言，行政机构会发布大量的公告，这些公告的正式化程度和约束性程度都相对较低。在这其中，有些公告所反映的是"解释性的规则"（interpretative regulations）。例如，美国国税局就经常发布关于《国内税收法典》的解释——例如，一个大学教授的纳税在什么情况下可以以业务支出的形式扣除居家办公开销的部分。而且，作为对某些外来查询申请的回应，行政机构有时会做出"咨询性裁定"（advisory rulings），即针对特定的情况对法律进行解释。除此之外，有些行政机构还会发布指示性说明、参考指南、解释性的小册子等材料。

102　　以下将举例说明，行政机构通过制定规章所创造出来的立法类型：

- 食品及药物管理局（FDA）通过制定规章，以确定标识、有效性、保存期限、药品安全等方面的政策。
- 交通部发布规则，规定航空公司在日期更改、航班取消、长时间延误、乘客错过航班的补偿、行李丢失、拒绝乘客登机及其他事务方面可以做的事情。
- 商务部发布规则，对银行业务及跨州商业活动的其他大量的事务进行规范。

行政裁决

　　行政机构创立规则的第二种方式便是行使裁决权，而这种权力是由国会授予的。行政裁决与司法审判是相对应的。行政裁决指令具有溯及效力，这与制定规章所具有的预期效力形成了鲜明的对照。在制定规章的时候，行政机构会提前面向受其管辖的人，就其拟制定的规章进行通告。当一个行政机构打算签发一项裁决指令而开启相应程序之时，它终究必须对现存的政策进行解释抑或确定一项新的政策，从而将其适用于手上的案件。直到裁决指令发布之前，参与其中的当事人都并不清楚政策将如何得到适用，这便使得行政机构的决定表现出溯及既往的特征。行政裁决式的规则制定容易出现前后矛盾的现象，这是因为案件的裁定都是建立在个案的特定情形之上的。遵循先例的原则（要求与先例保持一致，这将在法官造法的背景下进行探讨）并不盛行（Feldman，2016），于是颠覆高级别行政机构做出的裁决往往会造成规则的适用欠缺连贯性。

由于许多行政机构不仅有权制定规章，也有权裁决案件，因此它们可以对这两种不同方式的立法活动进行选择。当一个行政机构相信系统性地提出一项政策决议的时刻已经到来时，它便可以起草并发布一则条例了。但是，当一个行政机构倾向于一直等到问题的轮廓更加清晰时才制定规则的话，它便可以继续以逐案处理的方式来解决问题，从而创制出一系列的决议性规则，而这些规则会通过术语的表述而确保持续下去的灵活性。此外，行政机构不同于法院的方面还在于，它不必消极地等待案件呈交到它跟前。行政机构的执行官员可以外出搜寻一些将会引发争点的案件，从而引出官员希望加以裁决的事项。而且，由于行政机构可以自行决定启动什么样的执行程序，因此它可以对案件的处理方式加以选择，以便将来如果发生诉讼的话，法官将很可能倾向于认可行政机构裁决案件的相应方式。

第四节　法官造法

在过去的数十年间，法官造法的数量在美国经历了稳步的增长（McCloskey，2016）。通常而言，立法者和行政官员都乐于让法官接下某些争议事项的烫手山芋，比如许可抑或禁止堕胎，或者指令用校车接送那些废除了种族隔离制度的学校中的学生。与此类似的是，允许法院去处理一些敏感的事务，从政治角度而言往往也更为有利，例如重新分配立法机关中的席次、调控雇佣实践、监管土地的使用和发展、监管城市的规划，以及治理教育系统。相较过去而言，法官们看上去也更加倾向于认为，法院应当去处理各种各样的社会问题。在这样一种趋势之下，司法系统近年来在我们的社会中扮演了一种强有力的角色。正如亨利·J.亚伯拉罕（Abraham，1996：21）曾经强调的那样："在美国，所有的社会问题和政治问题似乎迟早都会成为司法问题，这简直是再正常不过的事实了！"

在过去的一些年间，法院做了大量的工作。例如，法院要求相关人员需在州内居住达到一定时限才能享受社会福利，从而改变了法律的规定。法院也对食品加工、医院运营、囚犯雇用、教育等事项，都设定了详尽的标准。法院还强令一些监狱关上了大门。此外，法院为被限制在医院内的精神病人

103

建立起了综合性的关爱和治疗项目。它们还指令学校对教师的薪水进行平等处理，判决必须向墨西哥裔美国小孩提供语言教育，裁定对同性婚姻予以支持而后又加以反对，取消了飞行员的工作所要求的作为前提条件的高中文凭。法院曾基于环境理由而阻止建设道路和桥梁，在取消了汽车的轮胎和安全气囊的性能要求之后又重新制订了新的标准。

在即使现在来看都很经典的"布朗诉教育委员会"[*Brown v. Board of Education*, 374 US 483（1954）]一案中，司法系统（确切地说即最高法院）判令，禁止在公立学校内实行正式的种族隔离，从而在处理跨种族关系而确立新的政策时创设了一项判例。最高法院在处理刑事案件的时候也确立了一整套新的法律制度，其在诸多其他的事项之外，还要求：

- 除了轻微的案件而外，穷人都能获得由公共费用支撑的律师的帮助[*Gideon v. Wainwright*, 372 US 355（1963）]。
- 被告必须被告知：他们向警察所说的每一句话都可能成为不利于他们的证据，而且如果他们要求的话，在接受警察讯问的时候将可以有律师在场[*Miranda v. Arizona*, 348 US 436（1966）]。
- 在可能导致其监禁的听证程序中，青少年必须享有与成年的涉嫌犯罪者相同的某些权利[*In re Gault*, 387 US 1（1967）]。

最高法院及其他法院造福社会的裁决的例子不胜枚举。然而，司法激进主义也伴随着批评的声音（Lindquist and Cross, 2009）。关于法官在美国政体系统中制定政策的角色，就面临着质疑。法官的角色是适用法律，因此最高法院根据社会变迁的状况在解释宪法的时候所开展的制定政策的活动，被认为是司法机关所获权力的一种并未得到许可的扩张。有人提出，司法激进主义态势的增强产生了一个并不对美国人民负责的司法机关。与此不同的是，司法激进主义的支持者则声称，确有必要让法院来处理当政者和立法机关经常忽视，抑或在其制定规章及采取其他行动的过程中"创造"的严重的社会问题。

在这些争议存在的同时，法官造法的 3 种类型也浮现了出来：通过创设先例的方式造法、通过解释法令的方式造法，以及通过解释宪法的方式造法。我们将分别对这 3 种类型进行阐述。

104 通过创设先例造法

这里快速回顾一下第二章的内容。在美国和诸如英国这样的普通法系国家，司法判决在典型情况下都建立在由过往的判决所确立的先例之上，这就是所谓的"遵循先例原则"。与此相对的是，诸如法国和德国这样的大陆法系国家则拥有一个法典化的法律制度，其基本的法律都表述在法典之中。这些都是由国家的议会所颁布的成文法，所有领域的法律（家庭法、住宅法等等）都通过条理化、逻辑化和综合化的方式得到了编排。法官所遵循的基本的法律原则都可以在议会的法案中找到踪影。在像英国和美国这样的普通法系国家，法官的判决却是建立在判例法的基础之上的，而判例法是由法官在长期判决特定案件的过程中所形成的大量的判决意见汇集起来的。先例原则，也即法官要受到业已判决的意见的约束，是一种根深蒂固的普通法原则。

在普通法的制度体系中，相较于在面对问题的时候重新寻找解决方案而言，遵循先例往往更为容易操作，而且也更为节省时间。先例令法官可以借用前辈的论理，从而有助于在司法判决的出台过程中将恣意专断降低到最低程度。此外，先例能够令人们（在律师的帮助下）对自己的行为进行谋划，从而预料过往的判决会在将来得到遵循。尽管法律所追寻的目标并不仅限于确定性、可预测性、连贯性，但是这些特性却都是至关重要的。许多纠纷因而得以避免，而另外的一些纠纷也并不是通过诉讼程序加以解决的，这仅仅是因为，人们非常熟悉法院将很可能对特定类型的行为做出何种反应。

尽管遵循先例具有重要的意义，但法官们实际上也会在裁判过程中推翻先例。一位法官可能遇到一个根本并不存在先例的案件。比如在1个世纪前，当飞机开始掠过农田并且惊扰到农场中的牲畜的时候，法官便遇到了一个前所未有的问题。农民发起了诉讼，要求进行赔偿。由于飞机乃是全新的事物，当时的法律根本不可能触及这样的情形，法院于是会寻求现成的法律规定进行类比，从而令旧法合理地延伸开来应对新出现的情况（Hamilton and Spiro，2015）。正如这个例子所示，法官有时会在没有先例指引的情况下造法，而他们是通过选择恰当的类比来开展相应工作的。

通过解释法令造法

在解释法令的时候，法官的工作有助于确定立法决议的效力。在绝大部分涉及法令适用问题的案件当中，法院在认定如何适用这些法令的时候并不存在什么难题。这是因为，相关的法律或证据是一目了然的。

然而在有些案件中，立法机关的意图却令人感到难以揣测。由于法律的措辞不当，有些法令中会夹杂一些并非有意出现的错误，抑或存在模棱两可的含义。其他一些法令的内容则会含混不清，这是因为推动立法的那些人曾力图保持这种模糊性，或者在潜在的争议事项上保持沉默，从而避免遭到反对。许多法律缺乏明晰度的另外一个重要原因在于，相应法律的支持者不仅无法预见，而且也无法具体列举将来可能发生的所有情形。这便为法院提供了一个参与造法活动的机会。比如，反垄断条例的具体状况便导致相当多的法官造法应运而生。这是因为，国会仅仅提出了最为一般性的指导方针。于是，诸如哪些因素构成了对贸易或垄断的限制这样的问题，就要留待法院在个案中进行认定。在这种情况下，法院不仅仅开展了造法工作，而且还设定了明确的政策来引导其他主体的活动。例如，商业主体及政府机构在实际上并未直接涉足一起具体案件的情况下，其所开展的活动都会因此而受到牵引。

105

在一些偶然的情况下，法官们会发现，他们为了寻找法令的立法意图所付出的所有努力都是徒劳无功的。关于法令的规定是如何适用于先前的案件裁判的，这个问题不得而知。于是，处理当前案件的法官在没有先例可以援引的情况下，也必须采取行动。于是，他们必须创造性地开展造法活动。或许，这恰恰是由于立法机关并不情愿对未知的将来事务进行事无巨细的规定，从而指望法官去进行处理。法官的职责便是根据他们所知晓的立法机关在更广层面的立法目的和社会的共同目标，来推导出适用于特定案件的意图。

通过解释宪法造法

在美国，法院经常被要求对宪法进行解释（Baum，2019）。通常而言，这些案件都会涉及立法机关存在争议的制定法条款，以及行政长官开展的存在争议的行动。就此而言，许多案件都可以在这里得到讨论，其中最为著名的一起便是涉及杜鲁门总统与一家钢铁公司的案件。1952 年，杜鲁门总统希望阻止一家钢铁公司的工人打算发动的一场示威罢工。为了实现这一目标，他指令联邦官员对这家国有公司的工厂加以控制并开展经营。而钢铁公司则根据《宪法》第二条（关于总统的权力和职责的规定），针对总统的做法提出了一项法律上的质疑。这个官司一直打到了联邦最高法院。最高法院法官于 1952 年 6 月一锤定音，通过 6 比 3 的投票裁决，杜鲁门无权开展上述活动。

联邦法院解释宪法条款的机会往往要比州法院更多，这是因为美国宪法中有许多核心条款被认为是更加模棱两可的（McCloskey，2016）。与此相对的是，州的宪法的内容往往更为详尽，于是留待司法机关进行解释的空间便较为有限。

正如本部分的讨论所意味着的那样，法官造法通常关注的是政府机构而非私人主体的活动。然而，某些公共问题却极少在法院得到裁决。外交事务（由于这些事务被认为是政治问题而非司法问题）便往往超越了法院裁决的范围。比如，当反越战者要求就该战争的合宪性进行裁决的时候，最高法院便拒不接招。一位法学教授将最高法院的这一表现称为"一种令人奇怪的沉默"（Schoen，1994）。此外，法院也很少涉足款项拨付及课税这样的事务。

第五节 立法受到的影响

立法是对各种各样的社会力量的回应。对于影响立法的因素，通常无法进行精确的确认、衡量或者评估。有的时候，大量的影响因素会同时发挥作用。在本节中，我们将讨论其中一部分对立法的影响：利益集团、民意和社会科学。

利益集团

106

利益集团论主张，法律是由于人群中特定集团的特别利益的需要而产生的（Holyoke，2018）。利益集团在立法和制定政策的过程中施加影响的例子比比皆是。从当今来看，调整酒精使用的法律、关于性行为的规则、堕胎法案、纯洁食品与药物立法、反垄断法、所有的汽车安全标准以及类似的法规，最终都可以从源头上找到利益集团活动的踪影。即使是对现存的法令进行更改，也会受到那些认为这种变化会产生一些威胁或有利因素的人的影响。通常而言，利益集团在社会运动开展的过程中充当了一种沟通网络的角色，这便利了他们观点的传播，而这种传播的方式又有助于令相关社会运动获得法律保障，就法制变化施加公众压力，吸引一些政治家参与到社会运动中来，以及使政策变化的效果得以实现（Almeida，2019；McCann，2006）。

基于政体分支机构的不同，利益集团与立法者之间互动的性质会有所变化。尽管法官也无法免于利益集团的影响，但是他们通常不会像议员或行政官员那样受到后者的游说。如果要将纠纷诉诸法院，就必须聘请一名律师，必须遵守正规的程序，而且还必须用法律术语来表达不满的诉求。为了对议员施加影响，某个利益集团必须有经济方面的强大保障，或者能够对大量的投票人员进行有效的动员。而在法院，却并不存在这样的影响法官的先决条件。如果一个利益集团拥有足够的金钱聘请一位律师，抑或找到一位公益律师（为了公益事业开展工作，通常不收费或者低价收费），那么其便可以通过诉诸法院的行动来进一步满足自身的利益需求。此外，利益集团可能转向法院，这是因为他们会假定，司法机关比立法机关和行政机关而言更具有同情心（McCann，2006）。基于这些原因，诸如"全美有色人种协会"（NAACP）这样的代表有色人种利益的集团已经多次利用法院来保障各种各样的公民权利。

利益集团用于影响法院工作的技巧与他们用于影响立法机关和行政机构工作的方式相较，并不相同。正如政治学家赫伯特·雅各布（Jacob，1984：151）所观察的那样：

> 关键的技巧是：通过启动"试验案例"[①]（test cases）来引起法院对冲突的注意，通过"法庭之友"[②]（amicus curiae）的简报向法院传递额外的信息，通过在法律及大众期刊中阐述有利于利益集团诉求的信息来与法官进行间接的交流。

通过提起"试验案例"，利益集团为法官制定政策提供了机会。通常，这些利益集团会在一起特定的个案中向法院递交"法庭之友"简报，以此传达相关的社会科学研究的发现。通过"法庭之友"的方式提供信息，利益集团便扩展了司法程序的边界，而且与其他的集团建立起了联盟。另一种技巧则是在法律学术期刊中公布结论。法官通常会阅读这些期刊，从而在法学研究动态上与时俱进，而且有时甚至还会将这些期刊中的著述作为权威观点的来源而在其裁决中进行引述。这些期刊中发表的文献有助于将某些人的观点

---

① "试验案例"是指为确立一项重要的法律原则或权利而提起的诉讼，这类诉讼通常是在当事人对案件事实均无争议的情况下提起的，因此有时也称为"合意诉讼"（amicable suit 或 amicable action）。——译者注

② "法庭之友"是指对案件中的疑难法律问题陈述意见并善意提醒法院注意某些法律问题的临时法律顾问。——译者注

呈现在法官的面前。

从性质上讲，从利益集团与立法机关和行政机构的法律制定者之间的相互关系来看，具有更为明显的政治属性。正如第三章所述，许多利益集团在华盛顿和州的首府都设有办事处，其工作人员掌握着立法机关和行政机构的工作动向，并且试图影响它们的活动。有些利益集团在与议员和行政官员打交道的时候，还要对律师事务所的服务支付费用。在反垄断和税收调控这样的问题上，这些律师事务所向议员和行政官员们提供专业意见，并且代表客户与重要的议员保持着个人联系。 *107*

某些特定情况出现后，会强化利益集团对立法者的潜在影响（Ripley, 1988）。在许多情形下，某个事项可能并不涉及处于竞争态势的利益集团。当仅仅存在一种观点时，那么相应的集团便很可能在很大程度上达到其所欲追求的目标。比如，当银行业和其他的借贷利益集团（比如当铺）在一个州推动高利贷法的上限向更高点位修改时，如果并不存在一个有组织的反对方，那么他们便很可能获得胜利。与此相似的是，如果处于争议一方的利益集团在他们所寻求的关键问题上团结一致且步伐协调（或者如果他们能够将分歧最小化），那么他们获得胜利的概率就会相应提高。如果立法机关的某些重要成员（比如附属委员会的主席）支持利益集团的立场，那么成功的可能性也将大增。

一起事项的明晰度则是影响立法者的另外一个考虑因素。当该事项还并不是非常惹人眼目，或者当利益集团寻求的仅仅是对法案增加个别的修正条款，那么成功的机会也将增加。相反，当该事项越发为人所知而且公众也加大了关注度，利益集团对立法者的影响度便越会消减。除此之外，对于与其意图所代表的集团的利益相一致的事项，利益集团很可能会有更大的影响力。比如，"美国劳工总会与产业劳工组织"（AFL-CIO）可能对涉及工作条件的问题很有影响力，但是如果其主张的是一项外交政策的事项，则可能只会从立法者那里得到较小的关注。

就利益集团影响立法的有效性而言，还有其他的一些考量因素：

- 财力资源决定了一个利益集团支持诉讼、游说、公共关系和其他活动的能力（Abramson, 1998）。
- 主张维持现状的利益集团比起力图发起变革的集团会更有优势，这是因为后者在立法程序中必须克服许多障碍，而前者在该程序的许多环节中的任何一个环节都可能挫败变革的发生。

- 利益集团的影响力主要依赖于立法者所感受的前者所处的地位。当一位立法者与利益集团同属一个集团联盟（比如，当农场集团与本身就是农场主的议员进行对话时），当议员的选民认为该利益集团很重要，抑或当该利益集团被视为合法且可靠的信息来源时，该利益集团便会具有特别重要的影响力。

- 利益集团影响立法的能力还会因其引发社会或经济混乱的能力而提高。有时，涉及混乱、动荡、暴力的威胁会成为相对弱小的利益集团讨价还价的有力武器（Almeida, 2019; Staggenborg, 2016）。与此类似的是，关于减少像食品、医疗服务及能源这样的必需品供给的威胁就曾被利益集团用于影响立法者。总之，一个利益集团引发危机（无论是社会混乱、经济衰退还是减少急需产品的供给）的能力使得它在立法程序中具有相当程度的影响力。

108 民意

在人类学家所研究的传统社会中，民意与法律之间并没有什么显著的区别（参见第二章）。在这样的社会中，一个人所熟知的其所在部落的法律，事实上就是由引导整个社会成员行为的习惯和非正式的规范所构成的。

但是，当社会趋于更为庞大、越发复杂、更加多样化时，民意与法律之间的一致性便不会那么直接地表现出来了。由于如今已经有如此多的法律，而且这些法律往往还非常的纷繁复杂，普通人显然不可能对那些影响他们生活的法律的内容都能做到了如指掌，这就更不要提那些对法律根本就不熟悉的人了。当然，某些法律或政治性的议题确实会吸引公众的眼球。这就令这样一个问题应运而生，即民意到底会在多大程度上影响涉及这些议题的立法。

另有一个相关的问题在于，当我们试图理解民意对立法的影响时，我们会想到哪些人。这样的人可以意指数量上的绝大多数人、一位有影响力的精英、黑人、妇女、穷人、中产阶级、年轻人、老年人、外来务工人员、学生、大学教授，等等。在整个人群的各个分支当中，他们在一般的观念方面可能是相似的，但是在许多重要的问题上却彼此相异（Erikson and Tedin, 2019）。

需要注意的是，有一种观察民意影响立法的更为有益的方式，这便是评估大量"民众"（即社会的组成部分）关于特定事项所表达出的多种多样的意见——比如施加于特定犯罪人的量刑。这些观点是通过众多渠道表达出来的，具体而言可以是通过媒体、政党以及各种类型的利益集团。如果我们试图评估社会中的哪部分人有能力令他们的"民意"影响立法，则涉及法律及立法议题的研究文献都强调了财富、权力及影响力的重要性。简单地说，相对于其他一些群体及个人的"民意"而言，某些群体及个人的"民意"要更加重要一些。正如劳伦斯·弗里德曼（Lawrence M. Friedman）观察到的那样：

> 对立法施加影响的"民意"就如同塑造市场的经济力量一般。之所以如此，有两个主要的原因：首先，有些人（但仅仅是一些人）对某种特定的商品表现出了足够的兴趣，以使人们感受到他们的分量。其次，有一些人比另外的人拥有更多的权力和财富。比如，一端是像美国总统和通用汽车公司这样的主体，而另一端则是外来务工人员、婴儿以及圣昆丁监狱（San Quentin）的狱囚。（Friedman，1975：163）

民意对立法程序有着不同的影响，这是一个社会科学家和立法者都公认的现象。立法者意识到，出于金钱、才能以及选择等原因，有些人相较于其他人而言会更有能力胜任。弗里德曼在医疗改革领域对立法者做出了这样的观察（Friedman，1975：164）：

> 他们清楚，比起 1 000 位穷困的、没有权势的支持公费医疗制度的选民，100 位对这一制度持强烈反对意见的富有的、有权势的选民更为重要。多数人不会发出喧嚣的声音、提出威胁，或者通过写信呼吁的方式表达诉求。他们往往保持平静，并不引人注目，除非有一项民意调查发现了他们的存在。这便是"沉默的大多数"。奇特的是，这个群体只有在它打破沉默的时候（即自身发动起来或被他人所发动起来的时候）才会显现出重要性。

109

立法者也知道，大多数人对于司法、行政及立法机关所必须处理的大多数事务并不清楚。这就意味着，立法者在运筹帷幄的时候就拥有了一个广阔的空间。比如，当议员们声称代表其所在地区的意见时，那么在大多数的情况下，他们实际上只是代表了一小部分选民的意见而已（比如只是代表了房地产开发商而不是整个社区的居民）。这是因为，大部分人对这个事务并不清楚，抑或并不怎么关心相应的事务，因而也就不会就此发表意见。

尽管有这些因素的存在，民意也确实能对立法程序施加影响（Carp et al., 2020）。丹尼斯·S. 伊波利托（Dennis S. Ippolito）和他的同事（1976）将促使立法者形成某项决定的因素划分成了三种类型，即"直接影响"（direct influences）、"集团影响"（group influences）以及"间接影响"（indirect influences）。

"直接影响"指的是选民向议员提供奖赏或施加制裁的压力。选民可能会向某些议员投票，因为后者会参与颁布前者所喜好的法律。与此相对的是，选民会在投票过程中否定另一些议员，因为后者不会参与颁布那样的法律，抑或颁布的法律乃是选民所反对的。在向竞选活动提供资金方面，这样一种差异也是存在的。需要注意的是，这种形式的影响并不限于议员。法官同样也会面临来自民众的压力，后者会在各种各样的社会或政治议题方面，要求前者在某些案件中做出特定的判决而非其他判决。

"集团影响"来自代表特定选民的有组织的利益集团。无论是政党、公民行动组织还是其他的利益集团，都在持续地对立法的过程施加着影响。在这样一种背景下，民意（比如枪支管制或者堕胎的正反两方面的声音）会围绕一个具体的事项或者一个直接的目标而组织起来。在这种组织的过程中，利益变得具体且明确，而民意的支持也被用于在通过法律机器促进变革或救济的过程中力图获得优势。

"间接影响"则发生在议员的活动与选民的倾向保持一致的时候。这是因为，议员与选民有着相同的倾向，或者前者相信自己就是应当做出这样的判断。议员可能希望通过立法活动赢得潜在的选票，而"间接影响"会使得这样一种可能性提高。具体而言，议员可能只是简单地与其选民的观点保持了一致，抑或看到了选民观点中的价值，即使两者的观点实际上并不完全相同。

民意调查力求对一个社区中的人们关于当前重要事件的集体意识进行研判。诸如盖洛普（Gallup）、哈里斯（Harris）这样的许多历史悠久且享有盛誉的商业公司在遵循行业标准和复杂调查程序的情况下，从事着这类民意调查工作。这些民调机构经常与大型广播电视公司一起联合工作，后者主要包括美国广播公司（ABC）、哥伦比亚广播公司（CBS）、美国有线电视新闻网络（CNN）、全美广播公司（NBC）。其他的合作对象还包括报纸和刊物，比如《纽约时报》《华盛顿邮报》《时代周刊》，等等。除此之外，还有大量专业性的公共性的小型民意调查组织、私营性的民意调查组织以及大学里的民意调查机构。全国性民意调查的一个典型样本的大致规模是 1 500 个受调查对象，但是也有一些全国性调查只涉及 400 个样本。根据统计学原理，以 1 500 人的规模作为样本得出的结论可以达到 95% 的概然性。具体而言，与全国的成年人都接受调查相比，这种统计结论的数据在精确性上不会超过上下浮动 2.6 个百分点的幅度。

110

数十年前的研究业已证实，民意调查确实对立法产生了影响（Burstein，2003；Pickett，2019）。例如，在许多国内事务的问题上，民意都成功地引导立法者制订了立法计划。而如果没有这样的民意调查的话，相应的立法计划或许就会被束之高阁数月甚或数年。例如，在最低工资、社会安全这样的事项方面，民意便引导或推动了立法行动。但是，在关于公民自由和公民权利这样的特定事项方面，民意则会落后于政府的政策，或者倾向于支持那些抑制宪法权利的措施。例如，从上世纪 50 年代中期开始到 60 年代末，美国最高法院在解释和系统阐述关于民权的政策方面，扮演着主要的角色，这便比民意调查中反映出来的见解更具有进步性（Simon，1974）。但是应当注意到的是，关于美国最高法院到底是否会反映抑或应当反映占大多数的民意，在美国法律思想界还存在着争议（Baum，2019）。

总的来说，在立法过程中采用民意调查的做法是受到推崇的。比如，欧文·克雷斯皮（Crespi，1979）就认为，立法者如果充分利用民意调查的成果的话，他们会变得更加高效。在立法活动中，有必要对与公众的希望、需要、渴求和关切的问题有关的直接证据（未经特别的利益集团和说客集团解释的过滤）进行研究。克雷斯皮提出，在立法过程中，应当首先努力对一般性的公众以及将会直接受到特定立法影响的那部分公众的观念加以确定。然后，应当将民意调查作为立法程序中意见塑造阶段的一个组成部分，而不是仅仅将它作为现实发生之后才予以应付的一个问题。克雷斯皮（Crespi，1979：18）说道：“将公众的态度和意见视为一个相对次要的变量而非视作权威的影响因素，这二者的不同说到底就是专家治理型（technocratic）政府与民主型政府所表现出来的差异。”

立法与社会科学

立法者早就意识到了社会科学家为立法程序所作的贡献。比如，所谓的《布兰代斯辩论摘要》（Brandeis Brief）出现于 1908 年，旨意在于主张，妇女工作时间需要限定，这符合宪法的要求。《布兰代斯辩论摘要》被视为在立法过程中应用社会科学研究成果的早期的里程碑（Zeisel，1962）。①在历史性的"布朗诉教育委员会"一案判决的多数意见中，最高法院在推翻过往的一起判决在种族问题上所确立的"隔离但平等"标准时，便引用了社会科学研究的观点。这些观点所涉及的内容从单个的心理学实验延伸到广泛的经济和社会调查。根据这些研究的发现，法院裁决，在小学实行种族隔离从心理学上讲有害无益。在该判决文书当中著名的第 11 个脚注中，法院也引用了对许多相应的证据进行了总结的社会科学研究，意在表明种族隔离损害了黑人小孩的学业发展。

111　　正如这些例子所表明的那样，要努力促使社会科学对立法程序产生影响，就需要运用从坚实的研究中获得的相关研究结论。这些研究结论既可能依赖于定量研究所获得的数据，也可能来自定性研究所收集的数据。社会科学的数据可以出于学术目的而加以收集和分析，随后则可以为纠纷的一方或多方所利用，这在"布朗诉教育委员会"一案中已经得到了反映。社会科学研究也可能会因诉讼一方特定的需求而开展。如果一位社会科学家预料到，研究的结果将影响到立法者的决定，那么相应的研究也可能是在没有特定外在需求的情况下开展的。

　　除了开展研究之外，社会科学家也可以作为专家证人参与到立法程序中来，典型的是为一方当事人作证，或者到立法机关提供证词。对这种服务的需求不仅体现在涉及专家证人的林林总总的名录当中，而且在对法院和立法机关中作证之复杂性的越来越多的研究中也得到了证实（Brodsky and Gutheil，2016）。有时，法官或议员会邀请社会科学家在准备背景材料方面提供直接的支持，这些背景材料有的是与特定的事项有关，有的则是服务于意在提出政策建议的总统委员会的工作。

　　尽管社会科学对立法者的行动产生了影响，但是关于社会科学家在立法过程中的角色，却存在着争议。比如，这里可以思考一下 20 世纪 60 年代

---

　　① 这份辩论摘要以美国最高法院于 1908 年审理的 Muller v. Oregon 一案中一方的代理律师布兰代斯（Louis D. Brandeis）命名，一些中文文献也译作"布兰代斯意见书"或"布兰代斯诉讼方法"。布兰代斯整合了一些调查报告、政府的统计数据、工厂的报告、医学讨论报告以及从雇主和雇员那里提取的意见数据等，其结论获得了最高法院的认可。也就是说，这份摘要作为"立法"过程中应用社会科学研究成果的里程碑，具体而言是在"法官造法"这种特殊的英美法"立法"背景下出现的。——译者注

晚期爆发的关于《平等教育机会报告》（Equality of Educational Opportunity Report）的争议。这份报告通常被称为《科尔曼报告》（Coleman Report），以其主要作者詹姆斯·S.科尔曼（James S. Coleman）命名（Dickinson，2016）。这份报告对学校教育及学生学习成就方面存在的种族不平等现象进行了调查。对于法院所做出的要求用校车接送学生从而在公立学校中减少种族隔离的许多重要判决而言，这份报告都产生了影响。使用校车接送学生的做法成为一个极具争议的话题，许多白人对此持反对态度（Bobo，1983）。对于支持和反对这种做法的证据，社会科学家们也展开了争论。一些学者对学校的种族融合会促进黑人诸多方面发展的假设提出了质疑，其中的因素具体包括学习成绩、个人抱负、自尊以及获得更高等级教育的机会（Armor，1972；Howard，1979）。其他一些学者则支持这种在教育方面合理的做法（Pettigrew and Green，1976）。

已故的丹尼尔·帕特里克·莫伊尼汉（Daniel Patrick Moynihan）是一位来自纽约州的卓越的社会学家和多产的作家，于1977年至2001年在美国参议院担任高级议员。莫伊尼汉指出了社会科学家因参与立法程序而受到批评的三大原因。其一，社会科学主要关注的是对未来事件做出预测，而法律的目的则在于对这些事件进行调整。比如，法律的功能是对离婚导致的赡养费用做出安排；而社会科学的功能则是力求预测支付赡养费的可能性、赡养费对双方当事人工作和再婚产生影响的可能性，以及其他与此相似的可能性问题。其二，社会科学家的政治观点往往相当进步，而这样一种政治倾向弱化了他们对许多立法者的影响。其三，社会科学家自己也经常对研究结果提出异议，于是当立法者质疑社会科学研究及社会科学家的时候，便并不会令人感到意外了。

第六节 推动法律发展的因素

推动力是一种建构立法运转机制的基本的前提条件。制定新法或者修改现成法律的需求是由诸多因素所促发的。推动法律发展的主要因素包括：学者的超然评断、学术圈外的著述、抗议活动、公益团体以及大众传媒。

112

学者的超然评断

法律的推动力可以来自超然的学术研究工作。学者们有时会认为，一种特定的行为或情形可能对整个社会和社会的一个组成部分造成危害。他们可能会将自己的诊断通过学术期刊、印刷或电子形式的大众传播平台，与其同行或公众进行交流。

关于一位学者是如何推动立法发展的，可以参考本书作者之一瓦戈教授早期关于"**工资扣发**"（wage garnishment）的一项研究（Vago，1968）。具体而言，他研究的是一种令债权人能够因债务人的过错而在后者领取工资之前，便从后者的雇主那里扣除工资的法律程序。这项研究考察了工资的扣发对密苏里州低收入家庭的影响。研究发现，相较于作为一种收款手段的功能而言，当时关于工资扣发的法律规定实际上产生了更多的反面效果。大约20% 的债务人在首次受到扣发工资的控告之后便遭到了雇主的解聘。这种行动不仅对债务人不利，也对他的家庭、债权人、雇主和整个社会都造成了危害。这样一种负面的影响促使瓦戈建议，需要为工资被扣发的债务人提供特定的法律保障，从而使他不致遭到解雇或者迫于无奈而破产。同时，他也提出了一个能够帮助债权人继续有效收取账款的方案。以瓦戈提供的数据和建议为基础，密苏里州立法机关的立法建议案应运而生。该建议案提出了债主收取欠款的程序框架，同时保护了债务人，使之免遭解雇。

大学里其他一些教授所做的研究也成了立法的推动力。例如，凯瑟琳·贝克特（Katherine Beckett）关于死刑适用中种族歧视的研究推动华盛顿州最高法院以违宪为由，废止了死刑（Sudermann，2019）。又如，戴维·卡普洛维茨（Caplovitz，1963）关于贫困和消费信贷（consumer credit）的研究引发了亟须改革消费信贷法律的提议。此外，从 20 世纪 70 年代开始，由女性主义学者所开展的关于强奸、性侵和家庭暴力的研究不仅令人们对于这些犯罪有了全新的认识，而且也在全美范围内推动了一系列关于法律制度如何与此类犯罪的受害人进行互动，以及如何处理相应犯罪者的改革（Belknap，2015）。

上述所提到的研究非常有限，这样的名单实际上是不胜枚举的。可以明确的是，学者的超然评断的确刺激了立法的开展。不过需要注意的是，立法发展的推动力除了来自象牙塔内的力量之外，还包括其他的一些因素，这便是下面的部分将要谈论的内容。

学术圈外的著述

通过写作，记者及学术圈之外的其他人士也成功地引发了公众对特定问题或社会状况的关注。关于激发法律变革的著述，可以列出一份很长的名单。基于我们论述的目标，这里仅举一些十分知名的例子。

在 19 和 20 世纪之交的时候，美国国内对于食品的质量投入了相当程度的关注。在这其中，特别是在肉类产品的质量问题上，出现了大量的丑闻。据闻，在美西战争（Spanish-American War）期间，美国士兵被迫食用了大量"添加有防腐香料的牛肉"（embalmed beef）。生产商大量骇人听闻的恶行通过大众媒体被揭露了出来。但是，在厄普顿·辛克莱（Upton Sinclair）于 1906 年出版《屠场》（*The Jungle*）之前，联邦层面的食品与药物法律还未问世。《屠场》是一部以牲畜饲养场为描述对象来折射芝加哥生活的小说。

113

这本书的前一半内容对芝加哥肉类加工厂的情形进行了栩栩如生的描述。以下便是其中的一段：

> 有结核病状的猪肉被销售给了人们。被欧洲扔弃后用船运回的"发霉且发白"的变质香肠在"加入硼砂和甘油后，被倾倒进漏斗，然后再在国内销售"。在贮藏肉的屋子中，从屋顶渗漏的水滴在肉上，成千上万的老鼠竞相掠食。包装工人会使用有毒的面包来灭杀老鼠，老鼠随之死亡，而"老鼠、面包和肉将一道混入漏斗"。最令人感到毛骨悚然的是对"厨房"中工人的描述。他们"在充满蒸汽的肉联厂车间中工作"，有些车间中"开启的大缸紧挨着地面"。工人有时掉进大缸，"当他们被发现的时候，已经惨不忍睹了——有时他们会被忽视数天，直到骨头险些作为达拉谟牌纯叶猪油（Durham's Pure Leaf Lard）而被卖出去"。（援引自 Friedman and Macaulay, 1977: 611-612）

辛克莱的书一经出版，便引起了轰动。其中一本被送到了罗斯福总统的案头，他于是任命了两位调查者进行相关调查，而后者的调查证实了辛克莱的发现。虽然很难说辛克莱的书为 1906 年《纯净食品和药品法》以及《肉类检验法》（Pure Food and Drug Act and the Meat Inspection Law）的颁布提供了多大程度的推动力，但是毋庸置疑的是，这本书的确在其中扮演了重要的角色。

雷切尔·卡森（Rachel Carson）的经典著作《寂静的春天》（*Silent Spring*, 1962）通过将杀虫剂的危害带入公众的视野，也产生了类似的影响。此外，如果不提到拉尔夫·内德（Ralph Nader）的话，即使列出一个数量已经缩减的有影响的作者名单，那么这个名单也是不完整的。在出版《任何速度都不安全》（*Unsafe at Any Speed*，1965）一书时，他还是一位名不见经传的律师。一开始，公众对美国汽车工业在汽车的设计和制造方面的安全问题并不关注，但是在该书出版之后便提高了警惕。这本书代表了"扒粪运动"新闻报道模式，而这种报道模式有时会引发公众对于某一个特定事项的高度关注，并且推动适当的立法加以应对。他的书以及他所开展的其他努力促使《全国交通与汽车安全法》（National Traffic and Motor Vehicle Safety Act）以及一系列其他的联邦法律相继出台，从而促进了汽车、食品以及其他行业的产品安全的改善。

抗议活动

抗议活动的形式包括示威游行、静坐、罢工、联合抵制，以及扰乱社会正常秩序的其他活动。这些活动借助新闻和社交媒体，目的在于将一个群体的不满情绪或者是他们所追求的目标投射进公众、立法者及其他公务人员的视野（Almeida, 2019；Staggenborg, 2016）。通常而言，这些伴随着暴力抗议形式的策略已经被那些无法或不愿意参与到更常规的立法活动中的人所利用。这里可以举一个大多数读者都熟悉的著名的抗议活动。1955 年 12 月 1日，罗莎·帕克斯（Rosa Parks）坐到了亚拉巴马州蒙哥马利市一辆公交车的后部，在该车"白人"区域开始变得过度拥挤时，拒绝将其座位让给一位白人男性。她的行动引发了黑人群体对公交系统的著名的联合抵制，开创了民权斗争的一个新时代，而且也为民权立法提供了重要的推动力。

从一开始就应当注意到的是，"法律、抗议与社会变革之间的关系既不是单向的，也不是对称的，即往往是无法预测的。抗议的一个主要功能可以是促成法律的变化，以此作为改变社会状况的一种途径；另一个功能或许是在没有法律干预的情况下直接带来变化；第三个功能可能是带来法律的变化，从而使其对通过其他方式推动的社会变革予以认可或予以法律保障。这些功能之间并不是相互排斥的"（Grossman and Grossman, 1971：357）。但是，抗议活动对法律的创制所产生的影响却是非常显著的。这是因为，"一般而言，法律层面不仅缺乏一个主动开展行动的主体，而且自身也欠缺相应的能力来启动变革，（美国最高）法院在这其中表现得尤其明显"（Grossman and Grossman, 1971：358）。

近年来，有色人种、女权主义活动家、贫困人群组织、反战群体、环保主义者、核能及核武器反对者都是投身抗议浪潮的人群，他们试图通过创制法律来推动实现对自己有利的目标（McCann，2006）。这些抗议活动多数是为了引起有利的媒体报道，从而通过这种方式获取立法者眼中重要的组织和个人的支持。

大多数抗议活动代表了力图改变现状而开展的运动的努力。一群人通过某种类型的行为或程序组织起来，致力于集体推动变革。这些运动通常都有特别阐明的目的、等级式的组织结构、以变革为定位的观念，对通过政治、教育或法律渠道所欲寻求的变革有着意识清楚且目标明确的阐释。多年以来，许多运动在社会政策方面赢得了新的立法的颁布和法院裁决的出台。与此相对的是，其反对者也利用法律来挫败社会运动所欲实现的目标。

在这其中有一个经典的例子，这便是推动堕胎合法化（Staggenborg，2016）。过往的时候，人们曾将非法堕胎视为危险的行为。然而与此同时，致力于推动堕胎合法化的努力（从而使妇女免于死亡和严重伤害）却并不成功。随后，有一个妇女权益和医疗组织的联盟开始要求将堕胎合法化。医方的发言人呼吁，堕胎理所当然是医生及其病人所做的医学决定。女性主义活动者也声称，一位女性对于她的身体拥有毋庸置疑的权利，而且应当有权对是否终止妊娠做出自己的选择。

从一定程度上讲，这些早期的努力获得了成功。20 世纪 60 年代，许多州开始对禁止堕胎的法律加以废止，或者令相关法律规定更加宽松。在这种意见氛围当中，最高法院于 1973 年在"罗伊诉韦德"（Roe v. Wade）一案中做出裁决，通过宣布禁止堕胎的州的法律违宪而完成了变革进程。当然，这也存在例外的情况，即怀孕的最后 3 个月不能堕胎。尽管这一里程碑式的裁决仍然在美国国内发挥着效力，但是最高法院后来的裁决及新近由各州所颁布的各种新的法律则对许多妇女获得合法堕胎的能力进行了限制（Holland，2020；Zavella，2020）。

115

公益团体

立法者非常清楚这样一个现实，即在立法程序中，私有利益相较于公共利益而言显然获得了更好的代表（Maloney et al., 1994）。在华盛顿和各州的首府，成百上千的组织和个体以全职或兼职的方式代表着一个或多个私有性质个体或组织的利益。它们既包括资金极为充足的组织——比如美国石油学会（American Petroleum Institute），也包括涉足事项较为单一的小型组织——比如运动爱好者乐园业主协会（Sportsman's Paradise Homeowners Association）。有些组织会调控冶炼厂的出口以维系价格，而且会游说政府代表以获取对自己有利的税收政策，比如石油公司便是如此。其他的一些组织则会假借国防的需要而从国会那里获得直接或间接的补贴，比如造船者联合会（Shipbuilders Union）和全国海事联合会（National Maritime Union）即是如此。电力企业是合法的垄断者，它的费率结构由电力委员会决定，而巨大的压力则又反过来迫使电力委员会为了管理者和投资者的利益而提高费率。

与此相对的是，声称代表公益的组织数量要少一些，而且这些组织本身的规模也更小。其中最为著名的包括同道会（Common Cause）、塞拉俱乐部（Sierra Club），以及美国公民自由联盟（ACLU）。在一系列惠及公众的法律变革方面，这类组织都起了重要的推动作用。在过去的数十年间，在同道会的推动下，年满 18 岁的公民获得了投票权。[①] 除此之外，同道会还获得了竞选活动所需的公共筹资，并且通过构建相应程序减少了美国众议院中的伦理败坏行为。同样，在过去的数十年间，塞拉俱乐部以及其他的环保组织为一系列环保法律的发展提供了推动力。这其中的一些法律便包括 1967 年的《空气质量法》（Air Quality Act）、1970 年的《洁净空气法》（Clear Air Act）和 1972 年的《净水法》（Clean Water Act）。此外，美国公民自由联盟的工作涉足难以数计的法律议题，并且在这些议题中赢得了重要的法院裁决。

法律的推动力也可能来自各种各样的准公共性的专门利益集团。它们可能代表特定的经济利益，比如消费者组织或隶属工会的工人的利益。此外，它们也可能代表特定的职业利益，比如美国医学会（American Medical Association）——该学会不仅对美国国内的医疗活动实施相当程度的控制，而且还积极地表明立场、筹集资金，以及在涉及医疗的各种问题上为了获得有利的位置而进行游说。其他的组织还包括那些被称为代表道德利益的组织，其具体关注的是酒精和毒品、卖淫及淫秽色情方面的问题。需要记住的重要的一点便是，这些各种类型的组织尽管有着许多不同的关注点，但是它们都激发了法律的变革，并且为这种变革提供了所需的推动力。

---

① 1971 年，美国国会通过《宪法》第二十六条修正案，规定年满 18 岁的公民有选举权。而在此前，只有年满 21 岁者才拥有投票权。——译者注

对于希望有效推动立法的一个组织而言，在理想情况下就要去试图接近立法者。但是就接近立法者而言，至少在某种程度上需取决于该组织的社会经济地位。拥有最雄厚资金、最具声望的成员以及最好的组织结构的组织群体才有可能获得接近立法者的最好机会。要在华盛顿和各州的州府维持说客的存在，大量的资金显然不可或缺。此外，相较于那些代表穷人、接受福利者以及类似人等的组织而言，无论是位于地方还是位于更高层级的立法者，都对那些代表着中高级阶层的组织更有好感。总的来说，相较于那些主张大规模的激进变革的组织而言，秉持"主流"观念、仅仅寻求对现状进行微小变革的组织可能会获得更多的关注和支持。

116

大众传媒

从一定程度上讲，大众传媒扮演着利益集团那样的角色。大众传媒的每一分子都经营着一项生意。与其他生意人类似的是，任何一家大众传媒与各个领域的公共政策都有着直接的利益关联。举例而言，传媒已经将推动特定的立法定位为它们的目标，比如便于它们获得新闻线索的信息公开和会议公开方面的法律，或者是允许它们保护秘密新闻线索的立法及法院判决。像全美广播业协会（National Association of Broadcasters）这样的组织则往往对联邦通信委员会（Federal Communications Commission）的活动十分关注，因为后者控制着电视台和广播电台的证照许可。

对于致力于塑造政策的主体而言，大众传媒也成了信息通道。比如，游说团体可能会购买媒体播出的节目时间段，从而引导公众意见与他们所追求的事业保持一致。通过将传媒作为桥梁，这些组织便可能通过公开地揭露问题或提出建议，从而将立法者或行政官员可能不会听到或在某些情形下不愿意听到的问题和建议传进他们的耳朵。

新闻媒体经常能够激发人们对事件和境况的广泛关注。"水门事件"便是五十年前的一个经典例子，这起丑闻最终导致尼克松政府在成立 4 年之后垮台。如果没有大众传媒穷根究底地进行调查的话，这起丑闻很可能仍然会处于秘而不宣的状态。如果没有大众传媒闪电式的报道，这一事件也很可能不会那么快就水落石出、广泛传布并且对公众产生深远的影响。在"水门事件"最为可耻的元素当中，包含竞选资金的不当筹集和使用。民意中喷涌而出的愤怒要求防止未来的"水门事件"再次发生。作为对这种疾呼的立法反应，1974年4月通过的一项议案彻底改变了总统及国会竞选资金筹措的方式。

大众传媒的调查报道为立法提供了直接的推动力，这从上述简要的历史记述中可见一斑。另一个例子则是发生于 20 世纪 80 年代的"伊朗门丑闻"（Iran-Contra scandal）。美国的军火商向伊朗秘密出售武器的资金被转移到了位于尼加拉瓜的右翼反叛组织"尼加拉瓜反叛军"（Contras）手中（Cohen and Mitchell，1988）。该组织使用这些钱来购买武器装备，以增强自己推翻尼加拉瓜政府的实力，而当时的政府是由左翼的桑定党（Sandinista Party）所控制的。国会于 1989 年颁布《情报授权法》（Intelligence Authorization Act），禁止美国的机构向尼加拉瓜的准军事化行动提供支持，从而对这起丑闻做出了反应。

117　民意是变革的一个重要先导，通过以迅雷不及掩耳之势将不受欢迎的情况在为数众多的公众面前曝光，大众传媒便为变革做好了准备。通过对感知到的不公正现象进行揭露，大众传媒在民意的形成过程中发挥着至关重要的作用。

拉尔夫·特纳和刘易斯·M. 基利恩（Ralph Turner and Lewis M. Killian）探讨了大众传媒影响民意的至为重要的六个步骤（1987）。第一，大众传媒对事件的实际性质进行"确证"（authenticate），这在民意的形成过程中具有决定性。第二，大众传媒对意见、情感和倾向予以"验证"（validate）。如果听到一个人的观点得到了一位著名评论员的确认，则会令人感到放心。第三个步骤是对被视为禁忌的特定行为和观点予以"认可"（legitimize）。只能私下讨论的事项现在可以公开地进行表达，这是因为它们已经在电视或其他的大众传媒经受了讨论。

第四个步骤是，大众传媒对个人所体验到的扩散开来的焦虑情绪、偏好、不满和偏见进行"象征化的表现"（symbolize）。通过对这些令人困惑的感受予以可接受的确认，大众传媒通常有助于将这些感受转化为具体的意见和行动。第五个步骤是，大众传媒将偏好、不满和偏见"聚焦"（focus）于行动的途径。第六个步骤是，大众传媒将人、物、活动和事件"划分进不同的层次"（classify into hierarchies）。基于重要性的程度、优先的排序和条目的设置，它们会表现出相应的重要性和影响力。

除了发布调查报告及塑造民意之外，大众传媒还能够向立法者施压或者提出质疑，从而令后者对于某一事项采取行动，或者改变他们在某个问题上的立场。像《纽约时报》《华盛顿邮报》这样具有影响力的报纸便能够采用社论的方式，令某个盯着议会席位的人登堂入室，抑或令一位议员卷铺盖走人。一家大报的认可有助于一位候选人当选。同样，社论对一位候选人的反对也会影响选举的结果。议员对媒体的力量十分清楚，因而会认真地对待社论的评价。

最后，大众传媒推动立法的一个间接方式是为民众所关心的问题提供一个讨论平台。比如，报纸中"给编辑的信"这样的专栏便是公布不理想境况的传统渠道，而新闻网站上的评论文章则是一种现代的方式。这类信件以及评论有助于实现许多目标。首先，它们能够提醒社会，立法机关正面临一个问题；其次，它们能说服读者树立一个立场；再次，它们能表明，社会中有一些负责且善于表达的人在关心着这个问题；最后，它们能赢得其他人的积极支持。与此类似的是，许多电台和电视台办有地方性的"脱口秀"和公共事务节目，这些渠道都能用来表达人们的愤懑，并帮助他们寻求救济。

总　结

1. 关于立法的理论视角包括理性主义模型、功能主义观点、冲突理论以及"道德事业家"理论。没有任何一种理论能够对所有法律的创制进行解释。充其量，它们都只是在一定程度上解释了法律是如何产生的。

2. 立法程序的 3 种类型分别是：议会立法、行政立法和法官造法。从大体上讲，议会立法需寻求行政长官、行政机构、利益集团、各类政党机构和发言人的意见达成妥协，从而促成立法。行政立法包括行政规章的制定和行政裁决。法官造法在美国有一种逐渐强化的趋势。法官是通过 3 种方式开展造法工作的：通过创设先例造法、通过解释法令造法以及通过解释宪法造法。

3. 利益集团、民意和社会科学都对立法过程施加着影响。利益集团对议会立法施加的影响表现在：启动"试验案例"，经由"法庭之友"简报向法院传递额外的信息，在法律期刊及大众刊物中阐述信息从而与法官进行间接的交流。从本质上讲，利益集团与议会立法人员、行政立法人员之间的相互关系具有更为明显的政治特性。社会科学家也对立法做出了贡献，而参与的方式则表现在，要么是直接发表专家证言，要么则是经由研究结论获得使用而间接产生影响。

118

关键术语

理性主义模型（rationalistic model）：该理论主张，法律（特别是刑法）的创制是保护社会成员免受社会危害的理性手段。

功能主义观点（functionalist view）：根据这一理论，立法是对惯例的反映，其得以通过是由于代表了人们的声音。

冲突理论（conflict perspective）：该理论将价值方面的不同意见、经济利益的不平等享用机会以及随之而来的社会的结构性分裂作为法律的决定性因素。

"道德事业家"理论（moral entrepreneur theory）：该理论将法律的出台及关键事件的发生归因于"具有开创性的个人或群体的出现"。

议会立法（legislation）：作为政体组成部分的一个机关对法律规则的精心创制，从而在正式的法律文件中给予法律规则以明确的表述。

工资扣发（wage garnishment）：一种令债权人能够因债务人的过错而在后者领取工资之前，便从后者的雇主那里扣除工资的法律程序。

推荐阅读

Debbie Cenziper and Jim Obergefell, *Love Wins: The Lovers and Lawyers Who Fought the Landmark Case for Marriage Equality*. New York: William Morrow, 2016. 就美国最高法院于 2015 年做出的关于全国范围内同性婚姻合法的裁决，该书很好且生动地阐述了关键人物在这个过程中所扮演的角色。

Richard A. Harris and Sidney M. Milkis, *The Politics of Regulatory Change: A Tale of Two Agencies*. New York: Oxford University Press, 1989. 对于管理方面的政策是如何创制及如何废止的，该书进行了极佳的阐释，其中分析的内容并不会受到时间流逝的影响。

Kamala Kempadoo and Jo Doezema, *Global Sex Workers: Rights, Resistance, and Redefinition*. New York: Routledge, 1998. 这是一部较早探讨法律规制对卖淫者及其他性工作者所产生影响的著作。

Roman A. Tomasic (ed.), *Legislation and Society in Australia*. Sydney, Australia: George Allen and Unwin, 1980. 该书包含一系列案例研究和理论方面的文章，内容与澳大利亚法律的创制与框架有关。

参 考 文 献

Abraham, Henry J. 1996. *The Judiciary: The Supreme Court in the Governmental Process*. New York: NYU Press.

Abramson, Jill. 1998. "The Business of Persuasion Thrives in Nation's Capital." *The New York Times*, September 29:A1.

Almeida, Paul. 2019. *Social Movements: The Structure of Collective Mobilization*. Berkeley: University of California Press.

Armor, David J. 1972. "The Evidence on Busing." *Public Interest* 25(Summer):90–126.

Baum, Lawrence. 2019. *The Supreme Court*. Thousand Oaks, CA: CQ Press.

Becker, Howard S. 1963. *Outsiders: Studies in the Sociology of Deviance*. New York: Free Press.

Belknap, Joanne. 2015. "Activist Criminology: Criminologists' Responsibility to Advocate for Social and Legal Justice." *Criminology* 53(1):1–22. doi: 10.1111/1745–9125.12063.

Bobo, Lawrence. 1983. "Whites' Opposition to Busing: Symbolic Racism or Realistic Group Conflict?". *Journal of Personality and Social Psychology* 40:414–431.

Bohannan, Paul. 1973. "The Differing Realms of the Law." Pp. 306–317 in *The Social Organization of the Law*, edited by D. Black and M. Mileski. New York: Seminar Press.

Brodsky, Stanley L. and Thomas G. Gutheil. 2016. *The Expert Expert Witness: More Maxims and Guidelines for Testifying in Court*. Washington, DC: American Psychological Association.

Burstein, Paul. 2003. "The Impact of Public Opinion on Public Policy: A Review and an Agenda." *Political Research Quarterly* 56(1):29–40.

Caplovitz, David. 1963. *The Poor Pay More: Consumer Practices of Low-Income Families*. New York: Free Press.

Carp, Robert A., Kenneth L. Manning, Lisa M. Holmes, and Ronald Stidham. 2020. *Judicial Process in America*. Thousand Oaks, CA: CQ Press.

Carson, Rachel. 1962. *Silent Spring*. Boston: Houghton Mifflin.

Chambliss, William J. 1964. "A Sociological Analysis of the Law of Vagrancy." *Social Problems* 12:67–77.

Chambliss, William J. and Marjorie S. Zatz, eds. 1993. *Making Law: The State, the Law, and Structural Contradictions*. Bloomington: Indiana University Press.

Cohen, William S. and George J. Mitchell. 1988. *Men of Zeal: A Candid Inside Story of the Iran-Contra Hearings*. New York: Viking Press.

Crespi, Irving. 1979. "Modern Marketing Techniques: They Could Work in Washington, Too." *Public Opinion* 2(3):16–19, 58–59.

Dickinson, Elizabeth Evitts. 2016. "Coleman Report Set the Standard for the Study of Public Education." *Johns Hopkins Magazine* Winter:https://hub.jhu.edu/magazine/2016/winter/coleman-report-public-education/.

Erikson, Robert S. and Kent L. Tedin. 2019. *American Public Opinion: Its Origins, Content, and Impact*. New York: Routledge.

Feldman, Daniel L. 2016. *Administrative Law: The Sources and Limits of Government Agency Power*. Thousand Oaks, CA: CQ Press.

Friedman, Lawrence M. 1975. *The Legal System: A Social Science Perspective*. New York: Russell Sage Foundation.

Friedman, Lawrence M. and Stewart Macauklay. 1977. *Law and the Behavioral Sciences*. Indianapolis: Bobbs-Merrill.

Goode, Erich. 2019. *Deviant Behavior*. New York: Routledge.

120

Grossman, Joel B. and Mary H. Grossman, eds. 1971. *Law and Social Change in Modern America*. Pacific Palisades, CA: Goodyear.

Gusfield, Joseph R. 1967. "Moral Passage: The Symbolic Process in Public Designations of Deviance." *Social Problems* 15(2):175–188.

Halliday, Terence C. and Bruce G. Carruthers. 2009. *Bankrupt: Global Lawmaking and Systemic Financial Crisis*. Palo Alto, CA: Stanford University Press.

Hamilton, Michael S. and George W. Spiro. 2015. *The Dynamics of Law*. New York: Routledge.

Holland, Jennifer L. 2020. *Tiny You: A Western History of the Anti-Abortion Movement*. Oakland, CA: University of California Press.

Holyoke, Thomas T. 2018. *Interest Groups and Lobbying: Pursuing Political Interests in America*. New York: Routledge.

Howard, A. E. Dick. 1979. "The Road from 'Brown'." *Wilson Quarterly* 3(2):96–107.

Ippolito, Dennis S., Thomas G. Walker, and Kenneth L. Kolson. 1976. *Public Opinion and Responsible Democracy*. Englewood Cliffs, NJ: Prentice Hall.

Jacob, Herbert. 1984. *Justice in America: Courts, Lawyers, and the Judicial Process*. Boston: Little, Brown and Company.

Jensen, Christopher. 2015. "50 Years Ago, 'Unsafe at Any Speed' Shook the Auto World." *The New York Times* November 26:https://www.nytimes.com/2015/11/27/automobiles/50-years-ago-unsafe-at-any-speed-shook-the-auto-world.html.

Lange, Marc. 2009. *Laws and Law Makers: Science, Metaphysics, and the Laws of Nature*. New York: Oxford University Press.

Lindquist, Stefanie and Frank Cross. 2009. *Measuring Judicial Activism*. New York: Oxford University Press.

Maloney, William A., Grant Jordan, and Andrew M. McLaughlin. 1994. "Interst Groups and Public Policy: The Insider/Outsider Model Revisited." *Journal of Public Policy* 14(1):17–39.

McCann, Michael. 2006. "Law and Social Movements: Contemporary Perspectives." *Annual Review of Law and Social Science* 2:17–38.

McCloskey, Robert G. 2016. *The American Supreme Court*. Chicago: University of Chicago Press.

Moynihan, Daniel Patrick. 1979. "Social Science and the Courts." *Public Interest* 54(Winter):12–31.

Nader, Ralph. 1965. *Unsafe at Any Speed: The Designed-in Dangers of the American Automobile*. New York: Grossman.

Pettigrew, Thomas F. and Robert L. Green. 1976. "School Desegregation in Large Cities." *Harvard Educational Review* 46(February):1–53.

Pickett, Justin T. 2019. "Public Opinion and Criminal Justice Policy: Theory and Research." *Annual Review of Criminology* 2:405–428.

Price, David E. 1972. *Who Makes the Law? Creativity and Power in Senate Committees*. Cambridge, MA: Schenkman.

Ripley, Randall B. 1988. *Congress: Process and Policy*. New York: W. W. Norton.

Schoen, Rodric B. 1994. "A Strange Silence: Vietnam and the Supreme Court." *Washburn Law Journal* 33:275–332.

Simon, Rita James. 1974. *Public Opinion in America: 1936–1970*. Slikie, IL: Rand McNally.

Sinclair, Upton. 1990 (1906). *The Jungle*. New York: New American Library.

Staggenborg, Suzanne. 2016. *Social Movements*. New York: Oxford University Press.

Sudermann, Hannelore. 2019. "How UW Research Convinced Our State's Highest Court to Toss Out the Death Penalty." *University of Washington Magazine* March:https://

magazine.washington.edu/feature/death-penalty-washington-state/.

Tone, Andrea. 2001. *Devices and Desires: A History of Contraceptives in America.* New York: Hill & Wang.

Turner, Ralph H. and Lewis M. Killian. 1987. *Collective Behavior.* Englewood Cliffs, NJ: Prentice Hall.

Vago, Steven. 1968. "Wage Garnishment: An Exercise in Futility under Present Law." *Journal of Consumer Affairs* 2(1):7–20.

Zander, Michael. 2020. *The Law-Making Process.* New York: Hart Publishing.

Zavella, Patricia. 2020. *The Movement for Reproductive Justice: Empowering Women of Color through Social Activism.* New York: NYU Press.

Zeisel, Hans. 1962. "Social Research on the Law: The Ideal and the Practical." Pp. 124–143 in *Law and Sociology: Exploratory Essays*, edited by W. M. Evan. New York: Free Press.

第五章
法律与社会控制

章节框架

学习目标

1. 阐述非正式社会控制与正式社会控制之间的差异。
2. 概述支持及反对死刑的观点。
3. 列出与针对特定毒品犯罪的战争相关的问题。
4. 解释对白领犯罪进行法律控制效率低下的原因。
5. 阐述为何以信息公开相威胁是行政法的一种社会控制形式。

　　自从社会学这一学科于 19 世纪发端，关于社会控制的各个方面的研究已数不胜数，而且这个话题仍然在社会学以及法律与社会研究中占据着中心地位（Chriss, 2013；Henry et al., 2020）。**社会控制**（social control）指的是一个社会中的成员用以维持秩序并促进其行为的可预测性的手段。社会控制具有多种形式，而法律便是其中之一。

124　　本章强调的是通过法律来实现社会控制，法律正是在其他的控制机制无效或无法利用的情况下起作用的。本章对以下内容进行了考察：非正式和正式社会控制程序、刑事制裁的使用、死刑的有效性、管控行为的"民事关禁"（civil commitment）。本章的部分内容关注的是无受害人犯罪（吸毒、卖淫和赌博）、白领犯罪以及对不同政见的控制。我们将许可证照的发放、调查以及以信息公开相威胁作为行政法的控制手段，作为本章的结尾。

　　社会控制有两种基本的程序：群体规范的内化以及通过外部压力进行控制。群体规范的内化乃是**社会化**（socialization）的结果，即这是由特定的社会群体学习行为规则的过程。人们在早年的时候会被教授这些内容：在特定的情况下何为适当的行为、何为期望的行为，或者何为可取的行为，以此形成自我控制。人们由此获得了遵从规范的动机，而并不考虑外部的压力如何。人们遵守规范的原因在于，他们经历了社会化的过程从而相信自己应当遵守这些规范，而不顾并且独立于其他人的任何一种期望的反应。

　　引发社会控制的外部压力既包括**消极制裁**（negative sanctions），也包括**积极制裁**（positive sanctions）。消极制裁指的是对违反规则的人施加的惩罚。积极制裁的目的在于奖励对规则的服从，具体方式包括提拔、发放奖金以及给予鼓励。这些积极和消极的制裁都是社会控制的形式。有些社会控制的类型是正式的或官方的，而其他的类型则具有非正式的或者非官方的特性。对越轨和违反规则的典型反应都可能激发非正式和正式的制裁。尽管非正式和正式社会控制机制中存在着相当程度的重叠，但是基于分析的需要，本章将对它们分别予以探讨。

第一节　非正式社会控制

　　非正式社会控制可以在**民俗**（folkways）和**民德**（mores）中找到最好的例证。民俗是指在日常生活实践中形成的规范，比如那些有关穿着、礼仪和语言使用的特定范式；民德则是与对或错这样的强烈感受以及那些不能违背的确切的行为规则（比如乱伦）联系在一起的社会规范。这些非正式社会控制所包含的方式便是，基于个人缘由而相互认识的个体会对那些符合他们期望的人加以称赞；对于那些并不符合其期望的人，他们则会表现出不满（Shibutani，1961：426）。这些社会控制方式可以从意见的表达及特定的行为中观察到，比如嘲笑、流言、赞扬、谴责、批评、排斥、言语中透露出的合理化表达，等等。例如，流言或者对流言的恐惧便是社会为引导个体服从规范而采用的更为有效的策略之一。与正式社会控制不同的是，这些非正式的控制形式并不是通过官方的群体机制所实施的，并且也不存在需要特别指派的人来负责执行的情况。

　　在人际关系属于"面对面"而且亲密的、劳动分工相对简单的群体和社会中，非正式社会控制机制往往更加高效。比如，涂尔干（Émile Durkheim）提出，相较于更大的而且更为复杂的社会，部落村庄和小城镇这样的简单社会中的法律规范与社会规范会更加紧密地契合。在道德层面对于越轨行为不予认同，这种看法在这类社会的成员中几乎是一致的。在简单的社会中，法律通常是不成文的，这就使得向儿童直接教导社会规范成为必需。这种简单社会中的社会化过程并不是向儿童呈现出矛盾的规范，于是便不会产生令人困惑的认识或者内在的冲突。这种社会中强大的面对面的交流会促成全体成员都熟知的道德合意，这也使得越轨行为会迅速引起每一个人的注意。 *125*

　　相较于更大的、更现代的、异质的社区而言，非正式社会控制在更小的、传统的、更为同质的社区中更为强有力，这样的观点可以得到大量研究的支持。在一项关于 17 世纪马萨诸塞海湾殖民地的越轨行为的经典研究中，凯·T. 埃里克森（Erikson，1966）发现，社区的小规模及文化的同质性有助于对行为加以控制，这是因为，社区中的每一个人都会迫使潜在的越轨行为遵从主流的规范。邻居们会提防着越轨行为的发生，而这样的行为也会受到道德方面的谴责。

　　有充分的证据表明，在人们之间相互认识而且经常交互影响的小规模社区中，非正式社会控制会更加有效地运转。在这种社区中，法律执行机构很可能期待与社区进行更好的协作。正如总统法律执行和司法管理委员会（President's Commission on Law Enforcement and Administration of Justice，1967：6）所指出的：

居住在乡间或小城镇的人很可能会引人注目，也可以说他会受到所在社区的监控，于是也会受到社区的控制。通常而言，一个居住在城市的人几乎是没有人留意的，在社会上与他的邻居彼此隔阂，于是无法受到后者的控制。这样一来，他便有更多的机会去实施犯罪。

这里可以以萨拉·L.博格斯（Boggs，1971）早些时候关于正式及非正式社会控制的研究为例，进行进一步的分析。博格斯研究的内容针对的是密苏里州中心城市、郊区和小城镇中正式社会控制与非正式社会控制。博格斯发现，大城市中的居民相较于郊区或小城镇的居民更容易感到，犯罪可能会在其所处的社区中发生。城市居民也更可能认为，他们的邻居将不会对自己所发现的入室行窃进行报案。虽然研究中涉及的所有地区的大多数人感到其所处的邻里社区是安全的，但是城市中有这种感受的人还是要少一些。当被问及，什么形式的社会控制会使得他们的邻里社区变得安全时，83% 的生活在农村及小城镇的人声称是非正式的控制——例如当人们发觉一起犯罪时，他们会愿意加以干涉；与此相对的是，只有 70% 的生活在郊区的人和 68% 的生活在城市中的人会提到非正式的控制。

从另一方面讲，相较于居住在农村地区和小城镇的人而言，生活在郊区和大城市的受访者更可能将安全归因于像警察这样的正式的控制媒介。博格斯总结道，大城市中的人最容易预料到犯罪，但是他们却最不可能感受到自己能够依靠邻居而不是警察来保护其社区。结果，比起那些居住在郊区、小城镇和农村地区的人而言，他们更可能采取预防性的措施，比如购买武器或看门狗来确保自己的安全。

关于非正式社会控制机制之角色的相似的结论，在涉及发展中国家的研究中也可以体现出来。比如，在对乌干达首都坎帕拉市的低犯罪率社区和高犯罪率社区进行比较的时候，马歇尔·B.克利纳德与丹尼尔·J.阿伯特（Clinard and Abbott，1973）发现，犯罪较少的社区表现出较高的社会团结度，邻里间有着更多的互动，地方组织的参与度较高，人员的地区流动性较小，家庭关系也更为稳定。低犯罪率地区居民之间的这种更为紧密的基本的群体关系，使得社区中的陌生人难以逃离公众的注意范围。这一研究与其他的一些研究都表明，如果存在以亲密的面对面形式表现出来的程度较高的社会互动、关于规范的一致意见以及对社区中成员行为的监控，那么非正式社会控制将在这样的社会中更为有效（这就相应地令法律控制或正式控制变得并不那么必要了）。

第二节　正式社会控制

　　尽管并不存在明确的分割界线，但是正式社会控制通常都具有如下特色：更为细化的劳动分工、更加复杂的社会、多样性的人口、相互冲突的价值观以及各不相同的民德与意识形态。当仅仅依靠非正式社会控制不再足以使人们服从特定规范的时候，正式社会控制便应运而生了。正式社会控制要求建立明确的程序（以法律、规则、典章、法令的形式），通常表现为两种类型：（1）由国家开展并且获得了使用武力授权的社会控制；（2）由专门机构而非国家所施加的社会控制，这些机构具体包括商业和劳动组织、宗教组织、学院及大学，等等。

　　正如上述两种类型所示，正式社会控制是由社会中各种各样的公共机构所建立的，并且由其实施或执行。这些机构中虽然有许多是非政府性的机构，但是它们也可能通过一系列的惩罚和奖赏机制来确保相关人员的服从（Vaughan，1998）。比如，一个组织可能会开除一名员工；一个教堂可能会拒绝在婚礼或葬礼中提供宗教服务，或者甚至将一名成员驱逐出教会；俱乐部的老板可能会因一名职业运动员违规而对他进行罚款或令他暂停参加比赛。这些组织也可能采用正式的奖励机制来确保成员的服从。例如，一个组织可能因某人有杰出的工作表现而对其加以拔擢，抑或因某人做出了突出贡献而对其颁发奖金；教堂可能因某个成员提供了卓越的服务而对其进行赞颂；一支体育运动队也可能在某个运动员做出允诺之后为其提供一份报酬丰厚的长期合同。

　　从国家的政府机构的情况来看，其所开展的社会控制的主要形式都包含法律的运用。通过法律开展的社会控制极少是采用积极制裁或奖励的方式来加以实施的。一个人在他的一生当中，尽管会遵守法律的规定并满足法律的要求，但是极少会获得奖赏或表彰。与此相反，通过法律开展的社会控制通常会采用惩罚的方式，抑或以此相威胁，从而对民众的行为进行规制。本节接下来的部分将讨论的是，法律作为一种正式社会控制方式，到底是如何运作的。

刑事制裁

对犯罪行为的社会控制，可以说是社会所采用的结构化程度最高的正式制度（即刑事司法制度）。在美国，刑事司法系统影响到了数以百万计的人口。从 2018 年的数据来看，处于矫正性监管状态（在监狱中、缓刑或假释）的美国人超过了 640 万人，其中，超过 210 万人被羁押于联邦、州及地方的监狱之中（Maruschak and Minton，2020）。具体到处于矫正性监管状态的 640 万人而言，这个数字占到了所有美国成年人口的 2.5%。美国刑事司法系统每年需要消耗 3 000 亿美元（Hayes，2020）。与其他的民主国家相比，美国的监禁率要高得多。

在美国，处于矫正状态的人口的规模，不仅可以反映出大量的法律禁止人们从事许多活动，而且也反映出美国在过去的数十年间对犯罪采取了"强硬的"（get tough）手段（Enns，2016）。由立法者颁布并由法院的判决所修正的法律对一般犯罪行为和青少年犯罪行为予以了明确规定，详细地阐明了因违法而施加的惩罚。随着时间的推移，社会上对通过法律来规制人们活动与生活的依赖与日俱增。由于法律调整的边界扩展到了更多类型的行为，于是针对特定犯罪的惩罚形式也出现了变化。这种边界的扩展不可避免地导致了更多的社会控制出现，而且控制的方法也产生了更为显著的变化。由于更多的行为被界定为犯罪，更多的法案开始对警察、法院以及监狱系统的活动进行调整。

法定化（legalization）这个词用来描述规范从社会层面转到法律层面的过程。并非所有的社会规范都会演变为法律；事实上，只有特定的规范才会转化为法律。为何只有违反特定规范的行为才会触犯刑法典呢？奥斯汀·特克（Turk，1972）在一项卓有影响的研究中指出，有这样一些社会因素在创制法律规范的过程中发挥作用：（1）道德上的愤慨；（2）对秩序的高度重视；（3）对威胁的反应；（4）政治上的策略。

正如第四章所探讨的那样，法律可能会因"道德事业家"开展的行动而创制，原因在于，这些人对他们所认定应当受到谴责的某些行为感到怒火中烧。还有一些人也倾向于维持秩序，强调用法律条款来对生活进行调整，并且尽可能使社会变得有序化。他们颁布法律来确保秩序和服从，比如通过法律来管控交通的情形便是如此。有些人则会对现实或想象中的威胁做出反应，从而主张采取法律控制的手段。比如，有人可能会假定，获取淫秽物品的行为不仅在道德上是错误的，而且会直接导致性犯罪的增加。规范向"法定化"发展的最后一个因素是具有政治特性的，即刑法是基于社会中的权势群体的利益而颁布的。这一因素的影响被认为与冲突理论的视角异曲同工，我们已经在前面的章节中对这一视角展开过论述。

社会规范的法定化，同时也包括针对特定种类的刑事违法行为而处以特定的惩罚。这些惩罚的性质，建立在实施惩罚的社会的性质基础之上。米歇尔·福柯（Foucault, 1977）告诉我们，在工业革命之前，生命被认为是廉价的，人们并不拥有工业经济赋予他们的公用事业和商业价值。在那样的环境中，惩罚是严厉的，而且往往与犯罪的性质并无关联（比如有人因偷盗一只鸡被处死）。当越来越多的工厂如雨后春笋般逐渐涌现时，包括犯罪人在内的个体的生命的价值开始得到彰显。从 18 世纪末 19 世纪初开始，人们努力将特定惩罚的性质和犯罪的性质联系起来。

令惩罚适应于犯罪，这是存在很大难度的，而且时常是一种具有争议和政治上敏感的工作。犯罪的界定、因犯罪而给予的惩罚以及社会控制文化的构成要件均随着时间的推移和社会的差异，而表现出不同的面貌。例如，极权主义国家可能在未经审判的情况下，便逮捕并处决很多属于异见人士的所谓的罪犯，而民主国家通常并不会这么做。此外，极权主义的领导人经常实施恐怖统治，并且执行代表其自身的法律。而在民主国家，从理论上讲，确定哪些行为属于犯罪以及对这些行为进行惩罚的权力属于公民，而且这种权力从很大程度上讲是由经选举产生的代表所行使的。立法机关颁布的法令的内容往往是较为宽泛的，需要进行各种各样的解释。正如第三章所分析的那样，议会立法允许法官、检察官和陪审团在评估罪行并施加处罚的时候，享有相当程度的灵活性和自由裁量权。

128

但是，惩罚一个违反刑法的人，意味着什么呢？埃德温·H.萨瑟兰与唐纳德·R.克雷西（Sutherland and Cressey, 1974：298）对作为一种社会控制形式的惩罚的构成要素做出了如下的界定：

> 作为一种实现社会正义之手段的惩罚，包括两种必不可少的理念：（a）它是由某个群体在其法定资格范围内所强加的，对象被认为是同一群体中的某位成员……（b）惩罚包含着有意施加的痛苦和折磨，并且经由其所假定拥有的某些价值而获得了正当性。

惩罚的目的 对违法者进行惩罚具有多重目的（Neubauer and Fradella,

2019）。其中，首要的目的是对违法者进行"报复"（retribution）或施以"社会报应"（social retaliation）。这就意味着，对实施了犯罪的人员所施加的惩罚，从一定程度上讲（原则上），要与犯罪对受害者造成的影响相适应。国家则成为被期望代表受害人施以报复的代理人。

法律惩罚的第二个目的则是通过监禁而"剥夺资格"（incapacitation），从而避免违法者在其受到惩罚的时间内做出行为不端的事情。此外，惩罚还被期望展现"威慑"（deterrent）效果，这不仅是针对违法者，而且也针对潜在的越轨者。"个体性的或特定性的威慑"（individual or specific deterrence）可以通过对一个人的恫吓而实现，使其不敢做出进一步的越轨行为；也可以通过违法者的洗心革面而起到作用，即让违法者改变自己的越轨行为。"一般性的威慑"（general deterrence）则是以特定违法者遭受到惩罚为例，通过向潜在的犯罪者发出警示而实现的。它的目标在于，通过令犯罪者遭受惩罚从而抑制其他人实施犯罪活动，即以儆效尤。

威慑理念建立在这样的预设之上：人们会对替代行为的损失和回报进行衡量，并且选择收益最大、损失最小的行为。这样一来，当违法行为被认为比常规行为的收益（回报）更大或者损失（痛苦）更小的时候，犯罪才会发生。威慑的有效性大概反映了以下三个变量的运作：（1）针对某一犯罪的惩罚的严重性；（2）惩罚得以适用的确定性；（3）适用惩罚的速度。研究结果通常支持这样一种观点，即对于威慑效果的实现而言，惩罚的确定性要比严重性更为重要。但是，就惩罚的快速性对威慑效果的影响而言，则欠缺研究成果的支撑（Nagin et al., 2015）。至于严重性，如果这一要素确实存在的话，那么其所起到的作用也是相当小的。

然而，社会学家早已认识到，惩罚的威慑可能仅仅适用于一些犯罪以及某些犯罪者。威廉·J. 钱布利斯（Chambliss, 1967）对"工具性犯罪"[①]
129 （instrumental crime）与"表达性犯罪"[②]（expressive crime）进行了非常有益的区分。"工具性犯罪"的例子包括入室盗窃、逃税、机动车盗窃、身份盗用，以及直接导致某些实质结果的犯罪行为。"表达性犯罪"的例子则包括谋杀、人身袭击、性犯罪等，这些行为本身即导致结果的发生。钱布利斯假定，惩罚的威慑作用可能会对"工具性犯罪"更具效果。这是因为，在这些

---

① 工具性犯罪，即以犯罪为手段来达到目的。——译者注
② 表达性犯罪，即通过犯罪行为来释放犯罪人心中的愤怒或者挫折感。——译者注

行为的背后，往往包含着行为人的一些计划以及对风险的衡量。与此相对的是，"表达性犯罪"则通常是冲动性和情感性的活动。这种犯罪的实施者不大可能关心犯罪活动将来可能产生的后果。

钱布利斯进一步主张，对那些相对而言对犯罪投入程度高（high commitment）并以此作为生活方式的人，以及在这方面投入程度低（low commitment）的人，可以做出一种重要的区分。前一种人包括进行职业性犯罪和经常性犯罪的人。他们通常会因自己的活动而得到群体的支持，而犯罪便是他们的一种重要的生活方式（比如妓女或团伙犯罪的参与者）。对于他们而言，惩罚发生的可能性是他们生活中一个持久不变的话题。他们已经学会适应这点，而惩罚的威胁则可能会因同伴的支持而抵消。后一种人，如一个逃税者、一个挪用公款者或者一个在商店里偶然行窃的人则不会将这种行为视为犯罪，即使可能的话，因这些行为获得群体支持的可能性也是微乎其微的。对惩罚的担忧可能会对这些投入犯罪程度低的人具有威慑效果，如果他们已经经受了惩罚的话更是如此（比如，一个逃税者在受到审计之后经受了法律的制裁）。

以这两种类型的区分——"工具性犯罪"以及"表达性犯罪"、投入程度高的犯罪者以及投入程度低的犯罪者——为基础，钱布利斯主张，惩罚最大的威慑效果将存在于那些将犯罪活动作为生活方式的投入程度较低的犯罪者所实施的工具性犯罪的情形之中。当那些将犯罪活动作为生活方式的投入程度高的犯罪者实施表达性犯罪的时候，威慑效果是最不可能出现的。当那些将犯罪活动作为生活方式的投入程度低的犯罪者实施表达性犯罪的时候（比如谋杀），威慑的效果也是较差的，这可以作为支持或反对死刑之争议观点的一个例证。

关于死刑的分歧

死刑乃是惩罚中最为严厉的形式。在关于威慑的法律措施的研究中，这大概也是最具争议、最容易令人情绪激动的问题。从历史上看，财产犯罪而非暴力犯罪者在死刑处决的人员中占据了绝大部分。在 18 世纪，英国允许对超过 200 种犯罪处以死刑，其中便包括偷猎和走私。死刑的执行曾经是公开进行的，那是一种为人们所欢迎的场景。死刑执行的标准方式包括绞死、砍头、挖出内脏以及肢解。尽管英属北美殖民地从英国那儿继受了死刑惩罚，但是到了 19 世纪中叶，美国主要将死刑适用于谋杀案件，其次则是强奸案件。

在 1972 年的"福尔曼诉佐治亚州"（*Furman v. Georgia*）一案的裁决中，美国最高法院宣布，当时所适用的死刑是违宪的。最高法院指出，将死刑裁量性地适用于仅仅一小部分被挑选出来的人，这种做法是变幻莫测且主观武断的，因此是违宪的。然而，许多州为了应对最高法院的裁决，在后续修订的法令中规定，将死刑强制性地适用于特定的犯罪。这些犯罪具体包括：杀害多人；与抢劫、强奸、绑架或扣留人质情形联系在一起的杀人；雇凶杀人；杀害一名警察或狱警；叛国。1976 年，最高法院在"格雷格诉佐治亚州"（*Gregg v. Georgia*）一案中以 7∶2 的票数恢复了死刑的适用，从而对各州所修订的某些法令的合宪性予以了认可。

于是在此后的一些年，死刑的执行得到了恢复。死刑执行在 1999 年达到了 98 例。在这个顶峰后开始回落，例如 2019 年只执行了 22 例。等待执行的死囚的数量也降了下来：相比于 2000 年最高峰时期的 3 601 人，到 2017 年底，这个数字下降到了 2 703 人（Snell，2019）。

围绕致命性注射是否是一种残酷且不寻常的惩罚方法，美国全国性范围内展开的争论越来越激烈。这是因为，如果训练不足的人员不当使用被假定会令死囚失去知觉的麻醉药剂，会存在致后者遭受巨大痛苦的可能性（Death Penalty Information Center，2020a）。除此之外，医学组织和医学伦理学者认为，医生参与死刑执行程序是违背职业道德标准的（Boehnlein，2013）。除了这些考量因素之外，还存在各种各样的支持和反对死刑的论争。

支持死刑的观点　死刑的支持者援引了多个赞成死刑适用的论点（Head，2018）。他们的主要观点在于：

- 死刑对他人而言是一种威慑，而且也可以保护社会；
- 死刑对于社会和受害者的家庭而言构成了补偿，而且也可以保护警察和狱警；
- 死刑也消除了犯罪者重复其行为的可能性。

就威慑而言，经验研究方面的证据几乎都无法证明死刑会产生应有的效果（Bohm，2017）。不过，经济学家艾萨克·埃利希（Ehrlich，1975）早些时候的研究确实发现了威慑效果的存在。埃利希利用了经济分析模型技术来建构谋杀的"供求"理论。他推断道，由于 1933—1967 年执行了 3 411 起死刑，大量潜在的杀人者随之打消了念头，大约 27 000 位受害者的生命因而得到了挽救。正如可能预料到的那样，他的结论立即遭到了批驳，并且引发了各种各样的担忧（Bowers and Pierce，1975）。埃利希所受到的批判之一在于，他并没有对死刑的有效性与终身监禁的有效性进行比较。对于 20 世纪 60 年代杀人案件的增加，他也无法解释日益加剧的种族间紧张关系、越南战争以及手枪拥有量增加所可能带来的影响。

观念方面的考量因素表明，死刑的所有阻却效果必然是较低的抑或是完全不存在的。例如，为了令威慑展现效果，杀人者必须考虑到自己的行动可能造成的损失，然而情感和激情的作用会使得这样一种损益分析无法进行下去。回顾钱布利斯的研究，大多数杀人者都是在犯罪方面投入程度低的人，他们往往受到毒品和酒精的影响，这些人不大可能对自己的行动所产生的结果进行理性的评估。对于这些人而言，死刑的威慑力非常值得怀疑。

抵制死刑的观点　除了伦理和道德方面的考量，对于死刑的抵制还有诸多方面的理由（Bohm，2017）。第一个观点在于，正如埃利希的研究所受到的批判那样，死刑并不会对杀人者构成威慑。保留死刑的州与废除死刑的州相比，杀人率并没有变得更低一些，这可以作为支撑该观点的一部分证据。关于死刑之阻却效果的证据，一篇重要的评论文章总结道：大多数研究并没有发现这样一种效果的存在；相反，出于方法论上的原因，既有的研究在证实任何确切的结论方面都不是十分可靠的（Nagin and Pepper，2012）。简言之，死刑的阻却效果还远没有得到证实。实际上，最为出色的研究证据则表明，死刑并没有这样的效果。

死刑的反对者声称，不实行假释的监禁也会像死刑那样威慑到同样多的潜在的杀人者，即使这种威慑的效果可能是非常有限的。原因在于，大多数杀人者只是在情绪化或者本能状态下实施了犯罪。相较于其他类型案件的审判而言，死刑案件的审判往往代价更大也更为费时，而且死囚的生活开销比起监狱中其他的囚犯而言也更为高昂。死刑案件实行司法审查的穷尽体制。如今，在案件受到州的最高法院、联邦上诉法院和美国最高法院的关注之前，死囚是不会被处死的。所有这些情况都意味着，相比未判死刑的杀人案件而言（无论罪犯遭到短期还是长期监禁），一起死刑案件实际产生的开销要大得多。从美国的平均状况来看，比起未判死刑的案件，一起死刑案件要多花费 100 万~200 万美元（Dieter，2013）。

此外需要注意的是，无罪的人也可能遭到处决。自 1973 年开始，在有证据证明其罪行的判定出现了极大的疑问之后，超过 170 名死囚重新获得了自由（Death Penalty Information Center，2020b）。实践中导致错判的原因很多，具体包括：目击者发表了错误证言，线人及证人给出了错误的证言，律师能力不足，科学证据存在缺陷或存在欺骗性，检察官及警察行为不当，以及供述虚假，等等。一项研究估计，4.1% 的以谋杀定罪并被判处死刑的人在其所涉案件中，事实上是无罪的（Gross et al., 2014）。

相较于富裕的白人而言，死刑更可能影响到有色人种（Bohm, 2017）。就社会阶层而言，大多数可处死刑的被告人是由法院指定的律师提供辩护的，而这些律师在处理死刑案件庭审的错综复杂的事务方面实际上并不具备应有的能力。当然，有一个著名的例外情况，那便是对橄榄球明星及媒体明星辛普森（O. J. Simpson）的检控。在 20 世纪 90 年代中期，此人被控杀害了他的前妻及其朋友。辛普森雇用了一支私人律师团队，向其支付了数百万美元费用。这笔钱用得恰到好处，因为他的律师们为他赢得了陪审团宣告无罪的裁决（Barkan, 1996）。就人种和种族而言，研究表明，在其他因素都平等的情况下，相比于谋杀非洲裔美国人的人而言，那些谋杀白人的人更可能被判处死刑（Ndulue, 2020）。实际上，相比非洲裔美国人的生命而言，法律制度赋予了白人生命更大的价值。

除了存在上述担忧，还有一些证据甚至表明，死刑可能会具有讽刺意义地增加杀人数量，即产生既有研究所称谓的"残忍效应"（brutalization effect）（Shepherd, 2005）。这种情况之所以被认为会发生，是基于多个方面的原因。其一，由于死刑的执行涉及夺取一个人的生命，有些人便会出于复杂的心理学上的原因而加以模仿，从而自行解决掉一条生命。其二，死刑的威胁增加了被抓的风险，当任何一个会被判处死刑的人再次杀人时，便几乎没有什么可以损失的了，这对于系列杀人案件中的凶手而言更是如此（Fox and Levin, 2019）。其三，为了避免被抓或者令证人闭嘴，已经因先前的犯罪而面临死刑的罪犯更容易挥起屠刀。基于这些原因，死刑甚至被称为"执法之敌"（the enemy of law enforcement）（Morgenthau, 1995：A25）。

民事关禁

对越轨行为的正式社会控制形式并不限于刑事制裁。另一种形式的社会控制乃是在精神病院开展的"民事关禁"（civil commitment）（Morris, 2020）。每个州都有相应的法规处理民事关禁工作，尽管在自愿入院治疗的标准上存在一些差异。

民事关禁是将丧失行为能力抑或需要他人照料的人，在非经其同意的情况下交由一个机构进行看护、治疗或监管的非刑事性程序，它从性质上讲并不是一种惩罚。民事关禁建立在两个法律原则之上：（1）对于某些丧失行为能力的人，国家有对其进行照管的权利和责任；（2）警察在宪法规定的限制范围内有权采取必要的措施来保护社会。

从程序上讲，民事关禁与刑事监禁并不同。在民事关禁的情况下，并不需要特定的程序性保障措施——比如由陪审团进行审判的权利（其中包括与不利于被告的证人进行对质），以及避免作不利于自己之证的权利。除此之外，在民事关禁的语境下，受到关禁处置的人员并不在道德层面对引发关禁的相应行为负责。这里的理念在于，对这样的人需要进行的乃是治疗，而不是对他们予以惩罚，尽管这种治疗必然需要在未经正当程序的情况下便在精神病院令其失去自由。

民事关禁作为一种社会控制形式的应用，并不限于针对成年人（Baughman，2015）。固执、捣蛋、不听指挥的青少年在过去可能被送到军事学校或青少年犯罪感化中心，现在则有时也会被安置于精神专科医院之中。部分青少年存在严重的心理不正常的情况，但是很多青少年只是与其父母在一切问题上都展开抗争的叛逆少年——他们抗争的问题可以从自己喜欢的音乐一直延伸到自己所选择的恋人。无论原因怎样，他们经常会被关在上锁的屋子里，实际上并不享有民事权利。他们名义上是在接受治疗，其实是行为受制于有着严格奖惩措施的生活规则。这些青少年经常会被诊断出存在常见的行为问题，比如"举止无常"（conduct disorder）、"对立性反抗症"（oppositional defiant disorder）以及普通的"青少年适应性反应"（adolescent adjustment reaction）。这些术语听上去令人生畏，但是覆盖了青少年的大量活动：离家出走、敌对行为、固执地拒绝父辈价值观和规则以及从事"过度的"性活动（这通常是由父母所界定的）。并不令人感到惊奇的是，许多青少年被管控在精神专科医院，并不是因为他们自身陷入了麻烦，而是因为他们对其他某些人造成了麻烦（Darnton，1989）。

民事关禁作为一种社会控制机制在适用中的增长，可以有多种多样的解释。正如福斯特（Forst，1978：9-10）所观察到的那样：

> 持肯定态度的犯罪学家认为，这种增长是长久以来强调从对人的惩罚向对他们提供康复治疗的有益转型……民事关禁（脱离了刑法）运用

133

之增长的另外一种解释在于，这种方式形成了对刑法的替代或补充，从而对不良的行为方式进行社会控制。

民事关禁的开展也伴随着批评（Baughman，2015）。有些批评的声音主张废除所有的民事关禁法律。这是因为，尽管已经针对精神疾病患者采取了特定的保护措施，但是这些人所被赋予的宪法权利还是受到了侵犯。其他人对这种控制方式的反对则是因为，民事关禁导致相关人员避开了自己所应受到的惩罚。尽管这个问题仍然存在争议，但是民事关禁作为社会控制形式的运用仍然处在扩张状态。

第三节　无受害人犯罪

美国在**无受害人犯罪**（victimless crimes）的控制方面投入了巨大的资源。这种犯罪侵害的对象主要是参与者自身。联邦调查局最新的《统一犯罪报告》（Uniform Crime Report）中的记录显示，2018 年大约有 1 030 万起逮捕事件。在这些逮捕事件中，有许多犯罪不涉及（非情愿状态的）受害人。比如，大约有 3.1 万起针对的是卖淫，50.2 万起缘于醉酒和触犯酒业法（这里并不包括酒精影响下的驾驶），160 万起涉及违反吸毒成瘾的规定，还有大概 3 300 起则是由于赌博（Federal Bureau of Investigation，2019）。

在刑法层面对某些不存在非情愿状态的受害人的行为做入罪化处理，这反映了这样一种观念，即有必要阻止某些人参与那些在道德层面令他人极度反感的活动，抑或那些对社会及对他们自身有害的活动。许多因无受害人犯罪而被逮捕的人并不会受到起诉：逮捕和整夜拘禁的适用仅仅是作为一种对卖淫者和醉酒者进行社会控制的方式，后续并不会启动一次旨在判罪的检控，相关人员也就不会经历这种令人感到烦恼的程序。比如，习惯性醉酒者可能会因为遭到重复性的逮捕而留下可怕的"犯罪"记录，即使这样，可能除了自己之外，他们并不会伤害到其他的任何人。

大量的文献对无受害人犯罪进行了探讨，相关主题具体涉及吸毒成瘾、卖淫、赌博、酗酒，等等。用法律术语来讲，这些犯罪属于"法定犯"（mala prohibita）（即行为由法律确定为犯罪，但是对于这些行为本身到底是否属于犯罪却意见不一）。这些行为违背公共利益或道德，作为犯罪出现在刑法典中，处于公共行为准则、秩序和正义的对立面。像强奸或谋杀这样的犯罪则属于"自然犯"（mala in se）（即这些犯罪本身就存在着罪恶，公众对这些犯罪所构成的威胁有着一致的看法）。

无受害人犯罪在三个方面与其他犯罪构成了差异：（1）双方是以合意状态进行交易或交换；（2）缺乏对他人的明显的直接伤害；（3）犯罪活动不易发现和相关投诉的缺失导致对其开展执法存在困难。换句话讲，这种犯罪是一种原告缺位型犯罪，即卷入其中的参与者是心甘情愿的，并且他们通常是不会向警察投诉发生了一起犯罪的。尽管许多人并不认为这些活动具有"犯罪"的特性，但是警察和法院仍在持续地适用法律来对付诸如吸毒者、卖淫者、赌博者、色情物品经销者这样的群体。社会中的大部分人并不会认为这些法律具有正当性，而只是拒绝予以遵守。

针对无受害人犯罪而实施逮捕和检控，不仅代价高昂，而且总的来说也未起到应有的效果。但是，相应的控制仍然具备一定的功能。罗伯特·M.里奇（Rich，1978）曾经注意到，那些被贴上犯罪标签的人成为社区成员所参考的一个例子。当对社会中的低收入成员和有色人种的成员开展执法行动时，富人及白人会感到，法律正服务于有益的目的，这是因为地位较低的人正受到法律的控制。最后，以逮捕和定罪的形式对无受害人犯罪的控制在社区中也强化了这样一种观念，即警察和刑事司法制度在保护社区的道德标准方面扮演了良好的角色。

有了上述这些分析之后，我们现在开始进一步检视那些具体的无受害人犯罪。

吸毒

尽管反毒品的观点、斗争以及对毒品的恐慌在历史上经历了几个重要的发展阶段，但是在医疗用途之外吸食像鸦片和海洛因这样的毒品，仅仅是大约一个世纪前才被界定为违法（Goode，2020）。在1914年以前，规制吸毒的努力只是偶尔发生。尽管有些州颁布了法律来为瘾君子们提供民事关禁的场所，并且宣告特定毒品的吸食为非法行为，从而试图控制吸毒，但是美国直到1914年由国会颁布《哈里森麻醉品税法》（Harrison Narcotics Tax Act）以来，才开始出现规制以下活动的系统的努力：人们非法吸食毒品或摄入其他物质。这部法律是全面应对当时所知的麻醉品及危险毒品的首次尝试。毒品的使用限于得到许可的人和设施所开展的医疗和研究，未经授权的情况下持有、销售和运输麻醉品的行为会遭到刑事制裁。

在大麻于 20 世纪 30 年代在全国范围内被宣告为非法之后，当可卡因和"快克"[①]于 80—90 年代变得流行的时候，针对毒品的战争开始深化。在这样一场法律战争中，针对多种类型的管制物质（如海洛因、可卡因及快克）的销售和持有，出现了更多的强制性的监禁判决。吸毒检测已经在许多工作场所成为常规，待入职的雇员往往也需要经历检测程序（Tunnell，2004）。在 1980 年，美国的监狱所囚禁的毒品犯罪者的数量还不超过 3 万人，但是现在已经差不多 26 万人（Carson，2020）。

在 12 岁及以上的美国人当中，大约有一半（49%）也即 1.35 亿人曾经吸食过非法毒品（Substance Abuse and Mental Health Services Administration，2019）。非法毒品产业带来的利润极为丰厚，这导致要根除这个产业，简直比登天还难。从这个产业的每一个层级来看，毒品的定价受遭到执法的风险层级影响，反映了贩毒者被抓获和遭受监禁的风险，以及由于其无法根据法律来执行毒品交易协议而引发的不确定性。生产毒品的开销与最终由吸毒者支付的毒资之间存在着巨大的价差，这是禁毒政策遭遇失败的一个关键原因。生产者（通常是低收入国家的农民）只能得到非常有限的回报，而真正的利润则主要存在于配售链条之中，这是很难进行有效控制的（Marez，2004）。

从每年的情况来看，美国各级政府会付出 470 亿美元用于刑事司法的开销，以应对禁毒战争（Drug Policy Alliance，2020）；而在戒毒治疗、康复、教育及预防项目方面，政府的支出却要小得多。由于超过 200 万美国人现在正位居铁窗之内，而他们中有许多人是偶尔或常态性地吸食烈性毒品（比如可卡因和海洛因）的瘾君子，于是康复项目为减轻毒瘾、减少犯罪和削减不断攀升的监禁开销提供了一种强有力的武器。然而，只有极少的囚犯接受了正规的康复项目。如果地方政府能够为这些吸食毒品而成瘾的大量人员提供恰当的治疗，而不是对其进行逮捕和监禁，那么毒品难题便将会得到缓解，而与此相伴随的犯罪和疾病问题也会好转（Kleiman et al.，2011；Neill，2015；Weisburd et al.，2016）。

大麻　2018 年，因大麻犯罪而被逮捕的人达到了 66.3 万，其中超过

---

　①　"快克"（crack）是一种高纯度的可卡因，又称"霹雳"。——译者注

60.8 万人仅仅是因为持有大麻（Drug Policy Alliance，2020）。正如这些数据所显示的那样，即使一些州已经将大麻的消遣或医疗方面的使用合法化，但是大麻仍然是禁毒法律战争的主要目标之一。因大麻而被逮捕的人的数量远远超过了因暴力犯罪而被逮捕的人的总数（大约为 52.1 万），后者包括谋杀、强奸、抢劫，以及加重的企图伤害（aggravated assault）[①]。因实施大麻犯罪而被定罪的人会被剥夺联邦学生经济资助、社会福利，不能在失业的情况下领取维持最低生活标准的食品券，而且可能会被要求搬离政府为低收入者所建的公共住房（American Civil Liberties Union，2013）。执行大麻禁令带给纳税人的开销是非常惊人的，每年会多达数十亿美元。

　　如果考虑在禁毒战争中所存在的种族偏见的话，那么因大麻犯罪而受到的惩罚的严厉性便会更加令人感到忧心。尽管非洲裔美国人及白人吸食毒品的比例基本上不存在什么差异，但是在因大麻的指控而被逮捕的比例方面，前者的可能性却大约是后者的 4 倍（American Civil Liberties Union，2013）。在针对大麻的法律战争中，人种及种族方面的偏见对调查、逮捕及检控方面的自由裁量权都产生了影响（Barkan，2019）。

　　禁毒法律战争的失败　在过去的一些年间，针对毒品的法律战争已经消耗掉数百亿美元。即使如此，对于当前实际吸食非法毒品的情况而言，仍然看不到有任何显著的改善。除了这个根本性的问题，禁毒之战还产生了一些负面后果，这可以让我们想到美国于一个世纪前禁止酒精生产和饮酒所产生的后果。这些后果包括：

- 供应不法毒品的复杂的非法组织已经形成；
- 许多毒品吸食者转而采用其他的犯罪活动来维持自己的吸毒恶习；
- 警察可能收受贿赂从而忽略毒品交易，甚至售卖已经没收的非法毒品，这导致警察腐败的产生；
- 由于吸毒是一种无受害人犯罪，报案的缺位导致执法存在困难，这导致警察在工作中依赖于陷阱取证（钓鱼执法）的方法，并采取非法搜查和扣押的策略。

　　禁毒的法律战争并没有起到作用，那么应当做些什么呢？有两个具有争

---

　　① "加重的企图伤害"，在美国指的是意图杀人、重伤他人、抢劫、强奸等而实施的伤害未遂行为，或者是使用致命的或危险的武器实施的伤害未遂行为。这些都以重罪论处，但在各州亦有一些不同的规定。参见：薛波. 元照英美法词典. 北京：法律出版社，2003：52。——译者注

议的备选方案，然而一个比另一个更具争议。第一个同时也很可能是相对而言争议更小的备选方案是，相比于将吸毒上瘾和吸食毒品作为一个法律问题，更多地将其视为一个医学问题，并且强调提供综合性的毒品预防及治疗服务。这个方案为英国、斯堪的纳维亚国家以及其他的一些西方民主国家所采取。不过，美国并未采用这一方案。

第二个也是更具争议的备选方案是，对毒品予以合法化或者将与毒品相关的行为予以非罪化处理。正如一些关于禁毒战争的批评者所指出的那样，许多毒品是危险的，关于它们的非法行为同样是危险的（Coyne and Hall，2017）。由于毒品是非法的，因此无法对它进行有效的规制。政府无法对可卡因的最低质量标准加以强调，无法警告哮喘患者避免使用迷幻药，也无法要求经销商对他们销售产品的方式承担责任。对于酒精和烟草而言，这种限制是可行的，但是对于毒品而言则行不通。如果毒品是合法的，那么毒品销售便可以受到控制和监管，税务部门于是可以对毒品销售进行征税，教育活动当中也能够更为有效地宣传毒品的危害。通过合法化处理，毒品将会使更少的消费者受到毒害，使更少的毒贩和局外人丢掉性命，使更少的执法人员免收贿赂，并且会筹集到更多的公共财政收入。当然，在毒品合法化的初始阶段，可能会出现更多的吸食者和成瘾者。然而，相对于将毒品合法化而缓解的许多问题而言，这个问题相对而言并没有那么糟糕。

卖淫

卖淫往往被认为是无受害人犯罪的另一种行为。就此而论，卖淫引发了许多重要的法律问题及其他问题。人们现在已经认识到，全世界针对卖淫的法律都是对女性的歧视。美国国内外的许多妇女组织强调，女性如果自己愿意的话，便应当有权参与到有偿的性关系当中（Smith and Mac，2018）。然而，执法部门并不支持这一立场，而且趋势仍然是将卖淫女作为犯罪者，但男性作为她们的客户通常不会遭到犯罪处罚。

除了内华达州之外，其他所有的州都禁止卖淫。在内华达州，某些农村县区农庄（ranches）中的卖淫活动是合法的。对于卖淫，许多州的法律的规定不尽一致。但是在大多数州，卖淫被认为是一种轻罪，妓女会被处以罚金或长达 1 年的监禁的惩罚。然而，妓女如果频繁被逮捕，则可能遭到重罪的指控。针对卖淫开展的执法是不定时进行的，而执法部门多数时候的管控不是全力开展的，目的也仅仅在于对卖淫活动进行抑制。

在管控卖淫的过程中，存在着相当程度的自由裁量。警察的执法并不会时时开展，只是有时会开展特别的执法运动，从而在特定的街区对付拉客妓女。总的来说，警察对于妓女所进行的大多数控制都指向个体从业者以及街头的拉客妓女（Canter et al., 2009）。高级的电话应召女郎相对而言会游离于法律的控制之外，而那些利用互联网甄别客户和进行预约的女性也是如此。

针对卖淫的法律试图通过惩罚性的社会控制措施来管控私人道德上的行为。英国于六十年前出台的《沃尔芬登报告》（Wolfenden Report）是关于这个问题的一份重要的资料。然而，该报告指出，卖淫已经盛行了许多个世纪，它实际上无法受到刑法的控制。该报告总结道，只要存在对妓女的需求，并且仍然有女性选择这种生活方式，"即使再多的立法旨在根除它，也将无法达成所愿"（1963：132）。

或许，社区领导和执法官员有一天会同意上述报告的表述，并且认识到，为控制卖淫而在法律上的努力在自由社会中终将是徒劳无功的（North, 2019）。实际上，一些国家已经对此予以认可。例如，卖淫在加拿大便是合法的，尽管存在某些限制。与此类似的是，在许多欧洲国家，妓女也在合法地从事交易、上缴赋税，享受健康福利和领取退休金，并且还定期休假（Weitzer, 2011）。在美国，对卖淫活动做除罪化处理，将使得警察机构腾出精力去处理更加重要的问题，毕竟其已经基本上选择对卖淫活动予以无视。如果这样做的话，大概率会有助于降低性犯罪的数量（North, 2019）。

这一观点的反对者则基于多种原因，呼吁对卖淫活动继续施加法律控制，并且提高控制强度（Bindel, 2017）。他们相信：（1）卖淫具有内在的不道德性；（2）卖淫会导致诸如吸毒成瘾、讹诈、企图伤害之类的犯罪发生；（3）卖淫会物化参与其中的女性并令其受到伤害。

赌博

大多数美国人参与赌博。超过 80% 的美国人在其一生中至少赌过一把，60% 的人则在过去的一年中有过赌博行为（National Council on Problem Gambling, 2014）。在这个国家的许多地区，赌场里的赌博都是合法的，而全国范围内的国营彩票每年都会提供数以十亿美元计的税金。合法的赌博是美国产业的重要增长点。

137

合法赌博已经司空见惯，非法赌博也远未绝迹。在关于无受害人犯罪的研究文献中，非法赌博就如同吸毒及卖淫那样，被认为是一种两相情愿状态下的交易，而且也是一种不存在原告的犯罪。开展赌博的人乐在其中，他们一般而言并不会通知警察发生了这样一起犯罪。于是，警察必须主动地开展执法活动。而一旦警察这样做，他们事实上便代表社区扮演了控诉者的角色。与此相对的是，针对其他犯罪的执法活动则往往是警察因公民（受害人及证人）的控诉而做出的反应，比如盗窃、行凶抢劫这样的案件即是如此。

从历史上讲，对于赌博的禁令和规制最初都是各个州的事务，联邦政府并未参加其中。联邦参与到赌博事务的调控，乃是发端于 19 世纪晚期。当时，国会否决了致人腐化的彩票的邮递特权，并且不允许跨州开展交易，从而终止了这类彩票活动。联邦接下来对付赌博的重要举措发生在 1949 年，国会在当时通过制定法律，取消了那些在加利福尼亚沿海开展赌博的船只的经营。其他的行动针对的是跨州的赌注信息和赌博附带设备的传输和递送。

138   1970 年的《有组织犯罪控制法》（Organized Crime Control Act）进一步延伸了对于跨州赌博的管辖，并且将开展特定的非法赌博业务作为一种联邦犯罪来加以处理（Pierce and Miller, 2004）。国会也通过税收权力的行使而对赌博活动施加了影响。具体而言，国会对赌博的运营开征了消费税和开业许可税，对赌博设备征收了印花税，并且对赌博的赢家课以联邦所得税。不过，针对赌博的执法主要是地方警察机构的职责。

美国国家赌博政策审查委员会（Commission on the Review of the National Policy Toward Gambling, 1976）发现了一些由执法机构所采用的管控技巧。该委员会指出，对参赌者进行逮捕的最为常见的消息来源是对非法赌博活动的直接观察。这种逮捕主要针对的是性质"并不严重"的赌博者，其中包括街头的个人赌博者或赌博组织中的底层雇员。以这种方式开展的针对高层人员的逮捕即使存在，也是极少发生的，比如针对大型的博彩公司或数字型彩票办公室高层的逮捕便是如此。原因在于，如果要申领针对这些人员的搜查和逮捕令，相应的调查需要达到"相当理由"（probable cause）的高标准。

近年来，由于合法的赌博以抽彩给奖（或称"乐透"）、赌场赌博、在线体育博彩的形式，已经在整个美国变得非常普遍，因此对赌博的法律控制力度已经减弱了。相应的情况便是，对赌徒实施逮捕的数量急剧下降。具体而言，1960 年的逮捕数为 123 000，2018 年则只有 3 323（Federal Bureau of Investigation, 2019）。由于大量的赌博活动已经是合法的了，因非法赌博而逮捕行为人便不太说得通了。无论如何，刑法从历史上看在控制和预防人们参与非法赌博的过程中，都并未起到预期效果。从事赌博的人并不会对此提出控告，典型的赌博交易往往都是以简易、迅速且隐秘的方式完成的。

除了在发现赌博活动方面存在困难外，对非法赌博所施加的刑事制裁所形成的威慑效果也并不明显。总的来说，那些被定罪的人受到的惩罚往往是比较轻微的。公众舆论并不将赌博视作一件特别坏的事，这样一种情绪不仅受到赌博犯实际被宽大处理的影响，而且反映在对他们的宽大处理当中。

从历史发展的角度看，非法赌博为有组织犯罪提供了主要的收益来源，而关于赌博的法律规定则为打击有组织犯罪提供了必要的法律依据（Wolfe and Owens，2009）。在大多数城市地区，与大型犯罪集团联合在一起的博彩公司在赌注上呈现出专门化经营的状态，涉及赛马、职业足球和篮球、拳击，以及其他形式的运动。大型赌博集团经营着"数字型福利彩票"（numbers games），其中便包括对可能产生的特定数字进行下注的赌博，比如针对美国国库余额（U.S. Treasury balance）的最后三位数字进行下注。在分发表单、收取和支付赌金的时候，需要有一个复杂的等级组织。结构呈现组织化形态的大型犯罪集团雇用了"记录人员"（writers）、"操作人员"（runners）和"销售人员"（sellers），这些术语指代的是直接从赌徒那里获取数字赌注的人。由他们收取的赌金会交给"收集人员"（pickupman），这些人再将赌金交给更高的层级，即"银行"（bank）。在更为大型的赌博运作模式中，赌金可能会由"收集人员"交给另外一类中介，即"控制人员"（controller）（Pierce and Miller，2004）。

正如前文所述，从历史上看，针对非法毒品的战争令警察出现了腐败，而他们正是在收受贿赂之后才会对毒品睁一只眼闭一只眼。同样的问题也适用于针对赌博的战争。极少会有警察乐意从杀人者、入室行窃者及其他类似的犯罪者那里收取贿赂，因为这些人的行为往往是明显有害的，而且受害人一般也很明确。然而，许多警察容易感到，赌博并不是一种性质特别恶劣的行为，而且在许多情况下是不可能根除的。于是，有组织犯罪集团往往会乐于收买警察充当其犯罪活动的保护伞。然而，需要注意的是，警察的腐败不仅仅存在于针对赌博的执法过程中，而且也反映在其他领域，其中包括禁毒执法、打击卖淫的执法，以及建筑工地规章制度的执行（Novak et al.，2020）。

对赌博的执法存在的上述难题，导致了不必要的浪费，因此对策之一便是，完全去除它的犯罪标签。正如对纽约警察实施了腐败调查的科纳普委员会（Knapp Commission）于 1972 年所建议的那样：

> 针对赌博的刑法条款应当废止。尽管立法机关认为对赌博采取一些控制是恰当的，然而这些法规应当采取民事程序而非刑事程序。警察应当在任何一起事件中卸除赌博执法或管理的责任。（Wynn and Goldman, 1974：67）

正如我们在前文中所提到的那样，虽然逮捕的参与非法赌博的人员的数量已经急剧下降，但是对赌博予以去犯罪化处理仍然是一个争议重重的问题。激起争议的其中一个关注点在于，据估计有几百万美国人属于"问题赌徒"[1] 或"病态赌徒"[2]（National Council on Problem Gambling, 2014）。

就赌博方面的问题而言，年轻人可能面临特别的风险。根据麦吉尔大学青年赌博问题国际研究中心（International Centre for Youth Gambling）的一项新的研究，在加拿大的青少年当中，有超过半数的人被认为是"消遣性赌徒"（recreational gamblers），10%~15% 的人面临着产生严重问题的风险，而4%~6% 的人则被认为是"病态赌徒"。麦吉尔大学的研究同时还发现，年龄在 18~24 岁的年轻成年人形成赌博问题的可能性，乃是较年长的成年人群体的 2~4 倍（Schmidt, 2003）。

第四节　白领犯罪

纵观国内外的界定，白领犯罪从本质上讲是一种"特权犯罪"（Rosoff et al., 2020），经常被冠以"套房犯罪"（crimes of the suite）而非"街头犯罪"（crimes of the street）的称谓。**白领犯罪**（white-collar crime）这一术语是由埃德温·H. 萨瑟兰（Edwin H. Sutherland）所创造的，于 1939 年在美国社会学学会（American Sociological Society）的一次发言中首次提出。萨瑟兰对强调穷困因素的犯罪理论提出了批评，引入了阶层和权力的维度进行分析。他提出："白领犯罪大概可以定义为由受尊重且地位高的人在工作过程中实

---

① "问题赌徒"（problem gamblers）指的是因赌钱而生活出现各种问题的人，例如家庭关系破裂，导致工作和经济方面的问题等。——译者注

② "病态赌徒"（pathological gamblers）指的是长时间不能抵制赌博冲动的人。——译者注

施的犯罪。"（Sutherland，1949：9）通过对 70 个规模大、受尊重的公司的工作进行的研究，他为这种形式的犯罪的存在提供了经验性的资料支持。这 70 个公司加起来一共存在 980 次触犯刑法的情况，或者说每个公司被定罪平均达到 14 次。在虚假广告、不当劳动行为、贸易限制、协议定价、股价操纵、版权侵犯以及彻底的欺诈这样的犯罪背后，浮出水面的恰好是受人尊重的中上层经营主管人员。

关于白领犯罪所涉及的整个范围，是难以估量的。许多非法的法人活动 *140* 并不会为外界所察觉，而且大量有钱人也能够在逃税多年后不被察觉。伯纳德·麦道夫（Bernard Madoff）诈骗案便是较近的一个例子。此人建立了一个遍及犹太人慈善机构、犹太教会堂、大学、乡村俱乐部的复杂的联络网，在过去的一些年间窃取了数十亿美元的巨额赃款（Henriques and Healy，2009）。

一般认为，相比那些由低收入人群所实施的"街头犯罪"而言，白领犯罪作为所谓的"套房犯罪"，并没有那么严重。警方和法院在这些案件中会面临很大的压力，即不要处理所有的这些犯罪——考虑犯罪者"在社会中的声望"，从而在法律程序之外解决相应的问题。比如，一家银行发现自己的保险箱被盗，会立即报警，但是如果发现是自己的一位经营主管人员挪用了一笔钱的话，就会慎重得多。为了避免令人不快的信息公开所带来的不利后果，该银行可能只会在安排违规者尽其所能偿还钱款后让其辞职。

通常而言，白领犯罪的概念将"职务犯罪"和"公司犯罪"①融合在一起了（Rosoff et al., 2020）。有些人为了获得个人利益而实施的**职务犯罪**（occupational crimes）是与其职务联系在一起的。比如，医生可能会为吸毒成瘾者开出非法处方，对医疗保险的支付出具欺骗性的报告，在事故案件中作伪证。律师可能会参与某些非法活动，比如从证人那里获取虚假证言，在破产管理的过程中不当使用资金，卷入各种各样的事故中怂恿受害者提起侵权诉讼以获得欺诈性的损害赔偿。**公司犯罪**（corporate crimes）则被认为是在促进业务运营的过程中所开展的非法活动，但是实施相应犯罪本身并不是该公司的中心目标。

职务犯罪与公司犯罪之间可以依据犯罪人所获得的即时且直接的收益而进行方便的区分。在职务犯罪的情形下，收益一般而言属于实施特定非法活

---

① "corporate crimes"有"法人犯罪"和"公司/企业犯罪"两种常见的译法。鉴于本部分所举的具体例子中的犯罪主体均为公司，因此翻译时统一采用"公司犯罪"之表述。——译者注

动的人员。而在公司犯罪的情况下，收益则通常属于组织机构。例如，一位经营主管人员向公务人员行贿以使自己所属的法人组织获得好处。在这种情况下，收益会归属于公司，而不是直接为个人所获得。本节余下的部分将集中探讨公司犯罪的问题。

公司犯罪的范围与损失

在美国，公司犯罪直到 19 世纪晚期才出现。原因在于，此前并不存在相应的法律来制裁危险的或缺乏职业道德的公司活动。在此之前，公司可以自由地销售危险的产品，指令工人在危险的条件下开展工作，污染大气，参与垄断活动，对顾客过高地索价以及对其产品肆无忌惮地进行虚假的广告宣传。到了 19 世纪末 20 世纪初，越来越多的法律获得了通过，而立法的目的便在于试图规制当时盛行的一些令人难以容忍的商业活动。其中，代表性的法律包括 1890 年的《谢尔曼反垄断法》（Sherman Antitrust Act）和 1906 年的《纯净食品和药品法》（Pure Food and Drug Act）。自此之后，一大批法律陆续获得了通过，目的均在于对具有潜在危害的公司活动的各个方面进行调控。

141   正如政府开展的许多调查及新闻媒体的报道所揭示的那样，公司犯罪如今已经广泛存在，这是无可争议的（Rosoff et al., 2020）。早些年一项关于美国最大的 582 家公众持股公司的研究发现，在 1975 年和 1976 年这两年间，有超过 60% 的公司遭受过至少一次完全针对它们的执法行动（U.S. Department of Justice, 1979）。这些公司开展的非法活动具体包括价格垄断、对外行贿（foreign payoffs）、非法政治捐助、从事危险食药品生产等等，针对每家公司所采取的行动的平均次数达到了 4.2 次。

公司犯罪仍然在飞速增加，每年给消费者造成的损失大约达到了 5 000 亿美元（Barkan, 2018）。相比于每年因传统的财产类犯罪（入室行窃、偷盗、机动车盗窃）所造成的据估计 160 亿~180 亿美元的损失，公司犯罪导致的损失要高得多（Federal Bureau of Investigation, 2019）。

毫无疑问，公司犯罪给社会带来了沉重的经济负担。此外，出于工作场所不安全的原因，据估计，每年大约有 50 万美国工人死于疾病，而且有超过 300 万工人在工作场所受伤或身患疾病（AFL-CIO, 2019）。此外，从每年的情况来看，不安全的产品及受污染的食物也杀死了 5 000 名美国人（Barkan,

2018）。相较于个人谋杀所造成的每年大约 1.5 万 ~1.7 万人死亡，公司犯罪所夺走的生命要多得多。

公司犯罪的法律控制

公司行为及公司犯罪受到多个机构的管控。对公司活动的控制可能是"预设性的"（prospective），比如在越轨活动发生之前施加控制，通过许可证照的发放开展控制；控制也可以是"进程中的"（processual），比如在开展持续性控制的时候所进行的调查便是如此；控制还可以是"回溯性的"（retrospective），比如当越轨活动发生之后开展的损害赔偿诉讼即属于这种情况。除此之外，如果一家企业的活动违背了法律，政府便可能在民事法律的框架下提出"中断并停止"进一步违法行动的命令。如果发生了进一步的违法活动，藐视法庭的程序便可能随之开启。在试图控制公司有害活动的过程中，政府有时还会采取罚金和开展各种评估的形式。例如，在水污染和空气污染的情况下处以罚金便是其中的一种形式。政府有时还会通过其"购买力"（buying power）来开展控制，一方面对服从政府的公司予以奖励，另一方面则将政府的合同撤回或不与那些不服从的公司签署相应的合同。

尽管公司活动受制于联邦量刑指南，然而实施公司犯罪的主体却极少受到刑事检控，相关人员遭到监禁的情况更是罕见。由于大公司可以轻松地支付数以亿计抑或更大数额的罚金，因此就违法而遭受的惩罚而言，它们实际上只不过是为参与违法活动缴纳了一笔适度的许可费用而已。于是，从本质上看，一家大公司即使触犯了约束其经营活动的法律，也被认为是值得的——缴纳罚金仅仅被认为是从事经营活动的一个组成部分。

此外，从政府对公司犯罪的反应与它对普通犯罪的反应来看，两者并不可相提并论。总的来说，与针对普通犯罪而施加的惩罚相比，特别是根据犯罪的严重性，对公司所施加的惩罚是相当宽松的。公司的管理层即使被定罪，也很少有人会锒铛入狱；他们通常会被施以缓刑，或者被要求承担某些类型的社区服务。如果他们被投入监狱，所领受的通常也只是一个很短的刑期（Rosoff et al.，2020）。吉尔伯特·盖斯（Geis，1994）曾指出，令人感到讽刺的是，尽管惩罚是向特定人员——他们可能也是受惩罚影响最大的人——施加的，但公司犯罪遭到的惩罚却是最为轻微的。换句话讲，如果这些犯罪者潜在地受到最大程度的威慑（基于其惧怕受到监禁的想法），惩罚

142

和执行强度的加大便可能为社会带来最大限度的福利。但是，从目前的状况来看，公司犯罪所受到的惩罚远比它所造成的危害轻微。

第五节　对不同政见的社会控制

政府所开展的常规性的活动便是对不同的政见进行控制。在多数威权国家（authoritarian countries），对信息和言论自由施加带有政治特性的审判、监控和压制，是司空见惯的现象。这些国家可能会禁止书籍出版、控制新闻媒体，并且对持有不同政见的人施以监禁。

美国尽管是一个民主国家，但是也在利用法律制度对持不同政见者进行惩处。大体上讲，美国曾经有过对不同政见持欢迎态度的历史，但是也出现过对不同政见进行管控和惩罚的情况（Boykoff，2012）。例如在尼克松政府时期，中央情报局不仅以违法的方式对反战人士进行了监视，还渗透到了一些反战群体当中（Wise，1978）。在 1955 年到 1975 年期间，联邦调查局调查了成千上万"从事颠覆活动"的目标，采取了非法入室的行动，通过匿名电话的方式向某些目标人物的朋友或家庭成员告知其所谓的不道德行为，以及采取各种各样的方式图谋压制反战人士及其他持不同政见的人士（Swearington，1995）。

国会在 20 世纪 70 年代的水门事件丑闻之后开展的调查表明，尼克松政府对付其"敌人"的一个滋扰策略便是，对其进行频繁的税务审计。在尼克松政府施加的压力之下，国税局组建了一个秘密部门，最后以"特别服务人员"（Special Services Staff）之名而为人所知。"特别服务人员"位于华盛顿的国税局总部，在所谓"红色印记"安保（"red seal" security）的运作下，与联邦调查局保持着紧密联系，扮演着秘密情报机关的角色；该部门的人员汇编了 8 585 个人和 2 873 个组织的档案资料（Wise，1978）。"特别服务人员"——

> 有责任对以下组织和个人的情报进行调查和收集："意识形态组织、军事组织、从事颠覆活动的组织以及类似的组织"和个人；"非暴力"团体和个人，包括烧毁征兵卡的人、和平示威者、"组织和参加对青年及吸毒成瘾者有吸引力的摇滚音乐节"的人。（Wise，1978：327）

国税局像联邦调查局那样，成为社会控制的一个工具，可自行判断相关　*143*
人员的政治观点和文化倾向是否能够获得接受。

美国军方情报部门（Army Intelligence unit）和高度保密的美国国家
安全局（National Security Agency）都积极地参与了对异见人士的监控
（Wise，1978）。国家安全局多年来都在读取和听取国际通信的内容。比如
在 20 世纪 60 年代，西联汇款公司（Western Union）、温斯顿国际（Winston
International）、ITT 公司（ITT Corporation）在"三叶草行动"（Operation
Shamrock）中，向国家安全局送交了手上的国际电报的复制件。随后，当
某些通信公司转而在磁带上储存电报时，国家安全局便每天都会将这些磁带
所记载的内容传送到位于马里兰州的总部进行复制，然后在同一天再传到纽
约。当这种折返进程开始变得难以负担之时，中央情报局便以一家电视录像
带公司为幌子，在纽约向国家安全局提供办公室来进行磁带的复制。

正如上述例子所显示的那样，美国政府通过紧密地监控对其构成威胁的
人士的活动，建立了一套针对异见人士的系统化的社会控制机制。在政府对
持不同政见人士进行的控制和警察国家的形成之间，界线并不是十分清楚。

在过去的 10 年间，这种模糊的界线在美国国家安全局所做的工作中可
见一斑。在 2004 年到 2015 年期间，该局搜集了数以百万计美国人的电话通
话记录数据，然而此前国会的立法对此是予以禁止的。这种监控由乔治·布
什总统签署的《爱国者法案》（Patriot Act）授权，在 2013 年为外界所知之后
遭到了广泛的谴责（Nakashima，2015）。

或许，就面向现代科技的使用者所设计并施加的某些有效的控制和核查
措施而言，现在已经到了进行反思的时候了，从而令这些控制和核查措施不
会像尼克松时代及此后的情况那样越界开展。正如许多社会评论者所指出的
那样（Boykoff，2012），如果不采取这些行动的话，隐私或许将绝迹于人世，
公民权利可能就要因安全方面的考虑而沦为牺牲品，美国民主体制中的不同
政见也将受到压制。

第六节　行政法与社会控制

人们对法律的一个流行的误解在于，法律几乎全部是由刑法所构成的，
其中的要素包括罪行、警察、检察官、法官、陪审团、判决以及监狱。另外

一个误解则是，所有的法律都可以被划分为刑法和民法。但是，正如我们在前面的章节所观察到的那样，法律体系的资源比这些观念所指向的内容要丰富得多，而且覆盖面也更加广泛。本节所关注的内容是，行政法会如何对如下所示的活动施加社会控制：电力和天然气的开发和销售，铁路、航空和其他交通设施的供给和运行，食品的加工与配送，建筑、桥梁和其他公共设施的建造，广播和电视节目的播报，医生的医疗服务的提供，以及普通公民的机动车的所有权和操作。

如今，人们需要所有类型的服务，比如那些由医生、交通设施和电力公司提供的服务。但是，一个不能胜任的医生可能会杀掉而不是治愈一位病人。一名不合格的飞行员可能会造成坠机，从而导致机上的所有人丢掉性命。一家食品加工公司可能会毒害社区中一半的人。除了不胜任或疏忽外，还可能存在故意的侵害：一家公共事业公司可能会滥用其垄断地位并且索要过高的费用，抑或一处核废料处理设施的所有者可能会在经营过程中不当地走捷径，从而将公众暴露于有害的辐射之中。

在所有这些领域，行政法都有助于保护公众免受各种各样的危害。具体而言，行政法是通过以下方式来发挥其功能的：许可证照的发放、调查以及以信息公开相威胁。

许可证照的发放

行政法的力量不仅仅在于对那些违法的人加以惩罚。要求相关主体取得证照并向其授予相应的证照以开展特定的活动，是一种典型的社会控制手段。随着如此多的组织机构在一州或另一州获得了许可证照开展活动，这种许可作为一种社会控制形式对很大一部分劳动力产生了影响。现如今，在步入一个职业、开展商业经营、服务于特定的顾客或地区、制造某些产品的时候，都可能需要证照。医生和律师必须接受特定的训练，然后才能证明他们在有资格获得证照开展执业活动之前，已经具备了某些方面的能力。航空公司不能仅凭自己的意愿而飞行任何一条航线，广播公司也不能自由地挑选波段来播报节目。作为所有的"调控性证照发放"（regulatory licensing）之基础的是，相关主体无权在没有获得许可的情况下便着手开展其所设想的一项活动。

通过许可证照的发放而对职业和特定活动施加控制的正当性依据在于，

它可以保护公众免受低劣的、欺诈性的或者有害的服务和产品的侵害。但是，那些顶多最低限度地影响公众健康和安全的职业，也需要许可证照。在某些州，美容师、拍卖师、气象控制从业者、动物标本剥制师、废品旧货经营者和风向标安装者也需要领取许可证照。尽管这类职业的许可证照并没有实际地护卫公众健康和安全，但是它也有利于确保公众获得合格的服务，并且免受欺诈。

除了要求从业者领取许可证照而外，行政机关所施加的控制还包括撤回或吊销证照。比如在行政法的调整之下，一个州可能会取消一名律师、医生或美容师的执业资格，而且还可以强令一位酒吧或餐馆的所有者在一些天内、一年内甚至永久性地停止经营。

正如这里的讨论所指明的那样，地方、州和联邦通过许可证照的发放施加行政控制，是已经获得了广泛运用的社会控制机制。行政法通常会对以下情况进行阐明：获得一份许可证照的条件、申请人必须满足的要求、许可证照持有者所承担的责任、签署这些许可证照的授权机关、撤回许可证照的程序以及构成撤回理由的依据、对违法行为的具体处罚。

调查

行政法赋予了管理机关广泛的审查权和调查权（Pagnattaro et al., 2019）。周期性的调查是一个特定机构对其管辖范围内正在进行的活动进行监督的方式。这些调查决定了汽车和火车是否能够安全地行驶、飞机是否能够安全地飞行、农产品是否能达到质量标准，等等。类似的程序还被用于防止危险食品和药品的分发，禁止病害植物和动物进入国内，或者当一位飞行员在等待纪律听证的时候暂停其执照的使用。

在大量的工业和商业活动中，政府机构的调查者会依承诺的事务开展工作，以此查明健康和安全方面的违法活动，抑或开展定期的走访。比如，当美国食品及药物管理局（FDA）的调查者在某种罐头汤中发现会导致中毒的物质时，该局就应当而且如人所愿地指令生产商从杂货店和自己的货架上撤回产品，并且销毁所有的罐头。

这些调查构成了行政监督与控制的一个主要工具。比如，联邦储备委员会（Federal Reserve Board）和联邦存款保险公司（Federal Deposit Insurance Corporation）的调查人员会来到各个银行，核查其业务记录。一名主管住房事务的官员可能会对建筑进行调查，以确定该建筑的建造是否遵守了建筑法规。在某些情况下，调查会偶然地进行，比如相关官员为了确保建筑法规获得遵守的情形便是如此。而在另外的情况下，调查则会持续性地开展，例如针对食品开展的调查即是如此。无论是偶然性的调查还是持续性的调查，都会向相关主体行为的自我监管施加压力，并且有助于维系法律所明确规定的内部控制。此外，这些调查有时还会引发对管理标准进行立法修正的建议。

以信息公开相威胁

在人们之间彼此了解的小型社区，对为非作歹之人的行为进行负面宣传，可能会对他们的行为改变产生重要的影响。一般而言，在一个大型的城市化、工业化社会中，这样一种社会控制制度却对人的越轨行为起不了什么作用。不过，对于销售的产品已经广为人知的大型公司而言，负面信息的公开则会带来巨大的影响。比如，对福特汽车公司关于"平托"（Pinto）车型的缺陷和召回的内部文件进行公开，导致该公司市场销售数据显著下挫。该文件表明，以每辆车花费大约 11 美元的代价进行必需的油箱结构性改造，每年可以避免 180 人被烧死（Fisse and Braithwaite, 1993）。而从另外一个例子来看，在大众汽车公司于 2015 年被曝光柴油车尾气排放检测造假之后，其销售额也出现了陡然下跌（Noskova, 2016）。

由于大公司忌惮负面信息被公开，因此所有行政管理者手中最为强有力的工具或许就是对负面信息予以公开的权力。对可疑的犯罪以及参与其中的犯罪者的特征进行详细的公开透露，能够带来即时的损害。对此，可以举一个较早的例子。在 1959 年的感恩节之前，美国健康、教育与福利部（U.S. Department of Health, Education, and Welfare）部长在一次新闻发布会上宣布，蔓越莓受到了致癌药剂的污染，从而实质上导致整个蔓越莓市场遭到了很大的破坏。然而在某些情况下，那些自身的产品占据垄断地位的公司，即使其负面信息被公开，它也不太可能受到损害，比如地方的天然气和电力公司即是如此。

总　结

1. 法律是一种正式社会控制机制。当其他形式的社会控制机制疲软、失效或难以获得的时候，法律便开始起作用。

2. 通过外部压力而施加的社会控制机制既可以是正式的，也可以是非正式的，而且同时包括消极制裁和积极制裁。如果存在以亲密的面对面形式表现出来的强烈社会互动、关于规范的一致意见以及对社区中成员行为的监控，那么非正式社会控制将在这样的社会中更为有效。正式社会控制则是更为复杂的社会的特征，这种社会中存在着更大程度上的劳动分工和样态不同的民德、价值观和意识形态。当非正式的控制无法充分地维系特定规范的一致性的时候，正式社会控制便应运而生。

3. 对犯罪和违法行为的社会控制，是社会试图控制越轨行为而采用的最高程度的结构化的正式制度。法律惩罚的目的包括报复或社会报应、剥夺资格、个体性的威慑以及一般性的威慑。

4. 在那些将犯罪活动作为生活方式的投入程度低的人从事工具性犯罪的时候，法律惩罚更可能产生威慑效果。

5. 针对越轨行为开展的正式社会控制并不局限于刑事制裁。民事关禁作为一种法律控制机制，在实践中的运用是相当普遍的。在民事关禁的语境下，对于包括酗酒者、吸毒成瘾者、性侵犯者以及问题青少年在内的被告人而言，他们所能够利用的程序性保障措施几乎不存在，甚至根本就没有。

6. 美国在控制无受害人犯罪方面投入了巨大的资源。一般而言，对吸毒成瘾、卖淫和赌博这样的无受害人犯罪进行的法律控制存在很多问题，比如代价高昂、效率低下，而且经常会导致执法人员的腐败。

7. 相比于更多传统类型的犯罪而言，白领犯罪对社会福祉构成了更大的威胁。总的来说，处理公司犯罪的法律并未起到应有的效果，而且制裁作为一种威慑因素也并不充分。公司往往将违法和由此所导致的罚金作为其常规经营开支的一部分。

8. 许多政府部门使用法律及通过其他的方式来对不同的政见进行控制。无论是从近期还是过往的情况来看，美国政府都依赖于各种各样的情报机构的工作，建立起了针对不同政见的制度化的社会控制体系。

9. 通过行政法而进行的社会控制是通过许可证照的发放、调查以及以信息公开相威胁而施加的。

---------------------------------- 关键术语 ----------------------------------

民俗（folkways）：在日常生活实践中形成的规范，比如那些有关穿着、礼仪和语言使用的特定范式。

147 **民德**（mores）：与对或错这样的强烈感受以及那些不能违背的确切的行为规则联系在一起的社会规范。

法定化（legalization）：规范从社会层面转到法律层面的过程。

公司犯罪（corporate crime）：公司在促进业务运营的过程中所开展的非法活动，但是实施相应犯罪本身并不是该公司的中心目标。

无受害人犯罪（victimless crimes）：参与者心甘情愿实施且侵害对象主要是参与者自身的犯罪。

白领犯罪（white-collar crime）：由受尊重且地位高的人在工作过程中实施的犯罪。

职务犯罪（occupational crime）：为了获得个人利益而实施的与其职务联系在一起的犯罪。

消极制裁（negative sanctions）：对违反规则的人施加的惩罚。

积极制裁（positive sanctions）：目的在于奖励对规则的服从，具体方式包括提拔、发放奖金以及给予鼓励。

社会控制（social control）：一个社会中的成员用以维持秩序并促进其行为的可预测性的手段。

社会化（socialization）：特定的社会群体学习行为规则的过程。

---------------------------------- 推荐阅读 ----------------------------------

Lawrence M. Friedman, *Impact*: *How Law Affects Behavior*. Cambridge, MA: Harvard University Press, 2016. 这是一部由顶尖的法律与社会学者所撰写的具有深刻见解的著作。作者对法律以最强大的方式影响行为的条件进行了分析。

Jack P. Gibbs (ed.), *Social Control*: *Views from the Social Sciences*. Beverly Hills, CA: Sage Publications, 1982. 这是一本对卓有影响的学者的经典论文进行汇编的书目。相关学者从诸多学科出发，对社会控制的概念进行了诠释，并且对一些概念性、理论性以及经验性问题进行了确认和讨论。

Allan V. Horwitz, *Creating Mental Illness*. Chicago, IL: University of Chicago Press, 2002. 该书就精神病人受到的社会控制进行了一系列的案例

研究。

Steve Rolles and Phillip Bean, *Legalizing Drugs: The Key to Ending the War*. Oxford, UK: New Internationalist Publications, 2017. 禁毒战争持续伴随着新的立法和争论。关于毒品的合法化，这本书进行了具有说服力的分析。

Michael Tonry, *Sentencing Fragments: Penal Reform in America, 1975-2025*. New York: Oxford University Press, 2016. 该书对美国的量刑政策提出了批判，同时也对该政策的改良提供了重要的建议。

参 考 文 献

AFL-CIO. 2019. *Death on the Job: The Toll of Neglect*. Washington, DC: AFL-CIO.

American Civil Liberties Union. 2013. *The War on Marijuana in Black and White: Billions of Dollars Wasted on Racially Biased Arrests*. New York: American Civil Liberties Union.

Barkan, Steven E. 1996. "The Social Science Significance of the O.J. Simpson Case." Pp. 36–42 in *Representing O.J.: Murder, Criminal Justice and Mass Culture*, edited by G. Barak. Albany, NY: Harrow and Heston.

Barkan, Steven E. 2018. *Criminology: A Sociological Understanding*. Upper Saddle River, NJ: Pearson.

Barkan, Steven E. 2019. *Race, Crime, and Justice: The Continuing American Dilemma*. New York: Oxford University Press.

Baughman, Galen. 2015. "Questionable Commitments." *Cato Unbound: A Journal of Debate* June 1:www.cato-unbound.org/2015/06/01/galen-baughman/questionable-commitments.

Bindel, Julie. 2017. "Why Prostitution Should Never Be Legalised." *The Guardian* October 11:https://www.theguardian.com/commentisfree/2017/oct/11/prostitution-legalised-sex-trade-pimps-women.

Boehnlein, James K. 2013. "Should Physicians Participate in State-Ordered Executions." *AMA Journal of Ethics* March:https://journalofethics.ama-assn.org/article/should-physicians-participate-state-ordered-executions/2013–03.

Boggs, Sarah L. 1971. "Formal and Informal Crime Control: An Exploratory Study of Urban, Suburban, and Rural Orientations." *Sociological Quarterly* 12(1):319–327.

Bohm, Robert M. 2017. *Deathquest: An Introduction to the Theory and Practice of Capital Punishment in the United States*. New York: Routledge.

Bowers, William J. and Glenn Pierce. 1975. "The Illusion of Deterrence in Isaac Ehrlich's Research on Capital Punishment." *Yale Law Journal* 85:187–208.

Boykoff, Jules. 2012. *The Suppression of Dissent: How the State and Mass Media Squelch USAmerican Social Movements*. New York: Routledge.

Canter David, Maria, Ioannou, and Donna Youngs, eds. 2009. *Safer Sex in the City: The Experience and Management of Street Prostitution*. Burlington, VT: Ashgate.

Carson, E. Ann. 2020. *Prisoners in 2018*. Washington, DC: Bureau of Justice Statistics, US Department of Justice.

Chambliss, William J. 1967. "Types of Deviance and the Effectiveness of Legal Sanctions." *Wisconsin Law Review* Summer:703–719.

Chriss, James J. 2013. *Social Control: An Introduction*. Malden, MA: Polity Press.

Clinard, Marshall B. and Daniel J. Abbott. 1973. *Crime in Developing Countries: A Comparative Perspective*. New York: John Wiley.

Commission on the Review of the National Policy toward Gambling. 1976. *Gambling in America*. Washington, DC: U.S. Government Printing Office.

Coyne, Christopher J. and Abigail R. Hall. 2017. *Four Decades and Counting: The Continued Failure of the War on Drugs*. Washington, DC: Cato Institute.

Darnton, Nina. 1989. "Committed Youth." *Newsweek* July 31:66–72.

Death Penalty Information Center. 2020a. "Autopsy Results Provide 'Virtual Medical Certainty' That Prisoners Will Experience 'Excruciating Pain' During Federal Executions." August 26:https://deathpenaltyinfo.org/news/autopsy-results-provide-virtual-medical-certainty-that-prisoners-will-experience-excruciating-pain-during-federal-executions.

Death Penalty Information Center. 2020b. "Innocence." https://deathpenaltyinfo.org/policy-issues/innocence.

Dieter, Richard C. 2013. *Testimony Submitted to the Nebraska Legislature: Judiciary Committee Hearings on the Death Penalty, March 13*. Washington, DC: Death Penalty Information Center.

Drug Policy Alliance. 2020. "Drug War Facts." https://www.drugpolicy.org/issues/drug-war-statistics.

Ehrlich, Isaac. 1975. "The Deterrent Effect of Capital Punishment: A Question of Life and Death." *American Economic Review* 65:397–417.

Enns, Peter K. 2016. *Incarceration Nation: How the United States Became the Most Punitive Democracy in the World*. New York: Cambridge University Press.

Erikson, Kai T. 1966. *Wayward Puritans: A Study in the Sociology of Deviance*. New York: John Wiley.

Federal Bureau of Investigation. 2019. *Crime in the United States, 2018*. Washington, DC: Federal Bureau of Investigation.

Fisse, Brent and John Brathwaite. 1993. *Corporations, Crime and Accountability*. Cambridge, MA: Cambridge University Press.

Forst, Martin L. 1978. *Civil Commitment and Social Control*. Lexington, MA: Heath.

Foucault, Michel. 1977. *Discipline and Punish: The Birth of the Prison*. Translated by A. Sheridan. New York: Pantheon Books.

Fox, James Alan and Jack Levin. 2019. *Extreme Killing: Understanding Serial and Mass Murder*. Thousand Oaks, CA: Sage Publications.

Geis, Gilbert. 1994. "Corporate Crime: 'Three Strikes You're Out?'." *Multinational Monitor* 15(6):30–31.

Goode, Erich. 2020. *Drugs in American Society*. New York: McGraw-Hill.

Gross, Samuel R., Barbara O'Brien, Chen Hu, and Edward H. Kennedy. 2014. "Rate of False Conviction of Criminal Defendants Who Are Sentenced to Death." *PNAS-- Proceedings of the National Academy of Sciences* 111(20):7230–7235.

Hayes, Tara O'Neill. 2020. "The Economic Costs of the U.S. Criminal Justice System." American Action Forum:https://www.americanactionforum.org/research/the-economic-costs-of-the-u-s-criminal-justice-system/.

Head, Tom. 2018. "5 Arguments for the Death Penalty." https://www.thoughtco.com/arguments-for-the-death-penalty-721136.

Henriques, Diana B. and Jack Healy. 2009. "Madoff Goes to Jail after Guilty Pleas." *The New York Times* March 13:A1.

Henry, Stuart, Jeffrey Vandersip, and Desiré J. M. Anastasia, eds. 2020. *Crime, Justice, and*

Social Control. San Diego: Cognella.

Kleiman, Mark A. R., Jonathan P. Caulkins, and Angela Hawken. 2011. *Drugs and Drug Policy: What Everyone Needs to Know.* New York: Oxford University Press.

Marez, Curtis. 2004. *Drug Wars: The Political Economy of Narcotics.* Minneapolis: University of Minnesota Press.

Maruschak, Laura M. and Todd D. Minton. 2020. *Correctional Populations in the United States, 2017–2018.* Washington, DC: Bureau of Justice Statistics, U.S. Department of Justice.

Morgenthau, Robert M. 1995. "What Prosecutors Won't Tell You: Capital Punishment Is the Enemy of Law Enforcement." *The New York Times* February 7:A25.

Morris, Nathaniel P. 2020. "Detention without Data: Public Tracking of Civil Commitment." *Psychiatric Services*:https://doi.org/10.1176/appi.ps.202000212.

Nagin, Daniel S. and John V. Pepper, eds. 2012. *Deterrence and the Death Penalty.* Washington, DC: National Research Council.

Nagin, Daniel S., Robert M. Solow, and Cynthia Lum. 2015. "Deterrence, Criminal Opportunities, and Police." *Criminology* 53(1):74–100. doi: 10.1111/1745–9125.12057.

Nakashima, Ellen. 2015. "NSA's Bulk Collection of Americans' Phone Records Ends Sunday." *The Washington Post* November 27:https://www.washingtonpost.com/world/national-security/nsas-bulk-collection-of-americans-phone-records-ends-sunday/2015/11/27/75dc62e2–9546–11e5-a2d6-f57908580b1f_story.html.

National Council on Problem Gambling. 2014. "Help & Treatment." http://www.ncpgambling.org/help-treatment/faq/.

Ndulue, Ngozi. 2020. *Enduring Injustice: The Persistence of Racial Discrimination in the U.S. Death Penalty.* Washington, DC: Death Penalty Information Center.

Neill, Katharine A. 2015. "Tough on Drugs: Law and Order Dominance and the Neglect of Public Health in U.S. Drug Policy." *World Medical & Health Policy* 6(4):375–394.

Neubauer, David W. and Henry F. Fradella. 2019. *America's Courts and the Criminal Justice System.* Belmont, CA: Cengage.

The New York Times. 2001. "Contortions of Psychiatry in China." *The New York Times* March 25:Section 4, Page 14.

North, Anna. 2019. "The Movement to Decriminalize Sex Work, Explained." *Vox.com* August 2:https://www.vox.com/2019/8/2/20692327/sex-work-decriminalization-prostitution-new-york-dc.

Noskova, Polina. 2016. "Volkswagen Brand's U.S. Sales Fall 22% in Eighth Straight Drop." *Bloomberg Business* July 1:http://www.bloomberg.com/news/articles/2016–07–01/volkswagen-brand-s-u-s-sales-fall-22-in-eighth-straight-drop.

Novak, Kenneth, Gary Cordner, Brad Smith, and Roy Roberg. 2020. *Police and Society.* New York: Oxford University Press.

Pagnattaro, Marisa Anne, Daniel R. Cahoy, Julie Manning Magid, O. Lee Reed, and Peter J. Shedd. 2019. *The Legal and Regulatory Environment of Business.* New York: McGraw Hill.

Pierce, Patrick A. and Donald E. Miller. 2004. *Gambling Politics: State Government and the Business of Betting.* Boulder, CO: Lynne Rienner Publishers.

President's Commission on Law Enforcement and Administration of Justice. 1967. *The Challenge of Crime in a Free Society.* Washington, D.C.: U.S. Government Printing Office.

Rich, Robert M. 1978. *Crimes without Victims: Deviance and the Criminal Law.* Washington, DC: University Press of America.

Rosoff, Stephen M., Henry N. Pontell, and Robert Tillman. 2020. *Profit without Honor:*

150

White Collar Crime and the Looting of America. Hoboken, NJ: Pearson.

Schmidt, Sara. 2003. "Half of Teens in Canada Gamble: Up to 15 Per Cent at Risk of Addiction." *Vancouver Sun* October 14:A1.

Shepherd, Joanna M. 2005. "Deterrence Versus Brutalization: Capital Punishment's Different Effects among States." *Michigan Law Review* 104:203–255.

Shibutani, Tamotsu. 1961. *Society and Personality: An Interactionist Approach to Social Psychology.* Englewood Cliffs, NJ: Prentice Hall.

Smith, Molly and Juno Mac. 2018. *Revolting Prostitutes: The Fight for Sex Workers' Rights.* New York: Verso Books.

Snell, Tracy L. 2019. *Capital Punishment, 2017: Selected Findings.* Washington, DC: Bureau of Justice Statistics, US Department of Justice.

Substance Abuse and Mental Health Services Administration. 2019. *Results from the 2018 National Survey on Drug Use and Health: Detailed Tables.* Rockville, MD: Center for Behavioral Health Statistics and Quality, Substance Abuse and Mental Health Services Administration. Retrieved from https://www.samhsa.gov/data/.

Sutherland, Edwin H. 1949. *White Collar Crime.* New York: Holt, Rinehart, and Winston.

Sutherland, Edwin H. and Donald R. Cressey. 1974. *Principles of Criminology.* Philadelphia: Lippincott.

Swearington, M. Wesley. 1995. *FBI Secrets: An Agent's Expose.* Boston: South End Press.

Tunnell, Kenneth D. 2004. *Pissing on Demand: Workplace Drug Testing and the Rise of the Detox Industry.* New York: NYU Press.

Turk, Austin T. 1972. *Legal Sanctioning and Social Control.* Rockville, MD: National Institute of Mental Health.

US Department of Justice. 1979. *Illegal Corporate Behavior.* Washington, DC: Law Enforcement Assistance Administration, US Department of Justice.

Vaughan, Diane. 1998. "Rational Choice, Situated Action, and the Social Control of Organizations." *Law & Society Review* 32(1):23–57.

Weisburd, David, David P. Farrington, and Charlotte Gill, eds. 2016. *What Works in Crime Prevention and Rehabilitation: Lessons from Systematic Reviews*, Vol. 16. New York: Springer.

Weitzer, Ronald. 2011. *Legalizing Prostitution: From Illicit Vice to Lawful Business.* New York: NYU Press.

Wise, David. 1978. *The American Police State: The Government against the People.* New York: Vintage Books.

Wolfe, Alan and Erik C. Owens. 2009. *Gambling: Mapping the American Moral Landscape.* Waco, TX: Baylor University Press.

Wolfenden Report. 1963. *Report of the Committee on Homosexual Offenses and Prostitution.* Briarcliff Manor, NY: Stein & Day.

Wynn, Joan Ransohoff and Clifford Goldman. 1974. "Gambling in New York City: The Case for Legalization." Pp. 66–75 in *Social Problems And Public Policy: Deviance and Liberty*, edited by L. Rainwater. Chicago: Aldine Publishing.

151

第六章
法律与纠纷解决

章节框架

学习目标

1. 了解纠纷解决方法。
2. 解释为什么一些纠纷当事人希望忍耐或者回避。
3. 解释为什么审判可能损害持续性关系。
4. 叙述可诉讼性和适格性的含义。
5. 描述经常性用法户在诉讼中的优势。

法律的一项主要功能是有序地解决纠纷。本章主要讨论法律为什么、如何以及在什么样的情境下被应用于个体之间、个体与组织之间以及组织之间的争端。

第一节　相关术语介绍

社会学以及法学著作使用许多不同的术语来描述法律在争议解决中的角色。诸如"冲突消除"、"冲突调控"、"冲突治理"、"纠纷处理"（dispute processing）、"纠纷化解"（dispute settlement）以及"纠纷解决"（dispute resolution）等术语经常是通用的。

154　　一些学者认为纠纷是被处理而不是被化解的，冲突是被治理或者调控而不是被消除的（Menkel-Meadow，2003）。在他们看来，第三方干预——无论是否通过法律途径——仅仅意味着纠纷或者冲突中与公共因素勾连在一起的部分被解决，而导致冲突的潜在力量或者紧张并没有得到减缓。阿贝尔（Abel，1973：228）对上述立场进行了概括并批评了那些"尝试将'化解'视为纠纷的最终结果，将'消除'视为冲突的宿命"的社会法律学者。他说大多数冲突和纠纷的结果是其他冲突或纠纷的产生。

其他一些学者指出，现实纠纷的解决过程通常包含几个阶段。例如，劳拉·内德和哈利·F.托德（Nader and Todd，1978：14-15）将纠纷过程划分为三个明显的阶段：（1）不满或者前冲突阶段；（2）冲突阶段；（3）纠纷阶段。其中前冲突阶段是指这样的情境：一个个体或者一个组织感到自己受到不公正对待并且思考这种怨恨或者抱怨的根源。这一情境可能是真实的也可能是虚构的，这取决于受伤害者的感知。当然，这一状况既可能导致冲突的爆发，也可能使冲突慢慢弱化。如果在不满或者前冲突阶段这一状况没有得到化解，冲突阶段将出现。在冲突阶段，受伤害者将对抗冒犯者，并且表达自己的愤恨感和不公正感。冲突阶段是双向的，它只涉及两方。如果冲突在这一阶段没有被消除，那么纠纷阶段将出现。内德和托德所讨论的三个阶段并不总是界限分明或者有序演化的。个体可能在没有经历与冒犯者对抗的情况下直接提起诉讼，或者当事人一方可能在任何一个阶段选择退出或者认输。

　　尽管社会法律学者仍在争论哪些涉及纠纷解决的术语最有意义，但为了简单起见，本章将诸如冲突消除、纠纷化解、纠纷处理等术语互换使用。同时，值得重申的是，法律消除或者解决的仅仅是冲突、纠纷中的法律因素，而不处理冲突或纠纷产生的潜在原因。冲突的法律解决不一定能减缓当事人双方之间的紧张或者对抗。例如，虽然离婚是失败婚姻的法律解决方案，但它不一定会减少导致离婚的夫妻关系紧张（Sarat and Felstiner，1995）。

第二节　纠纷解决方法

　　无论社会的发展程度如何，纠纷都普遍存在于每个社会之中并且每个社会都有广泛的方式来处理纠纷。许多社会的纠纷解决方法非常相似，它们之间的差别在于不同的社会更偏向于使用某种方法。这种偏向通常是由文化因素以及纠纷解决机构的可获取性所决定的。

　　在当今世界，法律纠纷的解决主要有两种方式。正如埃尔曼所描述的：

　　　　或者冲突当事人通过协商自己决定结果，这并不排除作为中间人的第三方可能在协商过程中提供帮助；或者冲突由第三方（理想情况下是公正无偏的）裁决当事人双方中哪一方的诉求更具合理性。（Ehrmann，1976：82）

　　本章稍后将讨论诉诸第三方来解决纠纷。

155

　　著名的人类学家西蒙·罗伯茨（Roberts，2013）指出，在一些社会中，个体间直接的暴力救济是一种被认可的纠纷解决方法。此类暴力可能是为已经遭受的暴力或者对其他被感知的不公正形式进行的报复。在一些场合，身体暴力可能被形塑成一种受到限制的传统形式，比如决斗。另一种身体暴力形式是复仇。复仇（feuding）是家庭或者群体之间反复发生的恶意攻击，旨在报复对群体的冒犯（侮辱、伤害、死亡或者剥夺）。复仇的一个独特特征是群体的每个成员具有复仇的责任，将冒犯者群体中任何成员杀死都被视为是合适的报复，因为冒犯者群体作为一个整体被认为是负有责任的。这在弗吉尼亚州的哈特菲尔德家族（Hatfields of Virginia）与肯塔基州的麦考伊家族（McCoys of Kentucky）之间著名的复仇中时不时地发生。这一世仇发生于1882年，并且持续了许多年（Alther，2012）。

有时候争端可能被仪式化。例如，纠纷各方在恢复共同体秩序之前可能需要相互争斗，并通过歌声和舞蹈来传达他们的诉求，控诉者所唱的歌、跳的舞蹈都是针对纠纷事件即兴编制的。在歌唱中，控诉者尽可能陈述他所受到的虐待，被控诉者会相应地做出反应。双方之间这种大量的信息、情感交流可能会一直持续，直到一方筋疲力尽，听众将根据双方的吟唱、责骂技巧来评判输赢（Hoebel，1940）。

为了解决纠纷，纠纷当事人可能选择诉诸超自然力量。超自然力量可能涉足对犯罪者的惩罚，这种观念相当普遍。这常常源于这样一种信仰：通过巫师或者巫术，伤害可能会被施加到对方身上。在一些社会中，魔法和巫术被认为是导致死亡以及几乎所有疾病或者身体痛苦的原因。例如，科利尔（Collier，1973）分析了墨西哥的兹纳坎特科斯（Zinacantecos）的巫术信仰，包括传播疾病的巫师请求施加某种疾病，做出特定的行为（比如使受害者腐烂），控制天气，与神灵对话或者通过邪恶之眼引发疾病。因此，在相信巫术的社会中，找出对特定事件或不幸负责的巫师在纠纷处理过程中非常重要（Roberts，2013）。

当然，并不是所有的纠纷都是通过暴力、仪式、羞辱、驱逐或者诉诸超自然力量来解决的。大多数社会已经使用替代性纠纷解决方法。这些替代性方法在以下几个方面有所差异：参加者是否自由，是否有第三方，第三方干预的标准，结果的类型以及结果如何被执行，所使用的程序是正式的还是非正式的。在阐述这些差异之前，我们来讨论一下另外两种处理纠纷的常用方式：忍耐（lumping it）和回避（avoidance）。

156 忍耐和回避

忍耐（lumping it）是指不采取行动、不发出诉求或者抱怨。正如格兰特所言："那些缺少信息和门路或者认为收益太小、成本太高（包括控诉的心理成本，尤其在厌诉的社会中）的'原告'经常做出这样的行为（忍耐）。"（Galanter，1974：124-125）在忍耐的情况下，导致争端的问题或者困境被简单地忽视，当事人双方之间的关系继续维系。例如，一位大学教授可能不想提出特定的要求（如涨工资），以避免与行政管理者发生冲突，维系自己与学校的关系。卡罗尔·J. 格林豪斯（Greenhouse，1986）描述了南部城镇的浸信会教友（Baptists）从看似很可能导致纠纷的冲突中隐退的形式。该研究发现，社区中的浸信会教友认为纠纷是一种非基督徒的行为，因为《圣经》明确地说耶稣是所有人的审判者，卷入纠纷则意味着作为他人的审判者，而这是缺乏信仰以及亵渎基督权力的表现。

回避（avoidance）则是限制与其他纠纷当事人的关系和交往，使纠纷不再突显。例如，面对店员粗鲁行为或者商品价格过高时，一位消费者可能去另外一家商店购物而不是投诉。回避会造成纠纷当事人之间关系的淡化或者破坏，而忍耐则没有解决冲突、不满或者纠纷，因为当事人一方倾向于对纠纷中的问题视而不见，它通常取决于相对弱势一方的决定或者纠纷解决会涉及的社会成本、经济成本或者心理成本。回避并不总是一种可供选择的方式，例如垄断公司（如消费者不能回避的石油公司），或者电力公司、社会保障管理总署、卫生与公众服务部。

总之，回避的一个重要方面是减少社会互动或者干脆终止。忍耐则是忽视纠纷中的问题而保持关系。这两种方法都允许纠纷继续下去，而受害方本身并不能减少不满。

主要的纠纷解决方法

主要的纠纷解决方法可以被描述为一个连续谱，具体包含的机制从协商一直延伸至审判。在协商的时候，当事人是自由的，自己解决纠纷。紧挨着协商的是调解，即第三方开始介入纠纷并且协助当事人达成自由协议。连续谱的另一终端是审判（包括司法的和行政的）。在审判程序中，当事人被强制参与，案件由法官判定，当事人由律师代理，程序是正式的，结果由法律强制执行。在连续谱中，紧挨着判决的是仲裁，仲裁的正式性要次于判决，其裁决结果可能具有也可能不具有约束力。协商、调解以及仲裁是通常所说的"替代性纠纷解决"（alternative dispute resolution，ADR）途径的主要组成部分（Coltri，2020）。替代性纠纷解决运动已经传播到世界上的其他地方。接下来，我们将更详细地呈现纠纷解决方法及其变化。

协商　当纠纷当事人尝试解决纠纷而不需要中立的第三方帮助时，协商就产生了。协商是一种双方之间的事务，当事人尝试说服对方，确立一个讨论的基点，经过一系列妥协达成解决方案。成功的协商需要一个基本前提：当事人

157

双方的诉求不能膨胀，不能求助于第三方。正如奥伯特所言："协商解决的一个优点是当事人不需要在社会的正常秩序上留下任何印迹。由于此次纠纷的解决不会成为以后类似纠纷解决的先例，因此双方不用担心纠纷解决的一般性后果。"（Aubert，1969：284）在工业化国家，比如美国，忍耐、回避以及协商是人们面对纠纷时最常见的反应。

调解 调解是一种常见的纠纷解决方法，涉及一个中立的、非强制性的第三方，即调解者（Menkel-Meadow et al.，2020）。与诉讼不同的是，诉讼的最终结果由法官决定，而调解者并不做最终结论。在调解的情况下，纠纷解决的最终协议条款只能由当事人双方制定。如果当事人双方都对一个合理的纠纷解决方案感兴趣，那么调解会是许多纠纷解决的有效途径，并且其结果往往比其他的纠纷解决方法更公正。调解始于一个合意，这个合意不是对抗性的，其基调是协作而不是竞争。

调解者的角色是向导、铺路石以及催化剂。调解者可能是由纠纷当事人选择或者由某个权威委任。调解者的选择可能是根据其社会身份、地位、声誉、权力、财富或者宣称具有代表神灵或者一些其他超凡力量来施加约束的权力。一个调解者可能不具备上述特质中的任何一个，仅仅是因为由负责解决特定纠纷的组织指派任命。诉诸调解者可能是纠纷双方的共同选择，也可能是其中一方的选择，还可能是群体规范的结果——"要求"纠纷尽可能在群体内部解决。

调解本质上是对各方施加影响，以达成一个对他们的利益都具吸引力的协议。调解者可能会使用诸多策略去实现这一目标。

> 他可能对纠纷双方做工作，告诉他们什么对他们最有利……通过这种方式，调解者让双方尽可能多地考虑共同利益，或者尽可能少地关注冲突性利益。调解者也会尽可能地寻找当事人之前没有发现的纠纷解决方法，并且使双方确信按照他的建议解决纠纷将对双方都有利。事实上，在特定的纠纷中，对于当事人双方来说，由公正的第三方提出的纠纷解决方案足以被接受。（Eckhoff，1978：36）

在理想状况下，当事人双方都应该信任调解者，愿意与其合作，听取其建议，并且相信调解者是公正的。为了使当事人双方的不同诉求得到和解，调解者也可能会使用告诫、允诺或者奉承的策略。埃克霍夫指出了调解在什么情况下最可能成功：

当纠纷双方都有诚意解决纠纷时，调解将会有一个非常有利的氛围。当事人之间的共同利益越多，他们就越有理由将纠纷置于第三方之手，并且他们也就越有动力与第三方协作以找出纠纷的解决办法，以这样的方式来评估各自的要求也就更容易获得一致的纠纷解决方法。（Eckhoff, 1978: 36）

当今，调解方法在美国被广泛使用。成百上千家非营利纠纷解决中心强调调解的作用。得克萨斯州的奥斯汀就有很多这样的纠纷解决中心，为个体、企业以及其他实体提供调解服务和调解培训（www.austindrc.org）。全美范围内的这些以及其他纠纷解决中心处理家庭、住房以及其他纠纷。

尽管不同的中心负责处理不同类型的案件，但是几乎所有的中心都倾向于关注当事人之间关系的维续。当事人可以自愿选择是否将纠纷提交调解。大多数当事人会诉诸由法官、警察、公诉人以及法庭书记员组成的中心。调解者包括律师、法学院学生以及非专业人员等。在担任调解者角色之前，他们会接受相关培训，学习一些调解技术。

纠纷调解中心具有多种优势。与聘请律师和诉诸法院相比，纠纷调解中心的一个主要优势是成本低廉（或者零成本）。与民事诉讼相比，纠纷调解提供了一种更加高效的纠纷解决方法，因为当事人可以在调解过程中探讨导致纠纷的潜在问题，而不用拘泥于法律上的问题，无须受到时间限制，也可以在此过程中免于作为媒介的律师的影响。替代性纠纷解决途径的使用可以减轻法庭的负担，使法庭可以集中资源处理严重案件。

仲裁　仲裁是另一种涉及第三方的纠纷解决方法。调解是第三方协助当事人达成他们自己的纠纷解决协议。与调解不同，仲裁是由第三方为当事人制定一个最终的、有约束力的纠纷解决方案。纠纷当事人事先都同意一个中立的第三方干预纠纷并接受第三方的最终决定。与法庭不同，仲裁程序可能是私密的，对参与者的选择可能是简单的、非正式的。仲裁往往可以减少纠纷解决成本，因为对仲裁员的裁定缺乏上诉的机会，特别是在没有聘请律师的情况下。此外，仲裁比审判快捷，因为只要参与者准备好了就可以立即开始，而不需要像审判那样等待审判日期的确定。

目前，几乎所有的集体谈判合同都对最终的具有约束力的仲裁做了规定。当此类纠纷发生后，当事人将纠纷诉诸仲裁员。仲裁员的裁定建立在纠纷当事人合意的基础之上，并且具有约束力。仲裁条款越来越普遍地出现在

159

商业合同甚至是就业合同中。许多私营组织、专业组织以及贸易协会拥有处理成员之间纠纷的仲裁机构。

尽管仲裁有其优势，但是它可能使企业的不当行为免于起诉。例如，开通银行账户、办理信用卡的人通常需要同意将所有纠纷诉诸私密的仲裁。这样的规定阻止了消费者将银行告上法庭。如果银行存在欺骗消费者的嫌疑的话，消费者也不能发起集体诉讼（Passy，2019）。在仲裁过程中，消费者会发现自己很难找到一个代理律师，因为仲裁的经济补偿金额很可能比诉讼低很多。另外，仲裁是一种私密程序，但诉讼是公开事件。近期的一则新闻报道指出仲裁的私密性"帮助公司向公众和监管机构隐瞒不当行为，因为相关文件和听证会没有公开"（Reuters，2016：B5）。

审判　审判是一种诉诸法庭的公开的、正式的纠纷解决方法。无论纠纷当事人是否愿意，法庭都有权力干预纠纷、做出判决并且执行。审判强调的是当事人的法定权利和义务，而不是妥协折中或者令双方都满意。法庭只处理那些已转化成法律纠纷的争端、怨恨或者冲突。例如，在一个离婚案件中，法庭可能只关注一个复杂的、杂糅在一起的事件链中的一部分。其结果是法律纠纷得到了解决，但导致冲突的更深层次的问题并没有被根除。

审判有三个重要特征。第一，尽管法庭偶尔也寻求折中和弹性，但是法庭的判决通常具有非此即彼的二分特性：判决依据的是已经发生了什么事实这一概念的专一定义以及对法律规则的专一解释。当一起冲突升级成诉讼，冲突中的一方必须准备好承担全部损失。第二，由于对先例的援引，类似案件将如何被判决在相当大程度上能够预测。第三，由于法庭只处理法律问题，因此它并不需要考虑法律事实以及法律规则是否可能已经受到不同的社会状况影响，在多数情况下，法庭仅仅考察表征而不考虑问题产生的潜在原因。

160　混合型纠纷解决方法

在公共场合以及私人场合，第三方的干预——个人、政府机构或者其他团体——经常有助于纠纷的解决。目前在纠纷解决的实践中，有一些"混合型"（hybrid）纠纷解决方法得到了应用。之所以使用"混合"一词，是因为这一过程包含了前面几部分所讨论的主要的纠纷解决方法，如"租用法官"

（rent-a-judge）、"调解仲裁"（med-arb）以及非诉公断（minitrial）（Goldberg et al., 2020）。

租用法官是仲裁的一个基本形式。在此过程中，尝试避免诉诸常规法庭的纠纷当事人选择一位已退休的法官像仲裁人一样来倾听并判定一个未决的案件。其采用的程序与法庭程序并无二致，并且法官的判决具有法律约束力。与仲裁不同的是，可以以"裁决者"判决中的法律适用错误或裁决与证据冲突为由提起上诉，尽管这种上诉在实践中极少发生。

另一种混合型纠纷解决方法是调解仲裁。在这一方法中，那些经调解没有解决的问题被提交到仲裁人那里，但是调解人和仲裁人是同一个人。调解仲裁经常被用于公共部门的雇主与工会组织的员工之间合同纠纷的解决中。还有一种混合型纠纷解决方法是非诉公断，它被广泛应用于大型公司之间的纠纷。在这一方法中，每个当事人的代理人在简短的时间内（不超过一天）向当事人双方的上级管理者陈述案件的基本内容，陈述完毕之后，上级管理者通常是作为一个中立的建议者提供帮助，尝试对案件做出协商解决。如果无法达成一致的解决方案，建议者将告知纠纷双方将纠纷诉诸法庭的可能结果。这样做有时候有助于打破僵局。

纠纷解决方法回顾

在本部分，我对一些纠纷解决方法进行了区分。其中一些是公开的，一些是私下的；一些是官方的，一些是非官方的；一些是正式的，一些是非正式的。这些方法也存在重叠，并且每种方法都有自己的优点和不足。单个的纠纷解决可能会运用到多种方法。表 6-1 总结了一些常用的纠纷解决方法的显著特点。

由于没有一种纠纷解决方法能够应对所有问题，当事人在选择一个特定方法时，会考虑到诸多因素。其中之一是当事人之间的关系，即当事人之间的关系是否具有持续性（如生意伙伴），或者导致纠纷的事件是否具有偶然性（如交通事故）。如果纠纷当事人之间的关系是持续性的，当事人会更积极地通过协商或者调解来解决问题。调解的一个优点是鼓励当事人重建彼此之间的关系以根除导致冲突的深层次原因而不是简单地处理冲突的表层问题。

表 6-1　主要的纠纷解决方法以及混合型纠纷解决方法的一些特点

协商	调解	仲裁	审判	租用法官	非诉公断
自愿	自愿	自愿，除了合同规定或者法庭指定	非自愿	自愿	自愿
无约束力	无约束力	有约束力，通常无上诉	有约束力，可上诉	有约束力，有上诉，并且可能受到审判法庭的审查	无约束力
无第三方	当事人选择的第三方是协助者	当事人选择的第三方做裁决	强加的第三方是中立的判决者	当事人选择第三方裁决者，通常是已退休的法官或律师	第三方是中立的建议者
非正式、非结构化	非正式、非结构化	在程序上比审判的正式性弱	高度程序化；正式并且结构化，具有严谨的规则	时间、地点以及程序都具有弹性	在正式性方面弱于审判和仲裁
举证通常是非直接的或者并不存在	举证的重要性不及各方的态度	各方有举证的机会，以支持有利于自己的决定	各方有举证的机会，以支持有利于自己的决定	各方有举证的机会，以支持有利于自己的决定	各方有举证的机会和责任，以支持有利于自己的决定
寻找双方都可接受的协议	寻找双方都可接受的协议	可能是折中性结果	结果只有输或赢	结果只有输或赢（法庭判决）	寻找双方都可接受的协议
协议通常包含在契约中或者放弃诉求	协议通常包含在契约中或者放弃	通常并不需要裁决结果的理由	预期有根据的宣判	确定法律事实和法律结果，但并非必需	协议通常包含在契约中或者放弃
强调当事人之间的关系	强调当事人之间的关系	更多地强调连贯性以及可预测性而不是当事人之间的关系	强调达成实质连贯的以及可预测的结果	遵守规则、法律以及先例	强调对当事人双方来说都合理的、成本低的以及公正的解决结果
高度私密的程序	私密程序	私密程序，除非涉及司法执行	公开的方法；缺少私密性	私密程序，除非涉及司法执行	高度私密的程序

　　　　在选择纠纷解决方法时需要考虑的另一个因素是纠纷的性质。如果需要

先例，比如在涉及民事权利的案件中，那么以共同起诉的形式进行诉讼可能更为适合。纠纷标的物的大小也会影响纠纷解决方法的选择。小额案件可能通过小额索赔法庭（small-claims courts）解决，而更为复杂的问题可能需要法院指令仲裁（court-ordered arbitration），比如公共部门雇用者与工会之间的合同谈判纠纷。速度和成本是纠纷解决方法选择中考虑的另一个重要因素。例如，仲裁可能比法庭审判速度更快、成本更少。

最后，当事人之间的权力关系也是影响纠纷解决方法选择的因素。如果一方当事人讨价还价的能力低于另一方，比如污染受害者与有权势的公司之间的纠纷，那么诉诸法律来解决纠纷可能更合适，因为法庭审判依据法理而不是权力。接下来，我们将讨论，在什么样的情况下纠纷当事人会选择法律途径而不是其他途径来解决纠纷以及法律在纠纷解决中的局限是什么。

第三节　诉诸法院的纠纷解决

由于越来越多的美国人将他们的问题和烦恼带到法院，美国的诉讼和其他法律行为比其他国家更加常见（Ramseyer and Rasmusen，2010）。数据显示，美国有 130 万名律师（Weiss，2018），每 240 个公民就拥有 1 个律师，是世界上律师占人口比例最高的国家。美国的律师占比很高，美国的诉讼率也很高。当前，美国每年的民事诉讼数量比几十年前多很多。

对于民事诉讼数量增加的现象，学界给出了以下几种解释。首先，当今美国人倾向于认为诉讼是通向自由的途径，他们比其他社会中的人们更乐于诉讼，其结果是法律系统对琐碎的诉讼（一个价值沉重的术语）更加开放。从某种意义上讲，在电视上观看正当程序如何展现不仅是一种娱乐形式，而且是一种令人喜好的户内活动，这从大量与法律相关的节目抢占荧屏并广受欢迎的现象中可见一斑。一些论者甚至认为诉讼对美国有益（Bogus，2003）。例如，产品责任诉讼将关键信息公布于众（用标签的形式警告我们可能存在的所有危害，已经挽救了无数生命）；迫使制造者增加产品的安全性；当监督机构或者议会缺少行使这种职责的政治意愿时，可以将超乎常理的危险产品从市场中驱逐出去。

其次是自 20 世纪 60 年代以来律师数量的增加。通常，律师数量越多，诉讼量越大。律师数量的增加会提高竞争度、降低各种费用，比如聘请律师的费用以及诉讼成功的酬金。诉讼的低成本导致人们对律师的需求增加。

最后，对法院处理的案件数量增加的另一个解释是：尽管诉讼当事人数量没有增加，但是近年来有少量习惯诉诸法院解决纠纷的个体或组织（经常性用法户）更加频繁地提起了诉讼。与此相伴随的是自动的计算机化的诉讼信息包出现，可以为诸多产品（从手枪到轮胎）提供服务，这使得一种流水线式的诉讼应运而生（France，2001）。

诉讼的增多同样与法律可解决的问题的范围和种类的增加有关。

> 随着法律领域的扩大，越来越多的法律权利和救济得到确立，由此人们诉诸法院的新机会增多，诉讼量增加。当新的权利获得确认，诉讼对于阐明法院如何定义和解释这些新权利来说可能是必要的。此外，新权利的确立可能会将组织化的利益集团的注意力引向司法系统。利益集团可能将诉讼当作促进集体动员来实现集团的政治目标的一个可行策略。（Goldman and Sarat，1978：41）

谢尔登·戈德曼和奥斯丁·萨拉特（Goldman and Sarat，1978：41-43）指出了影响诉讼的三个一般性因素。第一个是社会发展（social development）。法院的运作都是以特定的社会为背景的。诉讼发生的频率随着法院赖以运作的社会的复杂性、分化程度以及技能娴熟程度的变化而变化。社会结构的发展与变迁使社会对法院处理纠纷的依赖程度增加。在发展程度相对较低的社会中，个体之间的契约关系稳定持久，因此纠纷容易通过非正式的途径加以解决。此时，法院在纠纷解决中扮演的角色并不重要。在复杂程度较高的社会中，关系在本质上更为短暂，纠纷更多地发生在陌生人之间。此外，在发达社会中，主导性的民族精神或者一套共有的习俗已不复存在，在此情况下，非正式的纠纷解决方法不再实用。

164 　　第二个一般性因素是当事人对成本／收益的主观计算。对于一些当事人来说，诉诸法院是一个相当谨慎的、深思熟虑的决定。因为，与不采取任何行动或者使用其他的纠纷解决途径所可能得到的利益相比，他们必须计算诉诸法律的"风险"因素以及评估他们可能会为此损失什么。然而，对于另一部分当事人来说，诉诸法院的行为可能是"具有价值的，因为它具有宣泄效果，即使它可能不会带来切实的物质收益"（Goldman and Sarat，1978：42）。在这样的状况下，通过诉讼来表达仇恨、敌意或者寻求一种道德上的胜利都比经济因素重要。

第三个一般性因素是立法机关与法院确立了更多的可诉讼的法定权利和救济。戈德曼和萨拉特认为，"法律制度触及的范围越广，诉讼率便越高"（Goldman and Sarat，1978：42）。在某种程度上，诉讼增加是最高法院的判决拓宽权利和救济的结果。膨胀的法律通过扩大法院的权限来增加潜在的或者显的诉讼。新确立的权利很可能促进诉讼以维护或者保护这些权利。

例如，1964 年最高法院决定当监禁条件不能达到宪法规定的标准时，囚犯可以起诉国家惩教官，自此之后，囚犯诉讼数量大量增加。这些诉讼涉及过度强制、医疗不足、宗教信仰自由，等等（Cox，2009）。另一个例子是 1973 年，最高法院在"罗伊诉韦德案"（*Roe v. Wade*）的判决中否决了禁止堕胎的法令，这导致了一系列与此相关的纠纷，比如联邦政府是否需要通过医疗救助项目来为堕胎买单，以及那些接受联邦政府资助的医院是否必须使堕胎服务更为方便。另外，法院在澄清特定规则时可能会突显其他的规则性冲突并且导致规则性纠纷。例如，堕胎判决导致诸如父母是否必须赞同未成年女儿堕胎，以及丈夫是否能够否决妻子终止怀孕的决定（Lempert，1978）。

诉讼率的变化

诉讼率在不同时间和空间会发生变化。就时间而言，一个共识是，随着社会发展日趋复杂化、异质性以及非私人关系和契约关系的膨胀，越来越多的冲突依靠法院来解决。但是一些学者认为社会经济发展与高诉讼率之间并不一定具有必然的关联。例如，弗里德曼（Friedman，2005）指出，尽管 19 世纪的亲属制度和居住方式更为亲密，但是没有证据表明 19 世纪美国人与人之间发生诉讼的比率低于 20 世纪中期。威尔海姆·奥伯特（Aubert，1969）在对挪威法律制度的研究中，得出了与弗里德曼相似的结论。他注意到，在过去一百年里，尽管挪威人对其他类型服务的需要成倍增长，但是对纠纷解决的需要一直是稳定的，甚至在社会剧烈变迁、经济快速发展时期一度降低。

弗里德曼和珀西瓦尔（Friedman and Percival，1976）对加利福尼亚州两个初审法院从 1890 年至 1970 年的民事案件量进行了研究，他们从两个县的高等法院中抽取了民事案件卷宗，发现高度发达的经济体系并没有带来诉讼率的提高；与之相反，伴随着经济的快速增长，诉讼率趋向于降低。他们对诉讼率降低这一现象所做的解释是，与 1890 年相比，法律的不确定性（诉讼发生的一个主要原因）在降低，规则的一致性在增强。这些法院的常规行政功能已经代替了纠纷解决功能。伦珀特（Lempert，1978：133）在对弗里德曼和珀西瓦尔收集的资料进行再分析的基础上，得出与他们相反的结论：尽管"司法事务的结构在过去发生了变化"，但是——

> 没有充足的理由认为今天的法院与 1890 年的法院相比在纠纷解决中的重要性降低……总而言之，我并不认为从弗里德曼和珀西瓦尔的数据中能推导出法院的纠纷解决功能已经减弱。

尽管证据显示自 19 世纪以来诉讼率的增加并不是稳定的，但是诉讼率在不同空间——从一个社会到另一个社会，甚至从同一个社会的一个地区到另一个地区——存在差异是有明确证据的。在工业社会中，日本经常被认为是低诉讼率的国家（Ginsburg and Hoetker，2006）。川岛武宜（Kawashima，1969）在《日本的纠纷解决》（Dispute Resolution in Japan）这篇引用率极高的文章中讨论了司法过程中人们对待纠纷的社会态度。传统上，日本人倾向于诉诸法律外的、非正式的纠纷解决方法。两个方面的原因导致了这种厌诉。第一，日本文化强调和谐的人际关系，诉讼会破坏关系。当纠纷产生后，日本文化引导人们要么为一个觉察到的错误行为道歉，要么原谅做错事情的人。第二，日本文化强调权威和等级。地位低的人和组织被认为应该服从地位高的人和组织。这意味着当地位低的一方觉得自己被错误对待了，也只能"忍忍算了"。

第四节　诉诸法院解决纠纷的先决条件

法院为各种私人纠纷和公共纠纷提供了一个解决场所。法院被认为是一个中立无偏的纠纷解决地点。那些需要诉诸法院来解决纠纷的个体和组织必须满足一定的法律要求。在最低限度上，原告必须能够证明自己的纠纷具有可诉性，并且当事人具有适格性。

可诉性（justiciability）指纠纷是法院可以审判处理的。法院需要判定过错方赔偿受害方的损失。在美国，大多数纠纷可在这一个或者那一个法院得

到处理，尽管特定法院的管辖权不同。例如，各种州法院负责处理离婚、收
养或者检验遗嘱等事务，联邦法院则不能够受理这类事务。潜在的诉讼当事
人必须将怨恨转变成一种法律纠纷，并且（在律师的协助下或者在律师缺位
的情况下）确定诉由是否具有可诉性。本质上，可诉性是就司法机构能够依
据法律对真实且实质性的冲突做出裁决而言的，这与假定的或者抽象的纠纷
或异议不可混淆。

相比于可诉性，法律上对当事人**适格性**（standing）的限制更为严格。适
格性背后暗含这样一个理论——只有当个体的法律权利受到侵害时，个体才
能够诉讼。例如，一位纳税人可能不会通过起诉政府来阻止一笔令人讨厌
的资金支出，因为作为一名普通的纳税人，他与政府开支之间的关系非常微
弱。如果一个人反对中央情报局正在开展的活动，他应该在国会中表达自己
的不满，而不是在法院。与此类似，岳母不能够提出离婚诉讼，因为只有丈
夫或者妻子才能够做这样的事情。

然而，对诉诸法院来解决纠纷的限制并不限于可诉性和当事人适格性。
"法律不问琐事"（de minimis non curat lex）这一古老的法律公理同样也发
挥着作用，即法律不关注琐碎的事情。也就是说，琐事可能不会被起诉。例
如，法院可能会拒绝受理一起标的额非常小的诉讼，即使诉由看上去具有正
当性。另外，在不计其数的纠纷中，法院具有清晰的处理权限，当事人也具
有起诉的适格性。但是，诉诸法院取决于诸多因素。这些因素成为诉讼的多
重障碍。对于原告而言，是否诉诸法院来解决纠纷是一个自由选择；对于被
告来说，介入一起法律纠纷则是非自愿的。原告和被告的经济资源对他们决
定是否诉讼有着重要影响。

除非在治安法院或有资格获得法律援助服务，否则原告如果没有足够的
金钱去雇请律师以及担负诉讼费用的话，他们很可能不会诉诸法院。诉讼当
事人必须承担立案、传召证人的费用以及陪审团津贴。当纠纷被提交到法院
时，纠纷当事人还必须能够担负拖延的成本。例如，在美国许多大城市中，
涉及大宗赔偿的交通事故案件往往需要花费几年时间才能进入法院的待判决
诉讼案件表中。在此期间，起诉人需要支付费用。通常，等待成本必须与快
速处理部分诉求的收益进行比较。显然，对大部分人来说，经济资源在法律
服务的使用中扮演着重要角色，甚至对庭外解决有着决定性的影响。

社会经济地位同样与诉诸司法解决纠纷的行为相关。与拥有充足金钱的
人相比，那些请不起律师、支付不了法院费用的个体更不可能诉讼。此外，

个体的社会地位与其使用的法律服务类型也有相关关系。在一般意义上，穷人更可能成为被告以及法院制裁的对象。相比之下，中产阶级诉讼者受到法院制裁的可能性要小些，他们从法律服务中获益的可能性也要更大。

第五节　作为纠纷当事人的个体与组织

167

正如本书第三章所指出的，诉讼当事人的类型不同，法律服务的使用状况也会不同。格兰特（Galanter，1974）根据诉讼当事人使用法院的频率对其做了类型学划分：仅仅偶尔使用法院的诉讼当事人被称为**偶然性用法户**（one-shotters），经常参与到许多相似诉讼中的诉讼当事人被称为**经常性用法户**（repeat players）。前者如离婚案件中的妻子、交通事故中的受害者；后者如保险公司或者信贷公司。基于这一类型学分析，格兰特通过对当事人双方的状况进行不同的组合，将诉讼分为以下四种类型：

- 偶然性用法户诉偶然性用法户。
- 经常性用法户诉偶然性用法户。
- 偶然性用法户诉经常性用法户。
- 经常性用法户诉经常性用法户。

当事人双方都是偶然性用法户的诉讼大部分发生在离婚案件中。两个偶然性用法户之间的纠纷经常是"双方之间有某种亲密的联系，为某种无法共享的东西发生争执，并且这种争执暗示着'恼怒'和'非理性'"（Galanter，1974：108）。邻里之间也可能通过法庭来解决财产纠纷或者其他问题。

在第二种类型的诉讼（经常性用法户诉偶然性用法户）中，常见的例子有信贷公司诉债务人、房东诉租客、美国国税局诉纳税人。大量的诉讼发生在经常性用法户诉偶然性用法户上。在此类诉讼中，经常性用法户将法律当作一种处理索赔请求的常规工具。在许多情况下，当他们赢得诉讼时，他们实际上是借助政府权力达到私人目标。经常性用法户可能使用这种权力来实现许多目标，如收贷、撵走租客或者阻止一些有害活动。因此，一位不动产代理人可能呼吁行政司法长官驱逐租客，收回某件财产，售卖属于被告的财产，或者扣押被告的薪水、财产。

第三种是偶然性用法户诉经常性用法户，如租客诉房东、知识产权受侵害者诉出版商。除了人身伤害案件之外，此类诉讼组合并不常见。它代表了一些偶然性用法户借助外部力量来平衡自己和与其发生纠纷的组织之间的实力的尝试。

第四种是经常性用法户诉经常性用法户，如工会与管理者、管理机构与受规制行业的公司。有鉴于这些经常性用法户的组织规模之大、诉讼标的金额之巨，此类诉讼通常非常昂贵并且旷日持久。

基于这些诉讼类型，接下来我们将讨论发生在个体之间、个体与组织之间以及组织之间的特定冲突，在这些冲突中，至少有一方当事人诉诸法律以期解决冲突。

168

个体之间的纠纷

尽管个体之间的大部分冲突很少受到法律关注，但是处理人际分歧是法院的一个传统功能。大多数个体冲突中有偶然性用法户。法院处理这些纠纷的方式很可能显著影响到他们对政府机构的态度。

个体间的纠纷通常涉及经济资源的分配以及一系列非经济问题。经济纠纷所包含的诉讼请求涉及对遗嘱、信托财产以及房产的争夺，房主与租客的冲突以及关于财产、不动产所有权、销售额的争端。非经济纠纷多涉及诽谤、损害名誉、羁押、离婚、精神病人收押和渎职。

法院经常致力于鼓励纠纷当事人通过协商和达成一致意见解决彼此间的分歧，因为这一过程比诉讼成本低、耗时少得多，而且不太可能产生严厉的感受。这种鼓励是否成功在很大程度上取决于法官的技巧以及纠纷的性质。当双方不能够或者不愿意通过非诉讼的方法解决纠纷时，法律行为以及审判将会出现。

在对个体性纠纷的裁决中，通常是一方胜诉，另一方败诉。塞德曼（Seidman，1978）指出，在纠纷结束之后，如果当事人双方想要或者必须进行合作，就需要在没有太大怨恨情绪的状况下结束纠纷解决程序。然而，如果当事人双方有机会避免以后的合作的话（也就是说当事人不需要在一起生活或者工作），当事人可能会继续他们之间的对抗。然而，非输即赢的纠纷解决结果难以改善敌对关系。因此，那些希望维系现有关系的纠纷当事人通常会选择和解。

社会关系的结构影响着当事人是否通过诉讼来解决纠纷。当现有的关系对当事人来说很重要，他们一般更倾向于诉诸非法律性的途径解决纠纷。在当今一篇经典的论文中，斯图尔特·麦考利（Macaulay，1963）指出，在商业领域中，规避法律是一种建立和维系良好的商业关系的方式。麦考利说，商人不愿意在与其他商人打交道时使用合同，因为使用合同所暗示的任何不信任迹象都会威胁到他们与其他商人的继续交易。

然而，在个体纠纷中，维系关系只是当事人是否采取诉讼所考虑的因素之一。正如内德和托德所指出的："没有足够的理由做出这样的结论：诉讼当事人会出于维系双方关系的考虑而愿意寻求协商或者调解，达成妥协性纠纷解决结果。"（Nader and Todd，1978：17）例如，一个或者多个兄弟姐妹觉得遗产分配不公平而发起的遗产诉讼可能会将一个家庭撕裂。

169

实际上，不计其数的经济纠纷和非经济纠纷发生在个体之间并且通过非诉讼的方式来解决。例如，一对新泽西州的夫妇无意中将馅饼遗留在烤箱中，导致房屋着火，因此状告家乐氏公司（Kellogg）和百德公司（Black & Decker），请求赔偿（*Time*，2001）。家长们因学校惩罚孩子而起诉学校的职员。市民因在人行道上滑倒、在高尔夫球场受到闪电惊吓甚至因在公园被鹅袭击而起诉地方政府（*Newsweek*，2003）。一位华盛顿的行政法法官因为干洗店弄丢了他的裤子而向干洗店索赔 6 500 万美元（Takruri，2007）。在一些更加严重的纠纷里，客户可能因为代理律师的不当行为而起诉其律师，病人可能因为医疗失误而起诉医生。正如这些案例所揭示的，进入法院的纠纷几乎是无穷无尽的。

一旦纠纷进入法院，法官将接管案件。法官被期待依据谁对谁做了什么这一事实以及通过确认、解释、适用相应的法律条文来对纠纷做出判决。法官做判决时要对案件各方、案件性质和案件结果保持客观中立态度。

然而，即使法院审判在程序上显得公正，如果法官适用的法律对特定类型的当事人更有利，那么法院审判的结果可能仍然是不公正的。法院判决的结果也可能会受到当事人所雇请的律师的影响。当事人所掌握的资源状况直接影响到他们能雇请到什么水平的律师。雇请到一位经验丰富的律师会增加当事人获得有利的法院判决结果的概率。

个体与组织之间的纠纷

本部分讨论个体与组织之间的纠纷。我们首先关注的诉讼类型是个体为原告、组织为被告，其次分析那些由组织发起的针对个体的法律纠纷。我们用"组织"（organization）一词涵盖外延较广的社会群体——有意识地达成特定的具体目标的群体，如医院、信贷机构、大学、通用汽车公司、管理机构、美国医学会、公益法律事务所，等等。

导致个体与组织之间发生纠纷的问题可能是多种多样的，但大部分问题可归为以下四种类型：

（1）关于财产和金钱的纠纷（经济纠纷）；

（2）损害赔偿和恢复原状的诉求；

（3）民事权利问题；

（4）关于组织行为、程序和政策的纠纷。

经济纠纷体现在下面的行为类型中：关于拖欠租金的诉讼；驱逐；索 *170* 要贷款和分期付款金；取消赎回权和收回（商品、房屋等）；合同和保险单纠纷。

损害赔偿和恢复原状通常出现在交通事故以及与保险公司的纠纷中。然而，其他形式的伤害——比如飞行事故、设备故障、医疗事故以及学术不端——同样会引发赔偿要求。损害诉讼的起因也可能是对方没有履行合同或者没有提供合适的服务。此外，诽谤和损害名誉也属于这一诉讼类型。尽管这些诉讼的结果可能是被告赔偿原告金钱，但是这些诉讼行为本身是为不当行为及其后果寻求补偿。我们需要注意的是，经济纠纷以及损害赔偿和恢复原状纠纷既发生在个体之间，也发生在个体与组织之间。

民事权利纠纷包括就业、雇用、升迁、解职、报酬、住房以及招工政策中的种族歧视、性别歧视或者国别歧视。此外，诸如排斥残疾人、任意限定年龄或者受教育程度也会导致民事权利纠纷（Oppenheimer et al., 2020）。

最后一种纠纷类型是对组织中的各种行为、程序以及政策的挑战。区域规划委员会或者估税员的决定可能被认为是违反法规或者管理程序的。原告可能会请求撤销某项决定，或者使旨在禁止特定政策持续性适用的条例或命令失去法律效力。在那些分配福利，如发放食品券、进行残疾人救助以及医疗补助的机构中，纠纷常常围绕着救助的合适形式、不一致的雇用条件和培训激励方案以及管理者与领受人打交道的方式而发生。在商业组织中，商品的保单政策、缺陷商品的更换或者不道德的收费行为所引发的纠纷也常常使消费者和商家对簿公堂。

通常，组织在第一种纠纷类型中是原告，在其他三种纠纷类型中是被告。正如格兰特（Galanter, 1974）所总结的，相较于个人，组织无论是原告还是被告，都更具优势。组织与个体打官司的胜诉率远高于组织与组织打官司。个体与组织打官司所遇到的困难远多于个体与个体打官司。

很多证据支持了格兰特的结论。例如，卡普洛维茨（Caplovitz，1974）收集了四个城市的 1 331 宗债务纠纷案件样本，对样本的分析结果显示，97% 的债权人在针对债务人的法律诉讼中胜诉。

尽管组织胜诉的概率和提起诉讼的频率更高，但这并不意味着个体不会起诉组织。相反，个体将组织告上法庭的比率也相当高。越来越多的工人向法院提起健康损害赔偿的诉讼，声称自己在一个危险的工作环境中作业。此外，消费者因受到缺陷商品的伤害或者在公司场地遭受伤害而提起诉讼的数量也大幅增加。当个人发起此类诉讼时，组织凭借自己的财富和法律资源，在庭审中还是占有明显优势。借用格兰特（Galanter，1974）的话来说，这是因为组织是老手。尽管法庭被认为是公正的，但大卫通常几乎没有机会在法庭上击败歌利亚。① 相反，法律场域更像是罗马竞技场，狮子总会赢。

本部分将详细讨论个体提起的诉讼和组织提起的诉讼。对于个体提起的诉讼，我将阐述个体在学术机构中如何通过诉诸法律来解决纠纷；对于组织提起的诉讼，我将讨论在消费信贷领域中，法院是如何被当作一种代收欠款的机构的。

学术界纠纷的法律解决　当我们进入 21 世纪，法律在美国高等教育机构的运作中仍然是潜在力量（Alexander and Alexander，2017）。法律在各个层次的教育中都变得更加重要（Dayton，2019）。美国大学在培养律师的同时，不断地为律师增加工作机会。最近的一个例子是，在新冠病毒感染疫情期间，当学校将全部或大部分课程改为在线授课后，学生及其家人提起了几十起诉讼，要求减免学费和其他支出（O'Brien，2020）。正如这些诉讼所展现的，美国校园里的许多纠纷是在学术界之外被解决的。过去几十年里，越来越多的学生、教职工、教务长卷入诉讼的洪流之中。例如，学生被强奸或者遭受性攻击、性骚扰之后起诉学校（Reece，2020）。也有学生因为不满意自己的学业成绩而起诉学校（Shoaib，2020）。

教员同样起诉自己的机构。这些诉讼的背景包括没有拿到终身教职、

---

① 《圣经》记载，歌利亚是传说中的巨人，拥有无穷的力量。歌利亚作为非利士人首席战士，带兵进攻以色列军队，人们看到他都不敢应战。最后牧童大卫用投石弹弓打中歌利亚的脑袋，并割下他的首级。——译者注

晋升失败、不公平的解雇、被控剽窃之后遭受纪律处分、性骚扰，等等（Malik，2020；Smith，2020）。教员还会采取法律行动来指控学术自由遭受侵犯以及不公正的劳动处境（O'Connor，2020）。

由于涉及学院/大学的诉讼包含几种不同类型，我们在讨论校园诉讼时有必要根据各方的关系进行类型划分：（1）教员与行政部门的关系；（2）学生与教员的关系；（3）学生与行政部门的关系。

在高等教育机构中，教员与行政部门的关系逐渐嵌入复杂的法规之中。这一关系的实质是合同法，但"核心是劳动关系法、就业歧视法，在公共机构中还包括宪法和公共就业法规"（Kaplin and Lee，2006：159）。调控教员与行政部门之间关系的法规在数量和种类上不断增多，为不满提供了发泄途径，这刚好同教员与行政部门之间的诉讼数量增加相一致。

许多法律纠纷围绕的是教员与行政部门所签订的合同条款的含义及其解释。机构不同，合同也可能会出现差异：从一个基本约定到一份在联邦劳动法或者州劳动法框架下制订的复杂的劳动协议。在一些情况下，正式文件并不能涵盖所有的合同条款，其他条款则通过"参照纳入"（incorporation by reference）的方式被涵括，即参照其他文件，如教员手册以及机构过去的惯例。在合同解释的范围内，法律纠纷经常源于合同终止和将要出现的终止。

教员提出的大部分诉讼出于对大学行政管理的不满。这些不满主要集中在教员的人事安排上，比如有关聘任、续任、晋升以及终身职位的政策，关乎妇女和少数群体的待遇问题，性别歧视。民事权利法规所导致的一个结果是，大学的雇用程序必须明确依照已确定的规章进行。一些院系和大学的传统做法正受到质疑，比如"近亲繁殖"（use "the old boy network"）以及其他不遵照规章的选任方法。与此相似，解聘程序必须同样遵照具体的规章和时限。近些年来，越来越多的教员因为程序问题而提起诉讼。

学生与教员的关系是另一个可能产生冲突的领域。学生越来越认为自己是在购买教育服务，把教育和其他消费品等同，随之而来的是，学生逐渐强调教育投资的回报率。当他们认为这种情况没有发生时，他们可能诉诸法院。在此状况下，不当的学术行为就显得非常严重（Vago，1979）。一名教师可能被一个没有获得预期成绩的学生起诉，甚至被一个认为某门课程毫无价值的学生指控玩忽职守。

但是，法官并没有多少权力去改变教员对学生的学业所做出的严格的学

172

术决定。根据 1985 年最高法院的规定，"当法官被要求审查一项真正的学术决定时……他们应该对教员的专业判断给予最大的尊重"，并且法院"不适合对教员的日常学术决定进行评估"（Palmer，1985：33）。

学生没有通过一项专业考试是导致诉讼的另一个常见原因。这类诉讼通常指控院系没能给予学生适当的帮助以使其通过外界的考试，比如律师资格考试，因此院系提供的教育服务是有缺陷的。在一个高度曝光的案件中，法院驳回了美国南方大学法学院的一个毕业生对这所大学的控诉。这位毕业生参加过三次国家律师资格考试，但都没有通过，因此他声称大学应该为此负责。法院的裁决认为，起诉州的机构违反了路易斯安那州法律，而这所大学就属于这样一个机构。此外，法院还指出，一份完备的合同诉讼可能已经对违约行为的"补偿"方式进行了相关说明（Vago，1979：41）。

173   学生与行政部门的关系也是潜在的冲突领域。越来越多的学生通过法院来挑战学校的留级和开除程序、学生成立社团的权利、对学生出版物的审查制度以及性别歧视。如前所述，在 2020 年春季新冠病毒感染疫情导致学校关闭后，一些学生起诉学院和大学，要求其削减学费或退还部分学费。许多女性在遭到性侵犯后起诉她们的大学，被指控此类侵犯的男学生反过来起诉学院和学校涉嫌拒绝接受正当程序（Hartocollis，2019）。

尽管对于学生的不当行为或者学术缺陷，高等教育机构拥有开除、留级或者给予其他制裁的权利，但这一权利的实施需要满足一系列的程序要求。根据既定的程序条款，在惩戒性行为执行之前，学生有权利提出申诉并且得到预先通知。总体而言，一些法院的裁决暗示了司法系统逐渐倾向于保护学生的权利——无论是涉及公共机构还是私立机构、是留级还是开除的案件（Alexander and Alexander，2017）。

在学生与行政部门之间的纠纷中，（美国宪法）第一修正案中的相关权利被引证的频率逐渐提高。根据第一修正案，学生有权利组织社团和使用相应的校园设施。然而，在一些例子中，高等教育机构保留了撤销学生社团或者对学生社团不给予承认的权力，并且限制学生社团使用校园设施。当学生社团的权利与行政部门的权力之间没有达到一个令双方都能够接受和满意的平衡点时，学生便可能诉诸法院来解决他们与行政部门之间的纠纷，比如各种同性恋权利组织。

第一修正案中的原则同样适用于学生出版事务。该领域中的冲突主要集中在学校的审查制度以及对学生发行物的控制上。例如，在一起案件中，学校停止给校园报纸提供资金支持，因为该报纸刊登了支持种族隔离的文章并且呼吁保留一所全部由黑人构成的大学。上诉法庭裁决行政部门的行为违反了第一修正案所规定的学生权利。其他的冲突性问题包括学生出版物含有猥亵性和诽谤性内容。

控告大学行政部门中存在性别歧视（尤其是体育运动领域）的案件也明显增加。尽管这些诉讼反映了社会对女性参与校际田径运动项目的文化接受程度提高，但它更主要得益于联邦法规《教育法》修正案第九条对教育中性别歧视的禁止。关于第九条的诉讼涉及男子体育项目和女子体育项目投资的不平等、大学运动设施和更衣室的使用、比赛和训练时间的安排、器材和经费的提供、旅行补贴和出差津贴、宣传、教练和食宿的配备。

学术机构中的诉讼不断增多且逐渐多样化，它作为一种冲突解决方法对当代高等教育具有重要的影响。这类诉讼的经济成本和社会成本是巨大的。除了雇用越来越多的律师来给自己提供规避法律责任的建议之外，学术机构明显需要建立和维系一种有效的内部纠纷处理机制。由于没有证据表明高等教育机构里发生的各种纠纷会消失，法律和诉讼将继续成为学术界的重要特征。

作为收贷机构的法院　当组织是原告时，导致个体与组织之间发生纠纷的根源通常在于当事人双方对财产和金钱产生的分歧。此类纠纷常见于债权人与债务人关系之中。在这一关系中，债权人通常是一个组织，如金融机构、信贷机构、汽车经销商、百货公司或者医院。在此状况下，债务人与组织之间权力悬殊。债务人对产品技术方面的了解相对较少，这虽然在金钱上无关紧要，但对债务人的影响却非常大。

正如卡根所评论的："对于一个有活力的商业社会来说，如果信贷是它的血液，那么强制征收欠贷将是它的脊椎。"（Kagan，1984：324）当一个债务人没有履行他的合同义务去偿付贷款时，向民事法庭提起诉讼将是债权人可以采取的标准的法律救济。诉讼的目标是确立债务的合法律性（legality）及其数额。当然，债权人——

> 希望借助法院的力量来收回贷款，但即使他们没有收回贷款，对债务人不利的法律判决对于债权人所得税的缴纳而言仍然是有价值的。债务人的不良记录有助于债权人在每 1 美元的税中少交 50 美分。（Caplovitz，1974：191）

174

如果债权人胜诉，他将会获得法律对债务人的制裁，随之一系列的法律救济将会被实施，包括扣押债务人的财产、留置财产以及强制售卖债务人的财产。扣押债务人的财产是法院指定某人（比如雇主）拥有或者占有债务人的财产。留置权确定债权人对财产（比如一座房子或者一辆汽车）的权利要求。强制售卖涉及查封和拍卖债务人的财产。此时的程序变成了债权人履行法律裁决。

通过售卖财产，债务人能够赔偿债权人的一些损失，但是债权人将继续要求债务人偿还剩余债务。例如，如果债务人未按期付款导致一辆车被收回，债权人会试图卖掉汽车，而且因为汽车折旧导致价值下降，债权人售卖汽车的价格将明显低于债务人当初买车的价格。考虑到债权人没有动机去寻求最优价格，汽车很可能通过拍卖的方式被卖给二手车经销商，债务人将要偿还剩下的贷款差额。如果债务人不能还贷，债权人将很可能寻求还贷机构的帮助以及使用指控、威胁等策略。

在诉讼之前，债权人可能会诉诸诸多的社会压力和社会制裁，从非个人的例行"提醒"和催债信或电话、电子邮件吁请到亲自拜访债务人以使其偿还或者至少是承诺偿还债务。如果讨债行为失败并且债权人已经用遍了可使用的非诉讼途径后，他们很可能提起诉讼。在大部分债务性民事诉讼中，被告并没有到庭，因此判决结果通常是原告胜诉。实际上，有许多被告缺席案件的庭审。他们的缺席被视作是对原告指控的默认。因此，在被告缺席的状况下做出的裁决通常对被告不利。

被告拒绝法庭的传唤、未能出庭的原因有许多。一部分人认识到债权人诉求的合法性，自己并没有反驳的理由，或者请不起律师为自己辩护（Hobbs，2011）。另一部分人可能是工作太忙碌，抽不出时间去法院（如果请假的话，可能会影响薪水），只能等待案件的判决结果。另外，大部分法院的工作时间是从早上九点到下午五点，而这一时间段是绝大多数债务人的工作时间，这进一步增加了债务人的缺席。有时候，法庭传票的用词非常复杂，以至于债务人无法了解其中的利害关系以及缺席庭审的后果。而其他的一些债务人压根不知道自己被起诉。导致这一状况的原因是一些地方法院的传票程序存在漏洞，比如传票传送者因为无法找到债务人或者不敢进入某一社区而将传票撕毁，但上报已经通知债务人。这些债务人往往直到收到财产扣押令或者收回令才得知自己被起诉。

当然，除了此处集中分析的债务诉讼之外，组织针对个人的诉讼还有很多其他类型。房地产公司经常通过法院来驱赶成千上万的租户。美国国税局时不时地起诉个体（有时候是组织）偷税漏税。电台通过诉讼来解决与那些加入对手电台的广播员或者音乐节目主持人之间的纠纷。在最后一部分，我们将讨论组织之间的纠纷。

组织之间的纠纷

最后一类法律纠纷类型是一个组织诉另一个组织。组织之间的纠纷例子有大学与社区关于区域划分和土地使用的纠纷，或者大学与联邦政府之间关于大学遵守联邦法规（如职业安全、污染以及民事权利）的分歧，两家公司之间关于侵犯版权或窃取商业秘密的纠纷。

组织间的纠纷所涉及的当事人形形色色，并且引发纠纷的原因多种多样。商人可能因为合同解释、商标或者专利侵权等原因诉诸法院。联邦政府可能通过诉讼来获取所需的土地（高速公路、水坝、公园、大楼）——在此状况下，通常是有土地需求的机构无法通过谈判来购买土地，因此依据反托拉斯法来提起诉讼。政府与私营企业之间的纠纷经常集中在执照、劳资关系、周日停工法规以及政府合同等。在关于区域划分、土地使用、公共住房项目的安排以及税收重估等案件中，地方政府常常处于被告的位置。

当政府追求更广泛的国家目标而对社会群体的利益格局进行调整时（如种族平等、经济机会、环境保护、收入安全以及公共健康和安全），社会政策纠纷就会触发。这主要涉及职业安全与健康管理局、平等就业机会委员会和环境保护署等政府机构。

正如社会政策纠纷与难以应对的政治问题和价值问题纠结在一起，监管纠纷经常涉及一些难以处理的技术问题。在这两类纠纷中，一些重要变量的信息经常是不完整的或者不精确的，因此，不仅备选方案的效果不易判定，而且对于成本/收益问题或者各种利益的平衡问题也难以回答。本书第三章讨论过的各种监管机构除了解决主要的政策问题之外，还处理许多常规纠纷。例如，民用航空局（CAB）不仅负责分配航线（很复杂的纠纷），而且每年要处理成千上万的乘客投诉、关税申请以及转介事务等。美国证券交易委员会（SEC）每年除了举行许多正式的听证会之外，还要处理许多有价证券的上市申请。

在诸多情况下，监管机构所使用的正式的准裁决性程序并不能很好地解

176

决庞杂的纠纷。因此，在纠纷解决过程中，拖延状况是司空见惯的。在某种意义上，调控过程会加剧冲突，而不是协调对立的利益。监管机构在授予许可证照、设置费率或者确定药品的安全性时，会为当事人提供一个正式的程序——一位充分听取各方意见的无偏无倚的裁决者、正式的记录、交叉询问和上诉的权利。这些都使当事人仿佛处于诉讼之中。

  介入组织纠纷之中的公共利益法律事务所 自 20 世纪 60 年代中期以降，许多法律机构运用公共利益法来保护环境，维护穷人、女性、性少数群体、移民以及有色人种的权利和满足其需求，保护消费者权益，等等。这些类型的工作被称为信念执业（cause lawyering）（Marshall and Hale 2014）。这些工作通常旨在维护群体、阶层或者组织（而不是个体）的权益。尽管公共利益法律事务所会开展游说、报告、公共关系以及咨询服务等活动，但到目前为止，诉讼是它们从事的最重要的活动。此类诉讼的一个最近例子是诉美国总统特朗普 2017 年 1 月颁布的禁止叙利亚难民以及几个穆斯林人口为主的国家的居民进入美国的行政命令（Kranish and Barnes，2017）。

  在教育领域，公共利益法律机构处理诸如学校筹资、学生和家长的法律权利、双语教学以及特殊教育之类的案件。在就业领域，这些机构处理的案件包括招聘和职务晋升中的性别歧视、种族歧视以及其他需要法律保护的社会背景。在消费领域，这些机构接手的案件涉及产品质量、产品安全性、售后保障等。

  环境是公共利益法律机构诉讼的另一个关键领域。一些社会组织使用诉讼的方式来改善环境质量，如全国自然资源保护委员会（National Resource Defense Council）、环境保护基金会（Environmental Defense Fund）等。这些组织批评水坝和其他水资源项目，质疑核能计划，斥责电力行业的价格政策，阻止危害性农药的使用，力求提高环境法的执行力度——如《国家环境政策法》（National Environmental Policy Act）、《洁净空气法》、《联邦水污染控制法》（Federal Water Pollution Control Act）。

  典型的环境纠纷可以划分成两大类：执行类纠纷（enforcement cases）和许可类纠纷（permitting cases）。当一个公共利益组织质疑一方没有遵守州法律或者联邦法律设定的某一具体的环境标准，如空气质量和水质时，执行类纠纷就会产生。许可类纠纷涉及新设施的建立，如水坝或者飞机场。

  环境纠纷与相对传统的纠纷相比，有以下几个方面的差异：可能涉及不可恢复的生态破坏；至少有一方声称自己代表公共利益——包括无生命物体、野生生物以及未出生的后代；法院裁决的实行可能导致一些具体问题（如果大工厂因为水污染被勒令关闭，将会对工厂所在地的社区产生什么样的影响）。另一个差异也值得注意：与那些涉及学校教育、住房或者就业中的种族歧视不同，环保诉讼通常并不是代表被压迫群体的利益，如穷人、女性、有色人种。实际上，环保诉讼代表的人群利益更加广泛。

总　结

1. 法律的一个主要功能是解决纠纷。诸如"冲突消除"和"纠纷化解"都指涉法律的这一重要功能。尽管法律可能帮助解决纠纷，但是它并不处理导致冲突的潜在原因，也不缓解敌视双方之间的紧张和敌意。

2. 非法律的纠纷解决途径包括暴力、仪式、羞辱、驱逐、超自然力量、忍耐、回避、协商、调解以及仲裁。在工业化国家中，如美国，忍耐、回避以及协商是人们处理纠纷的惯常方式。

3. 审判是一种公开的、正式的纠纷解决方法，审判结果具有非此即彼的特点，并且法院程序的对立性促使纠纷转变成两方的冲突。

4. 伴随着社会的发展，法律资源的可获取性逐渐提高，越来越多的法律权利被确立，人们在纠纷解决中对法律服务的需求逐步增长。然而，有一些论者对这样的观点进行了批评，即近些年来，法院的纠纷解决功能的增强是社会经济变迁的结果。

178

5. 法院为各种私人纠纷和公共纠纷提供了解决场所。为了具备诉诸法院的资格，诉讼当事人至少要能够证明自己的纠纷具有可诉性以及当事人适格性。

6. 那些只是偶尔才会诉诸法院的当事人被称为偶然性用法户，那些惯常参与到类似纠纷的当事人被称为经常性用法户。

7. 个体更可能是偶然性用法户，机构更可能是经常性用法户。经常性用法户在任何法律纠纷中通常都有一些优势。

8. 许多类型的纠纷发生在大学校园里。这些纠纷主体总体上可以被分为三类关系：教员与行政部门的关系、学生与教员的关系以及学生与行政部门的关系。

9. 当非法律的收贷途径失效时，债权人很可能通过法院来收贷。这时扣发债务人的工资可能是法院使用次数最多的法律工具。另外，在大多数有关债务的民事诉讼中，由于债务人缺席庭审，原告经常赢得诉讼。

10. 组织之间的纠纷包含各种当事人以及各种纷争。公共利益法律机构经常介入许多组织间的纠纷。在过去几十年里，公共利益法律的一个焦点是环境。一些全国性组织使用诉讼方法来改善环境质量。

关键术语

审判（adjudication）：一种诉诸法庭的公开的、正式的纠纷解决方法。

仲裁（arbitration）：一种纠纷当事人事先都同意一个中立的第三方干预纠纷并接受第三方的最终决定的纠纷解决方法。

回避（avoidance）：限制与其他纠纷当事人的关系和交往，使纠纷不再突显。

复仇（feuding）：家庭或者群体之间反复发生的恶意攻击，旨在报复对群体的冒犯（侮辱、伤害、死亡或者剥夺）。

可诉性（justiciability）：纠纷是法院可以审判处理的。

忍耐（lumping it）：对纠纷的一种不作为态度。

调解（mediation）：一种常见的纠纷解决方法，涉及一个中立的、非强制性的第三方。

协商（negotiation）：纠纷当事人尝试说服对方，确立一个讨论的基点，经过一系列妥协达成解决方案。

偶然性用法户（one-shotters）：仅仅偶尔使用法院的诉讼当事人。

经常性用法户（repeat players）：经常参与到许多相似诉讼中的诉讼当事人。

适格性（standing）：只有当个体的法律权利受到侵害时，个体才能够诉讼。

179

推荐阅读

Jerold A. Auerbach, *Justice without Law?*. New York: Oxford University Press, 1983. 本书在历史框架下评述了非法律性的纠纷解决方法，是一本值得阅读的优秀之作。

Alexia Georgakopoulos (ed.), *The Mediation Handbook: Research, Theory and Practice*. New York：Routledge, 2017. 本书是一本非常优秀的论文集，介绍了当今纠纷调解的诸多方面。

　　Richard J. Lazarus, *The Making of Environmental Law*. Chicago, IL: University of Chicago Press, 2004. 这本书对 20 世纪 70 年代以来环境诉讼的增长历史有非常详细的介绍。

　　Laura Nader (ed.), *Law in Culture and Society*. Berkeley, CA: University of California Press, 1969. 这本论文集非常好地介绍了人类学家对传统社会纠纷解决的研究。

参 考 文 献

Abel, Richard L. 1973. "A Comparative Theory of Dispute Institutions in Society." *Law & Society Review* 8:217–347.

Alexander, Klinton W. and Kern Alexander. 2017. *Higher Education Law: Policy and Perspectives*. New York: Routledge.

Alther, Lisa. 2012. *Blood Feud: The Hatfields and the McCoys: The Epic Story of Murder and Vengeance*. Guilford, CT: Lyons Press.

Aubert, Vilhelm. 1969. "Law as a Way of Resolving Conflicts: The Case of a Small Industrialized Society." Pp. 282–303 in Laura Nader (ed), *Law in Culture and Society*. Berkeley, CA: University of California Press.

Bogus, Carl T. 2003. *Why Lawsuits Are Good for America: Disciplined Democracy, Big Business, and the Common Law*. New York: NYU Press.

Caplovitz, David. 1974. *Consumers in Trouble: A Study of Debtors in Default*. New York: Free Press.

Collier, Jane Fishburne. 1973. *Law and Social Change in Zinacantan*. Stanford: Stanford University Press.

Coltri, Laurie S. 2020. *Alternative Dispute Resolution: A Conflict Diagnosis Approach*. New York: Pearson.

Cox, Stephen. 2009. *The Big House: Image and Reality of the American Prison*. New Haven: Yale University Press.

Dayton, John. 2019. *Education Law: Principles, Policies, and Practice*. Athens, GA: Wisdom Builders Press.

Eckhoff, Torstein. 1978. "The Mediator: The Judge and the Administrator in Conflict-Resolution." Pp. 31–41 in *American Court Systems: Readings in Judicial Process and Behavior*, edited by S. Goldman and A. Sarat. San Francisco: W.H. Freeman & Company.

Ehrmann, Henry W. 1976. *Comparative Legal Cultures*. Englewood Cliffs, NJ: Prentice Hall.

France, Mike. 2001. "The Litigation Machine." *Business Week* January 29:116–123.

Friedman, Lawrence M. 2005. *A History of American Law*. New York: Simon and Schuster.

Friedman, Lawrence M. and Robert V. Percival. 1976. "A Tale of Two Courts: Litigation in Alameda and San Benito Counties." *Law & Society Review* 10:267–301.

Galanter, Marc. 1974. "Why the 'Haves' Come Out Ahead: Speculations on the Limits of

Legal Change." *Law & Society Review* 9:95–160.

Ginsburg, Tom and Glenn Hoetker. 2006. "The Unreluctant Litigant? An Empirical Analysis of Japan's Turn to Litigation." *Journal of Legal Studies* 35:31–59.

Goldberg, Stephen B., Frank E. A. Sander, Nancy H. Rogers, and Sarah Rudolph Cole. 2020. *Dispute Resolution: Negotiation, Mediation, and Other Processes*. Boulder, CO: Aspen Publishers.

Goldman, Sheldon and Austin Sarat, eds. 1978. *American Court Systems: Readings in Judicial Process and Behavior*. San Francisco: W.H. Freeman & Company.

Greenhouse, Carol J. 1986. *Praying for Justice: Faith, Order, and Community in an American Town*. Ithaca: Cornell University Press.

Hartocollis, Anemona. 2019. "Colleges Challenge a Common Protection in Sexual Assault Lawsuits: Anonymity." *The New York Times* May 29:https://www.nytimes.com/2019/05/29/us/college-sexual-assault-anonymous.html.

Hobbs, Robert J. 2011. *Fair Debt Collection*. Boston: National Consumer Law Center.

Hoebel, E. Adamson. 1940. "Song Duels among the Eskimo." Pp. 255–262 in *Law and Warfare*, edited by P. Bohannan. New York.

Kagan, Robert A. 1984. "The Routinization of Debt Collection: An Essay on Social Change and Conflict in Courts." *Law & Society Review* 18(3):323–371.

Kaplin, William A. and Barbara E. Lee. 2006. *The Law of Higher Education*. San Francisco: Jossey-Bass Publishers.

Kawashima, Takeyoshi. 1969. "Dispute Resolution in Japan." Pp. 182–193 in *Sociology of Law*, edited by V. Aubert. New York: Penguin Books.

Kranish, Michael and Robert Barnes. 2017. "Scholars: Many More Legal Challenges Likely for Trump's Executive Order on Immigration." *The Washington Post* January 29:https://www.washingtonpost.com/politics/scholars-many-more-legal-challenges-likely-for-trumps-executive-order-on-immigration/2017/01/29/801ffee-e64b-11e6-bf6f-301b6b443624_story.html?utm_term=.548f0fc87861.

Lempert, Richard. 1978. "More Tales of Two Courts: Exploring Changes in the 'Dispute Settlement Function' of Trial Courts." *Law & Society Review* 13(1):91–138.

Macaulay, Stewart. 1963. "Non-Contractual Relations in Business: A Preliminary Study." *American Sociological Review* 28:55–66.

Malik, Alia. 2020. "Fired Chemical Engineering Professor Sues UTSA in Federal Court." *San Antonio Express-News* September 15:https://www.expressnews.com/news/education/article/Fired-chemical-engineering-professor-sues-UTSA-in-15567143.php.

Marshall, Anna-Maria and Daniel Crocker Hale. 2014. "Cause Lawyering." *Annual Review of Law and Social Science* 10(1):301–320. doi: 10.1146/annurev-lawsocsci-102612–133932.

Menkel-Meadow, Carrie, ed. 2017. *Dispute Processing and Conflict Resolution: Theory, Practice and Policy*. New York: Routledge.

Menkel-Meadow, Carrie J., Lela Porter-Love, and Andrea Kupfer-Schneider. 2020. *Mediation: Practice, Policy, and Ethics*. New York: Wolters Kluwer.

Nader, Laura and Harry F. Todd, Jr. 1978. "Introduction." Pp. 1–40 in *The Disputing Process: Law in Ten Societies*, edited by L. Nader and J. Harry F. Todd. New York: Columbia University Press.

Newsweek. 2003. "Lawsuit Hell: How Fear of Litigation Is Paralyzing Our Professions." *Newsweek* December 15:43–51.

O'Brien, Brendan. 2020. "With Classroom Time Reduced, U.S. College Students Demand Tuition Cuts." *Duluth News Tribune* September 27:https://www.duluthnewstribune.com/newsmd/coronavirus/6680514-With-classroom-time-reduced-U.S.-college-

181

students-demand-tuition-cuts.

O'Connor, Kyra. 2020. "The SEIU Workers United Southern Region Filed Charges against Elon University for Alleged Retaliation against Non-Tenure Adjunct Faculty Members." *Elon News Network* September 222:https://www.elonnewsnetwork.com/article/2020/09/seiu-files-charges-against-elon-university.

Oppenheimer, David B., Sheila R. Foster, Sora Y. Han, and Richard T. Ford. 2020. *Comparative Equality and Anti-Discrimination Law.* Northampton, MA: Edward Elgar Publishing.

Palmer, Stacy E. 1985. "Supreme Court Curbs Judges' Right to Overturn Academic Decisions." *Chronicle of Higher Education* December 18:1–33.

Passy, Jacob. 2019. "Chase Is Bringing Forced Arbitration Clauses Back to Its Most Popular Credit Cards." *MarketWatch* June 15:https://www.marketwatch.com/story/chase-is-bringing-forced-arbitration-clauses-back-to-its-most-popular-credit-cards-2019–06–04.

Ramseyer, J. Mark and Eric B. Rasmusen. 2010. "Comparative Litigation Rates." Cambridge, MA: Harvard Law School. Retrieved from http://www.law.harvard.edu/programs/olin_center/papers/pdf/Ramseyer_681.pdf.

Reece, Kevin. 2020. "Lawsuit: Student Says SMU Didn't Fully Investigate Accusation of Rape by Football Player." *WFAA.com* August 31:https://www.wfaa.com/article/news/local/lawsuit-filed-against-southern-methodist-university-alleging-rape-by-football-player/287-f6cdb14e-4608–470–952a-e60c3dcf116e.

Reuters. 2016. "Wells Fargo Asks Court to Force Customers to Arbitration in Fake Accounts Cases." *The New York Times* November 25:B5.

Roberts, Simon. 2013. *Order and Dispute: An Introduction to Legal Anthropology.* New Orleans: Quid Pro Books.

Sarat, Austin and William L. F. Felstiner. 1995. *Divorce Lawyers and Their Clients: Power and Meaning in the Legal Process.* New York: Oxford University Press.

Seidman, Robert B. 1978. *The State, Law and Development.* New York: St. Martin's Press.

Shoaib, Meera. 2020. "Student Suing Yale Files Preliminary Injunction." *Yale Daily News* March 24:https://yaledailynews.com/blog/2020/03/24/student-suing-yale-files-preliminary-injunction/.

Smith, Jordan. 2020. "Professor's Lawsuit Alleges Tenure Was Rejected Because of Sex, Ethnicity." *Purdue Exponent* September 28:https://www.purdueexponent.org/campus/article_08eae302–5cde-51da-8410-befab40f9dfb.html.

Takruri, Lubna. 2007. "Taken to Cleaners? Missing Pants Evolve into $65m Lawsuit." *Seattle Times* May 4:A2.

Time. 2001. "Crowded Courts." August 13:15.

Vago, Steven. 1979. "Consumer Rights in Academia." *Social Policy* 9(5):39–43.

Weiss, Debra Cassens. 2018. "Lawyer Population 15% Higher Than 10 Years Ago, New Aba Data Shows." *ABA Journal* May 3:https://www.abajournal.com/news/article/lawyer_population_15_higher_than_10_years_ago_new_aba_data_shows.

第七章
法律与社会变迁

章节框架

学习目标

1. 解释法律与社会变迁之间的相互作用关系是什么。
2. 区分法律影响社会变迁的直接效应和间接效应。
3. 举例说明法律在影响社会变迁方面的效力是有限的。
4. 定义法理型权威。
5. 解释为什么法律能够为社会变迁提供约束力。
6. 描述三个降低法律对社会变迁的作用的因素。

在过去的几十年里，法律与社会理论一直尝试在法律制度发展的框架下解释法律与社会变迁之间的关系。这些理论家（我们已经在本书的第二章介绍过他们中的一部分）将法律看作社会中的一个自变量和因变量，并且强调法律与其他社会系统之间的相互依赖性。根据本书前面所提出的理论议题，本章将进一步检视法律与社会变迁之间的关系。法律将再一次既被视为一个因变量又被视为一个自变量——既作为社会变迁的结果又作为社会变迁的原因。此外，本章还将分析法律作为一种社会变迁工具的优势和局限性，并且讨论那些影响法律的社会变迁效力的社会、心理、文化以及经济因素。

理解法律与社会变迁之间关系的第一步是弄清楚一些基本概念。什么是社会变迁？"变迁"一词在日常生活被普遍使用，用来说明那些之前不存在的东西现在存在或者之前存在的东西现在不存在。但并不是所有的变化都是社会变迁。生活中许多变化由于过于微不足道而被视为琐碎之事，尽管有时候这些琐碎之事可能会积聚成更重要的事情。用最具体的语言来说，社会变迁就是一大群人参与到群体活动和关系之中，而这些活动和关系不同于他们父辈之前所参与的活动和关系。因此，社会变迁意味着人们的工作方式、生活方式、子女教育方式、自我控制方式以及终极意义的追寻方式等发生了变更。此外，社会变迁还意味着重建社会成员在政治、经济、教育、宗教、家庭生活、娱乐、语言以及其他活动中的相互关系（Vago，2004）。

社会变迁是诸多因素（在多数情况下，是这些因素之间的内在关系）综合作用的结果。除了法律和法律文化之外，还有许多其他的变迁机制，比如技术、意识形态、竞争、冲突、政治经济因素以及结构性张力（McMichael，2017）。这些变迁机制彼此之间是相互关联的，有时很难确定哪种机制对某一特定的社会变迁最重要。虽然我们在后面的讨论中将法律作为一个关键的社会变迁机制，但是，我们需要记住，其他机制也可能对社会变迁产生影响。

第一节　法律与社会变迁之间的相互作用

法律是否能够以及是否应该引导社会变迁或者法律是否应该谨慎地跟随社会变迁的步伐，这一问题一直是而且将仍然是学界争论的焦点问题。英国社会改革家边沁（Jeremy Bentham，1748—1832）和德国法学家萨维尼（Friedrich Karl von Savigny，1779—1861）为这一历史悠久的论争提供了两个截然对立的经典范式。

在欧洲工业化和城市化的起步阶段，边沁预测法律需要革新，以快速应对新的社会需求并重构社会。他给法国大革命的领导者提供了诸多建议，因为他相信处于相同经济发展阶段的国家会遇到一些共同的问题，因而需要相似的改革来应对。事实上，正是边沁的哲学及其追随者们将英国议会转变成了实现各种社会改革的活跃的立法工具。

大概在同一时期，萨维尼批评了法国大革命所开展的大刀阔斧式的法律改革对西欧的渗透（Rückert，2006），认为只有高度发达的、盛行的习俗才能成为法律变迁的基础。由于习俗根源于特定民族的习惯和信仰，而不是源于抽象的人性，因此，法律变迁是对习俗的汇编，而且法律也只能是民族性的，不具有普遍性。 *187*

在过去的两个世纪，关于法律与社会变迁之间的关系一直众说纷纭。最基本的争论是法律是不是仅仅反映民众的态度和行为，或者与之相反，法律塑造民众的态度和行为。正如奥伯特曾经说的：

> 根据第一种观点，民众的正义感和道德观念决定了法律，并且立法只有与主流的社会规范相接近时才能获得成功。根据第二种观点，法律尤其是立法可以是促进有计划的社会演变的工具。（Aubert，1969：69）

另一个极端的观点认为法律是社会工程的工具。许多苏联法学家就持有这样的观点：

> 在从资本主义向社会主义过渡的时期，苏联充分地通过立法来指导社会，确立和发展社会经济改革，废除一切形式的剥削，调控劳动力流动和商品的消费。苏联通过立法来创建和完善社会主义民主制度，建构坚实的法律和秩序，维护社会制度和国家安全，建设社会主义。（Gureyev and Sedugin，1977：12）

在关于法律与社会变迁之间关系的认知谱系中，上述两种对立的观点处于这个谱系的两端。法律与社会变迁之间的相互关系并不是一个简单的问题。本质上，这个问题并不是法律是否改变社会，或者社会变迁是否改变法律。这两种表述方式都不准确。

相比之下，在什么样的具体情况下、在什么层面上以及在多大程度上法律能够导致社会变迁，这一提问方式才更为科学。与此相似，社会变迁改变法律的条件也需要具体化。

通常，在一个高度城市化、高度工业化的社会中，如美国，法律的确在
社会变迁之中发挥着重要作用，至少比在传统社会中发挥的作用大得多。学界对法律与社会变迁之间的**相互作用关系**（reciprocal relationship）有几种解释方式（Nagel，1975）。例如，在家庭的内部关系领域，城市化（伴随着小型公寓和拥挤的居住条件）降低了三代人住在一个屋子里的可欲性（和可行性）。这一社会变迁有助于一些社会福利立法出台，这反过来也会有助于劳动力的转变以及为老年人提供社会保障。

尽管法律与社会变迁之间互为因果的关系是显而易见的，而且有诸多经验事实可以验证，但出于分析的考虑，我会将这种关系简单地看作单维度的。基于此，在下一节中，我将分析在什么状况下社会变迁会导致法律变革，之后探讨法律作为一种社会变迁工具。

第二节　社会变迁作为法律变革的原因

在一个宏大的历史框架中，社会变迁速度如此之慢，以至于使习俗成为法律的主要来源。法律可能需要花费几十年甚至上百年来回应社会变迁（Edgeworth，2019/2003）。在工业革命的早期阶段，伴随着蒸汽机的发明或者电力的应用，社会发生了翻天覆地的变化，法律对这一剧烈的社会变迁也并没有快速地做出回应。用托夫勒（Toffler，1970：11）的经典评论来说："变迁横扫了高度工业化的国家，其速度不断加快，其影响前所未有。"在某种意义上，生活在现代社会的人们被卷进了社会变迁的旋涡之中，经历了人口、城市化、科层化、工业化、科学、运输、农业、通信、生物医学研究、教育以及民权等诸多领域的革命。这些领域中的每一项革命都会带来一系列的变迁，转变人们的价值观念、态度、行为以及习俗。

诸多社会学家和法学家认为技术是推动法律变迁的主要动力之一（Volti，2017）。一个例子是文字技术的变革（包括印刷技术、计算机和互联网的使用）重塑了今天的法律、法律实践以及律师培训（Tiersma，2010）。

另一个基本共识是技术的变化通常比法律快得多，法律必须努力跟上（Downes，2009）。

技术至少通过以下三条途径对法律造成了影响：

> 最显而易见的是……技术通过改进法律适用的工具，使法律技术精细化（比如指纹鉴别或者使用测谎仪）。其次，技术对法律制定与实施的过程产生了重要影响。法律程序都是在一定的社会环境和智识思潮下运转的，而技术会促进社会环境和智识思潮的变化（如电视听证会）。最后，技术变革会带来一些法律必须处理的新问题和新状况，因此技术会对法律的内容产生影响。（Stover，转引自 Miller，1979：14）

189

技术变革导致法律变更的例子不胜枚举。汽车和飞机的使用促进了新法规的制定。例如，汽车与许多法规的颁布之间紧密相连：交通法规、醉酒驾车的法规、汽车安全法规、驾驶证法规、污染控制法规、登记法规，等等。此外，如同技术极大地推动了零售业的发展一样，技术也极大地改变了零售业的犯罪状况。例如，罪犯通过高超的技术，如伪造条形码和礼品卡，从商店偷走大量商品，而且许多高技术的偷盗者属于有组织的犯罪团伙，这大大增加了破案的难度（Zimmerman，2006）。另一个例子是互联网已经导致一种新的霸凌形式——网络霸凌，霸凌者使用推特、脸书或者其他社交媒体来威胁、骚扰、侵犯他人。通过各种网络手段，霸凌者在不需要面对受害者的情况下参与到一系列侵害活动中，甚至经常不需要承担后果（Jacobs，2021）。

另一个技术变革影响法律的例子是犯罪侦查的新方法，如指纹识别、DNA、电子侦听。这些技术发展导致了许多法律变更，比如什么样的证据具有法律效力。尽管很多人使用了个人计算机，但是它们仍然是相对新的技术发展。个人计算机的发展与互联网的出现共同导致**网络犯罪**（cybercrime），如病毒和木马传播到受害者的电脑系统，破坏其电脑程序，盗取信息。几乎一夜之间，这类技术变革导致了新的犯罪类型，法律需要做出相应的回应（Bandler and Merzon，2020）。

除了技术变革之外，共同体的价值观念和态度的转变也可能导致法律变更。过去半个世纪里有太多这样的例子。例如，人们可能认为贫穷是一件坏事，因此需要创制法律来减少贫穷（Bailey and Danziger，2013）。由于对投票、住房、就业和教育中的种族歧视等问题的日益关注，诸多法律得以创制。与此同时，对非法堕胎危险的担忧导致了美国最高法院著名的"罗伊诉韦德案"的判决，尽管对合法堕胎的担忧推动了许多州出台旨在减少堕胎的法律（Holland，2020）。

社会状况的变化（如技术、知识、价值观以及态度）可能带来法律的变更。在此情况下，法律是回应性的，跟随社会变迁的步伐。然而，我们需要注意的是，在对社会变迁的诸多回应中，法律变更只是其中的一种，但是在某种意义上，法律对社会变迁做出回应是重要的，因为法律代表的是国家的权威及其强制力。

190　　在任何情况下，一部新法规在回应一个新的社会问题或者技术问题时通常有两种结果——加重这一问题或者缓解／帮助解决这一问题。一般情况下，法律对社会变迁的回应会导致新的社会变迁。例如，同性婚姻立法导致法律裁决的离婚数量增加，因为一些之前不被允许结婚的同性伴侣现在可以离婚了（Petrow，2019）。

第三节　法律作为社会变迁的工具

对于法律被有意识地用于引导大规模的社会变迁这一现象，研究者们从历史和跨文化角度对其进行了诸多解释（Jimenez et al.，2014）。自罗马时代以来，剧烈的社会变革都会动用法律和诉讼。法律并不仅仅是社会现实的反映，它更是达成社会现实的有力手段。

历史上一个非常重要的例子是苏联使用法律实现了巨大的社会变革（Dror，1970）。在 20 世纪 30 年代的西班牙，法律被用于农业领域中劳动关系的改革（Collier，1989）。更近时期，一些东欧国家尝试通过法律来实施一揽子的社会改革，如工业国有化、土地改革、集体农场的建立、教育免费、医疗免费、社会不平等的消除。这些都很好地说明了法律在社会变革中的作用（Eorsi and Harmathy，1971）。

在中国，共产党于 1949 年开始执掌政权，通过政府法令和商业运作将那些在西方国家普遍存在的恶习消除掉，如卖淫、赌博、色情物品、吸毒以及高利贷（Muhlhahn，2009）。此外，中国通过法律来调节人口增长速度，将更多的资源投入经济发展和现代化事业当中（Diamant et al.，2005）。

在现代社会中，法律作为社会变迁工具的角色愈益明显。正如弗里德曼所言："法律——通过立法或者行政对新的社会情形进行回应，通过对宪法、法规或判例重新进行司法解释——不仅继续体现主要的社会变迁，而且逐渐为社会变迁铺平道路。"（Friedman，1972：513）因此，"有意识地通过法律进行社会变革是当今世界的基本特征"（Friedman，1975：277）。许多研究者将法律视为一种可取的、必要的、高效能的变迁引导工具，并且比其他的变迁引导工具更有优势。

在当今社会中，法律在社会变迁中所扮演的角色更多地具有现实意义。在社会生活的诸多领域，如教育、种族关系、住房、交通、能源使用、环境保护以及犯罪预防中，法律和诉讼都是一种重要的革新工具。在美国，法律被用于提高黑人政治地位和社会地位。自 20 世纪 60 年代以来，法院和国会已经去除了长久以来嵌在法律和惯例中的种族等级制。立法也清除了旧的秩序，如 1964 年的《民权法》（Civil Rights Act）以及 1965 年的《投票权法》（Voting Rights Act）。

191

在一个相当短的时期内，这些法规产生了明显的效果。例如，1965 年颁布的《投票权法》具有极其显著的影响，尤其在那些之前成功地压制了平等投票权抗争的州。从 1964 年到 1967 年，在亚拉巴马州注册的黑人选民人数比例从 23% 增加到 52%，在 1969 年达到了 61%。在密西西比州，这一比例的增幅最为惊人，从 1964 年的 7% 增长到 1967 年的 60%。在 1964 年至 1968 年的总统选举中，美国南部诸州的黑人选民注册人数增长了将近 100 万，其中 75% 的增长来自 6 个完全实施《投票权法》的州，即亚拉巴马州、佐治亚州、路易斯安那州、密西西比州、北卡罗来纳州和南卡罗来纳州。这 6 个州注册的黑人选民人数增长了两倍（Logan and Winston，1971：27）。

1965 年的《投票权法》通过影响黑人选民的注册和投票，进而对黑人的政治权利产生了深刻影响。1965 年，南部诸州大概有 70 位黑人当选为官员，到 1969 年，这一数字增长到 400 人。1981 年，在南部的 11 个州中，民选黑人官员大概有 2 500 位，其中有一位是亚特兰大市市长（Scher and Button，1984）。到 2000 年，这个数字增长到 6 000 多位（Bositis，2002），目前超过了 10 000 位（Joint Center for Political and Economic Studies，2020）。尽管 2013 年美国最高法院的一项裁决（Liptak，2013）严重削弱了《投票权法》，但它仍然具有显著的影响。

法律影响社会变迁的间接效应和直接效应

考察法律在社会变迁中的角色问题通常有几种途径。德罗尔（Dror，1968）在《法律与社会变迁》（Law and Social Change）这篇有影响力的文章中，区分了法律对社会的直接影响与间接影响。德罗尔认为："法律通过形塑各种社会制度，对社会变迁产生了重要的间接影响，而这又会对社会产生直接影响。"（Dror，1968：673）德罗尔以义务教育制度为例来对此进行说明。强制性的义务教育提高了劳动力的质量，而这反过来有利于提高工业化和现代化的程度，进而对社会变迁产生直接影响。

德罗尔强调法律与基本的社会制度之间的直接互动，认为这构成了法律与社会变迁之间的直接关系。例如，法律禁止教育中的种族歧视，这使那些之前被排斥在学校大门之外的群体获得了接受教育的机会，进而对社会变迁产生了直接影响。然而，德罗尔提醒道："法律对社会变迁的直接影响与间接影响之间的区别并不是绝对的而是相对的：在一些情况下，我们更重视法律对社会变迁的直接影响，而在另一些情况下，法律对社会变迁的间接影响更为明显。"（Dror，1968：674）

对于所有的现代社会来说，每一种法令都"可以被诠释成实现特定社会变迁的直接工具"（Dror，1968：676）。法律直接引导社会变迁的一个典型例子是美国试图通过实施禁酒令来改变社会行为。除此之外，典型的例子还有美国废除奴隶制以及 1964 年《民权法》的颁布。

法律影响社会变迁的其他因素

考察法律在社会变迁中的角色问题的另一个途径是利昂·H. 梅休（Mayhew，1971）提出的重新定义规范性命令或者在法律机构内创建新的程序机会。梅休将前者称为"正式权利的扩展"（extension of formal rights），如 1963 年美国最高法院声明被控重罪的被告拥有法律代表的权利。梅休称后者为"正式设置的扩展"（extension of formal facilities），如建立一套公共辩护制度，为有需要者提供法律代表服务。正式权利和正式设置的扩展在刑事司法制度中有着确切的意涵，为个体权利提供了极大的保护。

弗里德曼（Friedman，1975）认为法律在规划渐进式的社会变革中发挥着关键作用，它通过诉讼和司法审查带来破坏，即颠覆现有的社会秩序，导

致深远的社会变革。规划和废止都是在现有法律制度下运作的，并且会导致
"积极"的社会变迁或"消极"的社会变迁，对此，仁者见仁，智者见智。
正如弗里德曼所观察到的：

> 美国法院中止了诸多项目和制度——从《密苏里妥协案》[①]（Missouri
> Compromise）到阿拉斯加输油管线。激进的改革者在最近几十年的美国
> 社会生活中引人注目。其代表人物是拉尔夫·内德……他极力倡导将法
> 律程序当作社会变迁的杠杆。从技术的角度来看，内德的许多工作是废
> 止性的。他关注诉讼和禁令，阻止那些不符合他的道德标准和政策理念
> 的政府行为。法律性废止可以……包括诉讼，尤其在布朗诉教育委员会
> 案之后，改革者经常诉诸法院来除旧布新。（Friedman，1975：277）

正如这些例子所提醒的，诉讼会导致社会变迁，这是美国社会的一个重
要特点。无论诉讼带来的社会变迁是"破坏性的"还是"建设性的"，都彰 *193*
显了法律能够成为社会变迁的一种高效工具。例如，当加利福尼亚州高等
法院废除了加利福尼亚州学校融资的法律基础时，弗里德曼精辟地评论道：
"许多小国家的政变所带来的社会变迁都不及法院中的无声革命所导致的社
会变迁大。"（Friedman，1973：27）

美国由诉讼而引发社会变迁的现象多于其他国家（Friedman，1975）。这
是因为司法系统实施积极性废止需要具备一系列的条件，而目前其他国家似
乎并没有具备这些条件（或者程度还不够）。这些条件包括活跃的法律职业、
资金来源、积极的法官、真正的社会运动以及所谓的"最重要的条件"——
在美国，"精英，也就是权力拥有者，必须接受废止性诉讼的结果，无论这
个结果他们是否喜欢"（Friedman，1975：278）。可以说，很少有专制主义国
家愿意容忍类似美国的司法审查模式。可以说，许多国家的法律结构在设计
上并不适应这些模式。

[①]　1790年，美国北部资产阶级和南部种植园奴隶主规定在北纬39度43分处划一界线，
作为新州是以自由州还是蓄奴州的身份加入合众国的标准，界线以北为自由州，界线以
南为蓄奴州。1820年，密苏里加入合众国的时候，虽然密苏里的土地在界线以北，但密
苏里有大量奴隶主，因此南北双方就密苏里究竟是以自由州还是蓄奴州的身份加入合众
国发生了争执。后来，南北双方签订了一项协议，规定从马萨诸塞州划出一个缅因州，
作为自由州加入合众国，而密苏里则作为蓄奴州加入合众国，并且将蓄奴州和自由州划
分界线改为北纬36度30分。该协议表明，北部的资产阶级向南部的种植园奴隶主做了让
步，因此这个协议被称为《密苏里妥协案》。——译者注

法律作为社会变迁工具的效力

　　法律作为社会变迁的一种工具，包含了两个相互关联的过程：行为方式的制度化和行为方式的内化。行为方式的制度化是指为行为建立规范并且为规范的执行提供保障（如废除公立学校的种族歧视）；行为方式的内化是指接受法律所蕴含的价值观（如取消种族歧视的公立学校是"好的"）。正如威廉·M. 埃文（William M. Evan）所注意到的："法律……只有通过制度化过程才能对行为产生直接影响；然而，如果制度化过程取得成功，这反过来会有助于态度或者信仰的内化。"（Evan，1965：287）

　　一般情况下，法律是推动或者强化社会变迁的一种有效机制。但是，法律究竟能在多大程度上为社会变迁提供一种有效的推动力则视具体情形而定。埃文（Evan，1965：288-291）指出，如果法律满足下面 7 个条件的话，那么它很可能会成功地引导社会变迁：

　　（1）法律必须免受威权、声望的影响；

　　（2）法律必须使用那些能够被理解而且与现存的价值观相兼容的术语来表述；

　　（3）所倡导的变迁应该参照那些与其有相似的人口特征并且法律在变迁中已经起到作用的地区或国家；

　　（4）法律的执行必须致力于在相对短的时间内实施变革；

　　（5）法律执行者自身必须投入法律所欲谋求的变革之中；

　　（6）作为工具的法律应该包括积极制裁和消极制裁；

194　　（7）法律的执行应该是理性的，这不仅包括它对制裁的使用，而且包括对法律违反者的权利的保护。

　　法律作为社会变迁的一种机制，其效力受到诸多因素的影响。其中一个因素是有关立法、裁决或者法规的信息的可获取性。如果这些信息没有被充分传播，法律可能难以产生预期的效果。虽然人们不了解法律并不能作为其违法的理由，但人们不了解法律会明显地降低法律的效力。同样，如果法律没有被详细表述的话，法律的效力也会受到一定的限制，这并不仅仅是因为人们无法确定法律的意思。模糊的法律条文导致人们对法律的解释多样化。[比如，"最为稳重的步伐"（all deliberate speed）的意思是什么？] 因此，法律的语言应该明确，尽力避免出现多样化解释和漏洞。

　　法律规则以及法律对人们行为的要求必须清楚明确，对违法行为的制裁也应该得到精确的说明。法律的效力与人们对法律规则的认知状况直接相关。而法律规则的理据不同，人们对其认知也有差异。如果法规体现了社会主流的公众正义观并且其理据被认为具有合法性，那么它就更可能被人们接受（Jacob，1995）。

法律执行机构（如警察或监管机构）对法律的反应同样会影响到法律的效力。例如，在公共住房中，实施禁止私人使用非法毒品的法律要难于实施禁止种族歧视的法律。此外，法律执行机构需要全力实施一项新法律。例如，禁令失效的原因之一是法律执行部门不愿意推行法律（McGirr，2016）。

当然，选择性执法也会限制法律的效力。社会地位高的个体被逮捕和惩罚得越多，法律实现预期目标的可能性就越大。那些对所有社会阶层、群体一视同仁的法律会被认为更具约束力，因为法律的执行塑造着行为规范。正如霍贝尔所指出的："由于大多数人这样做，人人都跟着做，于是平均数取得了规范的性质。"（Hoebel，1954：15）

与其他的社会变迁手段相比，法律作为社会变迁的一种工具具有一些独特的优势和局限性。尽管这些优势和局限性相伴而生，并且只是一枚硬币的正反两面而已，但出于便于分析的考虑，我对二者的论述是分开进行的。

第四节　法律在引导社会变迁中的优势

社会变迁是一个复杂的、多面相的现象，它是诸多社会力量综合作用的结果。有时候，变迁是缓慢的、不均衡的，它可以由不同的因素促发并达到不同的程度。社会变迁可能通过许多途径来实现。其中最激烈的途径是革命，其目的是对社会中的阶级权力关系进行根本的变革。除此之外，社会变迁的途径还包括叛乱、骚动、政变、各种形式的暴力抗争运动、静坐抗议、抵制、罢工、游行、社会运动、教育、大众媒体、技术革新、意识形态以及各种有计划的但非法律的社会变革行为。

与上面列出的这些社会变迁的促发力量相比，法律具有特定的优势。基于法律的变迁更有针对性，也更为具体。基于法律的变迁是一种深思熟虑的理性活动，它有意识地改变具体的行为或者惯例。法律规范的意图通常被清楚地表述出来，并且有关执行和制裁的条款也非常明晰。本质上，基于法律的变迁旨在矫正、改善或控制具体情境下的行为和实践。法律作为社会变迁的一种工具，其优势在于法律被认为具有正当性、一定程度的理性、权威性、制度化，一般不具有破坏性并且有一套机制保障其实施。

合法性权威

法律作为社会变迁的一种工具，其主要优势在于，社会普遍认为法律命令或者禁令应该被遵守，即使那些质疑法律的人也应如此。在很大程度上，法律的服从感产生于服从者对**合法性权威**（legitimate authority）的敬畏。

韦伯（Weber, 1978/1921）最早对合法性权威进行了阐述。人们服从社会领袖的命令可能是出于各种考虑——从简单的习惯到对收益的理性计算。但服从者的服从行为至少具有最低限度的自愿性，而这种自愿性来源于服从者对服从的兴趣。在极端情况下，对服从的兴趣可被看作人们从事非法行为的倾向（当他们被权威命令这样去做时），而其他人则为这类行为辩解，认为这类行为只是没有服从一般的道德。这样的例子有纽伦堡审判、20 世纪70 年代"水门事件"听证会以及越战屠杀事件军事法庭审讯中的辩护。对权威的服从也可以是出于习俗、情感纽带或者纯粹的物质利益，但这些因素仍然是相对不稳固的。相比之下，对合法性的信仰为服从提供了一个重要的稳固基础。

196　　韦伯将合法性权威划分为三种类型——传统型、克里斯玛型以及法理型。**传统型权威**（traditional authority）的合法性来源于人们对传统的神圣性以及那些居于权威地位者的合法性的信仰。对传统型权威的服从并不仅仅是承认一种非个人性秩序的合法性，更重要的是一种个人忠诚。"长老统治"（the rule of elders）就是一种典型的传统型权威。

克里斯玛型权威（charismatic authority）的合法性则建立在个体特殊的人格力量和非凡的感召力之上。人们对克里斯玛型领袖的服从是出于对领袖的特殊品质和超凡特质的信仰。摩西、基督、穆罕默德以及甘地都属于克里斯玛型领袖。

法理型权威（rational-legal authority）的合法性来源于对标准规则的合法性以及被提升到权威地位的人有权根据这些规则发布命令的信仰。在法理型权威中，统治者与服从者都要遵守法律所确立的非个人性秩序。

研究表明，法理型权威能够对人们的行为和态度产生极其显著的影响（Tyler, 2006）。这可能是法理型权威的约束过程以及个体内化法理型权威的价值观所导致的结果。人们通常都倾向于假设法律有权调控自己的行为，进而使自己对法律的服从正当化。在某种程度上，人们对法律的服从遵照了这样的逻辑：

> 人们遵从法律，"因为它是法律"。这意味着人们对法律程序和法律制度有着普遍的敬畏感。出于某些原因，他们觉得，如果国会颁布了一部法律、法官做出了一项裁决或者市议会通过了一个条例，那么自己就应该遵守它。如果他们被要求对此进行解释的话，他们可能会提及一些诸如民主、法治之类的概念或者一些支撑这一政治系统的其他的流行理论。（Friedman，1975：114）

简言之，法律对我们日常生活中"正确的"行为方式进行了界定。法律的这一效应可以说是根深蒂固的、制度化的，甚至在没有法律执行机构施加制裁的情形下，它依然存在。事实上，大多数人在大多数情形下都倾向于服从法律，并不会有意识地评估法律制裁或惩罚的概率。法律对合法行为的界定影响到个体对日常生活的态度并且内化为个体的价值观。

法律的约束力

法律具有约束力的原因有很多（Honore，1987），从宣称法律是受命于自然到深信法律是共同体合意的产物，其中最直接最简单的解释是大多数社会成员认为法律具有约束力。公众的法律意识是法律存在的基础。一般情况下，人们都会服从法律，尽管他们服从法律的原因可能各种各样。一些人可能会认为，服从法律也就是服从法律的更高一级的权威：神、自然或者人民的意志。其他人则可能认为法律的内容要求他们服从法律，即所谓的不可抗拒的义务。除了法律执行机构鼓励人们服从法律之外，其他的因素通常也会起作用而且非常重要。这些因素包括：人们服从法律的内在欲求、因某项法律对所有人一视同仁而认为它是公平正义的、对政府的效能和合法性的信任、公民责任感、自身利益、知道大多数人都服从法律、意识到自身行为的道德正当性要求或者因为自身的感觉而服从法律。总体来说，大多数人遵从法律是因为他们觉得这样做是"一件正确的事情"。

即使法律与人们习以为常的道德相背离，人们通常也会遵守它。纳粹德国对超过 600 万的犹太人实施了种族灭绝暴行，成千上万的人以服从法律的名义执行了这一极度残忍的不道德行为。斯坦利·米尔格拉姆（Milgram，1974）认为，服从的本质是个体将自己看作实施他人意愿的工具，因而个体不再认为自己应该为自己的行为负责。在多数情况下，承认权威会导致服从。

在著名的电击实验中，米尔格拉姆发现来自不同社会背景的人会对他人做出不道德的事情，当他们被告知这样做时。在"学习"（learning）实验中，米尔格拉姆发现，大约 2/3 的被试愿意对他人做出自己认为是痛苦的或者有害的事情。即使"受害者"痛苦地喊叫，假装心脏病发作，甚至直接祈求停止试验，大多数被试仍然会继续遵从权威的指令，用他们认为的高电压电击"受害者"。这一研究表明，在特定的情形下，许多人会违背自身的道德准则，对其他人施加痛苦。简而言之，大多数人愿意服从权威以及作为权威之延伸的法律。

法律具有约束力的另一个原因可能是人们更喜欢秩序和行为的可预测性。人是一种习惯性动物，因为与其他的生活方式相比，惯例化的生活方式并不需要个体做出很多努力，而且会带给人安全感。而服从法律则为惯例化的生活方式提供了保障。服从法律同样会带来益处——节省气力，避免风险。这些益处足以使人们遵从法律。服从法律还与人们的社会化过程紧密相连。人们常常被教导去遵守法律，法律化的生活方式成为习惯性的生活方式。在童年时期，儿童渐渐意识到父母的期待、嘱咐以及规矩的含义，接受社会化。这一过程在学校和社会中重复进行。这些过程逐渐为个体参与成人生活提供了准备。可以说，个体形塑了这些规则并且制定了他自己的规则。在这一过程中，社会的规训被个体的自我规训所代替。

198 制裁

法律对越轨行为的制裁是法律具有约束力的一个主要原因。对此，霍贝尔用极具想象力的语言描述道："法律有牙齿，必要时会咬人，虽然它并不时时张口。"（Hoebel，1954：26）法律系统所认可和实施的制裁通常具有多样化的特征。在初民社会，法律系统可能会施加酷刑或者社会驱逐。在一个发达的法律系统中，作为一个通则，制裁功能由一个特定的政府机构承担。强制性法律的制裁方式有：罚款、监禁；施加损害性赔偿；法院指令采取特定的行动，否则给予惩罚；对玩忽职守者进行弹劾和免职；等等。正如凯尔森所提到的，现代法律系统的制裁特征远不止施加心理压力，而且允许执行一些剥夺权利的强制性法令，即"作为某些情形的后果，强行剥夺生命、自由、经济价值和其他价值"（Kelsen，1967：35）。

塞德曼指出："法律多多少少与现存的社会秩序相一致，因此它不需要通过威胁给予制裁来使人们就范。"（Seidman，1978：100）然而，并不是所有的法律与现存的社会秩序都一致，而法律作为社会变迁的引导工具的优势之一就在于潜在的越轨行为被实际的危险或者感知到的危险以及制裁的严厉性所压制。即使是制裁的威胁也可以使人们就范。或许制裁在引导人们对法律形成一种道德主义的态度上同样起到了作用。

法律或者法律政策的目的不同，制裁的类型也会不同。其中的一个本质区别在于，法律的主要目的是阻止个体做出那些其他社会成员认为是有害的或者不道德的事情，还是在社会群体或者个体之间建立新的关系形式——这实质上是禁令性政策与积极性政策之间的区别（Grossman and Grossman，1971）。当然，这一区别并不总是绝对的。积极的政策制定不仅包含消极制裁，而且涉及积极制裁，尽管禁令性政策制定通常只包含消极制裁。

奖赏（比如联邦的合同或津贴）经常被包含在那些旨在变革固有的经济行为模式的规章条例中，并且被广泛用于激励对诸如废除种族隔离法的服从。那些违反此类法规的人不仅不会得到预期的奖赏，而且可能会被罚款甚至承担刑事责任。"那些致力于积极性社会变革的法律或者规章必须同等依靠教育、劝诱和消极制裁。为了确保胡萝卜加大棒政策的成功，大棒必须是可见的并且时常被使用。"（Grossman and Grossman，1971：70）

但是，当法律旨在减少或者禁止越轨行为时，情况又会不同。在这一情形下，法律并不会提供奖赏或者激励来劝阻个体从事此类行为——只会显示越轨行为被发现和惩罚的可能性（如果这不是必然之事）。在此状况下，需要强调的是威胁、惩罚和复仇，其目的是废止或者减少那些被认为是有害的特定行为。

第五节　法律在引导社会变迁中的局限性　*199*

尽管法律作为社会变迁的一种工具具有诸多优势，但它也具有一些局限性。对这种局限性的觉察有助于更加全面地理解法律在社会变迁中的角色。

与此同时，当使用法律来引导社会变迁时需要考虑这些局限性。

如今，我们生活在许多人不相信政府、对基本的社会和道德议题存在分歧的时代。2018 年对美国成年人随机抽样的综合社会调查数据表明，只有 7.1% 的美国人表示"完全"或"非常"信任美国国会，只有 12.4% 的美国人表示"非常"信任联邦政府的行政部门。

在此背景下，将法律视为人们意志的表达似乎看起来很幼稚。对于大部分人来说，法律是外在于他们的，并且以一种强制性方式施加在他们身上。事实上，只有很小部分的人参与到新法律的制定中。因此，法律作为社会变迁工具的局限性之一就是它可能激化利益冲突——精英往往决定什么样的法律可以被颁布以及什么样的法律将会被否决。

精英和利益冲突

我们将从拥有权力和没有权力的社会群体间的利益冲突开始讨论。在每一个社会里，获取稀缺资源以及非常珍贵的物品的机会都是有限的。在获取稀缺资源的博弈中，一些个体和组织赢得胜利，另一些个体和组织则会败北。韦伯和马克思都已经认识到，许多法律的制定是为了满足特定的经济利益（Rheinstein，1954）。韦伯进一步指出，除了经济利益之外，其他的特殊利益也会对法律的形成产生影响。这些利益包括维护一个人的声誉、权力以及其他非经济性优势。

韦伯的观点包含了两个重要的洞见。第一个洞见是，利益冲突为法律制定以及社会变迁提供了一个框架。由此，一个社会的社会分层状况在很大程度上决定了法律在社会变迁中所扮演的角色，并且这在很大程度上受那些支持这些变迁的人（如社会精英）的选择和偏好的影响。

第二个洞见是，使用权力来支持社会变迁非常重要。对一个社会的立法过程、司法过程以及行政过程的研究不仅能够快速发现谁在掌控社会的权力，而且能够快速理解对这些掌控社会权力的人来说什么样的利益是重要的、有影响的。因此，我们可以将法律作为社会变迁的工具放置在权力的构造以及日常社会生活中利益的确立这一框架下进行考察，由此可能对法律引导社会变迁的现象获得最佳理解。

200

从某种意义上讲，权力渗透到了法律的创制和实施中。如果一件事情被实施，那是因为某人有权力去做这样的事情。同样，那些有权势的人倾向于使用法律来维护他们在社会中的优势地位。立法、司法以及行政活动反映了一个社会的权力结构。通常，一些群体比其他群体拥有更大的权力。与那些处于权力边缘的群体相比，那些处于权力中心位置的群体更有能力强化自身的利益。此外，许多人常常对问题漠不关心，即使他们关注问题，他们往往也不能够组织起来以使自己的偏好影响立法。

与此同时，那些遭受法律系统约束或压迫的人似乎很少意识到这种约束或压迫的存在。的确，他们经常是现存法律系统最强有力的拥护者。对这种现象的一个可能的解释是，统治者运用自身的权力来扰乱被统治者，使他们弄不清楚自身的真正利益所在，换言之，被统治者被"驯化"了。但是，这一解释需要我们区分什么是人们所界定的自身利益，什么是人们的"真正利益"。这一区分已经导致了诸多复杂的、难解的、没有结论的争论。

当然，利益冲突是否真的会严重限制法律对社会变迁的引导？这一问题仍值得商榷。尽管关于特定利益群体的权力论断是成立的，但在任何情况下，基于法律的变迁手段都是将大部分人口排除在外的。即使在民主社会，公民大规模地参与法律变迁也很少行得通。但是，缺少参与并不意味着缺少代表性。事实上，人们确实有机会接近法律制定者和法律机构（尽管机会的大小有所不同），并且他们通过法律来实施变革的抱负也经常得到实现。

法律作为诸多政策工具中的一种

德罗尔对那些讨论法律在引导社会变迁方面的局限性的思想流派进行了集中的梳理。德罗尔认为：

> 法律自身只是政策工具箱中的一种，而且通常并不能自动发挥作用。因此，如果仅仅将法律视作那些具有导向性的社会变迁的一种工具的话，这将是一种狭隘的视角，它缺少对实际现象最起码的洞察。（Dror，1970：554）

因此，根据德罗尔的观点，法律是诸多政策工具中的一种，必须与其他政策工具捆绑在一起使用来引导一些社会变迁。在缺乏其他政策来催生目标变迁的情况，法律引导的任何变迁都将是更加有限的。

然而，法律对社会变迁的引导经常外在于宏观的政策制定框架，这在改 *201* 革导向型的诉讼中尤为明显。此类诉讼的目的是变更某项具体的制度化惯例。例如，1973 年最高法院否决州堕胎法规的决定并没有在更大的政策范围内进行，但它为许多妇女提供了她们以前没有获得过的合法堕胎的机会。

尽管一些改革导向型诉讼产生了明显影响，但是关涉重大社会问题的立法改革和行政改革应该在一个宏观的政策制定框架下进行。这样有可能极大地提高法律作为社会变迁工具的效力。有鉴于此，德罗尔（Dror，1970）倡导律师、社会科学家、政策分析者组成一个跨领域的研究团队，参与到相关问题的研究中，为政策的制定提供建议。

道德和价值观

另一个影响法律左右社会变迁的能力的因素涉及社会中盛行的道德和价值观。帕特里克·德夫林（Devlin，1965）认为，与制度相比，共享的道德对一个社会的整合作用更大。尽管德夫林的论题只是部分成立，但是道德和价值观会影响法律在社会变迁中的效能，这一点是毋庸置疑的。毫无疑问，如果社会没有一套广为接受的基本的价值观、原则和标准，这个社会将难以维系。对于具体问题而言，比如暴力、事实、个人自由以及人的尊严，共享的道德是极为重要的。然而，这并不是说我们所共享的道德中所包含的价值观全部是基础性的、必不可少的，或者某个价值观的式微会导致其他价值观的瓦解。另外，并不是我们所有的价值观都是不可或缺的。比如关于财产的价值观就不是，因为许多社会不像美国社会那样看重私人所有权。一个社会可以共同拥有所有的财产。

一般而言，当法律被用作社会变迁的工具时，它需要社会的支持。如果一部新法与主导性价值观和道德存在许多冲突，那它在引导社会变迁方面的效率会很低。因此，当法律尝试处理社会的道德问题时，它在社会变迁中的局限将暴露无遗。比如，法律禁止通奸的禁令已经存在几个世纪，但是通奸仍然在美国以及其他社会盛行。法律在禁止吸毒、同性性行为或者卖淫方面成效也不大（Meier and Geis，2006；Nussbaum，2010）。另一个广为人知的法律改变公共道德的失败案例是一个世纪以前美国宪法修正案禁止饮酒（McGirr，2016）。这些案例表明，"与那些满足不太强烈的动机的行为相比，那些满足重要动机的行为更难被废止"（Zimring and Hawkins，1975：332）。

由于法律改变主流价值观和道德十分困难，许多法律社会学家认为，法律应该对这些行为采取"不干涉"的立场。例如，金斯伯格（Ginsberg，

1965）认为法律应尊重隐私，应该主要处理不情愿的受害者的外部可观察的行为。正如这些讨论所揭示的，法律总体上更容易引导外在行为变化。正是由于这样的原因，许多学者认为法律不应该尝试控制私密的自愿行为（Meier and Geis，2006）。 *202*

第六节　对变迁的抵制

除了在前面已经讨论过的法律在引导社会变迁中的局限性之外，法律的效力还受到诸多力量的阻碍。在现代社会，抵制变迁的情形远多于接受变迁的情形。社会成员总是多多少少能够为自己抵制变迁的行为寻找到正当性。变迁经常被抵制，因为它与人们的传统价值观、信仰以及盛行的风俗相冲突，或者某个变迁要花费一大笔钱。有时候，人们抵制变迁是因为变迁侵扰了他们的习惯或者让他们感到害怕、受到威胁。尽管法律与其他的变迁途径相比具有一定的优势，但为了发挥法律在社会变迁中的作用，我们需要辨识那些抵制变迁并对法律产生影响的一般性条件。可以说，认识这些条件（但这些条件经常被忽视或者未尽其用）是我们使用法律来引导社会变迁的先决条件。

社会学研究发现了各种规避变迁的因素——这些因素对法律作为变迁工具的效力会产生直接或者间接的影响。本节将讨论这些因素。正如可预想到的，这些因素彼此之间存在很多重叠。

社会因素

对变迁产生潜在阻碍的社会因素包括：既得利益、社会阶层、意识形态的抵制以及有组织的反对派。

既得利益　既得利益（vested interests）指个人通过维持或者改变一项社会政策或者其他安排来增加自己的财富、权力、声望或者其他利益。许多人（也许是所有的个人和团体）都有既得利益，如果他们担心自己会失去权力、威望或财富，他们可能会抵制某项特定的新政策或其他变革。既得利益有许多不同的类型。维持既得利益状态是有利可图的或者划算的。例如，在州立大学读书的学生可以受益于税收支持的高等教育；大学管理者可以获得捐赠；教员可以申请研究经费。代理离婚案件的律师也有既得利益，他们很长一段时间反对修改离婚法。医生们对最大化收费的既得利益导致美国医学会从 20 世纪 20 年代开始反对国家医疗保险（Quadagno，2006）。一个社区的居民也经常与他们的四邻一起维持和拓展既得利益。他们往往组织起来抵制区域的变更、州际公路和监狱的修建。事实上，几乎每个人都有一些既得利益。

通过法律实现的几乎任何变化都会对一些个体或者组织产生负面影响，如果这些个体或组织清醒地认识到这种危险，他们将反对这种变化。

社会阶层　严格的社会等级制度倾向于压制变迁。在一个高度分化的社会中，人们被要求服从权威或居于权力顶端的人。社会上层的特权被小心翼翼地维护，社会经济地位低的群体尝试打破这一特权的行为经常会惹怒社会上层，并且经常被社会上层压制。在大多数情况下，对于社会上层来说，他们倾向于保护旧有的社会运行方式，维持社会现状。

在美国，那些认为自己是工人阶级的人更乐意赞成这样的观点，即法律干预对于矫正有害的社会状况而言是必要的，比如保障就业机会，提供优质的医疗服务（Beeghley，2007）。与此相反，中产上层和阶层倾向于反对政府干预这些社会事务。而对于其他的一些政府项目（如教育补助），阶层之间的态度差异有所减小。

意识形态的抵制　意识形态会对法律引导的变迁产生抵制，这一现象相当普遍。一个很好的例子是天主教会和反堕胎团体继续反对罗伊诉韦德案（Holland，2020）。另一个例子是保守派反对《平价医疗法案》（奥巴马医改），即"社会化"医疗（Rau，2015）。

有组织的反对派　有时候，个体对变迁的抵制可能发展成为有组织的反对派，形成正式的组织结构 [例如，全美步枪协会（NRA）反对枪支管制，或者美国退休人员协会反对变更社会福利金]，或者被引导成一种社会运动（比如近来的反堕胎运动）。在现代社会，非正式组织和正式组织在冲突中相互交织，各种新组织被建立起来以抵御那些对社会现状造成威胁的变迁。例如，约翰·柏奇协会（John Birch Society）的会员公开反对一系列社会变革——从种族融合到接受色情业并为其提供法律保护。同约翰·柏奇协会一样，"三 K 党"[①]（Ku Klux Klan）是建立在对社会变革的公开反对之上的，但

---

① "三 K 党"是美国南部的白人秘密组织，该组织主要利用暴力来反对社会变革和黑人的平等权利。——译者注

"三 K 党"关注的主要是种族关系变革。这些组织以及类似的组织已经对那些进行中的变革实施了抵制。尽管这些组织开展的抵制活动绝大部分都失败了，但其对变革的拖延相当明显。

心理因素

一些心理学因素同样可能阻碍社会变迁，因而削弱法律引导社会变迁的能力。这些因素包括习惯、动机、无知、选择性感知以及道德发展。

习惯 从心理学视角来看，习惯是变迁的阻碍因素。一个习惯一旦形 *204* 成，其运作就经常是为了满足个体需要。人们习惯于按照特定的方式行动，这让他们感到舒服。当某个特定的行为方式变得常规且惯常，它便将抵制变革。梅耶·F. 尼姆科夫（Nimkoff，1957）认为，一个社会的习俗是一种集体习惯，尤其在那些人们对习俗充满感情的社会。当新观念、新实践挑战习俗时，习俗的变迁将极为缓慢。比如，引进公制（metric system）的尝试在美国便遇到了相当大的抵制（Plackett，2020）。美国人习惯了英里，对公里感到不舒服；更喜欢用夸脱来计量东西，而不是用升。当法律引导的社会变迁尝试变更既定的习俗时，它要想取得成功，让人们服从，就需要对目标群体的价值观和行为方式进行积极的重塑。

动机 人们对法律引导的社会变迁的接受状况同样会受到各种动机的影响（Ginsberg and Fiene，2004）。有些动机与文化勾连在一起，其在场或者缺位都会受到特定文化左右。例如，在一些文化中，宗教信仰为特定类型的变革提供了动机——尽管在其他文化中，这些动机倾向于维持社会现状。而有些类型的动机具有普遍性或者几乎是普遍的，因为它可以跨越社会和文化。比如，渴望获得声望和经济收益，希望遵守朋友间的契约。

无知 无知是抵制变迁的另一个心理学因素。有时候，无知与恐惧相伴而生。这常常出现在人们对待新食品的态度中。不久前，许多人认为柑橘类水果会增加消化道的酸度。当这一观念被证明是错误的时候，基于酸性观念对柑橘进行排斥的现象也随之减少。无知同样可能使人们不服从那些旨在减少种族歧视的法律。例如，雇主可能会因为无知而持有种族偏见，因此不愿雇用有色人种。在 2020 年新冠病毒感染疫情期间，很多人不顾州长的命令，拒绝戴口罩，其中一个可能的原因是他们不知道戴口罩有助于降低感染冠状病毒的概率。（Boyd，2020）

选择性感知　法律倾向于成为普遍性的东西。然而，人们对法律的认知却具有选择性。这种选择随着个体的社会经济地位变量、文化变量以及人口学特征变量的变化而变化。人们在社会化过程中形成的需求、态度、习惯以及价值观决定了他们将选择性地关注什么、选择性地解释什么以及选择性地遵守什么。一般情形下，如果新观念与人们的利益、态度、信仰以及价值观相一致，人们将更容易接受它（Baker，2005）。对法律目标的差异化认知可能会阻碍变迁。例如，在新冠病毒感染疫情期间，许多人认为政府要求戴口罩是预防疾病和拯救生命的合理的公共卫生努力，但也有许多人认为政府的戴口罩令侵犯了他们的私人生活。人们对政府要求戴口罩的看法不同，其佩戴口罩的可能性也不一样。

205　　　　法律的行文方式同样会影响人们对法律的感知。布朗诉教育委员会案的判决就是一个典型例子。该判决要求以"最为稳重的步伐"废除种族隔离，这一表述过于模糊而无法引导有意义的变革。"模糊性总是使个体对法律产生个性化的认知"（Rodgers and Bullock，1972：199），并且个体倾向于在社会变迁、经济趋势、地方社区、国家、国际等框架下以对自身最有利的方式来解释和认知法律的含义。

道德发展　在很大程度上，人们服从法律是出于道德责任感，而这种道德责任感是人们在社会化过程中习得的。然而，直到最近，一些研究才认识到，道德准则并不必然地与评判行为对错的约定俗成的外在标准相关联，而是与人们掌控自己生活的内在原则相勾连。

科尔伯格（Kohlberg，1969）对道德发展的探讨可能是这一领域中最详尽的研究。科尔伯格将道德发展分为 6 个阶段。第一个阶段是"惩罚与服从定向阶段"（obedience and punishment）。在这一阶段，个体倾向于"服从权威"，以免受罚。第二个阶段是"相对功利取向阶段"（instrumental relativism），其典型特征是互惠性。在这一阶段，个体不再把规则看成是绝对的、固定不变的，评定行为的好坏主要看它是否符合自己的利益。科尔伯格将这两个阶段归为前习俗水平（premoral）。第三个阶段是"寻求认可定向阶段"（personal concordance）。在这一阶段，个体的道德评判以获得认可、取悦他人为导向，其特征是行为要服从主导性规范，符合大家的意见。第四个阶段是"遵守法规和秩序定向阶段"（law and order）。在这一阶段，个体以"履行义务"为导向，服从权威，以法规来判断是非。第三个阶段和第四个阶段合在一起形成了传统意义上的习俗水平。

第五个和第六个阶段是内化原则取向。科尔伯格认为第五个阶段是"社会契约定向阶段"（social contract）。这一阶段显示了一种法律主义导向。社会契约包含了人们应该遵守的义务和承担的责任，个体应该避免违反有形的契约或者无形的契约。第六个阶段是"原则或良心定向阶段"（individual principles），这也是道德发展的最高阶段。这一阶段强调以良心、正义以及尊严来评判行为的对错。科尔伯格称其为后习俗水平。

如果科尔伯格提出的道德发展理论是正确的，那么法律或多或少受到社会成员的道德发展程度的限制。在此脉络下，戴维·J.丹尼尔斯基（Danelski，1974）认为对社会成员的道德发展水平进行定量研究和定性研究都非常重要。我们可能需要知道社会精英、普通市民、社会弱势群体的道德发展水平。如果大部分社会成员处在道德发展的第一个阶段和第二个阶段，那么对法律进行制度化执行可能有助于维系社会秩序和社会安全。如果大部分社会成员的道德发展水平处在第三个阶段和第四个阶段，那么法律受到的限制将是最小的。与第三个阶段和第四个阶段相比，如果大部分社会成员的道德发展水平处在第五个阶段和第六个阶段，那么法律将受到更多的限制。"但是，如果法律是通过民主方式合意达成并且与个体的良心准则相一致，那么情况会有所不同。如果法律不是，那它将很可能受到更多的限制。"（Danelski，1974：15）换句话说，对法律的限制与道德发展水平成曲线函数。

文化因素

206

当根深蒂固的惯例和行为遭受威胁时，人们对变迁的抵制通常会很强烈。社会现状被维持，变迁被阻滞。例如，摩门教基于传统的宗教信仰反对法律废除他们的一夫多妻婚姻（Gordon，2002）。与此相似，在印度，营养不良的问题非常严重，但在印度教中，牛是神圣之物，不仅印度教教徒严禁宰食牛，而且牛可以在村庄中随意踱步，随便进入田间，这导致大量的庄稼被践踏和毁坏。食牛肉与印度教的传统教义相悖，因此那种出于食用目的而饲养牛的行为在印度是难以接受的。其他的文化因素也经常对变迁产生阻力，包括宿命论、种族中心主义、不相容性以及迷信。

宿命论 著名人类学家米德曾用她那个时代男性主导的语言说：

在世界许多地方的文化中，我们可以发现这样的信仰：人无法操控自己的未来或者土地的未来。神，而不是人自身，可以改善人类……我们很难说服他们使用肥料，或者为播种留存最好的种子，因为他们相信人只负责行事，而神负责成事。（Mead，1953：201）

从根本上说，宿命论使人缺乏对自然的掌控感。人们无法控制自己的生活，生活中所发生的一切都受神或者邪灵的控制。很明显，这样的宿命观会抵制变革，因为变革是由人发起的，而不是神启的。

种族中心主义 社会中的一些群体认为自己是"高等的"，掌握着认识这个世界以及改造这个世界的唯一"正确"途径。一个群体的优越感很可能使其排斥其他群体的观念和行为方式。因此，种族中心主义经常会对变革产生阻碍。例如，白人的优越感阻碍了社区、就业、教育等诸多领域中的种族融合（Schaefer，2019）。

不相容性 如果目标群体认为自己与新提案之间有着不可调和的冲突，那么他们很可能抵制变革。当这种不可调和性存在于文化领域，变革将会困难重重。例如，以色列实施法定结婚年龄，试图通过法律规范来控制移民。法律规定：除了怀孕这一特殊情况之外，结婚年龄至少要达到 17 岁；如果在没有得到地方法院允许的情况下，个体与年龄小于 17 岁的女性结婚将遭受刑事处罚。通过将法定最低结婚年龄设定在 17 岁，法律试图强加一项与来自阿拉伯以及西方国家的犹太人的风俗和习惯相冲突的规则（来自这些地区的犹太人通常在年龄低于 17 岁的时候就开始结婚）。但事实上，这一做法的效果非常有限，因为那些之前允许女性早婚的以色列社区仍然一如既往（Dror，1968）。

迷信 所谓迷信，是指不加怀疑地接受一种无法被事实证明的信仰（Ambrose，1998）。在一些情形下，迷信会阻碍变革。例如，在津巴布韦，营养学教育的成效甚微，因为许多妇女不吃鸡蛋。根据广为流传的信仰，鸡蛋会导致妇女不孕不育和淫乱，并且使婴儿秃头。与此类似，在菲律宾，许多人相信同时食用南瓜和鸡肉会使人得麻风病。在一些地方，妇女在怀孕后期不能喝牛奶，因为她们认为喝牛奶会使胎盘过大，加大生产的难度。此外，在另外一些地方，婴儿在出生后的几个月里不能给水喝，因为人们认为水的"凉"性会扰乱婴儿的热平衡。在加纳的一些地区，人们不让儿童食肉或者吃鱼，因为当地人认为肉和鱼会导致儿童生肠道蠕虫（Foster，1973）。

显然，在迷信盛行的地方，法律或者其他途径引导的社会变迁会遇到一些阻力。

经济因素

即使在一个富裕的社会，有限的经济资源也会对变迁产生阻碍。例如，在美国，几乎每个人都乐意支持更加有效的污染治理、更便宜并且更便捷的公共运输、高效的福利项目以及周到的保健服务。但现实是，这些领域的改革非常缓慢，不仅是因为事情的轻重缓急，而且是因为事情的成本。在一个社会中，成本和有限的经济资源的确会限制变革。

同其他任何事情一样，法律引导的变迁也有成本，这是不言而喻的。在大多数情况下，立法、行政裁定或法院裁决的执行都是昂贵的。这一费用可能会使受法律变革影响的各方难以遵守它，或者至少会减缓他们的遵守速度。除了变革的直接成本之外，变革的成本和收益的分配方式同样会引起人们对变革的抵制。例如，当变革的成本被广泛分担、变革的收益被大部分人分享时（如社会保障），变革的阻力将最小化。变革的成本对于每个纳税人来说是相对较小的，但变革的收益获得广泛分享，"几乎就像公共品一样，受惠者将分享收益，但它们在收益的保值和增值方面贡献较小"（Handler，1978：15）。但是，当变革的收益被广泛分享，而变革的成本被一部分人集中承担时，变革的阻力将浮现出来。例如，汽车生产商一直抵制（尽管这种抵制不太成功）法律对汽车制定更加复杂的污染控制措施。

尽管法律引导的某个具体变革是可取的（如美国实施高效的综合性全民健康保险计划），但有限的经济资源经常成为此类变革的限制因素。在抵制变迁的 4 个因素中，经济因素可能是至关重要的一个。无论一项变革提案如何令人满意，如何与目标群体的价值观、信仰相一致，如果经济代价过大的话，它将很可能遭到抵制。简言之，无论社会成员多么想要一个东西，如果他们支付不起这个东西的费用，那么他们将难以如愿。这正如乔治·M. 福斯特所说的："文化、社会以及心理因素对变迁的阻力和推力都是在经济环境下发挥作用的……（并且）经济因素……似乎是变迁的绝对限制。"（Foster，1973：78）

208

总 结

1. 法律既是因变量又是自变量。学界对法律与变迁之间的关系仍然存在争论。一些论者认为法律反映了社会变迁，另一些论者则主张法律引导着社会变迁。这两种论点处于法律与社会变迁之间关系的理论谱系的两端。在现代社会，法律的确在社会变迁中发挥着重要作用，反之亦然。

2. 法律愈益被看作社会变迁的一种工具。现今，法律在社会变迁中扮演的角色已不仅仅是理论层面的了。在社会生活的诸多领域，如教育、种族关系、住房、交通运输、能源利用以及环境保护，法律已经被当作是一种重要的革新工具。

3. 与其他社会变迁途径相比，法律在引导社会变迁方面具有一些明显的优势。这些优势与人们对法律的认知相关，如法律具有正当性、一定程度的理性、权威性、制度化，一般不具有破坏性并且有一套机制保障其实施。

4. 法律在引导社会变迁方面也有一些局限性。它在解决利益冲突方面的效果并不理想，有权势者在这一过程中获益更多。单独的法律措施也难以有效解决一些社会问题，比如吸毒、人口过剩以及政府腐败。

5. 法律作为社会变迁的工具的另一个局限性源于法治的内在弊端。没有人能够轻易地预测和考虑法规可能适用的情境。此外，对法律在社会变迁中的作用产生限制的因素还包括：价值观和道德准则的差异，一些法律的执行难问题，法律的表述有时候不够清晰，等等。

6. 除了上述限制因素之外，各种社会的、心理的、文化的以及经济的因素可能会对变迁产生直接的或者间接的抵制。

7. 对社会变迁产生抵制的社会因素包括既得利益、社会阶层、意识形态的抵制、有组织的反对派。对变迁的心理抵制可能来源于习惯、动机、无知、选择性感知以及道德发展的内在复杂性。

8. 变迁的文化阻力则包括宿命论、种族中心主义、不相容性以及迷信。但是在众多阻碍因素中，经济因素可能最具有决定性。成本和有限的经济资源对变迁具有显著的限制作用。

------- **关键术语** -------

克里斯玛型权威（charismatic authority）：领袖的合法性建立在个

体特殊的人格力量和非凡的感召力之上。

网络犯罪（cybercrime）：将病毒和木马传播到受害者的电脑系统，破坏其电脑程序，盗取信息。

合法性权威（legitimate authority）：人们愿意服从社会领袖的领导，因为他们认为自己有义务这样做。

法理型权威（rational-legal authority）：人们愿意服从社会领袖的权威，因为他们接受标准规则的合法性以及规则之下那些拥有权限的人所发布的命令。

相互作用关系（reciprocal relationship）：描述法律与社会变迁之间的关系，认为法律变革引发社会变迁，社会变迁同样也会引发法律变革。 *209*

传统型权威（traditional authority）：人们愿意服从社会领袖，因为他们相信传统的神圣性以及居于权威地位者的合法性。

既得利益（vested interests）：个人通过维持或者改变一项社会政策或者其他安排来增加自己的财富、权力、声望或者其他利益。

------- **推荐阅读** -------

Antony N.Allott, *The Limits of Law*. London: Butterworths, 1980. 本书对法律在社会变迁中的角色和局限性进行了批判性分析，引用率极高。

Lawrence M. Friedman, *American Law in the Twentieth Century*. New Haven: Yale University Press, 2002. 本书对美国一些主要的法律和社会变迁进行了富有启发性的评述。

Lisa McGirr, *The War on Alcohol: Prohibition and the Rise of the American State*. New York: W.W.Norton, 2016. 一本关于禁止及其后果的优秀历史著作，呈现了法律引导社会变迁的局限性及其非预期后果。

Gerald N.Rosenberg, *The Hollow Hope: Can Courts Bring About Social Change?*. Chicago: University of Chicago Press, 2008. 正如这本书的题目所隐喻的，它深入分析了为什么法庭裁决对社会变迁产生的影响小于社会变迁支持者所期望的。

Patricia G. Steinhoff, *Going to Court to Change Japan: Social Movements and the Law in Contemporary Japan*. Ann Arbor, MI: University of Michigan Center for Japanese Studies, 2014. 这本书对旨在改变日本社会重要方面的社会运动所做的努力进行了有趣的描述和分析。

参 考 文 献

Ambrose, David. 1998. *Superstition*. New York: Warner Books.

Aubert, Vilhelm, ed. 1969. *Sociology of Law*. Harmondsworth, UK: Penguin Books.

Bailey, Martha J. and Sheldon Danziger, eds. 2013. *Legacies of the War on Poverty*. New York: Russell Sage Foundation.

Baker, Wayne. 2005. *America's Crisis of Values: Reality and Perception*. Princeton, NJ: Princeton University Press.

210 Bandler, John and Antonia Merzon. 2020. *Cybercrime Investigations: A Comprehensive Resource for Everyone*. Boca Raton, FL: CRC Press.

Beeghley, Leonard. 2007. *The Structure of Social Stratification in the United States*. Boston: Allyn and Bacon.

Bositis, David A. 2002. *Black Elected Officials: A Statistical Summary, 2000*. Washington, DC: Joint Center for Political and Economic Studies.

Boyd, Rhea. 2020. "What It Means When You Wear a Mask—and When You Refuse To." *The Nation* July 9:https://www.thenation.com/article/society/mask-racism-refusal-coronavirus/.

Collier, George. 1989. "The Impact of Second Republic Labor Reforms in Spain." Pp. 201–222 in *History and Power in the Study of Law: New Directions in Legal Anthropology*, edited by J. Starr and J. F. Collier. Ithaca, NY: Cornell University Press.

Danelski, David J. 1974. "The Limits of Law." Pp. 8–27 in *The Limits of Law*, edited by J. R. Pennock and J.W. Chapman. New York: Lieber-Atherton.

Devlin, Patrick. 1965. *The Enforcement of Morals*. New York: Oxford University Press.

Diamant, Neil J., Stanley B. Lubman, and Kevin J. O'Brien, eds. 2005. *Engaging the Law in China: State, Society, and Possibilities for Justice*. Stanford, CA: Stanford University Press.

Downes, Larry. 2009. *The Laws of Disruption: Harnessing the New Forces That Govern Life and Business in the Digital Age*. New York: Basic Books.

Dror, Yehezkel. 1968. "Law and Social Change." Pp. 663–680 in *The Sociology of Law*, edited by R.J. Simon. San Francisco: Chandler Publishing Company.

Dror, Yehezkel. 1970. "Law as a Tool of Directed Social Change." *American Behavioral Scientist* 13:553–559.

Edgeworth, Brendan. 2019/2003. *Law, Modernity, Postmodernity: Legal Change in the Contracting State*. New York: Routledge.

Eorsi, Gyula and Attila Harmathy. 1971. *Law and Economic Reform in Socialistic Countries*. Budapest: Akademiai Kiado.

Evan, William M. 1965. "Law as an Instrument of Social Change." Pp. 285–293 in *Applied Sociology: Opportunities and Problems*, edited by A.W. Gouldner and S. M. Miller. New York: The Free Press.

Foster, George M. 1973. *Traditional Societies and Technological Change*. New York: Harper & Row.

Friedman, Lawrence M. 1973. "General Theory of Law and Social Change." Pp. 17–33 in *Law and Social Change*, edited by J.S. Ziegel. Toronto: Osgoode Hall Law School, York University.

Friedman, Lawrence M. 1969. "Legal Culture and Social Development." *Law & Society Review* 4:29–44.

Friedman, Lawrence M. 1975. *The Legal System: A Social Science Perspective*. New York: Russell Sage Foundation.

Friedmann, Wolfgang. 1972. *Law in a Changing Society*. New York: Columbia University Press.

Ginsberg, Margery B. and Pablo Fiene. 2004. *Motivation Matters: A Workbook for School Change*. San Francisco: Jossey-Bass.

Ginsberg, Morris. 1965. *On Justice in Society*. Ithaca, NY: Cornell University Press.

Gordon, Sarah Barringer. 2002. *The Mormon Question: Polygamy and Constitutional Conflict in Nineteenth-Century America*. Chapel Hill, NC: University of North Carolina Press.

Gowen, Annie. 2018. "Why India Has 5 Million Stray Cows Roaming the Country." *The Washington Post* July 16:https://www.washingtonpost.com/world/2018/07/16/amp-stories/why-india-has-million-stray-cows-roaming-country/.

Grossman, Joel B. and Mary H. Grossman, eds. 1971. *Law and Social Change in Modern America*. Pacific Palisades, CA: Goodyear.

Gureyev, P. P. and P. I. Sedugin, eds. 1977. *Legislation in the USSR*. Translated by Denis Ogden. Moscow: Progress Publishers.

Handler, Joel. 1978. *Social Movements and the Legal System*. New York: Academic Press.

Hoebel, E. Adamson. 1954. *The Law of Primitive Man: A Study in Comparative Legal Dynamics*. Cambridge, MA: Harvard University Press.

Holland, Jennifer L. 2020. *Tiny You: A Western History of the Anti-Abortion Movement*. Oakland, CA: University of California Press.

Honore, Tony. 1987. *Making Law Bind: Essays Legal and Philosophical*. Oxford, UK: Clarendon Press.

Jacob, Herbert. 1995. *Law and Politics in the United States*. New York: HarperCollins College Publishers.

Jacobs, Thomas A. 2021. *Cyberbullying Law*. Chicago: American Bar Association.

Jimenez, Jillian, Eileen Mayers Pasztor, Ruth M. Chambers, and Cheryl Pearlman Fujii. 2014. *Social Policy and Social Change: Toward the Creation of Social and Economic Justice*. Thousand Oaks, CA: Sage Publications.

Joint Center for Political and Economic Studies. 2020. "History: Black Elected Officials." https://jointcenter.org/about/history/.

Kelsen, Hans. 1967. *Pure Theory of Law*. Translated by M. Knight. Berkeley: University of California Press.

Kohlberg, Lawrence. 1969. *Stages in the Development of Moral Thought and Action*. New York: Holt, Rinehart, and Winston.

Liptak, Adam. 2013. "Supreme Court Invalidates Key Part of Voting Rights Act." *The New York Times* June 25:https://www.nytimes.com/2013/06/26/us/supreme-court-ruling.html.

Logan, Rayford W. and Michael Winston. 1971. *The Negro in the United States*. Princeton, NJ: Van Nostrand Reinhold.

Massell, Gregory. 1973. "Revolutionary Law in Soviet Central Asia." Pp. 226–261 in *The Social Organization of Law*, edited by D. Black and M. Mileski. New York: Seminar Press.

Mayhew, Leon H. 1971. "Stability and Change in Legal Systems." Pp. 187–210 in *Stability and Social Change*, edited by B. Barber and A. Inkeles. Boston: Little, Brown and Company.

McGirr, Lisa. 2016. *The War on Alcohol: Prohibition and the Rise of the American State*. New York: W. W. Norton.

McMichael, Philip. 2017. *Development and Social Change*. Thousand Oaks, CA: Sage Publications.

Mead, Margaret, ed. 1953. *Cultural Patterns and Technical Change*. Paris: UNESCO.

Meier, Robert F. and Gilbert Geis. 2006. *Criminal Justice and Moral Issues*. New York:

Oxford University Press.

Milgram, Stanley. 1974. *Obedience to Authority*. New York: Harper and Row.

Miller, Arthur Selwyn. 1979. *Social Change and Fundamental Law: America's Evolving Constitution*. Westport, CT: Greenwood Press.

Muhlhahn, Klaus. 2009. *Criminal Justice in China: A History*. Cambridge, MA: Harvard University Press.

Nagel, Stuart S. 1975. *Law and Social Change*. Beverly Hills, CA: Sage Publications.

Nimkoff, Meyer F. 1957. "Obstacles to Innovation." Pp. 56–71 in *Technology and Social Change*, edited by F. R. Allen, H. Hart, D. C. Miller, W. F. Ogburn, and M. F. Nimkoff. New York: Appleton-Century-Crofts.

Nussbaum, Martha C. 2010. *From Disgust to Humanity: Sexual Orientation and Constitutional Law*. New York: Oxford University Press.

Petrow, Steven. 2019. "Celebrating My (Gay) Divorce." *The Atlantic* June 20:https://www.theatlantic.com/family/archive/2019/06/gay-marriage-gay-divorce/592006/.

Plackett, Benjamin. 2020. "Why Doesn't the US Use the Metric System." *Live Science* August 15:https://www.livescience.com/why-usa-not-metric.html.

Quadagno, Jill. 2006. *One Nation, Uninsured: Why the United States Has No National Health Insurance*. New York: Oxford University Press.

Rau, Jordon. 2015. "After the Favorable Ruling, Obamacare Still Faces Struggles." *Newsweek* June 25:http://www.newsweek.com/after-favorable-ruling-obamacare-still-faces-struggles-346950.

Rheinstein, Max, ed. 1954. *Max Weber on Law in Economy and Society*. Cambridge, MA: Harvard University Press.

Rodgers, Harrell R. and Charles S. Bullock, III. 1972. *Law and Social Change: Civil Rights Laws and Their Consequences*. New York: McGraw Hill.

Rückert, Joachim. 2006. "Friedrich Carl Von Savigny, the Legal Method, and the Modernity of Law." *Juridica International* XI:55–67.

Schaefer, Richard T. 2019. *Race and Ethnicity in the United States*. Upper Saddle River, NJ: Pearson.

Scher, R. and J. Button. 1984. "Voting Rights Act: Instrumentation and Impact." in *Instrumentation of Civil Rights Policy*, edited by C. Bullock and C. Lamb. Monterey, CA: Brooks/Cole.

Seidman, Robert B. 1978. *The State, Law and Development*. New York: St. Martin's Press.

Stephen, Leslie. 2011. *The English Utilitarians: Volume 1: Jeremy Bentham*. Cambridge, UK: Cambridge University Press.

Tiersma, Peter M. 2010. *Parchment, Paper, Pixels: Law and the Technologies of Communication*. Chicago: University of Chicago Press.

Toffler, Alvin. 1970. *Future Shock*. New York: Random House.

Tyler, Tom R. 2006. *Why People Obey the Law*. Princeton, NJ: Princeton University Press.

Vago, Steven. 2004. *Social Change*. Upper Saddle River, NJ: Prentice Hall.

Volti, Rudi. 2017. *Society and Technological Change*. New York: Worth Publishers.

Weber, Max. 1978/1921. *Economy and Society: An Outline of Interpretive Sociology*, edited by Guenther Roth and Claus Wittich. Berkeley: University of California Press.

Zimmerman, Ann. 2006. "Creative Crooks: As Shoplifters Use High-Tech Scams, Retail Losses Rise." *The Wall Street Journal* October 25:A1.

Zimring, Franklin and Gordon Hawkins. 1975. "The Legal Threat as an Instrument of Social Change." Pp. 329–339 in *Law and Control in Society*, edited by R. L. Akers and R. Hawkins. Englewood Cliffs, NJ: Prentice Hall.

第八章
法律职业

章节框架

学习目标

1. 概述 18 世纪末之前律师在英国的起源。
2. 解释律师为何在殖民地时期的美国不受欢迎。
3. 列出哈佛大学法学院院长兰德尔从 1870 年开始在法律教育方面进行的变革。
4. 描述律师职业的 4 个主要的细分群体。
5. 总结苏格拉底教学法的优点与缺点。

对法律职业的评价触及了社会学及社会法律理论（sociolegal theory）当中的根本性问题，其中包括权力、社会控制、社会分层、社会化以及法律工作的社会组织结构。本章将对法律职业的特征以及塑造该职业的社会力量进行仔细观察。本章将从法律职业的历史背景出发，重点考察律师的职业化以及法律职业在美国的演变。接下来，本章将把关注点放在当今的法律职业，内容包括法律实践的类型以及律师间的业务竞争。然后，本章将转向穷人获得的法律服务，以及法学院及法学教学。结尾部分将对律师资格的许可、作为利益集团的律师协会以及律师职业伦理进行一些评论。

216

第一节 法律职业的起源

法律职业的起源可以追溯到几个世纪以前。在追溯其起源之前，有必要首先探讨一下，一个职业的理念意味着什么。

理解职业及职业化

在社会学研究中，**职业化**（professionalization）意味着某些非职业的工作转化为带有职业特性的工作。一个**职业**（profession）则可以界定为一种高度技能化的工作，进入相应的职业需要持续的教育和培训。在探讨职业的时候，经常还要涉及的议题乃是客户与从业者之间的关系、开展工作之时高度的职业自治。哈罗德·L. 威伦斯基（Wilensky，1964：143）对那些后来发展为职业的工作进行了研究，并指出，它们在职业化的过程中大体上都经历了以下几个常规的阶段：

1. 成为专职工作。
2. a. 培训学校建立；
   b. 培训学校联合成大学。
3. a. 地方的职业协会开始组建；
   b. 全国的职业协会逐步形成。
4. 国家的执业许可法律的出台。
5. 正式的职业道德规范确立。

马吉拉·萨尔法蒂·拉尔森（Larson，1977）强调，"职业"通常会试图"控制"市场，以便专业技能的施展。这种控制包含着对职业准入的限制。这是因为，有限的人员被允许进入某个职业，会给入职者带来较高的收入以及社会地位。根据拉尔森的观点，职业化乃是一种试图将特定的稀缺资源（特别的知识或技能）转化为社会回报和经济回报的尝试。职业人员努力维持这种资源的稀缺性，这隐含着一种垄断的倾向：市场中专业技能的垄断和社会分层系统中社会地位的垄断。拉尔森指出，以下要素在职业化的过程中是紧密联系在一起的：

- 职业服务的分化和标准化；
- 入职条件的规范化；
- 劝服公众他们需要只有专业人员才能提供的服务；
- 国家以入职许可的形式对职业市场进行保护，以抵制那些欠缺正规资质的人以及构成竞争的其他工作。

217

　　正如上述分析所表明的那样，职业化的一个关键要素在于**市场控制**（market control），即由未受到挑战的权威主体对某些领域的知识及职业机制所进行的成功的维护。

律师的起源

　　长久以来，历史学、法学及社会学的学者对律师与法律职业的起源与历史都有着浓厚的兴趣。正如第二章所言，在文字尚未出现的社会中，习惯与法律是合二为一的，当时也并不存在我们今天所认为的律师。在那样的社会中，虽然有些时候也有类似的司法裁判，但是被告人却没有一位"律师"来代表他。相反，每个人都是自己的"律师"，而且他们也都或多或少地懂一点法律。原因在于，他们对社会中的习惯做法是了然于胸的。比起另外一些人而言，尽管有些人在处理社会事务的时候更加聪慧而且更具技巧，但是他们所具备的这些特质还不能被称为法律特质。

　　随着社会变得更大且更为复杂，正式的法律制度应运而生，法律职业也不例外。这一职业的起源可以追溯到古罗马时期（Brundage，2010）。最初，罗马的法律允许人们代表他人对案件进行争辩。不过，那些人并没有经受过法律训练，而只是拥有语言技巧方面的优势。他们被称为"雄辩家"（orators），并且不能收取法律费用。到了西塞罗（Cicero）时代，出现了法学家以及法律知识渊博的人，人们便向他们寻求法律意见。这些人被称为

"法律专家"（juris prudentes），但是这些精通法律的人还没有形成一个职业。公元前 27 年，罗马帝国建立，从这个时候开始，从事律师工作的人才以法律业务为生，并且法学院也才开始出现。这一时期，罗马的法律已经变得极其复杂，而正是这种复杂性导致律师在罗马变得不可或缺。

到了中世纪，律师具备了三种功能：代理人（agent）、辩护人（advocate）和法律专家（jurisconsult）。"律师"（attorney）这个词从起源来讲意思乃是代理人，即代表他人开展活动的人。在承担代理人的角色时，律师会代理他的客户出庭来处理法律问题。在古代的雅典和罗马，代理人是被允许代表另外一个人出庭的。但是在法国，客户必须亲自出庭；而在英国，客户需要获取国王的特别许可才能由代理人代表自己出庭。

律师在英国的起源 当律师随着他的客户一起到庭并帮助后者处理案件的时候，代理人与辩护人之间的区别便产生了。除了法律知识之外，律师还受到演讲和说服技巧方面的训练。在英国，代理人由"事务律师"（solicitor）①和"法律事务代理人"（attorney）②取而代之，而辩护人随后演变成了"出庭律师"（barrister）③。律师作为法律专家的功能不仅体现在担任法律建议者方面，而且表现在作为作者和教师方面。尽管当代律师的功能与过往并无本质上的差异，但是正如我们接下来所讨论的那样，现代律师职业与以往相比，从根本上讲是并不相同的。

迈克尔·E. 泰格（Tigar，2000：157）写道："就一群经受过正规训练的、行为受到规制的执业者群体而言，律师职业是在 13 世纪晚期出现的。"英国和法国的统治者都针对这个职业进行了立法，仅仅允许那些受到司法官员批准的人开展法律执业。这个在法律及法律程序方面由全职的专家所构成的职业最初是在国王法庭中以公职人员的身份出现的。最早的专业律师是法官通过学徒方式培养的继任者。这些学徒在法庭内承担了相应的职能，并且在国王的法官面前逐渐垄断了诉讼程序。随着时代的发展，英国对律师的培训从法庭转移到了出庭律师公会（Inns of Court），这是当时的法官和执业的"法律事务代理人"的工作驻地。"法律事务代理人"在经历了头衔名称的

---

① 有的地方根据单词首字母发音译为"沙律师"。——译者注

② attorney 一般译为"律师"。但是在英国旧时，这个词指代的是"法律事务代理人"，与如今所谓的"律师"存在区别。因此，本部分在特指英国律师于旧时的起源和发展时，将其译为"法律事务代理人"，其他时候则译作"律师"。——译者注

③ 有的地方也译为"大律师"，或根据单词首字母发音译为"巴律师"。——译者注

多次改变之后，最终成为一个被称为"出庭律师"的群体。出庭律师公会的成员于是组织起来，开始垄断法律训练，并且控制了前往政府任职的正式通道。律师的职业化由此开始出现。

在英国，不仅法庭程序的复杂性对由"法律事务代理人"提供帮助的技术性诉辩提出了要求，而且口头辩论也需要特别的技巧。到了 13 世纪，法官开始成为专业人员，而法院也开始创造出大量的实体法律知识和技术性的程序。由于国王需要有人在法庭中代表他的利益，于是在 14 世纪早期，国王便任命了高级律师（sergeants-at-law）来处理他的法律事务。当不涉及国王的事务时，皇家民事法庭（Common Pleas Court）的这些著名的高级律师便能够利用律师的资格来为人们服务。

法律职业开创的一起关键事件乃是爱德华一世（Edward Ⅰ）于 1292 年发布了一则布告。在这一时期，法律事务急剧增加。但是，这时却没有教授普通法的学校，大学则认为法律是一种过于世俗而不值得研究的科目。那时的大学是教会的附属机构，而那里所教授的民法从本质上讲是经编纂而成的罗马法，是官僚集权的工具。爱德华一世指令皇家民事法庭挑选出一些"律师和研习者"，只有这些人才能被允许追随法院并且参与法院的事务。这便形成了法律职业的一种垄断。

将培养律师的工作交给法院的效果不能过于高估。这导致英国的律师相对而言不再受到欧陆、罗马以及教会的影响。律师以传帮带的形式教其他的律师，每个人都从法院程序中汲取知识，这样一来法律便不得不依据自身的资源而逐渐发展，而不是借鉴于他处。但是，法院本身并不是训练这些律师和研习者的地方。尽管如此，法院还是以"观察岗位"（称为 crib）的形式提供了帮助，学生们可以坐在那儿并且做笔记，而且偶尔还可以在审判过程中提出问题。

出庭律师公会负责律师的培训。一个由"出庭律师"自己选拔出来的小圈子提供了非正式的培训，并且垄断了伦敦法院内的工作事务以及这些法院里的法官职位。"出庭律师"由此演变为"法庭律师"（court lawyers，即在法庭程序中作为客户代言人的律师）。他们最初被称为"叙事人"（story-tellers，拉丁语为 narrators），负责在法庭上讲述其客户的故事，而这也是他们直到今天以来最为重要的功能。

"出庭律师"对法庭活动的垄断为法律职业内第二个群体的形成提供了帮助，他们被称为"事务律师"（solicitors 或 fixers），其工作是为客户提出

219

建议，为审判做好准备，以及处理法庭之外的事务（Simpson，1988）。这个群体是为了满足客户的需求而产生的，这是因为，"出庭律师"过度地成为法庭的职员，以致难以对外人很好地负责。"出庭律师"的地位高于"事务律师"，这不仅体现在他们对法院通道的垄断上，而且体现于他们对律师培训的控制上。"事务律师"最初是从参加出庭律师公会的人员中挑选出来的，他们后来几乎都是通过学徒身份来接受培训的，或者在他们自己的学校接受培训。起初，律师们在法庭审理期间一同居住在出庭律师公会。对他们而言，公会代表着法学院、一个专业的组织以及一个紧密联系的社交俱乐部，是由多重角色合为一体的。

英国大学的法律教育　最初，像牛津和剑桥这样的大学并没有找到充分的理由来将法律的培训吸纳进自己的教学计划中，而只是提供了法律史、法理学、罗马法和教会法这样的课程教学（Kearney，1970）。由于当时主要是上流阶层的"绅士"在上英国的大学，于是，出庭律师公会的法律培训成了那些希望成为绅士的人们改变社会地位的最为廉价也是最为便捷的通道。许多富裕的自由民和商人的儿子选择做法律学徒，从而试图获取一种与绅士联系在一起的生活方式。

1758 年，威廉·布莱克斯通爵士（Sir William Blackstone）在牛津大学任法理学瓦伊纳讲席（Vinerian Chair of Jurisprudence）教授。这一事件标志着将英国法视为一个大学科目的首次努力。布莱克斯通认为，这将有助于将来成为律师的人以及有教养的人普遍性地拥有一个"法律教育制度"（正如他所称的那样），这种制度将比出庭律师公会所提供的法律实务训练广泛得多。因此，布莱克斯通可以被视为现代英国大学法律教育制度的奠基人。

英国的法律职业　到了 18 世纪末，法律在英国已经成为一种成熟的职业。该职业的成员将法律看作一种专职工作，培训学校拔地而起，大学开始授予法律学位，职业社团也演变成了律师协会的形式。法律执业要求持有执照，而正式的职业伦理规范也得到了确立。法律知识以及法律程序方面的技巧成为可以买卖的商品，而律师则垄断着这种商品的买卖。在皇家法院中开展法律执业的资格仅限于律师协会的成员，这也相应地增强了律师们的政治力量、市场上的垄断性以及在社会分层系统中对社会地位的垄断（Frank，2010）。进入这一职业的通道受到了限制，而那些获得许可的人的社会流动也得到了保证。到了 18 世纪末，"法律事务代理人"的名称遭到了弃用，取而代之的是"事务律师"。普通法法院与衡平法法院法律事务工作者协会

（Society of Gentlemen Practicers in the Courts of Law and Equity）应运而生，
后来于 1903 年更名为律师协会（Law Society）。

220

第二节　美国法律职业的演变

正如美国政府那样，美国的法律职业也可以从英国政府的组织结构中找到根基。美国在殖民地时期对英国的制度进行了移植，但是对非集权化更加强调。在殖民地年代，南方的种植园主、北方的商人和种植园主作为上流阶层，实际垄断了法律业务市场。在南方，富裕的种植园主往往将他们的儿子送到英国的出庭律师公会接受法律训练。而在北部的殖民区，律师协会于 1750 年后在大多数人口稠密的地方都发展了起来，最初只是作为社交俱乐部，但是逐渐开始对执业许可进行了控制。不过，殖民地的立法机关赋予了法院对在其中执业的律师进行入职许可的权力。到了 18 世纪晚期，纽约州和马萨诸塞州的地方律师协会又承担了推荐律师入职的职责，从而施加了实际的控制。律师协会的成员构成了强大的政治精英中的一类群体（Hurst，1950）。

在美国独立战争之前，律师并不受欢迎。清教徒和种植园主都对世俗化的法律职业感到恐惧。清教徒们感到，《圣经》便是他们所需要的所有的"法律"（Nelson，2016）。种植园主对律师的反对则是因为，律师对政治权力构成了威胁。在独立战争期间，律师相较于过去而言变得更为不受欢迎（Friedman，2005）。由于许多律师在背景与利益方面与上层社会有着密切的联系，因此这一群体中的诸多成员背后都有英国支持者的身影。结果，在托利党人于战时受到迫害期间，相当多的律师移民到了英国。律师协会的普遍做法是将业务局限在一小群上层人士的案件当中——比如在独立战争之后的时期尽力网罗富裕的债权人的案件，这样的做法也导致了律师的不得人心。

独立战争之后的时期

在独立战争之后，法律职业在一定程度上变得更为平等，这可以表现在几个方面：第一，效法于英国制度的"出庭律师"与"法律事务代理人"之间的差别随之消失，取而代之的是法律职业的民主化；第二，入职标准也开始松动；第三，律师协会随着权力式微而衰弱并直至消失。在 1800 年到 1870 年间，律师入职的许可是由地方法院开展的。有的时候，这意味着一家法院所赋予的入职许可并不适用于其他法院，尽管在一家法院执业的权利能够适用于同一州内的其他法院会更为符合惯例。

在这一时期，从事律师职业既不需要经历过大学教育，也不需要获得法学学位。律师资格考试通常是以口头形式进行的，并且具体的方式也很随意。整个 19 世纪的法律教育都不正规。教育的主要方法是律师事务所内的 *221* 学徒制（亚伯拉罕·林肯也不例外），学生在那儿承担一些琐碎的服务，送交文书以及复制法律文书。在空闲的时间，学生（这一时期几乎所有的学徒都是男性）会阅读可以获得的法律、历史及综合性的书籍。事务所内领头的律师所带的学生通常会因学徒身份而获得报酬。

美国最早的法学院是于 1784 年在康涅狄格州的利奇菲尔德市（Litchfield）创办的。该学院办得很成功，而且规模也迅速扩大，吸引了来自全国各地的学生。这所学院针对法律学位提供了 14 个月的课程，教师通过讲演的方式教授法律。

随后，大学里的法学院逐渐取代了上述利奇菲尔德市的模式，从而成为办公室训练的主要替代方案，但是大学层次的法律训练仍然是很稀缺的。这些早期的法学院包括 1779 年于威廉玛丽学院（College of William & Mary）组建的法学院、1817 年于哈佛大学组建的法学院，以及 1824 年于耶鲁大学组建的法学院。但是参与法律学习的学生却参差不齐，课程不仅短暂而且也不正规，学生所用的教学材料也与学徒项目并无二致，并且学校还允许学生随意地参加或退出。相比于今天的情况而言，那个时候的学生进入这些法学院求学以及获得学位都是更加容易的。即使是在 19 世纪中期的哈佛大学，这种标准也是非常低的，"在进入、继续或者退出的时候，都绝对不需要考试。所有的条件便是一段两年时间的学习以及缴纳学费"（Friedman，1998：242）。

1870年以及之后的时期

1870 年之后，出现了一些变化。这些变化不仅促使法律职业内部确立了分层形态，而且赋予了大学的法学院以重要的地位（Friedman，2005）。在一些州，由著名的律师所组成的律师协会建立起来，全国性的美国律师协会

（ABA）也于 1878 年成立。这些新型的律师协会由此开始采取措施，以严格限制律师资格。具体而言，采取这些措施是为了实现两个目标。其一，律师协会希望提升获得许可执业的律师的业务质量。其二，这些律师协会意识到，减少律师的供给将有助于获得许可执业的律师最大限度地收取费用。

1878 年之后，通常由地方律师协会控制的审查委员会代替了州最高法院，成为开展审查工作的权力主体。全州范围的审查委员会随之建立起来，资金则来源于申请人所缴纳的费用。这些委员会几乎都是由州的律师协会所控制的（Stevens, 2001）。

哈佛大学法学院的兰德尔院长　从 1870 年开始，哈佛大学的法律教学开始使用案例教学法。与以往所采用的阅读教材和开展讲演的老办法不同的是，教师会针对所布置的案例组织学生开展讨论，从而挖掘出这些案例背后的一般性原则。哈佛大学法学院院长克里斯托弗·哥伦布·兰德尔（Christopher Columbus Langdell）是案例教学法的倡导者，他相信法律属于一般性的科学，法律的原则可以用实验方法从对案例材料的分析中推导出来。他反对采用教材，主张使用案例书来作为教学材料。这些材料是关于实际案例的报告的合集，用以阐明法律原则的含义与发展。教师变成了苏格拉底式的引导者，引领学生去理解案例中核心的内容和原则。

222

兰德尔的做法也使得学生的入学变得更为困难。如果申请者（那时哈佛大学及其他大学的绝大多数法学学生是男性）没有获得一个大学学位，那么他便不得不通过一次入学考试。学生需要懂得拉丁语从而能够翻译维吉尔（Virgil）或西塞罗（Cicero）的作品；有时候，法语也可以作为拉丁语的替代语言。同时，兰德尔还使学生的毕业更具难度。他使法律教育的时间长度在 1871 年增加到了两年，到 1876 年又增加到三年。在他的主导下，获得法律学位所要经历的松散的口试也被一系列书面的考试所替代，而且这些考试的标准也逐渐规范化。哈佛大学于 1896 年要求，进入法学院学习，首先要获得一个大学学位（Friedman, 2005）。

兰德尔的改革为提升法律及法律职业的声望提供了帮助，确保了法学从政治、立法和普通民众中脱离开来，具有了独立性。兰德尔也为法律职业设定了一些重要的资格要求。他强调，法律是一种需要严格进行正规训练的科学，这样一来才能为律师的执业垄断提供正当性。

美国的法律职业进入 20 世纪初期的状况　对职业化和法律执业垄断的强调，到了 20 世纪初期依然如是。为了提升法律教育的质量、提高入职标准以及加强律师协会的影响力，相应的举措也持续了下来。提升法律教育水平的努力意味着，顶尖法学院的标准在实践中得到了采纳。律师准入考试所提出的需要经历正规教育的要求进一步巩固了法学院的地位。到 1940 年，有 40 个州要求律师入职前经历三年的法学院学习。与此同时，许多州开始要求，法律学习者在进入法学院学习之前需经历两年的大学学习，这一要求到 1940 年时为 23 个州所采纳。到了 1950 年，三年制的大学学习成为常规。而到了 20 世纪 60 年代，学生入读法学院之前则需要经历四年制的大学教育。现今的法学院学生很难相信，在 20 世纪 50 年代之前，没有经历过大学教育的律师的数量要比受过大学教育的律师更多（Stevens，2001）！

当今，几乎所有欲成为法律学子的人都会参加法学院入学考试（LSAT），而这项考试是于 1948 年首次准备好普遍展开的。1929 年，美国律师协会确立了法学院的认证标准，而管理律师入职的当局也推动了该协会在认证方面所开展的努力。如今，在全美所有的司法管辖区，对于来自美国律师协会所认可的 195 所法学院之一的毕业生而言，他们都可以达到协会对入职（在经过律师资格考试后）的法律教育所要求的标准。

法律职业中的性别与种族

在整个历史发展进程中，法律职业都是由白人男性控制的。在 19 世纪 70 年代之前，没有一位女性能够获得许可成为律师，非洲裔美国人的数量也极其有限（Friedman，2005）。在 20 世纪 70 年代之前，作为美国历史中根深蒂固的性别主义的反映，女性并不被认为适合开展法律执业工作。她们被认为具有柔弱的特点，像小孩和精神病人那样并不具备完整的法律权利。如果允许妇女从事法律职业的话，那么传统的家庭秩序就将被颠覆。

在美国最高法院于 1873 年提出的一份臭名昭著的判决意见中，这样一种普遍性的观念展现得淋漓尽致。判决中的一部分指出：

> 女性天生且特有的胆怯与柔弱明显与社会生活的许多职业格格不入……女性最主要的命运和使命是作为崇高的、善良的妻子和母亲。这是造物主规定的法则。（Stevens，2001：82）

直到 1878 年，联邦法院才向女律师敞开大门。法学院于 1869 年开始允许女性进入其中学习，尽管那个时候仍有许多学院向女学生紧锁大门。1872

年，夏洛特·E.蕾（Charlotte E. Ray）成为首位从美国法学院毕业的黑人女性。在 1880 年的时候，女性律师仅有 75 人，这一数字在 1900 年上升到 1 010 人（Stevens，2001）。到了 1984 年，在 649 000 名律师中，女性的数量超过了 83 000，不过在所有的律师中也只占到大约 13%（Curran，1986）。如今，女性在所有的法学院学生中已经大约占据半壁江山，而且她们在所有律师中的比例也在逐步提高。

法律职业对非洲裔美国人及其他有色人种的歧视也是显而易见的（Abel，1986）。半个世纪以前，美国律师协会和许多法学院将非洲裔美国人拒之门外。1965 年，黑人在总人口中的比例为 11%，但是他们在律师中的比例则不足 2%，在法学院学生中的比例也仅仅为 1.3%，而且这些人当中有一半都在全部由黑人学生组成的学院里求学。到了 1977 年，全美法学院学生中也只有 5% 的黑人（Friedman，2002）。从 2019 年秋季的统计数据来看，非洲裔美国人在法学院新生中的比例为 7.6%。这个比例仍然比他们在美国整个人口中的比例（即 13%）低得多（American Bar Association，2020b）。

20 世纪 60 年代之前，律师事务所与法学院一样，也充斥着歧视。许多事务所将犹太人、天主教徒、黑人和女性排除在外。在 50 年代期间，大部分事务所中的律师是纯粹的盎格鲁 - 撒克逊裔白人新教徒（White Anglo-Saxon Protestant）。到了 60 年代末，这些歧视性的雇用实践开始有所收敛，但是女性和有色人种在这个国家最大规模的律师事务所中的代表性仍然不足，他们在职业提升的过程中不仅缺乏师傅的指导，而且缺少机会（Melaku，2019）。

有些律师提出，法学院在招收有色人种学生的时候已经表现出侵犯性，律师事务所在招录此类毕业生的时候与之犹如一丘之貉，而且事务所更是不愿意提拔有色人种的同事加入合伙人的队伍。这些同事无法获得合伙人席位的一个原因在于，他们并没有像白人律师那样在与重要客户开展工作的过程中被提供同等的机会，而这往往是由于他们并不拥有能够确保自己接手重要工作的师傅。此外，有色人种律师还会举出他们所感受到的在事务所内欠缺擢升机会的现实，结果他们会选择到商业领域、咨询公司、政府或者公司法务部门寻找就业机会。

在法律职业中，女性面临的问题也继续存在。不断出现的证据表明，法官对在法院开展工作的男性律师和女性律师给予了区别对待（Oliver，2015）。有色人种的女性律师缺乏其他律师的帮助，面临着种族和性别方面的双重歧

224　视，并且在建立关系网方面困难重重（Jackson，2016）。性骚扰一直是一个问题。最近的一份全国性民意调查的结果显示，75% 的女律师声称，她们在法学院或者工作场所经历过抑或见证过性骚扰及其他形式的不端性行为（sexual misconduct）（Women Lawyers on Guard，2020）。如同有色人种律师那样，女性律师不仅在律师事务所的合伙人中的比例过低，而且相较于男性而言在获得这些职位的过程中更为缓慢。

公司律师的兴起

在美国内战之前，多数法律事务涉及的是土地和商业问题。内战之后，最赚钱的法律业务则与大公司联系在一起，这个现象最初是从铁路公司的法律业务发展起来的。在那一时期，律师与大型银行紧密地捆绑在一起，并且开始担任董事会董事。在 19 世纪与 20 世纪之交，公司法务律师事务所渐渐发展到职业追求与职业影响力的顶峰（Auerbach，1978）。律师在公司发展、设计新章程的形式和帮助公司开展全国性的业务方面发挥了重要作用，同时最大限度地利用了各州关于公司成立和税收的变动的法律。

也正是在那一时期，以公司法为专长的律师事务所发展和壮大起来，这使得律师有机会确保个人权力，并塑造自己所从事的职业的未来。但是，只有富足的白人律师才能够在专于公司法的律师事务所中拥有立足之地。

以专于公司法的律师事务所为雏形，现代大型律师事务所应运而生。在 19 世纪中期以前，从事法律执业实务的要么是个人单独执业者（solo practitioner），要么则是两人合伙的形式。1850 年之后，处理商业利益的合伙制开始在律师事务所内部出现了专业化的分工，一人处理法院出庭事务，另一人则处理办公室事务。与此同时，商业客户开始从律师事务所寻求未来的政策方面的法律意见，这使得律师事务所与公司之间的永久性关系逐渐建立起来。大型律师事务所的规模开始壮大。"华尔街律师事务所"的理念发端于 19 世纪末，也是与大公司紧密地联系在一起的。这些律师事务所的声誉和影响力伴随着大公司的发展而与日俱增，而正是这些律师事务所的帮助，保证了大公司的经济支配力成为可能。

除了结构和功能方面的变化之外，法律职业在数据方面也经历了实质性的变化。在 1850 年的时候，美国大概有 24 000 名律师。此后的 50 年，在经历了内战和美国经济的转型之后，律师的供给和需求都出现了显著的

变化。1880 年，律师的数量提高到了大约 60 000 人，而 1900 年则达到了
115 000 人（Halliday，1986）。从 20 世纪 60 年代开始，法律在美国成为
发展最快的职业。律师的数量从 1960 年的 285 993 人增长到了 1970 年的
355 242 人，而到了 1984 年则达到 649 000 人（Curran，1986）。2006 年的时
候有 1 116 967 名律师，而根据 2015 年的统计数据，这个数字已经达到了大
约 130 万（American Bar Association，2019）。

第三节　当今的法律职业

225

本部分将概括性地介绍法律职业在当今美国的各个方面的面貌。我们将
从律师业长久以来存在的一个问题出发：正如互联网上关于律师的大量笑话
所反映的那样，他们在公众中的负面形象实在是无法令人恭维。

律师的负面形象

自从律师诞生之日起，他们的负面形象很可能就已经存在了，因为他
们从来都是不受欢迎的人物（Friedman，2005）。柏拉图认为，他们的灵魂是
"卑鄙和邪恶的"。济慈（Keats）则说："我认为我们可以将律师划入怪兽的
自然发展史中。"托马斯·莫尔（Thomas More）将律师排除在了他的"乌托
邦"之外。而莎士比亚在《亨利六世（第二部）》的一句著名的对白中，表
达了关于律师的通俗感受："我们要做的第一件事，就是杀光所有的律师。"
作为这种长久以来的形象的反映，美国民众对律师的道德品质持有一种灰
暗的看法。近期的一项盖洛普民意调查选取了全国人口中的一个样本，以
此考察不同职业人群的"诚实及道德水准"，选项分别是"很高""高""一
般""低"。84% 的应答者将"很高"和"高"的选项投给了护士，65% 的人
则将这两个选项投给了医生，而选择律师的人只占 18%。排在律师之后的职
业还包括保险及汽车推销员、国会议员（Norman，2016）。

专业出版物和大众出版物中的标题和书籍名称一点都没有给律师留情
面，这从一本书的书名中可见一斑：《针对律师的案例：律师、政客、官僚
如何已将法律变成了暴政工具，我们作为公民将何去何从》（*The Case against
Lawyers: How Lawyers, Politicians, and Bureaucrats Have Turned the Law into*

an Instrument of Tyranny , and What We as Citizens Have to Do about It，Crier，2002)。2020 年，一则以"律师的笑话"为关键词在谷歌进行的搜索，命中了 39.3 万个结果。毫无疑问，律师的形象真是令人无语。

尽管对律师进行抨击有着悠久的传统，但是公正地说，他们的负面形象中的大部分内容还是被夸大了，而且在职业伦理及受欢迎度方面，他们很可能并不比其他职业的成员差到哪里去。一些批评的声音仅仅在于，由于律师与某些情况相关联，便被指责存在罪过。实际上，他们经常会与那些处于麻烦中的人打交道：犯罪者、政客、商人以及要求离婚的人。他们有时也会表露出鲜明的政党利益，于是当这一职业群体成为人们强烈的情感宣泄的对象时，便不会令人感到惊奇。尽管律师扮演着一种有益的角色，而且有时也会受到尊重，但是他们却极少为人所爱戴。也许没有其他职业会像律师这样，处于受尊敬与被污蔑并存的极端境遇。

律师职业的细分

法律职业内部存在 4 个细分群体：（1）私人执业律师；（2）从事政府服务的律师；（3）为公司和其他私人企业工作的律师；（4）法官。在美国，大约 3/4 的律师处于私人执业的状态，其他人则在政府、私营行业及其他地方工作，如司法机关、教育机构、法律援助机构，以及诸如工会及其他代表特定利益的组织机构。

在工作模式、自我形象和人员数量方面，私人执业律师都构成了美国法律职业的核心群体，其他类型的律师都是由这类律师发展而来的。这些律师要么是个体执业者，要么是在律师事务所中工作的成员。接下来的部分将以个体执业和事务所执业为背景，对私人执业律师进行探讨。

私人执业　与电视节目中强化的普遍形象不同的是，只有一小部分律师开展的是诉讼业务（Rapping，2004)。实际上，他们不仅需要开展许多其他的工作，而且要扮演各种不同的角色。私人执业律师的其中一项工作便是"提供咨询"（counseling)。律师们会花掉自己 1/3 的时间来建议客户预测法院、专门行政机构或第三方主体的反应，从而采取恰当的行动。另外一项工作则是"谈判"（negotiating)，这在刑事案件和民事案件中都可以体现出来。辩诉交易便是着眼于谈判的一个例子，在刑事案件中有广泛的运用。审前听证和会议则是律师在民事案件中扮演谈判者角色的例子，这可以用来达成当事人之间的解决方案，从而避免代价高昂的后续审判。律师也会"起草文书"（drafting），即起草和修改诸如合同、遗嘱、契约、租约这样的法律文件。尽管许多类型法律问题的标准化表格的可用性常常限制了律师，但是它们仍然是律师的角色中"最为与法律相关"的一个方面。

除了上述角色而外，"诉讼"（litigating）是一种特别的工作，实际上只有相当少的律师参与到了实际的审判活动当中。美国的许多诉讼通常并没有什么争议，比如在债务、离婚、民事关禁和刑事指控等案件中。有些律师也参与调查活动。比如在刑事案件中，辩护律师可能会对事实进行"调查"（investigating），并且收集一些背景信息来支持其客户的主张。最后，律师还要开展"研究"（researching），比如搜寻先例，从而将法律原理适用于具体的案件中，并且在特定情形下对法院或行政机构的裁决进行预测。

从法律执业的结构来看，**个人单独执业者**（solo practitioner）和大型律师事务所中的执业者，可以说是位于私人执业的两极。在这两者之间，还存在着合伙制和规模相对适中的小型律师事务所。典型情况下，个人单独执业的律师是在排名较为靠后的法学院获得学位的。他们往往是万金油式的执业者，需要开展一系列的工作，并扮演一系列的角色。许多这样的律师会参与到边缘性的法律业务中，比如处理募捐、个人侵害案件、租金案件和驱逐类案件[①]。他们面临着其他专业人员的竞争，比如会计和房地产中介，因为后者正越来越多地涉足传统上由个人单独执业的律师所开展的税务和房地产业务。

总之，无论从声誉、影响还是收入来看，个人单独执业的律师都处于法律职业的底层。正如杰罗姆·E.卡林在其经典研究中所指出的那样，这些律师"最可能处于职业的边缘，在客户选择、工作类型或者执业条件方面所享有的自由极为有限"（Carlin, 1962：206）。杰克·拉丁斯基（Ladinsky, 1963）在另一项经典的研究中则发现，相比于那些在大型律师事务所工作的律师，个人单独执业的律师往往来自（父母的）经济条件较差的家庭，而且往往也毕业于品质一般的法学院。在从这些法学院毕业后，他们发现很难在声誉卓著的律师事务所谋得一份差事，于是会选择效仿个人单独执业的律师，去从事那些收入和社会地位都相对较低的工作。

从接受及遵守职业伦理规范的角度而言，个人单独执业的律师与那些在大型律师事务所工作的律师相比，也存在差异。卡林发现，个人单独执业者

---

① 包括逐出租户、佃户、房客等。——译者注

227 更有可能触犯职业伦理规范（比如欺骗客户）（Carlin, 1966）。此外，近期更多的研究也印证了这个观点（Gunning et al., 2009）。这一结论的一个主要的原因在于，个人单独执业者服务的客户及处理的案件类型（例如个人伤害案件）为这类违规行为的发生提供了更多的可能性。

与单独执业的律师不同的是，律师事务所十分强调与客户保持长期的关系，而且许多事务所还是大公司的顾问单位。大型律师事务所可以提供大量的专业化服务，而事务所的部门也以专业化的方式细分为许多领域，比如税法、并购、反垄断诉讼以及特定类型的政府管理服务。这些事务所往往会与"经常性用法户"打交道，他们会为客户提供最好的可行性建议以及法律救济，并且会为客户面临的难题提出创造性的、新颖的解决方案。

大型律师事务所有一个显著的等级式组织结构（Galanter and Palay, 1991）。年轻的律师会受聘成为其中的一员。新手律师尽管经历过精英教育，但是他们会被认为技能有限，于是会被分配准备文书这样的工作，而且会在一位合伙人或者高级别同事的指导下开展法律研究工作。过了七八年后，他们要么成为初级合伙人，要么离开事务所。对于一个拥有成为合伙人的雄心壮志的新手律师而言，他们会面临来自其他同事的激烈竞争。

受聘律师的工资是固定的，而合伙人的收入则是基于事务所的收益。在大多数事务所中，合伙人的收益主要来自受聘律师每小时总收益的具体数额：一个合伙人所对应的受聘律师的数量越多，收益也就越多。合伙人之间的收益分配通常是由一个小型委员会所决定的，其中的决定因素包括引入的业务、收费的小时数以及资历的高低。传统的规则是，受聘律师应当创造出至少三倍于自己薪金的价值。这个最低期望值中的 1/3 成为该律师的收入，1/3 属于日常运营开销，1/3 归入事务所的收益（Carter, 2015）。如果受聘律师挣了超过其 3 倍薪金的钱，那么在除了他自己的薪金和日常运营的开销外，余下的部分仍然会归入事务所的收益。

律师事务所的收益是相当可观的。例如，供职于特别大型的事务所的律师，每年能够挣 20 万美元，时薪则达到 595 美元，这是这类大型律师事务所的最低标准（Weiss, 2020）。如果这样一位律师每周工作 40 个小时（许多人每周工作的时间会超过这个数），一年工作 50 周（除开两周休假），这样算下来，其每年依工作时间而获得的收入将达到差不多 120 万美元。在向这位律师支付 20 万美元的薪水并除开同样数额的日常运营开销而外，律师事务所从每个同类律师身上获得的收益便可以达到大约 80 万美元。由于大型律师事务所还有许多这样的律师在其中执业，于是每个律师的工作可以快速累积起巨额收益，数量相对而言较少的合伙人便可以坐享其成了。

对于律师事务所进行的最完整的分析之一，是埃尔文·O.斯米格尔（Smigel，1964）的《华尔街律师》（*Wall Street Lawyer*）。斯米格尔所研究的律师事务所有着多种多样的功能。无论过去还是现在，华尔街的律师事务所都是美国许多大公司的代言人。但是，这些事务所并不仅仅代理商事业务，事务所中的许多成员同时也是他们所代理的公司的董事会的成员。此外，这些律师事务所还是为政府提供高级服务的招募中心。事务所的成员接受任命获得政府的职位，并且还会寻求全国性的政治性岗位。事务所的许多成员还活跃于国家、州和地方政府机构的林林总总的职位。华尔街的律师还参与到市民活动和慈善活动当中，比如纽约大都会歌剧院、各种博物馆的活动以及其他的文化和慈善事务。 *228*

斯米格尔所研究的华尔街的律师事务所规模很大，职员的数量可达50至几百人。70%以上的律师在哈佛大学、耶鲁大学或者哥伦比亚大学这样的美国精英法学院有过求学经历，并且还是其中的优等生。正如斯米格尔于几十年前在他的研究中所预料的那样，他发现，华尔街的律师事务所中鲜有黑人和女性律师的踪影，信奉天主教的律师的数量也相对较少。

此外，约翰·P.海因茨和爱德华·O.劳曼（Heinz and Laumann，1994）对芝加哥市的律师执业情况也进行了一项很有影响的研究。从他们的研究中，可以看出在大型律师事务所执业的律师与个人单独执业的律师、在极小规模的事务所（2~3人）执业的律师相比，存在极大的差异。他们发现：

> 法律职业内的许多差异都比不上一个根本的区别——代理大型组织机构（公司、劳动者工会或者政府）业务的律师和代理个人业务的律师。这两种法律业务便是该职业所呈现出来的两个半球。

他们补充道，大多数律师的执业"都局限在其中一个或另一个半球，几乎不会越过那条界线"（Heinz and Laumann，1994：319）。

海因茨和劳曼指出，法律职业的这两个半球是由以下因素分割开来的：律师的社会出身、他们接受训练的学院、他们服务的客户类型、事务所的环境、诉讼的频率和类型、价值观以及不同的熟人圈子。两位研究者总结道，大城市中存在着两种法律职业：其中的一部分招募的律师拥有特权化的社会出身，他们服务的是富裕的、强有力的公司客户；另外一部分的律师则有着声望较低的社会背景，他们服务的是个人以及小公司。这样一来，"律师的等级表明，法律相应出现了两种正义系统的分层，彼此疏离且难言平等"（Heinz and Laumann，1994：385）。

政府　如果不将司法机关算入其中的话，那么在美国律师协会的成员中，大概有 12% 受雇于联邦、州、县和市政府。年轻律师在某些层次的政府部门中开启自己的职业生涯后，获得了宝贵的庭审经验、关于管理法规的专业知识，以及最终可以用来帮助他们通向华尔街的事务所或开展私人执业的资源——原因在于，这些行业与政府保持着联系。

政府中的许多律师在联邦部门工作，例如司法部、财政部以及诸如州际商务委员会（Interstate Commerce Commission）这样的管理机构。其他人则在城市的各种法律部门中工作，这些部门处理的事务包括规划、区域划分以及土地征用。还有一些人则承担着公设辩护人或检察官的角色。联邦检察官由总统任命，而州的检察官通常是在其工作地的每个县通过选举产生的。

229

公司及其他的私营商业机构　大约有 12% 的律师在公司或其他的私营商业机构工作，他们通常被称为**企业法律顾问**（house counsel）。像通用电气公司、美国电话电报公司、州立农业保险公司（State Farm）和利宝互助保险公司（Liberty Mutual）这样的大公司拥有超过 500 位律师的法律部门（Lawyer's Almanac，2018）。

公司的发展壮大、商业活动的复杂性以及政府的管理所带来的众多问题都要求（如果不是强制的话）某些公司的律师和法律部门熟悉公司中的特定问题和情况。除了参与法律工作而外，律师们还经常在公司担任高级职员，在制定政策的重要的委员会中任职，甚至在董事会中拥有一席之地。尽管这些法律部门的律师也是律师协会的成员，而且有权出庭，但是他们毕竟欠缺审判经验，这意味着公司将经常需要雇用外部的律师出庭着手诉讼工作。

法官　有一小部分律师[①]是联邦、州、县和市法院的法官。一般而言，法官可以获准加入律师协会开展执业，但是当他们坐上法官席位时则只能打消这样的念头。由于不同的法官之间的共同特性极少，因此除了指出法官选拔的来源、挑选的方法和他们的任期这三个显著的特征之外，很难对他们做进一步的概括。

----

① 原文此处的 lawyer 直译一般是"律师"，但是此词在美国指代的是包括法官在内的法律职业共同体，因此与中文语境中的"律师"存在区别。为保持表述的完整性和体系性，此处结合上文的翻译内容，也保留"律师"之称谓。——译者注

法官通常从执业律师中进行选拔，较少来自从事政府服务和教学工作的职业群体。在美国，并不存在像其他许多国家那样的职业法官。而且对于那些渴望成为法官的法学院毕业生而言，也不存在既定的道路：他们既不必非得经历学徒身份，也不是必须要提供什么服务（Carp et al., 2020）。法学院杰出的年轻毕业生们在联邦和州的卓越法官的法律书记员的岗位上经历了一两年的历练之后，所获得的仅仅是从事法律实务的经验，而并不是担任法官的保证。法律职业并不是完全没有意识到职业法官的优势，但是通常认为，这样的优势并不能与由律师成为法官所带来的执业经验和独立性相提并论。美国最高等级的法院中有许多杰出的法官并不具备预先的司法审判经验。

在大多数州，法官是经选举产生的，偶尔的情况则是由立法机关投票产生。在一小部分州，法官由州长任命，并经立法机关批准。这也是选拔联邦法官的方法，他们由总统任命，并经参议院批准。通常，法官的选拔会受到政治因素的影响，不仅面临压力，而且还会引起争议——这在 2020 年秋季关于大法官艾米·康尼·巴雷特（Amy Coney Barrett）的提名过程中表现得淋漓尽致（Kim, 2020）。

就法官的任期而言，通常都是有一定的年限，而不是终身任职。对于拥有一般管辖权的法院而言，法官任期的典型情况是 4~6 年；上诉法院法官的任期则是 6~8 年。在一些州的法院和联邦法院中，法官则是终身任职的。无论是一定期限的任职还是终身任职，一位法官仅仅是在出现严重的行为不端且仅仅通过正式程序的情况下，才可能遭到免职。

第四节　营收来源：律师与金钱

230

最近一些年来，律师事务所的收费已经受到了严密的监管（Beaver, 2016）。除了高额的费用本身的因素而外，律师的收费也存在法律和伦理方面的问题。收费的名目包括"重笔记费"（using a heavy pen），意思是在计算为客户案件工作的时间时，多计入一个时间段。还有"额外时间"（late time），也即加上律师其实并没有工作的额外的收费时间。另外一种存在问题的收费形式是"气味测试"（smell test），这是律师所采取的一种赤裸裸的方式，以此判断虚报的账单对于客户而言是否会显得要价过高。还有一些使用习语的虚构描述，比如"审查核心文件"（review of key documents）和"分析辩护策略"（analyze defense strategy），用以描述那些从没有开展过的工作。杰里米·布拉赫曼（Blachman，2006：56）的小说《匿名律师》（*Anonymous Lawyer*）所具有的核心特点便是，以轻慢的口吻对律师所采取的某些收费形式进行了描述。以下便引述一段他那冷嘲热讽的话：

> 我对我所考虑的这类事情所花费的时间进行收费，我将它称作是"研究"。对此，客户绝不会提出疑问。"研究"是网上冲浪的代号，"起草文书"是在办公室吃东西的代号，"将各种法律表格综合在一起"是在网上订礼物的代号，而"准备会议"则是上厕所的法则。这样的事情人尽皆知，没什么大不了的。

在过分的、超出常规的收费行为与欺诈之间，并不存在一条清晰的界线。理想的情况在于，合法的收费应当如同支付一位上门服务的水管工或电工那样简单。无论是律师、水管工还是电工，他们都是计时收费的，也都希望因产生的费用而获得报酬。但是，对于律师而言，这个过程并不像听起来那么简单。由于律师每小时要收取数百美元，并且会产生成千上万的费用，因此任何一次不精确的计算都会给客户造成巨大的损失。比如，大型律师事务所的律师可能有望每年有超过 2 000 小时的时间用于收费，然而在收费的时候往往都会适度夸大自己的时间消耗。大多数律师的电话都配备了计时器，他们会"打磨"自己的通话时间——于是 9 分钟的通话便可能被"打磨"成 10 分钟抑或更多。其他的律师则将享用午餐和上卫生间的时间包括在一个完整的一小时工作时间内，以此进行收费。这个问题已经持续一段时间了（Moses and Schmitt，1992）。

这里再举一个例子。通过一个已为人所知的进行双重收费的"合法炼金术"（legal alchemy）的过程，律师能将用以收费的两小时包装成四小时：用两小时的时间来研究客户 A 的法律问题，而这同时也是客户 B 的问题，然后向两个客户各收取两个小时的费用，抑或说总共收取四小时的费用。尽管双重收费现象为美国律师协会所谴责，但是律师们却并不受到该协会的裁定的约束，而是可以自由地将同样的工作分摊到两个客户身上，并同时收费。还有一个例子则表现在，在律所受聘的律师甚至还被告知，任何用在思考客户的法律难题之上的时间——即使正在吃饭或慢跑，都应当进行收费（Stracher，2001）。

在美国，对于许多人而言，律师费是非常高昂且难以负担的。轻罪或重罪案件的充分法律代理可能会给当事人轻而易举地带来数千美元的开销；如果案件进入庭审程序的话，花费则会更多。与此相似的是，花在房地产和遗嘱事务上的律师费也为法律工作的高额收益提供了机会。由于购买房屋的手续费可能为 750~2 000 美元或更多，于是不动产律师便可能因其关于投入资金购买房屋的意见而相应地收取大约 750~2 000 美元或更多的费用。在遗嘱案件（也即在执行一份遗嘱的法律程序）中，律师费通常是由相应事项的价值（在这类案件中也即财产的价值）的百分比所决定的。某个律师既可能按照固定费率收费，也可能依时薪收费，或者在某些州就是根据财产价值的比例收费。根据付款的类型和财产的价值，遗嘱案件的法律收费既可能低至数百美元，也可能上浮到成千上万美元（Randolph，2020）。

　　律师在案件办理过程中还会考虑"风险代理收费"（contingency-fee）。根据相应的约定，律师会从原告赢得的损害赔偿金中得到一定比例（通常是大约 33%~35%）的费用。但是，一旦原告输了官司，律师便会在该案中一个子儿都拿不到。"风险代理收费"的案件通常包括破产、医疗事故、人身损害、产品责任、性骚扰，抑或过失致死（wrongful death）的案件。并不令人意外的是，律师们并不愿意接下"风险代理收费"的案件，除非他们预料到了赢得官司抑或在庭外解决纠纷的好机会（Kritzer，2004）。

　　风险代理制度有其存在的价值。它使得人们能够获得律师的服务，要不然他们便没有能力为这种服务支付酬劳。它也促使律师对根据不足的案件进行筛选，这是因为，他们会分担诉讼的风险。原因在于，如果律师无法赢得诉讼，他们就不会有任何收益。与此同时，正如有的评论者所断言的那样，风险代理收费的安排为寻求高额的损害赔偿提供了推动力（Navratil，2020）。律师通过雇用调查者、专家证人和咨询人员来增加胜诉的机会，进行实质性的投入。通常而言，他们会在那些实际上将拖延数年的案件中投入相当多的时间。这种投入可能是非常值得的。原因在于，当他们所代理的案件在庭外得到解决，抑或当陪审团或法官的裁决支持了其客户的诉求，许多律师会在帮客户赢得一大笔赔偿金之后变得非常富裕（Joyce，2017）。出现这种局面的最为惊人的例子很可能是 1998 年的一起案件。该案是针对烟草公司的一起大规模侵权诉讼，最终以 2 060 亿美元金额的协议赔偿裁决而尘埃落定。这一协议催生了 300 亿美元的律师风险代理费，从而令数十位原告的每一位律师都成为千万富翁（Meier，1998）。

业务竞争

数十年前，亚利桑那州的两名律师在一家地区报纸上为自己所在的事务所刊登了一则广告。然而，这一做法触犯了美国律师协会于 1969 年制定的且为该州最高法院所认可的职业责任规范。这两名律师在因自己的广告行为而受到严厉谴责之后，将此案一直上诉到了美国最高法院。最高法院于 1977 年判定，禁止律师打广告的州法律、律师协会的准则与宪法对言论自由的保障是相冲突的（Stawicki, 2007）。

广告 从历史上看，律师协会对律师们打广告的行为曾持强烈反对的态度。部分原因在于，律师如果以这样的方式寻求业务，看上去是不得体的。于是，从某种程度上讲，律师协会针对广告的禁令对于改善律师的形象而言是有益的。正如我们已经观察到的那样，律师在公众的眼中是负面的形象。与此同时，国家的法律禁止律师打广告，目的也是在于避免他们"煽动"诉讼。这样一来，律师们被期望以一种消极的姿态等待客户的来临，并且需要抑制自身表现出招徕客户的企业家式的欲望（Olson, 1991）。

伴随着上文所提到的最高法院的判决，反对律师打广告的声音慢慢消失。这个现象受到了这样一个简单的理念的影响：在做出该判决的时候，诉讼开始被认为是一种阻止不端行为和对冤屈者进行补偿的有效手段。与此同时，法律服务的需求也需要增加。这与法学院批量产出为数众多的新人律师存在关联。许多律师和事务所开始将法律视为一种商业活动，这就令运用生意场上的策略成为必需（Savell, 1994）。事实上，最高法院的判决对这种观念进行了背书。

232

在最高法院的上述判决之后，律师协会逐步确立了容许律师打广告的指导准则，并在后来对相应准则进行了完善。一般而言，这些指导准则允许律师指明自己的教育背景、专业特长、公职、拥有的教职岗位以及在专业组织中的成员身份。律师也可以在经自己所代理的客户许可之后列明相应客户的信息，并且告知何种信用付款方式是可以接受的，以及指明初次咨询和其他服务的费用。

在过去的几年中，开展广告宣传的律师的数量已经出现了急剧增长。如果你浏览互联网上的信息寻找自己所需要的领域的律师，你必定会发现，律师打广告的情况并不少见。年轻的律师、位于小城镇的律师、小事务所中的律师或者个体单独执业的律师收入相对较少，他们是最有可能打广告的人。

而年长的律师、位于大城市的律师以及律师事务所则仍然羞于通过打广告的方式推销自己，这从某种程度上是因为，他们即使在不打广告的情况下，也拥有足够多的业务可以做。

当然，在法律职业的成员中，并不是所有的人都欢迎这样的变化（Stawicki，2007）。有人说，律师的广告宣传导致了律师的公众形象不佳。从传统的视角来说，这一职业将更加显著的竞争形式（打广告和招徕客户）视为不符合职业伦理的行为。然而，由于竞争的缺乏会导致客户需要支付更多的费用，因此广告实际上有助于潜在的客户有机会以更好的方式聘请到一位心仪的律师。

招徕客户 在进行了广告宣传之后，律师在业务竞争中接下来的一步便是招徕客户，而这也是一种具有争议的执业活动。直到1985年，律师协会都不允许律师积极地寻找客户，以针对公司、医院或其他常见的目标发起潜在的诉讼。1985年，最高法院在"萨乌德热诉惩戒委员会办公室"（*Zauderer v. Office of Disciplinary Council*）一案中裁定，准许律师通过招徕客户的方式针对公司提起伤害索赔诉讼。此案中，被告公司是生产"道尔盾"（Dalkon Shield）这种危险的子宫内避孕器的生产商。通过这一裁决，律师通过招徕客户的方式针对所有类型的机构和商事主体提起诉讼的先例得以确立，而律师们现在也已经有权递送邮件给那些已知的受到法律问题困扰的人，从而招徕业务。

即使是亲临式（in-person）的招徕也不再是禁忌。从空难到矿难的现场，其特征都是侵权律师"黑压压地接踵而至"，他们会急切地与受害者及其亲属取得联系。比如在1989年，埃克森石油公司"瓦尔迪兹"号油轮在阿拉斯加威廉王子湾的布莱礁（Bligh Reef in Alaska's Prince William Sound）发生了一起广为人知的漏油事件，律师们对业务的竞争如此激烈，以至于这起事件被人戏称为"油轮逐猎"（tanker chasing）。一位评论员对这一场景进行了生动的描绘："刚刚从附近的安克雷奇市赶来处理伤害案件事故责任的律师，和妓女们一样，潜行于昏暗、烟雾缭绕的酒吧之中寻觅客户。市民们正如他们对待妓女那样，对律师们并不感冒。"（Olson，1991：32）这一广泛报道的事件所产生的一个结果便是，美国庭审律师协会（Association of Trail Lawyers of America）关于事故现场的行为准则应运而生。

第五节　穷人与富人所享有的法律服务

　　超过 1/3 的美国人在一年内至少会遇到一个法律问题，但是仅仅有 1/10 的人会选择向律师咨询（Shdaimah, 2009）。在诸如个人财务及责令搬家这样的事务方面，低收入家庭特别容易面临法律问题，但是他们通常也不会去寻求法律帮助（Kritzer and Silbey, 2003）。

　　为何这么多面临法律问题的人不去寻求法律帮助？一个主要的原因在于，聘请律师实在是开销不菲。对于许多有意聘请律师的人而言，情况尤其如此。结果，根据最高法院于 1963 年在"吉德恩诉韦恩怀特"（*Gideon v. Wainwright*）一案的裁决，严重刑事案件中贫困的被告人都应当有律师为其辩护，相应的律师通常是由国家支付费用的公设辩护人，抑或是由法院指定的私人执业律师。不幸的是，许多这样的公设辩护人以及法院指定的辩护律师都处于过度劳累的工作状态，而且坦率地说，他们中的一些人实际上也难以胜任（Fritsch and Rohde, 2001; Mayeux, 2020）。

　　贫穷的刑事被告人在许多情况下都缺乏某些富裕的被告人所享有的基本的法律帮助，这使得他们所面临的困境雪上加霜。比如，多数被指定为穷人进行辩护的律师不会聘用私人侦探去寻找证人或证据。大多数律师不会聘请诸如精神病学家或病理学家这样的专家证人来为挑战检察官的主张而提供帮助。大多数律师也不会花时间亲临犯罪现场，而且有些人甚至都不会到羁押场所或监狱去探视其客户，并就案情开展讨论。例如在 2000 年，一项针对由法院指定的律师所完成的 137 起纽约市的杀人案件的研究表明，在其中的 42 起案件中（接近 1/3），律师所做的准备不足一周。这便引出了他们投入工作的努力度和认真度的问题。只有 12 起案件的律师花了至少 200 个小时（5 周的工作时间或者更多）来开展调查或进行案件的准备。根据法律专家的观点，这表现出了一种"恰如其分的勤勉"（Fritsch and Rohde, 2001: 27）。

　　有些律师会为了公益事业（pro bono publico）而为穷人提供法律服务（Taubman, 2020）。一直以来，各种各样的律师协会也建议所有的律师都开展这样的工作。但是，许多律师却无法提供这样的服务，特别是那些在大型事务所工作的律师，他们会受到来自事务所的阻挠。许多大型事务所不愿涉足公益性的刑事法律事务、离婚案件和住房争议方面的工作。这有两方面的原因：其一，这类事务所的大公司客户会认为，他们的律师开展这样的工作是不体面的；其二，公益工作顾名思义，并不会带来收益。

在民事案件中，穷人可以通过公共或民间的法律援助项目而得到律师的帮助。作为 20 世纪 60 年代 "反贫困计划"（War of Poverty program）的一部分，经济机会办公室（Office of Economic Opportunity）设立了街道/街区法律事务所（neighborhood law offices）来为穷人提供服务。1974 年，大量的法律援助方面的工作是由法律服务公司（Legal Services Corporation，LSC）所承担的，它开始向全国范围内的几百家法律服务组织分配所需的资金。法律服务公司所资助的律师经常同政府和有影响力的商事主体展开争斗，因此它也面临重重争议。20 世纪 80 年代初期，时任总统里根曾试图逐步停止这一项目，但是国会却犹豫不决。在许多州，由于财政支持的削减，穷人获得法律援助的机会减少，质量也在持续下降（Angones，2017）。

234

从事法律援助的律师的工作主要集中在 5 个领域：（1）家庭；（2）消费者；（3）住房；（4）房屋租赁；（5）收入援助（income assistance）。申请人必须持有贫困证明，而且他们的案件应当属于法律援助工作的范围，这样才能符合受理的标准。具体而言，法律援助的工作范围包括诸如抚养子女、虐待配偶及离婚这样的家庭事务，住房事务，食品救济及政府其他方面的救济事务，消费者事务，等等。然而，法律援助工作并不能满足广泛的需求。令这个问题更加恶化的情况在于，有法律需求的许多低收入群体并未寻求法律援助项目以获得帮助，这至少有以下 3 个方面的原因：（1）他们并不知道这种项目的存在；（2）他们并不知道自己符合这些援助项目的条件；（3）他们假定自己还不需要获得这种项目的帮助。

为了有助于为贫穷的客户提供法律服务，律师协会及法学院在全国范围内的许多社区建立了法律诊所（legal clinics）（Davis，2017；Hobbs，2020）。法律诊所是一种处理大容量案件的高效的法律机制，服务于低收入人群，并提供免费或廉价的服务。法律诊所主要是通过广告和宣传材料来寻找案源的。通过使用系统化的程序、严重依赖标准化的表格、授权大量的常规工作由法学院学生或律师助理（经受过训练、处理常规法律工作的非律师人员）开展，法律诊所实现了工作的高效。法律诊所将注意力集中在相当普遍的法律问题上，比如遗嘱、个人破产、离婚以及交通违章等方面的法律问题。

第六节　法学院

截至 2020 年，共计 203 所由美国律师协会认可的法学院授予法律职业博士（J.D.）学位①。除了法律职业博士学位而外，一些法学院还为那些希望研习法律但是并无法律执业意愿的人提供法律研究硕士（Master's of Legal Studies）学位，抑或其他类型的学位。除了上述学位而外，一些法学院还与通常属于同一大学的其他学院一起，授予联合学位（joint degree）。其中一个例子便是法律职业博士 / 公共管理硕士（Juris Doctor/Master of Public Administration）学位。在国际关系、政治科学抑或社会学这样的学科中，相应的例子便包括"法律职业博士"和"哲学博士"（Doctor of Philosophy）的联合学位。诸如这样的联合学位为学生提供了职业管理方面的灵活性，拥有联合学位的学生往往也希望、期待在法律职业或学术职位的市场上更具竞争力。

在读学生及招录情况概览

美国法学院的注册总人数从 1963—1964 学年的 49 552 人增加到 2019—2020 学年的 132 684 人（包括 19 819 名攻读非法律职业博士学位的学生）（Lederman, 2019）。尽管总数增加了，但是一定程度上受 2008 年开始的"大衰退"（Great Recession）的影响，法学院在 2019—2020 学年的学生注册人数相比于 21 世纪头 10 年中期的数据实际上则是下降了（Delmore, 2017）。

235　　　尽管申请法学院的人要比能够获准入学的人多，但是 46% 的申请者会被至少一所法学院接受。进入法学院学习的竞争是非常激烈的。在声誉最为卓著的那些法学院，接收率更是低得多。每一年度，许多流行的杂志都会对法

---

① J.D. 或 JD 是 Juris Doctor 的缩写，历来翻译不统一甚至混乱，因而有必要进行一定说明。J.D. 虽然含有 Doctor（博士）的称谓，但是并不属于一般意义上的研究型博士学位（如 Ph.D. 或 J.S.D.）。在美国，这是对获得其他本科学位的学生进行的法律第一学位的职业教育，因此严格意义上讲属于硕士层次学位。中国教育部留学服务中心于 2019 年 7 月 2 日发布《关于对国外 Juris Doctor 证书认证办法进行调整的公告》，将美、加、澳等国的 JD 证书的中文名称统一调整为"职业法律文凭"，将美国 JD 证书的学历层次明确表述为硕士层次。然而，公告的内容引起了广泛关注和热烈讨论，已被叫停，这也很大程度上说明 J.D. 学位的名称翻译存在很大分歧。考虑到 J.D. 的职业教育定位及所包含的 Doctor 称谓，我们将其译为"法律职业博士"。——译者注

学院进行排名，其中最为著名的便是《美国新闻与世界报道》（*U.S. News & World Report*）。从一定程度上讲，法学院的地位与其毕业生的去向是挂钩的。精英学院和精英大学（比如哈佛大学、耶鲁大学、哥伦比亚大学、芝加哥大学、斯坦福大学）的法学院毕业生更可能获得大型律师事务所的聘书，而声誉较差的法学院的学生在毕业后更可能处于个人单独执业或进入小型律师事务所执业的状态。精英型的华尔街律师事务所在这一方面对求职者的教育背景最为挑剔。正如斯米格尔（Smigel，1964）在其对这些事务所的研究中所言，它们不仅要求选择的对象来自常青藤盟校的法学院，而且还要求该对象群体在入读法学院之前拥有在其他精英学校或学院学习的经历。此外，从地位较高的法学院中毕业的律师一般不会从事那些地位较低的业务领域的工作，比如刑事法、家庭法、贫困者援助法（poverty law）以及借贷法领域的工作。

从很大程度上讲，法学院的入学许可是由平均成绩点数（grade point averages）和法学院入学考试（LSAT）的成绩共同决定的。同时，也有越来越多的法学院接受以美国研究生入学考试（GRE）的成绩来替代法学院入学考试的成绩。法学院入学考试是一种为期半天的标准化测试。它包含几个部分的多项选择问题，其目的在于测量申请者以下方面的能力：通过理解和洞察力来加以阅读的能力、从一系列假设出发开展逻辑推理的能力、评估阅读材料的能力、将推理应用于规则和事实的能力以及进行分析思考的能力。

法学院中的女性与有色人种

多年以来，法学院学生的结构和特征都出现了实质性的变化。女性过去在法学院和法律职业中的代表性都显著低下。直到1970年，女性在美国律师中所占的比例仅仅是2.8%，而法学院中女性比例也仅仅是8.5%。到了2019年，51.3%也即刚刚超过半数的法学院学生是女性（Pisarcik，2019）。

从历史上看，正如女性一样，有色人种在法律职业中的代表性也是极低的。1970年，黑人律师在所有律师中所占的比例仅仅略高于1个百分点（Leonard，1977）。从20世纪60年代晚期开始，由大多数法学院提供的各种各样的招生项目在早些年大幅度地增加了有色人种学生的入学人数。但是，这类群体在法学院学生中的代表性仍然无法接近于他们在总人口数中的比例。根据2019年的数据，所有的法学院学生中非洲裔美国人的比例只有

7.8%，而这一人群在美国总人口中所占的比例则大约为 13%。与此类似的是，所有的法学院学生中拉美裔美国人的比例只有 12.7%，而这一人群在美国总人口中的比例则达到了大约 17%（Kuris，2020）。

在法学院的教职中，女性与有色人种的代表性也不足。1989 年，全美范围内的法学院的学生发起了示威，并成功地向他们的教育机构施压，以令后者聘用更多的女性和有色人种担任教授（Leatherman，1989）。这些努力以及随后一些年里做出的其他类似的努力促使法学院教职的结构出现了一定的变化。不过，女性以及有色人种在法学院教职中的代表性仍然落后于他们在全国人口中的比例。从 2020 年的数据来看，女性仅仅在 16 所法学院的教职中占到了至少一半，在 81 所法学院中所占的比例在 40% 到 50% 之间（Internet Legal Research Group，2020）。通过计算可知，在所有的 203 所法学院的一半当中，女性在教职中的比例不足 40%。与此类似的是，尽管有色人种在全国人口中的比例大约占到了 40%，他们在超过一半的法学院的教职中的比例还不到 13%，而且仅仅在 35 所法学院的教职中占到了超过 19% 的比例。

法学院学生的培养与社会化

法学院的目标在于塑造人，将他们培育为全新的法律人，并且向他们灌输"作为专业人员的初步的自我观念，对职业价值的承诺，以及被称为'像法律人一样思考'（think like a lawyer）的一种难以捉摸且神秘的推理方式"（Bonsignore et al.，1989：271）。在第一个学年，学生们需要修读一系列具有挑战性的必修课程，这个学习过程是非常艰难的。但是，在随后的两年，他们在获得法律学位之前的负担会变得轻一些。关于法学院学生生活的普遍观念认为，他们往往处于这样一种综合状态：长时间学习，聚精会神地啃案例书籍，并对书中的那些内容进行无休无止的讨论。其实，在第一年的学习之后，这样的观念虚构多于现实。

苏格拉底教学法 对法学院的主要教学方法进行观察，是理解法学院学生经历社会化过程的关键。这种方法被称为案例教学法或**苏格拉底教学法**（Socratic method）。正如前文所言，这种案例教学法于 1870 年在哈佛大学开创，随后在美国的法学院中成为支配性的教学方法（Kowarski，2019）。

在运用苏格拉底教学法的时候，法学教授会对学生进行尖锐的提问，内容则是关于真实案例中包含在法官审判意见中的事实和原则。这些审判意见通常是由美国最高法院抑或一些联邦上诉法院的法官所书写的，但是有时也会来自州最高法院的法官。苏格拉底教学法在运用过程中力图实现两个目标：其一是信息层面的目标，即对法律的实体规则进行教导。其二则为：

> 培养学生开展样态分析（style analysis）的一种认知重建的能力，而这种能力通常被称为"像法律人一样思考"。在进行这样一种分析时，一个学生要通过接受训练来解释事实的"细节"和法律问题——这些法律问题是由法院针对争议的核心内容加以判定的，这使得他们可以对另外一个法院在面对类似的事实时的做法进行明智的预测。技巧则是以研习者为中心：学生们要接受密集的提问，而他们的回答经常会被用于对话内容的持续展开。（Bonsignore et al., 1989: 275）

学习法律是通过研习法院判决、上诉意见以及力图对相应意见提供正当理由的观点开展的，这种方法在美国国内所有的法学院中都处于支配地位，而且自从1870年开创后便一直延续至今。

在法律教育的第一个年头，课程安排在所有法学院中都是相当整齐划一的。每年秋季开始接受法律教育的几乎所有学生，都必须修读那些通常被认为是基本科目的课程：合同法、侵权法、财产法、刑法以及民事程序。而且，对于所有的这些学生而言，教学的效果被认为不仅具有相当程度的可预测性，而且会产生长远的影响。在第一年里，法学院的学生要学习阅读案例，设计法律论证，对表面上看来无法捉摸的观点进行辨别；然后，他们要开始掌握法律的神秘语言，这种语言充满像"禁止反言"（estoppel）和"具结取回被扣押物"（replevin）这样的晦涩术语。正是在第一年中，法学院的学生要学习"像法律人一样思考"，培养贯穿于他们整个法律职业生涯的工作习惯和观察视角（Turow, 1977）。第一年的课程通常是以大课堂讲授的形式开展的。

237

幸运的是，苏格拉底教学法具有一个显著的优点，这便是它适合大班课堂的教学。事实上，当学生在其生命中第一次因苏格拉底教学法的运用而被点名遭受诘问的时候，法学院大班课堂那种没有人情味的特性是有助于他们表现自己的。正如耶鲁大学的一位法学教授曾经所说的那样：

> 在你就一个主题对100人的课堂进行了两年或三年的教学之后，你将能够对问题的出现进行预测，并且对这些问题的时间安排加以把握。当我开始的时候，我就会告诉自己："挑选4个或5个论点并将这些论

点持续地抛给他们，找出优秀的学生并且让他们像钢琴一样运转！"这样做的效果很好。（Mayer, 1967：83-84）

这种苏格拉底教学法要求学生做好自己的功课，并且要定期为课堂做准备。当一个教授拥有设置假设性问题的天赋，创造出案例来补充现实案例的时候，这种教学方法就会变得极具启发性。这便会向学生发出这样的提示：来源于特定司法审判的规则在其他情况下将出现别样的结果。这样一种方法在运用过程中同时还关注微小的细节，并且为逻辑论证提供了很好的背景。

尽管苏格拉底教学法有其优点，但是批判者也对这种方法表达了反对意见，例如无法鼓励创造性的发挥，而且欠缺智识方面的刺激（Tushnet, 2008）。班级气氛被认为具有敌意，那是冷冰冰的、遥不可及的法学教授针对处于困境中的学生的敌意。这样一种情形会给学生的自我意识、自尊、自我认同都构成威胁，这有助于解释为何法学院学生在学习期间的忧郁度和焦虑感都会加深（Patrice, 2014；Patrice, 2015）。

法律教育中的其他问题 许多律师感到，他们在法学院中学习的内容与工作中需要的技能之间存在着巨大的鸿沟。这便是哈佛大学伯克曼互联网与社会研究中心（Berkman Center for Internet & Society at Harvard University）的一项研究所得出的核心结论。该研究发现，受调查的超过 75% 的律师声称，他们在完成法学院的教育之后缺乏必需的实践技巧（Koo, 2007）。原因在于，传统的法学院课程安排并没有覆盖到当今的法律执业所需要的技能。对于大部分在大型及中型律师事务所执业的律师而言，他们是在分布于多个办公室的律师所组成的复杂的团队中开展工作的。然而，仅仅有 12% 的法学院学生报告称，他们在课堂项目中以团队的方式一起参与过学习活动。此外，法律教育者严重忽视了现代计算机技术、计算机模拟以及网络设计的运用，即使诊所式法律教育这样的最具实践定位的教育环境也是如此，而且法*238*学院和多数工作场所都没有为新律师在学院学习与工作实践之间提供实现结构性转型的条件。

从本质上讲，法学院教育的目标是令学生们经历社会化的过程，并且教导他们进入法律职场。极少有人提出挑战这种制度之根基的问题，而且法学院学生也是在现行制度的框架下阐释他们所面临的问题的。法学院学生的社会化容易使他们在智识上独立，但是同时却限制了他们寻找根本的解决方案。因此，并不令人感到惊奇的是：

> 法律教育似乎是要以企业家的价值定位来促成学生们经历社会化过程，法律在这种定位中被假定为主要是一种冲突解决机制，而律师则是客户利益的促进者。学生们的亲身经历似乎令他们偏离了社会福利主义者的价值——根据这种价值，法律被认为是一种社会变革机制，而律师则是群体或社会利益的促进者。（Kay，1978：347）

作为对这些批评的回应，法学院中跨学科的工作以及前文所提到的联合学位正得到越来越多的强调。此外，法学院也越来越强调通过法律诊所进行诊所式法律教育，这在前文也已经介绍过。这种理念在于，让学生从教育的场景中走出来，在第二、第三学年间将他们置于现实的场景之中，比如在刑事辩护办公室以及在邻里法律援助办公室接触实践。法学院的许多学生认为，诊所式教育与他们所感受到的社会需求更为"相关"，而且学生们相信，它将有助于为穷人和社会中其他代表性程度较低的群体提供更好的法律服务。诊所式教育适宜成为一种单独的教育活动，而且从性质上讲是与法学院的教学相分离的。

第七节　律师资格的许可

法律职业划定了法律业务的疆界，并且小心翼翼地施加了对行业入口的限制。现在来回顾一下该职业固定的做法，当然这也是现在正在实行的做法。这个过程始于大学阶段的结束。而从大学入学来看，法学院入学考试（或美国研究生入学考试）的成绩以及学生在本科期间的平均学分绩点从很大程度上讲决定了谁可以进入法学院学习。然后，这种淬炼过程继续以学习和考试的形式存在，而考试则被设计用来考察由法学院入学考试衡量过的同样的能力。最后，在法学院学习的末期，学生还需要参加律师资格考试。这种考试检验学生是否适合进入法律职场，但它所考察的特质与法学院入学考试、法学院学习期间的考试并没有什么不同。

在美国，拥有一个法律学位并不能确保一个人开展法律执业活动。这是因为，一位律师从严格意义上讲乃是在法院中工作的人员（court official），因此必须经得一家法院的许可才能进行法律执业。在19世纪晚期之前，律师行业的许可并没有标准可言，它在很大程度上依赖的是地方法官的仁慈和宽厚。在大多数情况下，一家法院的许可便可以充分保证一位律师在一州之内的任何一家法院执业。结果，一州之内大多数仁慈的法官的标准事实上成为律师资格许可的最低标准（Hurst，1950）。

239　　这种缺乏严格标准的状况引起了美国律师协会和州律师协会的注意。它们关注的问题体现在两个方面。首先，轻易许可会导致能力不足而且没有道德原则的律师混入法律职业圈，而他们的工作会玷污所有律师的声誉。其次，从更为利己主义的角度讲，如果轻易允许新人加入法律职业，还会导致更多的律师蚕食有限的法律业务，这便会压低圈内现有律师的收入。

　　美国律师协会和州律师协会采取了许多努力来限制法律职业的准入（Abel，1989）。特别值得一提的是，它们通过推动立法来延长律师所需的训练，以此作为律师资格的许可申请能够得到接受的前提条件。除此之外，它们还说服了州的立法机关，要求申请者都通过一个标准化的律师资格考试。

　　律师资格考试在减少法律职业的许可数量以及提高职业的标准方面都发挥了倡议者所期望的作用。这是一种由州的律师组织加以监管执行的考试，法学院的毕业生必须通过它才能够取得开展法律业务的执照。有些州可能还有其他的要求，比如需要申请者完成为期三年的法律教育。每个州的律师资格考试都是独特的，但是大多数州采取了一种为期两天的考试方式，其中融入了多州律师资格考试（Multistate Bar Examination）——将一种由 200 道多项选择题组成的时长为 6 小时的测试作为考试的一个组成部分。州内具体的法律往往是在第二天进行测试的，通常采取的是论述的形式。在大多数司法管辖区，律师资格考试一年举行两次，分别在 2 月和 7 月。法学院的律师资格通过率也是学院排名和招生中的一个考量因素，实际上许多对法学院进行排名的指南就是以律师资格的首次通过率为参考指标的。

执照的许可

　　为了获得执照从而执业，几乎所有的法学院毕业生都必须通过一个州的律师审查委员会来申请律师资格的许可。在多数情况下，这个委员会是该司法管辖区的州最高法院的一个机构，但是偶尔也会与州的律师团体存在更为紧密的关联。律师资格考试的合格标准或者满足律师许可的标准是由每个州自行制定的，而与美国律师协会或法律教育及律师许可甄选委员会（Council of the Section of Legal Education and Admissions to the Bar）无关。

律师资格考试　律师执照需要在两个不同方面的适宜状况得到证明的情况下才能发放。首先便是胜任能力。就许可证照的首次授予而言，胜任能力通常需要考虑的因素包括：申请人从一所法学院获得的达到教育标准的教育凭证（例如法律职业博士学位），以及律师资格考试的分数。

大多数司法管辖区的律师审查委员会希望在法学院的最后一年听取未来的候选人的情况。律师资格考试通常在 2 月末和 7 月末举行，相当多的申请者会参加夏季考试。这是因为，这次考试的时间正好在他们从法学院毕业之后。有些委员会在学生们的法学院学习早期便会为他们提供登记机会，抑或要求他们进行登记。这种初步的程序如果开展的话，会便于委员会预先审查申请人的品格和适宜性。

随着时间的推移，律师资格考试产生了一些未曾预料到的影响。由于律师执业审查的内容与法学院的课程内容非常一致，因此律师执业审查的内容体系大大制约了教育计划的改革。因此，在法学院引入创新计划或者偏离传统课程计划的幅度显著加大的情况下，毕业生在参加律师资格考试的时候就容易处于竞争方面的不利地位。此外，由于对法学院的认可除了需要参照其他的标准之外，还要依据学生通过律师资格考试的数据，而且学生们对法学院的评估往往也会根据这个标准，于是在许多州，法律教育很大程度上已经开始以资格考试为取向了。学生需要学习包括资格考试在内的科目，而且涉及这些科目的课程往往也是根据资格考试的要求而设定的。

240

为了准备地方的律师资格考试，法学院的许多毕业生会用长达 6~12 个星期的时间，每天花上多达 6 个小时的时间听讲座，完成填鸭式的课程。他们参加这些课程，通常需要花费数百美元。此外，他们还需要负担参加律师资格考试的登记费，金额也可达数百美元。各州的具体数额在这个方面存在差异。

品行与道德方面的适合性

对于申请成为律师的人而言，除了在律师资格考试方面要展现出相应的能力而外，还需要在品行和道德方面符合法律执业的需要。就这一点而论，律师资格考试的考官会着力审查拟授予职业资格证的每一位申请人的背景信息。由于法律是一种公共职业，而且考虑到律师带来的侵害可能是实质性的，因此律师审查委员会需要非常仔细地决定，谁能够从事法律执业工作。

申请成为律师的人必须拥有"优良的道德品格"。但是，这样一种标准的界定是不能令人信服的。从根本上讲，它意味着有过严重犯罪记录的人不能被允许从事法律职业。过去，这至少已经导致审查委员会拒绝对那些曾有（或者仍然有）不受欢迎的政见的人予以许可——例如在 20 世纪 50 年代排斥共产党员的"麦卡锡时代"（McCarthy Era）便是如此（Abel, 1989）。

第八节 作为利益集团的律师协会

除了限制进入职业并努力控制其成员的活动之外，律师协会也是利益集团，会积极地推动开展它们所认为的对其利益重要的活动。

律师协会的大量活动涉及法院的组织结构和人员。从历史发展来看，律师协会经常试图设计并推动法院的改组方案。律师协会之所以会做出大量的努力，其目的都在于消除司法程序中的非职业化因素（例如相关人员在未经充分法律训练的情况下便担任法官）。律师协会也会积极地对法官的选任施加影响。在州这一层级，法官往往是通过党派投票抑或无党派投票的方式选举出来的，律师协会已经频繁地对选举程序的改革进行游说，从而使协会获得更大的发言权。律师协会还会对联邦法官的挑选施加影响。目前，在选出某人作为总统向参议院提议的人选的时候，美国司法部部长就要征询美国律师协会的意见，也即寻求对被提名者的评价已经成为一个标准化程序。

241 在推动对律师和司法工作有益的立法方面，律师协会也表现得很活跃。其中的一个例子是，律师协会积极地推动立法来压制那些未经授权的法律执业活动。在过去的一些年间，创建遗嘱、合同和简单的离婚协议的互联网项目和手册都受到了压制。律师协会之所以会这么做，其目的就在于捍卫法律服务的垄断性。尽管律师协会将阻止未经授权的法律执业的立法描绘成保护客户免受江湖骗子的滋扰，但是它的实际效果只是在于保护律师免受低价竞争的威胁。

除了塑造特定的法律、构筑法律制度、为司法见解提出建议之外，美国全国及州的律师协会还经常转向政治领域来促进其职业利益和经济利益。从过去数十年的经历来看，它们的这种努力的结果便是，州采取规制措施限制了律师的数量，并提高了执业者的收入水平。许多庭审律师组成的协会也在试图改变那些会影响他们经济利益的州以及国家的立法或规则。例如，对于机动车无过失责任险（no-fault automobile insurance）的设立，庭审律师便提出了反对意见。根据这种保险机制，遭遇机动车事故的人无须聘请律师、走进法院、确立责任，便可以从保险公司那里获得理赔金（Passell，1998）。

并不令人感到惊奇的是，一段时间以来，自助式法律书籍和相关在线操作指南的出版商是非常受欢迎的（O'Neill，2018）。这些流行的法律资源对于解决简单的问题而言是比较实用的。比如，简单的遗嘱、无过错离婚、业主与租客的纠纷、破产以及基本生计问题等等，这些过去都是律师的专属领地。出版商提供的这些资源主要是引导人们去做那些律师会分派给秘书及律师助理的工作，比如拟订简单的遗嘱。律师因为提供这些服务而收取每小时150~400美元抑或更多的费用，这显然大大地超过了律师之外的人员在相应时间段内所平均收取的报酬。尽管有这样一个古老的格言，即代理自己事务的人是在"愚弄客户"（has a fool for a client），但是许多人正在使用法律自助书籍及在线网站，事实上扮演着自己的律师的角色。

第九节　职业惩戒

一个职业的特征之一在于，它有一整套伦理规范。除了其他的构成要素而外，作为一个职业的要素还包括服务意识和对社会的责任感，而职业所要求的行为是由该职业的伦理规范所描绘出来的。一位律师的职业伦理规范应对的是他与客户的关系、与其他律师的关系、与法院的关系以及与公众的关系。

法律职业长期以来都关注于律师开展活动所遵循的伦理框架。1908年，美国律师协会发布了《职业道德准则》（*Canons of Ethics*）。这个准则涵盖了许多重要的规则，涉及的内容包括利益冲突的释明、客户信任的维持以及职业礼仪的遵循等事项。1977年，美国律师协会认定，这套准则不能充分地应对职业特性的变化，于是专门设立了一个委员会来提出一套更为适当的伦理准则，这便是最终得到采纳并出版发行的《职业行为的示范准则》（*Model Rules of Professional Conduct*）。2020年，这套准则的最新版本也在经过必要的修订之后得以推出（American Bar Association，2020a）。这套准则包含一系列关于以下事项的指引和规则：收费、信息保密、利益冲突的特定类型、妥善保管财产、未经授权的法律执业、广告宣传以及职业越轨行为的报告。

《职业行为的示范准则》提供了关于律师伦理方面信息的最新的资源。该准则包括以下几个方面的主题：

- 客户与律师的关系：强调的问题是胜任的能力、费用、保密、利益冲突、妥善保管财产。
- 作为咨询者的律师：律师作为建议者和中间人的角色。
- 作为出庭者的律师：关于有价值的诉求（meritorious claims）、迅速开展诉讼、公平和公正、审判的信息公开、律师担任证人、检察官的特别责任。
- 与客户之外的他人进行交易：与第三方以及无人代理的人进行交涉和交流。
- 律师事务所与协会：对执业权利的审查、合伙人／同事／不具有律师身份的助理的职责、执业权利的限制。
- 公共服务：公益服务与其他的社区活动。
- 关于法律服务的信息：广告以及与预期客户的其他交流。
- 维系职业操守：纪律惩戒及行为不端方面的问题，其中涉及的情况包括通过政治性捐赠来获取法律协议的签署抑或法官的委任。

美国律师协会编制的示范准则的一个严重的缺点在于，它们并不总是对律师有约束力，因为地方的律师协会并未被要求接受它们。美国律师协会在这个过程中也并没有对各州的律师协会施加控制。

惩戒的权力主体被期望确保只有那些诚实、能胜任的人才能够获准从事法律执业的工作。在一些州，惩戒委员会是在州法院系统的主持下运转的。而在其他的州，律师组织则管理着惩戒机构并且针对投诉进行调查，但是所有的制裁都是由法官施加的。尽管各州的程序有所不同，但是惩戒委员会都要对其所接到的违反职业规范的行为的投诉展开调查。

一般而言，因触犯职业伦理标准而进行的惩罚性制裁仅仅适用于严重的越轨行为（比如犯罪、错误处置客户的财产），以及公然违背某些职业行为规则的情形（比如违反保密义务）。尽管其他违反规则的情形极少会引发正式的惩戒行动，然而非正式的惩戒也可能以公开反对的形式呈现，从而导致某人的职业声誉受损。

正如前文所提到的那样，最高的职业伦理标准一般适用于那些在大型事务所工作并且为公司客户服务的律师。对于那些服务于个体的个人单独执业者及其他类似的律师而言，其所处理的案件的特点可以说是索然无味，比如人身伤害、离婚、刑事辩护等，适用于他们的职业伦理标准也就相应较低。正如雅各布（Jacob，1984：62）所言，这类律师与较低层级法院的联系越紧密，他们遵守法律伦理规范的可能性就越低："较低层级法院的文化表现为空等、交换流言蜚语、因轻微的刑事和民事案件而对簿公堂"，这会导致违背职业伦理的行为进一步出现。

243

　　因违背法律职业伦理而遭到的惩戒包括：训诫、暂时停止执业或吊销执照。卡林（Carlin，1966）在其卓有影响的研究中发现，违背伦理规范的律师中只有 2% 进入了律师协会的惩戒程序，而且只有 0.2% 受到了正式的制裁。1994 年，美国律师协会创建了一个关于被取消律师资格的以及受到正式谴责的律师的全美在线数据库——一开始有大概 25 000 人名列其中——以此用来追踪那些跨州流动的律师的踪迹（Stevens，1994）。这项服务向惩戒的权力主体开放，但是消费者群体却无法查阅，这是因为一旦出现即使最为轻微的不精确信息，都会损害一位律师的声誉，并且会导致潜在的诉讼发生。惩戒委员会和州的律师协会都对这项服务表现出了欢迎。由于每个州都会对自己的律师进行管理，因此当律师的流动性越来越大并且当其在超过一个州进行登记时，惩戒就会成为一个复杂的问题。在一个州受到惩戒的律师可以转到其他州参加律师资格考试，在不告知主管部门或潜在客户的情况下便可以重操旧业。

　　根据管理者的伦理规则与标准，律师有义务汇报他们所知的其他律师违反职业伦理的情况（Rhode et al.，2020）。但是，大多数对律师的投诉都是由客户发起抑或首先由律师公会（bar council）提出的。律师、法官举报其他律师、法官行为不当的情况虽然也有，但是极少发生。他们不做这样的事情，乃是基于以下一个或多个方面的原因：

- 他们认为，即使去告发违背职业伦理规范的情况，也什么都不会发生。
- 他们并不想毁掉其他人的职业生涯。
- 他们担心在惩戒程序中作证会耗费过多的时间。
- 他们并不知道要到哪儿去告发相应的不当行为。
- 他们担心，如果告发他人的不当行为的话，自己会遭到起诉。

　　除去这些原因，不幸的是，更多的律师还是不会去告发他们所了解的其他律师违背职业伦理的情况。这不仅有损于公众对法律职业的信心，而且于客户及其他主体的福利不利，毕竟道德败坏的律师与这些人有着密切的联系。同其他职业类似的是，由于法律职业往往处于自行监管的状态，因此只有在律师确实告发了这些违规行为以及惩戒委员会制裁了相关违规律师的情况下，法律圈内违背职业伦理规范的情况才会得到遏制。

总　结

1. 无论在什么样的社会，法律职业最初都是与法律制度的兴起和发展紧密地联系在一起的。随着社会的发展以及其中的法律制度变得越发复杂，律师开始成为为他人谋利益的技能娴熟的群体。

244

2. 到了 14 世纪和 15 世纪，世俗的律师阶层在英国产生。从很大程度上讲，英国的律师所受的训练是由出庭律师公会提供的，这种训练是由法律职业群体本身而非大学所开展的。布莱克斯通于 1758 年在牛津大学任法理学瓦伊纳讲席教授，这一事件标志着将英国法视为一个大学科目的首次努力。

3. 美国在殖民地时期的法律教育最初是以英国的制度为蓝本的。美国早期许多处于上流阶层的律师是在出庭律师公会中接受训练的。在 18 世纪末和 19 世纪初，法律通识课程在美国的许多大学中确立了下来。在 19 世纪以后的时间，大学里的法学院发展了起来，并且成为法律教育的主流场所。

4. 法律职业内部包含 4 个主要的细分群体。一般而言，私人执业律师中的个人单独执业者在该职业中的地位较低。对于年轻的律师而言，受雇于政府通常被认为是通向更具声望的职位的一条路径。如今，有些较为大型的公司设有法律部门，其规模和卓越的表现可以同最大的律师事务所相媲美。美国并不存在职业法官制度，法学院的年轻毕业生要成为一名法官也并不存在既定的道路。

5. 法律和律师都是昂贵的。在刑事案件中，穷人是由公设辩护人或者法庭指定的律师予以代表的。而在民事案件中，穷人可以通过包括法律诊所在内的各种类型的法律援助项目获得律师的服务。

6. 如今，美国律师协会认可的法学院超过了 200 所。尽管女性现在在法学院学生中几乎占据了半壁江山，然而非洲裔美国人和拉美裔美国人在学生中的代表性仍然不足。

7. 法学院的教育仍然严重依赖案例教学法（或称苏格拉底教学法），这实际上在它产生之后就一直没有改变过。这种方法的目的在于令学生们适应于"像法律人一样思考"，但是它却因在法学院学生中制造了焦虑而受到批评。

8. 法学院推动学生的社会化向两个方面发展，一是塑造一种企业家式的价值立场，二是接受现在所建构起来的法律制度。作为对学生社会化过程的越来越多的批评的回应，法学院已经开始强调开展跨学科的工作，以及实施诊所项目。

9. 为了强调法律职业的标准以及对入职进行控制，法学院的毕业生需要在他所欲执业的州通过一个标准化的律师资格考试。律师资格考试限制了法律教育的改革。

10. 律师协会对律师的许可程序进行了进一步的限制，只有那些道德上适合做律师的人才能得到许可。于是，申请获得许可进入律师职业的人必须拥有"良好的道德品格"。律师协会也扮演着利益集团的角色，致力于推动它所认定的对其利益至关重要的社会、经济和政治活动的开展。

11. 尽管违背法律伦理准则的行为可能会通过训诫、暂时停止执业或取消律师资格的形式而受到处罚，但是只有一小部分违背伦理准则的律师受到了惩戒。

关键术语 　　*245*

企业法律顾问（house counsel）：为公司或其他的私营商业机构工作的律师。

市场控制（market control）：就一个职业而言，由未受到挑战的权威主体对某些领域的知识及职业机制所进行的成功的维护。

职业（profession）：一种高度技能化的工作，进入相应的职业需要持续的教育和培训。

职业化（professionalization）：某些非职业的工作转化为带有职业特性的工作。

苏格拉底教学法（Socratic method）：法学教授对学生进行尖锐的提问，内容则是关于真实案例中包含在法官审判意见中的事实和原则。

个人单独执业者（solo practitioner）：由自己一个人开展法律执业的律师。

推荐阅读

Richard L. Abel, *Lawyers in the Dock: Learning from Attorney Disciplinary Proceedings*. New York: Oxford University Press, 2010. 该书讨论了针对律师的

一系列惩戒程序，关注点在于导致这些程序开启的因素，以及这些程序带来的后果。

Barbara Babcock, *Fish Raincoats: A Woman Lawyer's Life*. New Orleans, LA: Quid Pro Books, 2016. 这是一部由斯坦福大学法学院的首位女性教授所书写的自传。

Marc Galanter and Thomas Palay, *Tournament of Lawyers: The Transformation of the Big Law Firm*.Chicago, IL: University of Chicago Press, 1991. 该书对大型的公司化律师事务所的成长模式进行了富有启发性的研究。

Robert Granfield, *Making Elite Lawyers: Visions of Law and Beyond*. New York: Routledge, 1992. 该书基于广泛的学生人群，对哈佛大学法律教育的保守效果进行了引人入胜的经验研究。

Linda Hirshman, *Sisters in Law: How Sandra Day O'Connor and Ruth Bader Ginsburg Went to the Supreme Court and Changed the World*. New York: Harper Perennial, 2016. 该书讲述了最早在美国最高法院就任法官的两位女性的故事。

Tsedale M. Melaku, *You Don't Look Like a Lawyer: Black Women and Systemic Gendered Racism*.Lanham, MD: Rowman & Littlefield, 2019. 关于女性非洲裔美国人在法律职业中所经历的许多问题，本书进行了富有洞察力的研究。

Austin Sarat and William L. F. Felstiner, *Divorce Lawyers and Their Clients: Power and Meaning in the Legal Process*. New York: Oxford University Press, 1995. 该书对离婚律师的活动做出了见解深刻的分析。

J. Clay Smith Jr.（ed.）, *Rebels in Law: Voices in History of Black Women Lawyers*.Ann Arbor, MI: University of Michigan Press, 2000. 书中收录的许多文章展现了非洲裔女性律师在重要的公共事件中的参与情况，并且反映出她们在敏感的种族、平等、公正、自由问题上的努力。

Scott Turow, *One L: The Turbulent True Story of a First Year at Harvard Law School*. New York: Putnam, 2010. 这是一部关于作者在哈佛大学法学院度过的第一年的回忆录的再版。

参 考 文 献

Abel, Richard L. 1986. "The Transformation of the American Legal Profession." *Law & Society Review* 20(1):7–17.

Abel, Richard L. 1989. *American Lawyers*. New York: Oxford University Press.

American Bar Association. 2019. "Legal Profession Statistics."

American Bar Association. 2020a. *Model Rules of Professional Conduct*. Chicago: American Bar Association.

American Bar Association. 2020b. "Statistics." https://www.americanbar.org/groups/ legal_education/resources/statistics/.

Angones, Francisco. 2017. "To Guarantee Justice for All, Fund Legal Aid for the Poor." *Miami Herald* February 1:http://www.miamiherald.com/opinion/op-ed/ article130199104.html.

Auerbach, Jerold S. 1978. *Unequal Justice: Lawyers and Social Change in Modern America*. New York: Oxford University Press.

Beaver, Dennis. 2016. "How to Spot When Your Lawyer's Bill Is Waving Red Flags." *Times-Standard* August 30:https://www.times-standard.com/2016/08/30/how-to-spot-when-your-lawyers-bill-is-waving-red-flags/.

Blachman, Jeremy. 2006. *Anonymous Lawyer*. New York: Henry Holt.

Bonsignore, John J., Ethan Katsh, Peter d'Errico, Ronald M. Pipkin, Stephen Arons, and Janet Rifkin. 1989. *Before the Law: An Introduction to the Legal Process*. Boston: Houghton Mifflin.

Brundage, James A. 2010. *The Medieval Origins of the Legal Profession: Canonists, Civilians, and Courts*. Chicago: University of Chicago Press.

Carlin, Jerome E. 1962. *Lawyers on Their Own: A Study of Individual Practitioners in Chicago*. New Brunswick, NJ: Rutgers University Press.

Carlin, Jerome E. 1966. *Lawyers' Ethics: A Survey of the New York City Bar*. New York: Russell Sage Foundation.

Carp, Robert A., Kenneth L. Manning, Lisa M. Holmes, and Ronald Stidham. 2020. *Judicial Process in America*. Thousand Oaks, CA: CQ Press.

Carter, Stephen L. 2015. "Big Law Associates Need a Nap." https://www.bloomberg.com/ view/articles/2015–09–03/big-law-associates-need-a-nap.

Crier, Catherine. 2002. *The Case against Lawyers: How Lawyers, Politicians, and Bureaucrats Have Turned the Law into an Instrument of Tyranny, and What We as Citizens Have to Do About It*. New York: Broadway Books.

Curran, Barbara. 1986. "American Lawyers in the 1980s: A Profession in Transition." *Law & Society Review* 20(1):19–52.

Davis, Heather A. 2017. "Toll Center Leads Law Students to Pro Bono Work." *PennCurrent* Feburary 21:https://penncurrent.upenn.edu/features/toll-center-leads-law-students-to-pro-bono-work.

Delmore, Erin. 2017. "Applications for Law School Have Declined in Recent Years." *NJTV News* February 3:http://www.njtvonline.org/news/video/applications-law-school-declined-recent-years/.

Frank, Christopher. 2010. *Master and Servant Law: Chartists, Trade Unions, Radical Lawyers and the Magistracy in England, 1840–1865*. Burlington, VT: Ashgate.

Friedman, Lawrence M. 1998. *American Law: An Introduction*. New York: W. W. Norton.

Friedman, Lawrence M. 2002. *American Law in the Twentieth Century*. New Haven: Yale University Press.

Friedman, Lawrence M. 2005. *A History of American Law*. New York: Simon and Schuster.

Fritsch, Jane and David Rohde. 2001. "Lawyers Often Fail New York's Poor." *The New York Times* April 8:A1.

Galanter, Marc and Thomas Palay. 1991. *Tournament of Lawyers: The Transformation of the Big Law Firm*. Chicago: University of Chicago Press.

Gunning, Jennifer, Søren Holm, and Ian Kenway, eds. 2009. *Ethics, Law, and Society*.

Burlington, VT: Ashgate.

Halliday, Terence C. 1986. "Six Score Years and Ten: Demographic Transitions in the American Legal Profession, 1850–1980." *Law & Society Review* 20(1):53–78.

Heinz, John P. and Edward O. Laumann. 1994. *Chicago Lawyers: The Social Structure of the Bar*. Chicago: American Bar Foundation.

Hobbs, Meredith. 2020. "Atlanta Firms Start Pro Bono Clinic to Aid Small Businesses with Covid-19 Problems." *Law.com* May 14:https://www.law.com/dailyreportonline/2020/05/14/atlanta-firms-start-pro-bono-clinic-to-aid-small-businesses-with-covid-19-problems/.

Hurst, J. Willard. 1950. *The Growth of American Law*. Boston: Little, Brown and Company.

Internet Legal Research Group. 2020. "2020 Raw Data Law School Rankings." https://www.ilrg.com/rankings/law/1/desc/FacultyWomen.

Jackson, Liane. 2016. "Minority Women Are Disappearing from Biglaw—and Here's Why." *ABA Journal* March:http://www.abajournal.com/magazine/article/minority_women_are_disappearing_from_biglaw_and_heres_why.

Jacob, Herbert. 1984. *Justice in America: Courts, Lawyers, and the Judicial Process*. Boston: Little, Brown and Company.

Joyce, Tiger. 2017. "Don't Let Opportunistic Trial Lawyers Get Rich Off Opioid Crisis." *The Hill* October 28:https://thehill.com/opinion/healthcare/357610-dont-let-opportunistic-trial-lawyers-get-rich-off-opioid-crisis.

Kay, Susan Ann. 1978. "Socializing the Future Elite: The Nonimpact of a Law School." *Social Science Quarterly* 59(2):347–356.

Kearney, Hugh. 1970. *Scholars and Gentlemen: Universities and Society in Pre-Industrial Britain*. Ithaca, NY: Cornell University Press.

Kim, Seung Min. 2020. "In Call with Democratic Senator, Barrett Declines to Discuss How She Might Rule on Health-Care Law." *The Washington Post* October 7:https://www.washingtonpost.com/politics/barrett-court-health-care-senate/2020/10/07/483f43f0-08d6-11eb-991c-be6ead8c4018_story.html.

Koo, Gene. 2007. "New Skills, New Learning: Legal Education and the Promise of New Technology." http://ssrn.com/abstract=976646.

Kowarski, Llana. 2019. "What Is the Socratic Method That Law Schools Use?" *US News & World Report* April 4:https://www.usnews.com/education/best-graduate-schools/top-law-schools/articles/2019-04-04/what-is-the-socratic-method-and-why-do-law-schools-use-it.

Kritzer, Herbert M. 2004. *Risks, Reputations, and Rewards: Contingency Fee Legal Practice in the United States*. Stanford, CA: Stanford University Press.

Kritzer, Herbert M. and Susan S. Silbey, eds. 2003. *In Litigation: Do the Haves Still Come out Ahead?* Stanford, CA: Stanford University Press.

Kuris, Gabriel. 2020. "What Underrepresented Law School Applicants Should Know." *US News & World Report* June 8:https://www.usnews.com/education/blogs/law-admissions-lowdown/articles/what-underrepresented-law-school-applicants-should-know.

Ladinsky, Jack. 1963. "Careers of Lawyers, Law Practice, and Legal Institutions." *American Sociological Review* 28(1):47–54.

Larson, Magali Sarfatti. 1977. *The Rise of Professionalism: A Sociological Analysis*. Berekely: University of California Press.

Lawyer's Almanac. 2018. New York: Wolters Kluwer.

Leatherman, Courtney. 1989. "Law-School Students Protest Scarcity of Female and Minority Professors." *Chronicle of Higher Education* April 19:A32–A33.

Lederman, Doug. 2019. "Number of New Law Students Dipped in 2019." *Inside Higher Ed* December 13:https://www.insidehighered.com/quicktakes/2019/12/13/number-new-law-students-dipped-2019.

Leonard, Walter J. 1977. *Black Lawyers*. Boston: Senna and Shih.

Mayer, Martin. 1967. *The Lawyers*. New York: Harber & Row.

Mayeux, Sara. 2020. *Free Justice: A History of the Public Defender in Twentieth-Century America*. Chapel Hill, NC: University of North Carolina Press.

Meier, Barry. 1998. "The Spoils of Tobacco Wars: Big Settlement Puts Many Lawyers in the Path of a Windfall." *The New York Times* December 22:https://www.nytimes.com/1998/12/22/business/spoils-tobacco-wars-big-settlement-puts-many-lawyers-path-windfall.html.

Melaku, Tsedale M. 2019. *You Don't Look Like a Lawyer: Black Women and Systemic Gendered Racism*. Lanham, MD: Rowman & Littlefield.

Moses, Jonathan and Richard B. Schmitt. 1992. "Lawyer's Billing Practices Are Scrutinized." *Wall Street Journal* April 6:B7.

Navratil, Boris. 2020. "Letters: For Genuine Tort Reform Suggestion, Outlaw Attorney Contingency Fees." *The Advocate* February 18:https://www.theadvocate.com/baton_rouge/opinion/letters/article_671b5eec-4dbc-11ea-a547-1ff25ae5cd8c.html.

Nelson, William E. 2016. *The Common Law in Colonial America: Volume III: The Chesapeake and New England, 1660–1750*. New York: Oxford University Press.

Norman, Jim. 2016. "Americans Rate Healthcare Providers High on Honesty, Ethics." *Gallup News* December 19:www.gallup.com/poll/200057/americans-rate-healthcare-providers-high-honesty-ethics.aspx.

O'Connell, Ann, Llona Bray, and Marcia Stewart. 2019. *Nolo's Essential Guide to Buying Your First Home*. Berkeley, CA: Nolo.

O'Neill, Cara. 2018. *Everybody's Guide to Small Claims Court in California*. Berkeley, CA: Nolo.

Oliver, Rachel. 2015. "Issues Afffecting Women in the Legal Profession." *Ms. JD* June 5:https://ms-jd.org/blog/article/issues-affecting-women-in-the-legal-profession.

Olson, Walter K. 1991. "The Selling of the Law." *American Enterprise* (January–February):27–35.

Passell, Peeter. 1998. "A Call for 'Auto Choice' and Lower Premiums." *The New York Times* August 30:BU1.

Patrice, Joe. 2014. "Former Law Prof Says, 'the Socratic Method Is a Sh**ty Method of Teaching'." *Above the Law* June 25:https://abovethelaw.com/2014/06/former-law-prof-says-the-socratic-method-is-a-shty-method-of-teaching/.

Patrice, Joe. 2015. "If You're in Law School, You're Probably Depressed." *Above the Law* January 15:http://abovethelaw.com/2015/01/if-youre-in-law-school-youre-probably-depressed/.

Pisarcik, Ian. 2019. "Women Outnumber Men in Law School Classrooms for Third Year in a Row, but Statistics Don't Tell the Full Story." *Jurist* March 5:https://www.jurist.org/commentary/2019/03/pisarcik-women-outnumber-men-in-law-school/.

Randolph, Mary. 2020. "Probate Lawyers' Fees and Billing." Nolo.com:https://www.nolo.com/legal-encyclopedia/probate-lawyers-fees-billing.html.

Rapping, Elayne. 2004. *Law and Justice as Seen on TV*. New York: University Press.

Rhode, Deborah L., David Luban, Scott L. Cummings, and Nora F. Engstrom. 2020. *Legal Ethics*. Eagan, MN: Foundation Press.

Savell, Lawrence. 1994. "'I'm Bill Low, File with Me and Win, Win, Win'." *National Law Journal* 17(3):A23.

Shdaimah, Corey S. 2009. *Negotiating Justice: Progressive Lawyering, Low-Income*

Clients, and the Quest for Social Change. New York: NYU Press.

Simpson, A. W. B. 1988. *Invitation to Law.* Oxford, UK: Basil Blackwell.

Smigel, Erwin O. 1964. *The Wall Street Lawyer: Professional Organization Man?* Bloomington, IN: Indiana University Press.

Stawicki, Elizabeth. 2007. "Lawyer Advertising Still Controversial after 30 Years." *MPRNews* July 9:https://www.mprnews.org/story/2007/07/09/lawyer-advertising-still-controversial-after-30-years.

Stevens, Amy. 1994. "A List of Bad Lawyers to Go on Line." *Wall Street Journal* August 26:B1.

Stevens, Robert. 2001. *Law School: Legal Education in America from the 1850s to the 1980s.* Union, NJ: Lawbook Exchange.

Stracher, Cameron. 2001. "How to Bill 25 Hours in One Day." *New York Times Magazine* April 8:74.

Taubman, Daniel M. 2020. "Has the Time Come to Revise Our Pro Bono Rules." *Denver Law Review* 97(2):395–448.

Tigar, Michael E. 2000. *Law and the Rise of Capitalism.* New York: Monthly Review Press.

Turow, Scott. 1977. *One L.* New York: Putnam.

Tushnet, Mark, ed. 2008. *Legal Scholarship and Education.* Burlington, VT: Ashgate.

Weiss, Debra Cassens. 2020. "At Least 3 Big Law Firms Charge More Than $1k Per Hour for Top Associates." *ABA Journal* May 27:https://www.abajournal.com/news/article/at-least-3-biglaw-firms-charge-more-than-1k-an-hour-for-top-associates.

Wilensky, Harold L. 1964. "The Professionalization of Everyone?" *American Journal of Sociology* 70(2):137–158.

Women Lawyers on Guard. 2020. *Still Broken: Sexual Harassment and Misconduct in the Legal Profession.* Arlington, VA: Women Lawyers on Guard.

第九章
在社会中研究法律

章节框架

学习目标

1. 列举做历史研究存在的问题。
2. 概述实验法的优势和不足。
3. 解释为什么随机抽样对于调查研究来说很重要。
4. 讨论一个社会学研究公共政策的案例。
5. 解释为什么测量法律的影响是困难的。

本书前面的章节梳理了法律与社会领域中的经验研究。基于这些经验研究，学者们总结出了诸多的一般化法则和结论。本章的目的是，通过描述社会学家研究法律的途径以及他们得出结论的方式，展示社会学家如何开展法律与社会研究。此外，本章也彰显了社会学研究在社会政策的形成、执行以及评估中的重要性。当然，对法律研究方法的一般性讨论并不是要取代其他著作对各种社会研究方法的更加详细的技术性阐述（例如 Babbie，2021）。这些著作仅仅旨在对法律与社会这一交叉领域所使用的研究策略进行介绍，并突显其中的方法论问题及其复杂性。

252

第一节　研究方法

研究社会中的法律有多种方法，并且一项研究中使用的方法往往不止一种。社会学常用的研究方法有四种：历史研究法、观察法、实验法以及调查法。其他的研究方法都是对这四种方法进行转变和组合而成的。

当然，实际的研究要比这些研究方法所显示的情况更为复杂。本质上，所有的研究都是一个不断做出选择的过程——对几种研究方法进行选择并且以不同的方式对其进行组合。方法的选择取决于这些因素：使用的研究设计的类型、研究的总体和样本的类型、数据的来源、收集数据的技术以及分析数据的方法。这四种研究方法之间的区别更多的是基于某个具体的研究目标，以选择具体的数据收集策略，并不必然具有非此即彼的鲜明差别。

例如，在观察法中，尽管研究者观察和记录正在发生的社会活动的能力十分重要，但他可能对社会活动的参与者进行访谈——而访谈是调查法和实验法经常使用的具体方法。与此类似，在实验法中，被试经常处于研究者及其合作者的观察之中。在对数据的最终分析和解释中，通过观察所收集的信息同样非常重要。另外，历史证据也经常被用于观察研究、调查研究以及实验研究中。

在社会科学研究的所有步骤中，理论与方法之间都存在着互动（Babbie，2021）。事实上，研究者所选择的理论往往决定了使用什么样的研究方法。在很大程度上，方法的选择取决于所需要的信息类型。

如果要研究一系列事件并且分析事件参与者与事件发生之前、之中以及之后的其他目击者对事件的解释，观察法（尤其是参与观察）可能是最适合的数据收集方法。通过直接观察和参与事件，研究者可以与研究对象建立一种有意义的持续性关系，比如杰罗姆·H. 斯科尼克（Skolnick, 1994）对警察的研究。尽管观察者可能会或者可能不会在事件中扮演一个积极的角色，但他可以直接观察研究对象，对事件本身以及参与者的经历进行实时的记录。其他的研究方法则难以对社会事件进行如此详细的描述。因此，对于理解一个特定群体以及这一群体所经历的社会过程，观察法是最适合的研究方法。但是，当这些事件已成过去式而无法观察时，历史研究法是收集数据的一个可行选择。

如果一个研究者希望研究某个群体中的规范、规章以及身份地位，那么对群体内外的关键人物（key persons）和报告人（informants）进行深度访谈是最佳的数据收集方法。例如，卡林（Carlin, 1966）在研究法律伦理及其遵守情况时，对纽约市的大约 800 位律师进行了访谈。就研究者希望获得的信息而言，那些设定并执行群体规范、规章以及身份地位的人拥有最丰富的知识，这是他们在群体中的地位或者他们与群体成员之间的关系使然。对这些人的深度访谈（尤其是开放式访谈）为研究者收集此类信息提供了途径。

253

当一个调查者希望在他的研究中讨论具有不同人口学特征、秉持不同观念和信仰的研究对象的数量、所占百分比以及其他定量信息时，调查法是最适合的数据收集方法。调查法需要通过一套系统的抽样方法从总体中抽取具有代表性的样本。

最后，当研究者希望测量特定自变量对因变量的影响状况时，实验法是最佳的数据收集方法。实验情境对刺激反应和变量进行了控制，使研究者可以操控自变量。在接下来的部分，我将对这些研究方法分别进行详细的论述。

历史研究法

社会学家习惯在一个时间点对社会现象进行研究，这个时间点便是当下。但是社会现象的产生并不是自发的、自主的。历史分析可以揭示出规律性变化，即类似的事件会导致特定的结果。历史并不仅仅是一个简单的事实汇编。因此，历史分析有助于我们理解社会变迁的过程以及大量因素是如何塑造现状的。

社会学家以及其他社会科学家所做的**历史研究**（historical research）对

过去的事件、发展以及经历进行批判性研究，仔细权衡有关过去信息来源的有效性的证据，并对证据进行解释。与直接从事件参与者那里收集数据不同，文献以及历史资料被当成了数据来源。这些文献和资料包括人口普查数据、各种类型的档案、官方文件（如法庭记录、财产交易记录、贫困救助管理记录、税务记录、证人的报告、宣传资料）以及各种各样的个人日记和信件。

研究者使用这些数据源开展所谓的**二次分析**（secondary analysis），即这些资料当初并不是为现在研究者的研究目的编写或收集的。当然，历史研究法的有用性在很大程度上依赖于文献和资料的准确性与完整性。如果拥有准确的、完备的数据，研究者可能会获得洞见，提出研究假设甚至检验研究假设。

官方记录和公共文献为那些尝试确立长期的法律趋势的社会学家提供了数据。例如，我在第一章中提到的威廉·J. 钱布利斯（Chambliss，1964）根据社会利益的变化来揭示英国的流浪法是如何变更的。第一部成熟的流浪法于 1349 年颁布，对向体格健全的失业者提供救济品进行控制。在黑死病以及劳动力从农场逃离之后，流浪法被重新修订，强迫劳动力以低工资接受雇用。到 16 世纪，伴随着商业和工业的兴盛，流浪法再次生效并且得到强化。最后，流浪法演变成一种人身控制的工具。同样，杰罗姆·霍尔（Hall，1952）在对历史记录进行分析的基础上，揭示了在 15 世纪的英国，社会状况和社会利益的变化是如何催生侵害法（trespass laws）的。

历史方法还被用于检验理论。例如，玛丽·P. 鲍姆加特纳（Baumgartner，1978）研究了被告和原告的社会地位与案件判决之间的关系。她分析了 1639 年到 1665 年发生在纽黑文的 389 宗案件的资料（148 起民事案件和 241 起刑事案件），发现在民事案件和刑事案件中，具有较高社会地位的个体更可能得到法院的优待。

历史研究检验理论的另一个实例是弗里德曼和珀西瓦尔（Friedman and Percival，1976）对 1890 年至 1970 年加利福尼亚州两个初审法院处理的案件量进行的分析。正如本书第六章所描述的，弗里德曼和珀西瓦尔假定，随着时间的推移，初审法院在纠纷解决中的作用在降低，会承担更多的日常行政工作。他们的研究结论是：初审法院的纠纷解决功能正在弱化。这一结论自提出之后一直饱受质疑。

除了官方文件之外，历史研究还可以使用个人经历的叙述，即通常所说的生活史（life-histories）研究。这一方法要求研究者完全依赖于个体对与研究相关的生活经历的叙述。这一方法对于事件研究非常有用（如发生在过去的冲突或者纠纷），尤其当事件没有书面记录的时候。

显然，这一方法也有一些弊端，因为信息提供者的选择性回忆会扭曲生活史：他们倾向于记住那些在某个方面给自己留下深刻印象的事件，而忘记其他的事件。

生活史方法有这样几个功能。第一，生活史方法会提供一些深刻的洞见，而这些洞见通常会被客观的资料收集方法所忽视。第二，系统化的数据收集方法需要依据一定的假设，生活史可以成为假设提出的依据。第三，由于生活史非常详细，它有助于形成新的或者不同的研究视角。当一个领域已经被广泛地研究并且已经很难寻找到新的生长点时，生活史可能带来研究的突破。第四，生活史为我们研究社会互动的动态过程以及那些用其他形式难以获取资料的事件提供了可行途径。

历史研究法的一个主要困难是文献和资料的准确性与完备性。由于数据是他人"编撰"的，缺少研究者的监督或控制，因此研究者事实上会受到那些记录信息的人操控。信息记录者根据自己的情境定义，挑选他们认为重要的事情记录，并将他们的主观认知、解释以及见解掺杂在记录中。例如，记录者如何定义纠纷？在多数情况下，当纠纷进入审判程序后，它被正式地列入法庭的记录中，在庭审结束之后，法庭会对纠纷做出裁决。但是，正如我在本书第六章中提到的，并不是所有的纠纷都是通过审判来解决的。许多纠纷在审前会议中得到解决，或者法官会以其他不太正式的方式干预纠纷。

因此，研究者必须评估资料的信度与效度，审查资料的内在一致性（资料的每个部分之间的一致性）和外在一致性（资料与经验证据、其他资料之间的一致性）。尽管历史研究法能够提供详细的资料，并且在一些情形下呈现事件的过程，但它经常与其他的资料收集方法相脱节，因此对历史研究法与其他研究方法进行整合是可取的（当然，这种整合要存在可能性）。

255

观察法

观察法（observational methods）可分为两种类型：（1）使用人类观察者（如参与观察者）或机械观察者（如相机、录音机、视频设备等）；（2）通过询问，直接从研究对象那里收集信息。观察法既可以在实验室或者受控情境中实施，又可以在田野或者自然环境中开展。

参与观察是人类学使用的一个古老的研究方法。因此，"参与观察"这一术语与社会科学家长期生活在初民社会的图景联系在一起是不难理解的。的确，许多有关原始法的知识来自那些对传统社会进行考察的人类学家，如马林诺夫斯基（Bronislaw Malinowski）和霍贝尔（E. Adamson Hoebel）。当然，对于人类学家来说，获得观察正在发生的[处于制度设置（如法院）之外的]法律现象的机会需要有一定的条件和运气，换句话说，人类学家需要在合宜的时间出现在合宜的地点。

在实验室或者受控情境中开展的研究经常会用到一些观察技术。例如，在对实际的陪审团进行研究的时候采取了实证化程度相对较低的研究，这是因为法律对陪审团的要求是进行秘密评议。于是，模拟审判成为一种主要的研究工具。在模拟审判中，由陪审员或陪审团对模拟的案件材料做出反应。模拟审判可以对重要的变量和对案情的反响进行控制（Hillmer，2015）。对陪审团开展的诸多实验研究针对的是陪审团在判决之前的评议过程，以及评议意见不一的陪审团在各种情境下是如何做出判决的。分析陪审团评议的一个方法是用录音带或者录影带将评议过程记录下来，之后对其进行内容分析。

社会学家将观察法广泛应用到了实地研究中。实地研究是一种研究者与研究对象有着直接联系并且在相对自然的社会场景下开展的研究。例如，社会学家为了弄清楚法律在日常生活中如何运作，对刑事司法系统的各个层面进行了考察。这些研究涉及辩护律师和检察官如何处理刑事起诉，以及警察在日常巡逻中如何行动及其行动背后的原因（Skolnick，1994；Sudnow，1965；Van Cleve，2016）。

这些研究都指向法律的日常运作。这些研究还注意到自由裁量权在法律意义不明确或者明确的情形下适用或者不适用法律中的作用。在刑事司法系统的每一个步骤中——从公民决定提起控诉或者将情境定义为需要报警到法官决定对被指控者做出什么样的判决——各种决定的做出并没有依据制定法的规定（Tillyer，2014；Westmarland，2011）。

当然，观察法本身既有优点也有缺点（Babbie，2021）。其优点包括：研究者可以在事件发生的当时或者发生之后不久对其进行记录，因此记录的信息具有较高的效度。有时候，若研究者与研究对象之间的口头交流或者书面交流存在困难——比如对原始部落的研究——则观察可能是研究者获取信息的唯一途径。最后，观察者并不受制于被观察者是否愿意讲述事件的情形。

观察法存在几个方面的局限。比如，这个方法在研究大的社会场景时明显不适用。观察法要求被观察的场景必须足够小，以便一个或者几个研究者能够完全应付。另外，在田野研究中，研究者很可能出现选择性感知和选择性记忆，这将使研究结果存在偏颇。再者，这个方法存在选择性地收集资料的问题。任何一个社会情境都可能包含很多细小的情境片段，但研究者不可能关注到每一个情境片段，他不可避免地从现有的片段中挑取一部分，而这种挑选也不可避免地导致这样一个问题：研究者所挑选的片段是否能够真正代表整个情境？

最后，我们没有一个有效的方法去评估研究者所做的解释的信度和效度。数据被收集并且被一个或者几个研究者用他们自己独特的才能、风格展现出来后，读者对研究的效度仍然心存质疑。研究者对这个批评的一个常见回应是用资料的深度弥补资料的不精确性。

实验法

社会学家尤其是心理学家检验因果关系的一个常用方法是实验。**实验**（experiment）可能在实验室或者田野中进行。在理想的设计中，实验包含两个或多个具有相同特质的小组（实验组和控制组／对照组），并将实验变量只添加到实验组。研究者在添加实验变量之前和之后都对研究的现象进行测量，前后两次测量的数据差就是由实验变量所导致的。

确立实验组和控制组的常用方法有两种。一种是**配对技术**（matched-pair technique），即对于实验组中的每一个被试，控制组都有一个被试与其在所有的重要变量（年龄、宗教信仰、受教育程度、职业以及其他对于研究来说非常重要的变量）上相似。另一种是**随机分配技术**（random-assignment technique），即通过统计方法随机地将被试分配到实验组和控制组，比如将第一个被试分配到实验组，将第二个被试分配到控制组，接下来以此类推。 *257*

社会学中的实验具有特定的困难（Babbie，2021）。一个涉及千人的实验可能要花费很高的成本，而成本往往是决定一个实验项目是否开展的关键因素。另外，一项预期的研究可能要花费几年的时间才能完成。除成本因素之外，伦理和法律不允许开展那些可能对被试造成伤害的实验。学术界强烈反对那些将被试置于危险的或者有害的情境中的实验。当被试在实验中不愿意配合时，他们不应该受到逼迫。此外，当个体意识到他们是被试时，他们的行为可能会发生改变，这将使实验变质。几乎在任何将人作为实验对象或者观察对象的研究中，如果被试或者被观察者知道自己正在被研究的话，那么这些实验或者观察将会得出一些有意思的发现，而当研究结束之后，这些有意思的发现很快就会消失。当被试不知道实验的真正目的时，那些涉及人的实验才最可信。但是在社会研究中使用欺骗的策略会导致伦理问题——这涉及无害的欺骗（harmless deception）与知识上的不诚实（intellectual dishonesty）之间的区分。

在法律与社会研究中，实验法被用于研究陪审团评议（Hans，2006；Jonakait，2003）、某些缓刑策略的有效性（Alm，2016）、某些警务策略的有效性（Braga et al.，2015）以及审前听证会的有效性（Zeisel，1967）。最后一个例子是，一项受控实验被实施，目的是弄清楚审前听证会是节约时间还是浪费时间。社会学家发展了一种方法，让法庭书记员随机地将案件分配到两个程序中：一组是强制性的审前听证会；另一组是非强制的（可选择的）审前听证会，即由案件当事人的一方或者双方提请审前听证会。其结论是，强制性审前听证会并没有节约庭审时间，实际上，它浪费了时间（Zeisel，1967）。鉴于此项实验的结果，新泽西州对法规进行了修改，使审前听证会成为非强制的。

许多实验是在实验室情境下开展的，如对陪审员和陪审团行为的研究。众所周知，广受宣传的美国全国暴力起因及预防委员会（National Commission on the Causes and Prevention of Violence，1969）在其最终报告中很大程度上借鉴了实验室的实验结果。在该项实验中，一组儿童观看了暴力事件，而另一组儿童没有。之后的观察发现，那些观看了暴力事件的儿童在游戏中做出了更多的暴力行为。在另一组实验中，大学生被试被告知他们正在参加一项"学习实验"，在这项实验中，当其他"学习者"犯错时，他们可以根据自己的意愿给予这些犯错的学习者任何程度的电击。这项学习实验在中途停止，一部分被试观看了暴力电影，另一部分被试观看了非暴力电影。当实验再次开始时，那些观看了暴力电影的学生比那些没有观看暴力电影的学生给予了学习者更强的电击。

258

虽然实验室实验可能就人类行为获得一些洞见，但这种严密受控的观察是以损失真实性为代价的。在实验中，被试与外部以及他们正常的生活环境相隔离。因此，批评者经常批评实验的非自然性，质疑实验结果的普适性。与实验室实验相比，那些在自然场景下开展的实验所得到的结果更具普遍性，结果也更为可信，但与此相伴的是，它们难以控制相关变量。

调查法

调查研究（survey research）旨在系统全面地收集人们态度、信念和行为方面的信息，其最常用的数据收集方法是面对面访谈、自填式问卷（如邮寄问卷或者线上调查）以及电话访谈。通常，研究者会设计问卷或者访谈提纲，以便用相同的顺序、相同的语言来对每个调查对象提问，调查的效度取决于问卷的设计（Babbie，2021）。

许多调查使用**随机抽样**（random sample）方法。概率抽样的总体可以是国家、州、城市或者一所大学。使用随机抽样方法允许研究者将研究结论从抽样对象推论到总体。

调查研究的规模通常比观察研究或者实验研究的规模大。调查研究收集的数据基本上是横剖的，尽管这一方法也能够研究一段时期内的态度和行为的变化趋势。由于调查法能够涵括很大的领域和诸多的调查对象，它成为社会学研究的主要方法。

与其他研究方法一样，调查法也有一些特别需要注意的地方（Babbie，2021）。其中最需要注意的一点可能是应答率（response rate）（问卷的回收率）。调查是从总体中抽取一个具有代表性的样本，因而能够将样本数据推广到总体，但这种推广的前提是保证样本的代表性。如果许多调查对象没有参与调查，那这将严重影响样本的代表性。除了调查对象拒绝参与之外，其他一些因素也会影响应答率，如调查对象没有能力理解问题，调查对象搬迁或者死亡，调查对象有身体或者精神疾病而不能参与调查，等等。

使用调查法的一个例子是美国司法部对犯罪进行更加精确测量的努力。多年来，法律执行部门和社会学家根据联邦调查局之类的机构提供的官方记录来测量犯罪量。但是，人们对这些报告的准确性有所怀疑，并且许多社会学家认为官方的犯罪统计数据更多地体现了警察的活动，而不是犯罪活动（Barkan，2018）。

在过去的几十年里，美国司法部在全美以及一些主要城市开展了更加复杂的犯罪受害人调查，尝试补充官方的犯罪记录并且解决记录中的一些精度问题（Morgan and Oudekerk，2019）。在犯罪受害人调查中，调查者从总人口中随机抽取了一个大样本，并对样本中的调查者进行访谈，以确定他们经历过多少次犯罪侵害。除了确定犯罪量之外，此次调查还收集了犯罪的特征及其对受害者的影响等诸多方面的信息：受害者遭受的人身伤害、医疗护

259

理、经济损失、误工、自我保护以及报警状况。

与自我报告（self-report）研究和联邦调查局的《统一犯罪报告》相比（Barkan，2018），犯罪受害者调查具有两个方面的优势。第一，犯罪受害者调查旨在获取犯罪的信息，而不是像联邦调查局《统一犯罪报告》那样等着受害者来报告。第二，犯罪受害者调查的大样本对美国人口有很强的代表性，因此研究结论可以被推至整个人口。当然，调查法也有一些局限，比如调查法的成本一般非常高，并且应答者可能会因为各种原因夸大或者低估针对他们的犯罪。尽管如此，犯罪受害者调查在过去几十年里已经产生了非常有用的信息。

第二节　社会学对社会政策的影响

每一个科学领域都会存在**纯科学**（pure science）与**应用科学**（applied science）之分。纯科学只研究知识，不太关注知识的实际应用。而应用科学是研究如何使用科学知识来解决实际问题的。例如，社会学家对贫民窟的社会结构的研究就被认为是纯科学，但是，如果这种研究着眼于如何预防贫民窟犯罪，那它就是应用科学。有关应用研究的例子还包括调查邻里守望组织、巡逻对犯罪率的影响（Bennett et al.，2006）以及学校的特定变革如何减少越轨行为（Gottfredson，2017）。

在本质意义上，社会学既是一门纯科学又是一门应用科学。大量的社会学工作仍然是出于学术目的，并在学科意识下进行。其生产的知识的消费者通常是社会学家和其他社会科学家。但是，社会学家和其他社会科学家也越来越希望生产和传播具有潜在应用价值的知识或与政策相关的知识（Belknap，2015；Treviño and McCormack，2016）。社会科学研究长期以来一直帮助解决诉讼中出现的经验问题（Monahan and Walker，2017）。社会学知识和方法可用于制定和实施社会政策，以及评估当前政策或政策替代方案。

理论知识能够而且应该被用于实践。本部分的目的就是展示社会学知识和专长是如何影响社会政策的（Lewis，2018）。**社会政策**（social policy）通常是指由那些负责处理特定社会状况的政府机构有目的地制定和实施的法律措施。政策制定（policy-making）是指对那些可能被遵守的替代性行动路线进行选择和确定的过程（Scott and Shore，1979：XIV）。

社会学对政策建议的贡献

近些年来，社会学的知识、视角、概念、理论以及方法在政策建议的形成中发挥了重要作用，关于这一点，或许最为人熟知的例子就是总统委员会（presidential commissions）对社会学进行的各种形式的运用。这些委员会包括：总统法律执行和司法管理委员会、全国暴力起因及预防委员会、淫秽品和色情品管理委员会（Commission on Obscenity and Pornography）等。社会学家活跃在这些委员会中，并且社会学的专业研究和知识被涵括在这些委员会的政策建议之中。

社会学在总统法律执行和司法管理委员会中扮演着重要角色。社会科学的概念、理论以及综合性视角在委员会的最终政策建议的形成中大有用武之地，并且"现有的社会科学理论和数据被用来阐述预防和控制犯罪的综合性策略"（Ohlin，1975：108）。另外，社会学家提供敏化的（sensitizing）概念和理论来研究犯罪问题如何解决。比如，对矫正制度以及法律执行的研究引发了人们对现有的刑事司法政策的有效性以及对犯人改造效果的质疑。基于社会学数据，总统法律执行和司法管理委员会接受了这样的观点：社会控制的替代性系统应该尽可能地代替刑事司法系统，建议对道德或者公共秩序的特定违犯行为进行可能的非犯罪化处理，呼吁重新审视所谓的无受害人犯罪。

社会学家在全国暴力起因及预防委员会中也发挥了重要作用。社会学家提出的具体建议被该委员会所借鉴吸收，并且"表明社会科学对委员会的影响非常大"（Short，1975：84）。这些具体建议包括："暴力是合法的或非法的，这具有相对性"；暴力本质上是一种社会现象，而不是生物现象或者心理现象；对法律合法性的认知与法律对暴力的有效控制之间具有相关性；对暴力负责的观念和"相对剥夺"（relative deprivation）的概念常常导致社会制度反应迟钝。

淫秽品和色情品管理委员会的建议直接得益于社会学以及其他社会科学对社会成员接触露骨的淫秽物品会给个体和社会带来什么样的影响所进行的研究。该委员会建议联邦法律、州法律以及地方法律只对未成年人禁止销售、展示以及传播淫秽物品。这一建议以大规模的社会学调查为依据：

> 没有证据显示接触或者使用露骨的淫秽物品会给社会或者个体带来

261 危害，比如犯罪、失职、性变态和其他类型的变态或者严重的情绪困扰。因此，实证调查的结果支持了大多数专门处理越轨、违法以及反社会行为的人的观点，即接触露骨的淫秽物品与上述危害无关。（Report of the commission，引自 Scott and Shore，1979：17）

博尔·库琴斯基（Kutchinsky，1973）在对丹麦色情品自由化的影响这一开创性研究中得出了类似结论。实际上，库琴斯基发现，随着色情品越来越容易获得，哥本哈根警察局记录的性犯罪数量明显下降。他补充道："这一分析得出的结果出人预料：在丹麦，露骨的色情品极易获得，这最有可能是导致性犯罪率——至少是对孩童性骚扰——显著下降的直接原因。"（Kutchinsky，1973：179）

鉴于社会学家广泛活跃在总统委员会中，斯科特和肖尔（Scott and Shore，1979：20-21）总结了社会学为政策提供建议的三种路径：

> 第一是使用社会学概念，这些概念能够提供新的或者独特的视角来观察社会状况——这些视角并不仅仅是建立在常识之上，而且事实上很可能与现有的政策所依据的基本观点相悖……第二，政策规定有时候建立在社会学的研究发现之上，这些研究的主要旨趣是推进社会学对社会的理解……第三是使用社会学的研究方法和技术为委员会所关注的具体问题提供信息。

正如这些简短的讨论所揭示的，社会学知识能够并且有时候的确对社会政策的发展产生影响。这正如斯科特和肖尔所说的："鉴于这一点，社会学家宣称他们的学科与政策建议的改进之间具有重要关联，这是合理的。"（Scott and Shore，1979：23）多年来，政策制定领域对社会学以及社会学家的需要已经证明了这一判断。

社会学对政策制定的贡献

尽管社会科学对法律的影响逐渐增大，但是测量社会科学的影响是一件相当困难的事情（Kraft and Furlong，2021）。影响研究主要依据的是引用状况——政策制定者是否使用了这一研究。计算社会科学的出版物数量及其被法律决策所引用的状况可能会低估社会科学的影响力，因为政策制定者常常不愿意引用它们，即使这些研究已经对他们的决策产生了影响。由于政策制定者大多数接受过法律教育，他们更倾向于选择法学研究，而不是社会科学的方法论和统计。因此，在一些情形下，社会学的影响程度仍然存在争议；在特定的案例中，社会学被认为对政策制定有直接影响（House，2019）。

　　有几个例子说明了这种影响。例如，社会科学推动了最高法院于1954 *262* 年在一项判决中废除了公立学校的种族隔离。社会学家参与到青少年犯罪的防治工作中；通过使用青少年法庭来降低青少年罪犯的再犯率；减少学校辍学率；控制吸毒行为。另外，社会学家关注到这样一个现象：少数群体和个人因为自身社会经济地位较低而缺少接受教育的机会，进而导致人才损失。社会学家对这一现象的研究促使一些补救性政策出台，如建立新的奖学金制度和借贷制度，设立一些联邦项目，如拓展训练（Outward Bound）、才能挖掘计划（Talent Search）。在每一个事例中，社会学家都通过他们的研究致力于"促成项目和政策的制定来最终改善那些被认为对社会有害的社会状况"（Scott and Shore，1979：24）。

　　在社会政策研究领域，从事科学研究的社会学家经常面临一些问题，这些问题影响到许多人，而这些人的生活可能会因为社会学家的研究而被极大地改变。对此，我举一个例子来说明。一项对许多美国人的生活产生显著影响的研究是《科尔曼报告》（Coleman Report）。1964年，《民权法》授权美国教育部开展了一项关于不同种族、宗教信仰或者民族血统的个体获取平等教育机会的调查，调查范围包括全美各级公共教育机构，美国教育部要在两年内将调查报告提交给总统和国会。随后，由詹姆斯·S.科尔曼等人（Coleman et al.，1966）领导的社会科学团队开展了一项规模庞大的社会调查，共有 570 000 名学生、60 000 名教师和 4 000 所学校参加了这项调查。这项调查最终形成了一份长达 737 页的报告。这项研究产生的一个影响深远的政策是联邦政府决定实施跨区校车接送制度①，以此打破学校的种族界限。但是，跨区校车接送仍然是一项有争议的政策，已经激起了诸多抗议、反对甚至暴力行为（Bobo，1983）。

　　前面部分阐述了社会学对政策制定的一些影响。然而，有许多应用社会学研究并没有产生任何政策效应。它们提出的许多政策建议从实用角度来看是没有用的（成本太高而不具有可行性），或者从政治角度来看是不切实际

---

　　①　跨区校车接送制度旨在通过用校车接送外区儿童上学来平衡学校的黑白学生比例。——译者注

的，或者无法令政策制定者信服。此外，政策问题本质上是政治问题，而不是社会学问题（Kraft and Furlong, 2021）。通常政策被制定之后，相关的研究力图支持这些政策，论证其合法性，并且对其进行渲染（甚至宣传）。因此，那种认为研究普遍地先于政策行动并且决定政策行动的观点可能存在误区。

第三节　评估研究和影响研究

对制定的政策进行评估与政策本身一样久远。政策制定者经常对特定政策、项目以及方案的收益、成本或者成效进行判断（Royse and Thyer, 2016）。此类判断多数是基于印象做出的，并且经常受到意识形态、党派利益以及价值取向的影响。例如，减税可能被认为是必要的、可取的，因为它增加了评估人所属党派的胜选机会，或者失业救济可能被认为是"糟糕的"，因为评估人"知道很多人"不当领取失业救济金。毫无疑问，此类评估可能会导致诸多冲突，因为就同一项政策而言，不同的评估者根据不同的价值标准会得出不同的结论。

另外一种类型的评估关注具体的政策或者项目的运作，比如少年矫正改造、（青少年犯的）劳教营、各种形式的警察项目或者福利项目。做此类的评估可能会涉及以下问题：项目是否真实地在实施？项目的经费支出是什么？谁从项目中获益（补偿或者服务）以及获益程度有多大？项目是否与其他项目重叠或者重复？项目参与者重返社会的程度有多大？成员在多大程度上参与项目？项目是否符合法律标准和程序？这类评估可能会提供一些关于项目执行的真实性或者有效性的信息。但是与印象式评估一样，它很可能成效无几——如果评估不能够获得有关项目的社会效应的信息的话。例如，一个福利项目可能被真实且有效地执行，并且也符合评估人的政治立场和意识形态取向，但它没有告诉我们项目对穷人产生了什么样的影响或者项目是否达到了预期目标。

自 20 世纪 60 年代以来，第三种政策评估愈益受到政策制定者的青睐，即对项目进行系统的目标评估，以此测量项目的社会影响及其达成预期目标的程度。在 1967 年和 1968 年，美国国会修改了约翰逊总统的"伟大社会"（Great Society）立法中的一些核心条款，使所有的项目包含强制性评估，比如 1964 年的《经济机会法》（Economic Opportunity Act）。这样做的目的是监督项目的进展并且终止那些难以达到预期结果的项目。当然，对评估的强调也存在一些政治利益。对社会问题进行低成本的实验和严格的评估，这有可能被用来推翻那些通过（昂贵的）直接的社会变迁或者行动方案来解决问题的企图。

对许多人来说，评估研究是社会学参与到与政策有关的工作中的途径（Babbie，2021）。这种将社会研究应用到政策分析中的方式被快速传播，并且开展评估研究的方法和程序已经成为一个完整的专业领域。从技术角度来看，评估研究与非评估研究之间并不存在鲜明的方法论差异。相反，二者在研究过程中会使用一些共同的技术和基本步骤。评估研究异于非评估研究之处在于：

- 评估研究会使用一些自变量，进行有计划的干预。
- 所评估的项目具有一些预期的目标。
- 试图测量这些目标被实现的程度。

正如爱德华·A. 萨奇曼（Suchman，1967：15）所指出的："评估研究观照什么样的变化是项目所欲求的，这些变化通过什么方式来达到，并且我们要依据什么'征兆'（signs）来甄别这些变化。"因此，评估研究与非评估研究之间的最大不同在于前者关注目标。

卡罗尔·威斯（Weiss，1998：6-8）提出了另外几个标准来区分评估研究与其他类型的研究： *264*

1. 评估研究通常是受别人委托进行的。委托人的目的是借助评估研究来做决策。

2. 研究者处理委托人的问题，即委托人的项目是否达成了其所希望的目标。

3. 评估研究的旨趣在于测量项目目标是否实现。

4. 研究者常常在这样一种情境下开展工作：优先考虑的问题是项目，而不是评估本身。

5. 研究者与项目成员之间总有产生冲突的可能性，因为忠诚度和目标不同。

6. 评估研究强调对政策决定有价值的结果。

从本质上讲，社会政策评估关心的是测定政策对现实生活状况的影响。在最低限度上，政策评估需要检视政策的具体目标（特定的政策想要达成什么目标）、目标的实现途径（项目）以及为了达成目标我们已经成功地做了什么（影响或者结果）。在测量目标时，我们不仅需要确定现实的生活状况已经发生了什么样的改变，如失业率的降低，而且要确认这些改变是由政策导致的，而不是其他因素作用的结果，比如受民营经济的影响。

政策影响的维度

托马斯·R. 戴伊（Dye，2016）认为政策的影响可以分为几个维度，我们在政策评估的过程中必须对每一个维度进行考察。这些维度分为政策对社会问题的影响和对政策参与者的影响。政策的目标对象必须得到清楚的界定，如穷人、弱势群体、学童或者单身母亲。这样才能判断政策是否达到了预期效果。例如，一个反贫困项目的目标是提高穷人的收入，增加穷人的就业就会，还是改变穷人的态度和行为？如果这些目标混杂在一起，那么对政策影响的评估将更加复杂，因为我们必须确认各种预期的效果。

正如弗里德曼和麦考利（Friedman and Macaulay，1977）所指出的，有时候我们很难判断一项法令或者项目的目标，确认预期目标是非常复杂的，因为许多个体是带着各种各样的目标参与到政策制定活动中的。那我们应该考虑法规起草者的意图还是关注那些撰写判决意见而创立规则的法官的初衷，抑或是照顾到立法机构或者法院中投赞成票的大多数人的观点，又或是分析那些为通过法案而进行游说的人的计划？我们应该检视法规公开宣称的目标还是发掘其隐含的意图？有时候，一项法规会包含多种目标，而这些目标彼此之间也可能会相互冲突，但这并不是说我们无法确定一项法规的目标。总而言之，我们必须意识到"目标"判定的复杂性。

此外，我们需要注意的是，一项法规可能既带来一些法规制定者所欲求的结果，又带来一些意料之外的结果，甚至二者杂糅在一起。例如，一项收入保障的项目可能会提高目标群体的收入水平，这是所预期的目标。但是，这个项目对就业水平会产生什么样的影响呢？正如一些研究结果所表明的，它会降低就业水平吗？与此类似，一项旨在提高农民收入的农产品价格支持计划可能会导致生产过剩。

测量政策对行为的影响同样是一件困难的事情，因为行为很难被量化，并且我们很难辨识在没有法规干预的情况下行为可能会是什么样子。压制谋杀行为的法律为我们提供了一个实例。在大多数国家，谋杀率是一个相当清晰的概念，但这些国家往往没有任何数据来说明法律对谋杀率的影响。换句话说，我们无法确定，如果没有对谋杀者实施死刑制裁的话，那么社会的谋杀率将会有多高。

法律职业者所掌握的一项新法的知识也会在政策影响研究中起作用。例如，1975 年的《马格努森 – 莫斯保修法》（Magnuson-Moss Warranty Act）被认为是消费者抵抗伪劣商品的主要武器。那么，这一新法律的确帮助消费者解决了具体的劣质商品投诉吗？根据相关的研究结果，这一新法律的作用并不是很大。在这部法律颁布两年之后，一项研究得出结论："在威斯康星州，大多数律师对《马格努森 – 莫斯保修法》知之甚少"，并且"大部分律师从来都没听说过这部法律"（Macaulay，1979：118）。实际上，许多律师对那些旨在维护消费者权益的法律缺乏了解，这便削弱了此类法律的效用。正如这一事例所表明的那样，影响研究遇到的另一个问题是要评估特定法规的解释者和应用者对法规的了解情况。

一项特定的立法不仅会对当下的社会状况产生影响，而且可能会影响未来的社会状况。那么，特定的政策是为了即刻改善当前的状况还是为了产生长期的效应？例如，启智计划（Head Start program）是为了在短时间内提高贫困儿童的认知能力，还是为了对他们的长期发展和谋生能力产生影响？当然，评估一项政策的长期影响比测量项目的短期效应要困难得多。

测量法律的影响

现今，相当多的研究以经济学的标准为准绳来评估实际的以及推介的法律项目。这些研究将特定的经济目标作为基本的价值追求，并且根据法律项目是否以最有效或者最理性的方式实现特定的经济目标来评价该项目是优质的还是不合格的。

当然，计算特定政策的花费及其在政府总支出中的比重以及经费的配置效率等，是相当容易的。然而，一些其他的经济学成本则是难以估算的。比如，空气污染控制政策要求企业使用一些污染控制设备，但我们很难弄清楚民营企业得支出多少钱在这些污染控制设备上。此外，我们很难用经济学标准来测量社会成本——比如市区重建项目可能会导致居民生活不便、社会秩序混乱以及社会解组。与此同时，我们也很难估计某项政策给社会带来的间接收益。例如，社会保障计划除了给领受者提供退休金之外，还可能有利于社会稳定。很明显，对于这一社会功效，我们很难计算。

266

　　除了对间接成本和间接收益进行测量存在困难之外，特定法规的效果可能既是物质的（有形的）也是符号性的（无形的），这同样增加了评估的复杂性。预期的符号性效果可能是对人们的信仰、态度以及期望产生影响。例如，从表面意义（face value）上看，累进所得税是税收平等性的一种体现，得到了广泛的拥护。实际上，所得税对许多人（尤其是富人）的影响会因避税等条款而明显降低。其结果是对富人的有效税率远低于我们的判断。由此可见，符号性承诺与实际结果相差很大。除了税收政策之外，诸多法规所具有的符号效果要大于实际效果，如反托拉斯法、公用事业费率规章以及各种反贫困政策。此类政策法规试图让人们相信政策制定者关注他们的福利——尽管实际的有形收益非常有限。

　　上面提及的这些困难都是我们在估计某一政策法规的影响时需要考虑的因素。我们可以通过几条可能的途径来测量政策的影响。其中一条途径是在项目实施之后对目标群体中的一组个体进行研究，即所谓的单组个案研究（one-shot study）。另一条可行的研究途径是分别在项目实现之前、之后对同一组个体进行测量。

　　另外，我们还可以使用一些受控的实验。但是正如我在本章前面所提到的，在测量法规的影响时，一个严重的问题是缺少控制组。这导致我们很难自信地判断：如果某项法规没有被通过，个体的行为将会怎样，或者通过一项不同的法规，个体的行为又会怎样。在实验室情境之外，我们很难找到所有重要特征都相匹配的实验组和控制组，以控制所有可能的干扰和误差。此外，将个体随机地分配到不同的法律救济方式中会导致一些伦理问题，这进一步增加了评估的困难。

　　评估研究要考虑的最后一个因素是对结果的利用。正如科尔曼所言："最终的成果并不是推动现有知识的发展，而是改进社会政策。"（Coleman，1972：6）然而，在许多情形下，那些授权并要求进行评估研究的人最后没有吸收研究的结果。尽管证据表明项目是无效的，但这些人仍坚持某种特定的行事方式。当项目的实施受到政治因素——比如惩教和刑事政策——的影响时，这一状况将非常明显。由于公共利益在这些项目的后期阶段逐渐降低，因此没有实际的压力要求将评估结果应用到后续项目中（Vago，2004）。

　　显然，社会学家与社会政策有重要关联。当然，是继续从事正统的专业研究还是从事政策导向的应用社会学研究，是一个社会学家需要做出选择的问题，尽管二者并不是互斥的。毫无疑问，社会学在社会政策的形成、执行以及评估中发挥了积极的、创造性的以及有效的作用（Babbie，2021）。同样，当社会学的知识和方法与政策发生关联并对其产生影响时，它们本身变成了政治的一部分。在此情形下，社会学就变成了实现政治目标的工具，为特定的政治立场进行正当性和合法性论证。在理想的意义上，社会学在接触变幻莫测的日常政治时应该秉持客观的立场（而不是与其相脱离），并且尝试在政治性考虑与社会学思考之间寻求平衡（不是让一方支配另一方）。

总　结

1. 研究社会中的法律通常有几种方法，并且一项研究常常会用到一种以上的方法。这些方法包括：历史研究法、观察法、实验法以及调查法。

2. 历史分析常常借助二手资料，因此历史研究法的一个困难是它所使用的文献和资料可能不够准确和完备。

3. 观察法既使用人类观察者又使用机械设备进行观察，并且通过询问观察对象来直接引导出他们的反应。诸多的观察技术被应用到实验情境中，比如对陪审团评议的研究。另外，观察法也被社会学家应用到了田野研究中。在此类研究中，研究者与研究对象直接接触，研究发生在相对自然的社会场景下。

4. 实验法被用于检验因果关系——既可以在实验室场景下进行又可以在田野情境下开展。社会学领域中的实验常常遇到一些特定的困难，如伦理问题、法律限制以及对经济成本的考虑等。关于法律问题，尽管目前已经开展了一些大规模的实验研究，但研究结果的普遍性仍然受到质疑。

5. 调查法是社会学研究普遍使用的一种方法。它通常从总体中抽取具有代表性的样本并对这些样本进行研究。调查研究的规模常常大于观察研究和实验研究的规模，并且多数情况下收集一个时点的数据。

6. 与所有的科学一样，社会学既可以是纯科学又可以是应用科学。纯粹的社会学研究是探寻新知识，而应用社会学则尝试运用社会学知识来解决实际问题。尽管上述区别经常被社会学文献所强调，但社会学不仅是纯粹的科学而且是应用性科学。

7. 现今，越来越多的社会学家参与到影响评估的研究中。许多旨在引导变迁的联邦项目和活动需要评估。评估研究的目的是确定一项政策能在多大程度上实现其预期目标。评估研究使政策制定者可以衡量一个项目的效果，判断是继续推进项目还是终止项目，以及需要对项目进行怎样的调整以使项目更加有效。

268

关键术语

应用科学（applied science）：运用科学知识来解决实际问题的学问。

实验（experiment）：一项在实验室或者田野中进行的研究设计，通常设置两个或多个具有相同特质的小组，并且只给实验组引入实验变量。

历史研究（historical research）：对过去的事件、发展以及经历进行批判性研究，仔细权衡有关过去信息来源的有效性的证据，并对证据进行解释。

配对技术（matched-pair technique）：对于一项实验，每一个实验组里的人，在控制组里都有另一个与其相似的人，二者在所有重要变量上都是相似的。

观察法（observational methods）：人类观察者或机械观察者通过观察和/或访谈从被试那里获取信息的研究。

纯科学（pure science）：研究知识，不太关注它的实际应用。

随机分配技术（random assignment technique）：在一项实验里，随机将被试分配到实验组和控制组。

随机抽样（random sample）：获得总体的一个子集，总体中的每个单位都有相同的机会被选择。

二次分析（secondary analysis）：研究者所使用的资料并不是研究者自己产生或者收集的。

社会政策（social policy）：由那些负责处理特定社会状况的政府机构有目的地制定和实施的法律措施。

调查研究（survey research）：通过面对面访谈、自填式问卷以及电话访谈等方式，系统全面地收集人们态度、信念和行为方面的信息。

推荐阅读

Earl Babbie, *The Basics of Social Research*.Boston：Cengage，2021. 这是一本广受欢迎的教材，对研究过程的诸多方面进行了介绍。

269　Mitchell Brown and Kathleen Hale, *Applied Research Methods in Public and Nonprofit Organizations*. San Francisco，CA：Jossey-Bass，2014. 这本书对非营利组织中的实用方法做了很好的概括，证明这些方法对非营利组织的重要性及其相关性。

Rita J.Simon, *The Jury: Its Role in American Society*.Lexington，MA：

Lexington Books，Heath，1980. 本书回顾了 1950 年到 1979 年间学界对美国陪审团做的诸多重要研究。

参 考 文 献

Alm, Steven S. 2016. "Hope Probation." *Criminology & Public Policy* 15(4):1195–1214. doi: 10.1111/1745–9133.12261.

Babbie, Earl. 2021. *The Practice of Social Research*. Boston: Cengage.

Barkan, Steven E. 2018. *Criminology: A Sociological Understanding*. Upper Saddle River, NJ: Pearson.

Baumgartner, Mary P. 1978. "Law and Social Status in Colonial New Haven, 1639–1665." Pp. 153–174 in *Research in Law and Sociology*, Vol. 1, edited by R. J. Simon. Greenwich, CT: Jai Press.

Belknap, Joanne. 2015. "Activist Criminology: Criminologists' Responsibility to Advocate for Social and Legal Justice." *Criminology* 53(1):1–22. doi: 10.1111/1745–9125.12063.

Bennett, Trevor, Katy Holloway, and David Farrington. 2006. "Does Neighborhood Watch Reduce Crime? A Systematic Review and Meta-Analysis." *Journal of Experimental Criminology* 2(4):437–458. doi: 10.1007/s11292–006–9018–5.

Bobo, Lawrence. 1983. "Whites' Opposition to Busing: Symbolic Racism or Realistic Group Conflict?" *Journal of Personality and Social Psychology* 40:414–431.

Braga, Anthony A., Brandon C. Welsh, and Cory Schnell. 2015. "Can Policing Disorder Reduce Crime? A Systematic Review and Meta-Analysis." *Journal of Research in Crime and Delinquency* 52(4):567–588. doi: 10.1177/0022427815576576.

Carlin, Jerome E. 1966. *Lawyers' Ethics: A Survey of the New York City Bar*. New York: Russell Sage Foundation.

Chambliss, William J. 1964. "A Sociological Analysis of the Law of Vagrancy." *Social Problems* 12:67–77.

Coleman, James S. 1972. *Policy Research in Social Science*. Morristown, NJ: General Learning Press.

Coleman, James S., Ernest O. Campbell, Carol J. Hobson, James McPartland, Alexander M. Mood, Frederic D. Weinfeld, and Robert L. York. 1966. *Equality of Educational Opportunity*. Washington, DC: US Government Printing Office.

Dye, Thomas. 2016. *Understanding Public Policy*. New York: Pearson.

Friedman, Lawrence M. and Stewart Macaulay. 1977. *Law and the Behavioral Sciences*. Indianapolis: Bobbs-Merrill.

Friedman, Lawrence M. and Robert V. Percival. 1976. "A Tale of Two Courts: Litigation in Alameda and San Benito Counties." *Law & Society Review* 10:267–301.

Gottfredson, Denise C. 2017. "Prevention Research in Schools." *Criminology & Public Policy* 16(1):7–27. doi: 10.1111/1745–9133.12280.

Hall, Jerome. 1952. *Theft, Law, and Society*. Indianapolis: Bobbs-Merrill.

Hans, Valerie P., ed. 2006. *The Jury System: Contemporary Scholarship*. Burlington, VT: Ashgate.

Hillmer, Barbara. 2015. "Focus Group Vs Mock Trial: Which Is the Best for You?" http://litigationinsights.com/jury-consulting/focus-group-mock-trial-best-choice-advantage/.

House, James S. 2019. "The Culminating Crisis of American Sociology and Its Role in Social Science and Public Policy: An Autobiographical, Multimethod, Reflexive Perspective." *Annual Review of Sociology* 45:1–26.

Jonakait, Randolph N. 2003. *The American Jury System*. New Haven: Yale University Press.

Kraft, Michael E. and Scott R. Furlong. 2021. *Public Policy: Politics, Analysis, and Alternatives*. Thousand Oaks, CA: CQ Press.

Kutchinsky, Berl. 1973. "The Effects of Easy Availability of Pornography on the Incidence of Sex Crimes: The Danish Experience." *Journal of Social Issues* 29(3):163–181.

Lewis, Robin J., ed. 2018. *Public Policymaking in a Globalized World*. New York: Routledge.

Macaulay, Stewart. 1979. "Lawyers and Consumer Protection Laws." *Law & Society Review* 14(1):115–171.

Monahan, John and Laurens Walker. 2017. *Social Science in Law: Cases and Materials*. Eagan, MN: Foundation Press.

Morgan, Rachel E. and Barbara A. Oudekerk. 2019. *Criminal Victimization, 2018*. Washington, DC: Bureau of Justice Statistics, US Department of Justice.

National Commission on the Causes and Prevention of Violence. 1969. To *Establish Justice, to Insure Domestic Tranquility*. Washington, DC: US Government Printing Office.

Ohlin, Lloyd E. 1975. "Report on the President's Commission on Law Enforcement and Administration of Justice." Pp. 93–115 in *Sociology and Public Policy: The Case of Presidential Commissions*, edited by M. Komarovsky. New York: Elsevier.

Royse, David and Bruce A. Thyer. 2016. *Program Evaluation: An Introduction to an Evidence-Based Approach*. Boston: Cengage.

Scott, Robert A. and Arnold R. Shore. 1979. *Why Sociology Does Not Apply: A Study of the Use of Sociology in Public Policy*. New York: Elsevier.

Short, James F., Jr. 1975. "The National Commission on the Causes and Prevention of Violence: Reflections on the Contributions of Sociology and Sociologists." Pp. 61–91 in *Sociology and Public Policy: The Case of Presidential Commissions*, edited by M. Komarovsky. New York: Elsevier.

Skolnick, Jerome H. 1994. *Justice without Trial: Law Enforcement in Democratic Society*. New York: Macmillan.

Suchman, Edward A. 1967. *Evaluative Research: Principles and Practice in Public Service and Social Action Programs*. New York: Russell Sage.

Sudnow, David. 1965. "Normal Crimes: Sociological Features of the Penal Code in a Public Defender's Office." *Social Problems* 12:255–276.

Tillyer, Rob. 2014. "Opening the Black Box of Officer Decision-Making: An Examination of Race, Criminal History, and Discretionary Searches." *Justice Quarterly* 31(6):961–985. doi: 10.1080/07418825.2012.710646.

Treviño, A. Javier and Karen M. McCormack, eds. 2016. *Service Sociology and Academic Engagement in Social Problems*. New York: Routledge.

Vago, Steven. 2004. *Social Change*. Upper Saddle River, NJ: Prentice Hall.

Van Cleve, Nicole Gonzalez. 2016. *Crook County: Racism and Injustice in America's Largest Criminal Court*. Stanford, CA: Stanford University Press.

Weiss, Carol H. 1998. *Evaluation Research: Methods for Studying Programs and Policies*. Upper Saddle River, NJ: Prentice Hall.

Westmarland, Louise. 2011. *Researching Crime and Justice: Tales from the Field*. New York: Routledge.

Zeisel, Hans. 1967. "The Law." pp. 81–99 in *The Uses of Sociology*, edited by P. F. Lazarsfeld, W. H. Sewell, and H. Wilensky. New York: Basic Books.

271

第十章
尾声：法律与不平等
——在不断变迁的美国

章节框架

学习目标

1. 描述法律在奴隶制以及美国土著居民印第安人历史境遇中扮演的角色。
2. 描述刑事案件中受害者的种族如何影响量刑。
3. 解释为什么研究量刑中社会阶层差异是困难的。
4. 列举女性如何在历史上遭受法律不平等。
5. 讨论性少数群体如何仍然不享有完全平等的法律地位。

美国正在步入 21 世纪的第三个十年。自 400 年前第一批移民到达起，美国就是一个充斥种族和族群、性别、社会阶层、性取向、国籍以及宗教不平等之地。尽管这些因素的相对重要性多年来有所变化，但是美国人基于自己在这些因素上的位置，仍然或多或少有可能实现美国梦，过上快乐健康的生活。

这一残酷真相是社会学强调的**社会分层**（social stratification）的核心要义，它在每一个当代社会都存在（Andersen and Collins, 2020）。每一个社会都是分层的，意味着一些人基于他们在上述因素中的位置而享有更多优势，而其他人则遭受许多劣势。

社会不平等不仅长期困扰美国社会，而且长期困扰法律系统。从历史角度来说，美国法律系统充斥着不平等，并且导致了更大范围的社会不平等。得益于联邦立法、州立法以及美国最高法院和其他法院的一系列裁决，今天法律平等的总体状况显著好于半个世纪以前。然而，正如我们在本书前面章节所看到的，法律的实际作用往往与其预期作用相差甚远。尽管立法和法院判决正在减少法律系统的不平等，但不平等仍然是法律系统的特征，而且法律系统继续对社会不平等产生作用。接下来，我们将勾勒美国法律不平等的主要维度及其动力。有鉴于种族和族群的文献非常丰富，以及种族和族群在美国历史上以及当今美国人的生活中占据重要位置，我们的讨论主要围绕种族和族群展开。

第一节 种族和族群

美国建国时有两个令人毛骨悚然的种族不平等例子，且成为美国历史污点：一个是对非洲裔美国人的奴隶制，另一个是对美洲印第安人的种族灭绝（Dunbar-Ortiz, 2015; Smith, 2021）。在检视这两件历史恐怖事例时，一个常常被忽视的事实是，美国联邦、州以及地方层面的法律推动了这些事情发生。

就奴隶制来说，美国宪法第一条允许在选举当中，奴隶被计算为一个人的 3/5。早些时候，不同的殖民地发展了一套所谓的奴隶法，规范奴隶的买卖，并规定奴隶不能拥有财产，甚至不能结婚（Rugemer, 2018）。在美国南方，刑事司法系统的一个关键目标是防止奴隶逃跑，并惩罚那些确实试图逃跑的奴隶（Hassett-Walker，2020）。1850 年，美国国会通过了《逃亡奴隶法》，将帮助奴隶逃跑以及帮助逃跑的奴隶保持自由定为联邦犯罪。

六年后，美国最高法院在臭名昭著的德雷德·斯科特案（*Dred Scott*）[①]中以 7 比 2 的结果裁定，奴隶和自由黑人不是美国公民，因此不能享受宪法给予公民的法律保护。多数支持意见认为，非洲裔美国人——

> 一个多世纪以前被认为是低等的，完全不适合与白人来往……到目前为止，他们依然是低等的，没有白人必须要尊重的权利（引自 Burns，1998：282）。

内战结束奴隶制后，南方采用了所谓的黑人法典，在许多方面歧视被解放的奴隶。1866 年的重建时期[②]废除了这些法规，但在 1877 年重建结束后，合法的种族歧视和种族隔离在南方死灰复燃。

对于美国土著印第安人，美国法律为几十年来的种族灭绝活动提供了基础。这些活动剥夺了印第安人的土地，更糟糕的是，导致了不计其数的印第安人死亡。这些活动使美洲土著的数量从 17 世纪初欧洲定居者首次到达这些海岸时的约 100 万减少到 1900 年的不足 25 万（Venables，2004）。

从 18 世纪末开始，政府强迫土著签署法律条约，要他们放弃自己的土地（Dunbar-Ortiz，2015）。1830 年的《国会搬迁法案》迫使土著从密西西比河东南向西搬迁。这次搬迁形成了令人心碎的眼泪之旅，因为搬迁的印第安人不得不步行数百英里，数千人在途中死亡。1903 年，美国最高法院在隆·沃尔夫诉希区柯克案（*Lone Wolf v. Hitchcock*）中认为国会可以废除土地条约，从印第安人手中获得土地而不用给予补偿（Wildenthal，2002）。 *275*

上文对非洲裔美国人和印第安人历史的简短概述表明美国法律用很多方法强化对他们的虐待和征服。正如这些概述所表明的那样，如果不理解美国法律在这两个群体所遭受的痛苦中扮演的角色，那么他们的痛苦历史就无法

---

① 全称为德雷德·斯科特诉桑福德案，是美国最高法院判决的一个关于奴隶制的案件。黑人奴隶德雷德·斯科特在主人死后，提起诉讼要求获得自由，案件在密苏里州最高法院和联邦法院被驳回后，斯科特上诉到美国最高法院。美国最高法院经过两次法庭辩论，最终 9 位大法官以 7：2 的票数维持原判。该案的判决严重损害了美国最高法院的威望，更成为南北战争的关键起因之一。——译者注

② 美国重建时期以 1863 年元旦《解放黑人奴隶宣言》的颁布为开端，一直到 1877 年美国共和党总统海斯从南方撤军。重建时期指南北战争胜利后对南方政治经济和社会生活进行改造与重新建设，以解决南北战争遗留的问题。——译者注

被完全理解。

在美国历史上，有许多对其他种族和族群不公正的法律。例如，1882年联邦立法禁止中国人移民到美国，当时有几个州禁止中国人和白人结婚（Friedman，2004；Lee，2003）。在这个时代，对中国移民和非洲裔美国人的恐惧和敌意推动了禁止鸦片和可卡因的法律的出台（Musto，1999）。白人非理性地担心中国人使用鸦片引诱白人儿童成为性奴隶，使用可卡因的非洲裔美国人会获得超级力量，变得刀枪不入。在 20 世纪 30 年代，白人担心使用大麻会使墨西哥裔美国人强奸和谋杀白人，这推动了禁止大麻的联邦立法。

种族/族群与当今的法律

历史经常重演，从而帮助我们理解现在和预测未来。即便如此，过去并不总是序幕，正如社会变革可以发生而且确实发生的那样，也正如本书第七章所强调的那样。尽管在整个美国历史上，法律在确立和加剧种族和族群不平等方面发挥了根本作用，但这一作用可能在近几十年来有所减弱。也许美国法律已经开始实现**盲眼正义**（blind justice）的理想，这种理想来自我们熟悉的符号——一个蒙着眼睛、手持天平的正义女神。根据这个符号，法律应该是公正的，在法律之下获取正义的机会不应该取决于某人的种族、族群、财富或其他非法律因素。

对于当今法律体系中的种族和族群不平等，社会科学提供了什么样的见解和证据？当前，这方面的答案没有半个多世纪之前那么清楚了，因为在过去 60 年里，受到立法和法院裁决的影响，法律在这方面得到了改进。然而，社会科学证据中出现的画面仍然令人不安，因为虽然法律自身在种族和族群议题方面"官方地"失明，但种族和族群仍然至关重要。回想一下我们在本章前面所强调的内容，法律并不总是以它应该工作的方式工作。有充分的证据表明，种族和族群仍然影响许多法律结果，这些结果反过来又导致了更大社会范围的种族和族群不平等。

276

种族/族群间接效应和直接效应

在概述种族和族群影响法律的证据之前，我们必须首先区分种族和族群影响法律结果的间接效应和直接效应（Barak et al.，2018；Gabbidon and Greene，2019；Walker et al.，2018）。间接效应（indirect effect）是指有色人种总体上比白人更加贫穷以及在其他方面具有劣势，受糟糕的社会经济地位影响，有色人种的法律结果也比白人糟糕。直接效应（direct effect）是指有色人种的种族和族群本身会使他们的法律结果更加糟糕，因为法律系统里的行动者对他们有偏见。

就间接效应来说，所有种族和族群中的低收入人群在法律系统中都处于弱势地位，简单地说，因为他们没钱。下一节关于社会阶层的议题会进一步讨论这一状况。实际上，由于社会经济地位较低，非洲裔美国人、拉美裔美国人和印第安土著居民在法律系统中的确处于不平等地位，无论是民事案件还是刑事案件，情况都是如此。当面临类似的法律问题时，与白人相比，较低的社会经济地位使这些群体在民事和刑事司法系统中处于显著劣势地位。

对于直接效应，我们首先必须承认，对民事法律系统中的种族和族群偏见的研究实际上很少。然而，由于种族和族群偏见存在于整个美国社会，所以我们有理由假设它存在于民事司法系统中，并且导致有色人种面临糟糕的司法结果。当然，我们还需要对这个问题进行更多的研究，才能得出确切的结论。

幸运的是，有关刑事司法系统中种族和族群直接效应的研究很丰富：警察的行为，包括过度使用武力和逮捕；检察官的各种做法；法官的量刑实践。虽然大量的证据比我们假设的情况要复杂，但这些证据确实指出，种族和族群对刑事司法系统每个阶段的司法结果都产生了持久和重大的直接影响（Barkan，2019）。这些影响产生于警察、检察官、法官以及其他刑事司法系统里的行动者的种族歧视和族群偏见。

隐性偏见 在讨论偏见的证据之前，我们必须对偏见的本质进行探讨。半个世纪前，种族和族群偏见的典型形式是"吉姆·克劳"（Jim Crow）种族主义[①]，白人公开持有这种种族主义观点，认为非洲裔美国人和其他有色人种在生物性上是低等的。彻头彻尾的种族主义者占据了美国南部的执法、检

---

① 这是由美国喜剧演员托马斯·赖斯（Thomas Rice）在19世纪上半叶创作的舞台角色。赖斯是白人，但他把自己的脸涂黑，穿着破旧宽松的衣帽，扮成美国南方的黑人奴隶。其歌曲含有大量歧视黑人的内容，其中最著名的是他关于"吉姆·克劳"的歌曲以及连带的舞蹈动作"吉姆·克劳跳"。吉姆·克劳成为对黑人歧视的刻板印象的典范。——译者注

察和其他司法职位，有时也包括北部的司法系统（Litwack，2009）。幸运的是，尽管还有很多美国人仍然持有这种种族主义观点，吉姆·克劳式的种族主义已经基本消失了。更重要的是，吉姆·克劳式的种族主义已经被所谓的现代或象征性种族主义所取代，后者认为非洲裔美国人和其他有色人种在文化上（如果不是生物学上）是次等的，并且要为他们低下的社会经济地位负责（Quillian，2006）。

作为对种族和族群偏见性质变化的回应，社会科学家已经对**隐性偏见**（implicit bias）的程度和影响进行研究。隐性偏见是指很多人持有无意识的种族和族群刻板印象（James et al.，2018；Lum，2016；Russell-Brown 2017）。在某种程度上，由于刑事司法专业人员持有种族和族群偏见，有色人种在当今刑事司法系统中处于不利地位，社会科学家认为这种偏见是隐性偏见，而不是有意识的，种族主义者企图利用这些专业人士来压迫有色人种（Walker et al.，2018）。当然，一些警察和其他刑事司法专业人员可能仍然是彻头彻尾的种族主义者，但总的来说，刑事司法系统中存在的偏见是隐性的和无意识的，而不是直接显露的和有意识的。

刑事司法系统中隐性偏见的证据　由于大多数种族歧视的证据是关于非洲裔美国人的，所以我们此处的讨论主要是围绕非洲裔美国人。除此之外，越来越多的证据表明，因为隐性偏见，拉美裔和印第安人在刑事司法系统中也经受了糟糕的结果。我们对这三类人群境况的讨论将集中在刑事司法的主要阶段上：执法、起诉、定罪和量刑。

执法　当美国人思考刑事司法中的种族问题时，警察的行为可能最容易被想到。警察是否更有可能拦截、搜查和 / 或逮捕非洲裔美国人和其他有色人种，无论他们是步行、开车，还是只是站在周围？警察是否更有可能对这些人过度使用武力（警察暴行）？这些证据说明了什么？

正如刚才所述，证据是复杂的，并不是每一项研究都发现警察在遇到公众时，他们的行为在所有这些方面都存在歧视。尽管如此，总的来说，现有证据还是令人不安，因为它强烈表明非洲裔美国人更有可能在走路、开车或者只是站在周围的情况下被拦下来质询，即使他们没有做错什么，并且他们因为可疑行为被逮捕的可能性高于白人（Barkan，2019；Walker et al.，2018）。

正如刚才还提到的，我们没有篇幅来讨论所有的证据，但是检视一些具体的研究结果是有启发性的。让我们从对司机和步行者的种族脸谱化开始。非洲裔美国人经常说警察在他们开车或行走时没有正当理由就让他们停下来，导致观察家们讽刺地将这些人涉嫌的犯罪行为称为黑人驾驶（driving while black）或黑人行走（walking while black）。

社会科学证据支持了这些司机和步行者的说法。例如，马里兰州的一项研究发现，在特定高速公路上被州警察拦下的司机中，非洲裔美国人占了一半，尽管他们只占高速公路司机的 27%（Rector 2016）。研究发现，在许多城市和州，州警或地方警察（取决于研究）更容易拦下非洲裔和拉美裔司机，也更有可能搜查有色人种司机的汽车（Davis，2017；LaFraniere and Lehren，2015；Soffen，2016）。纽约市几年来一直对步行或站着的年轻男性实行严格的"拦截搜身"政策。研究发现，纽约市警察更有可能拦截非洲裔和拉美裔男性，并在拦下他们之后进行搜身（Baker，2010）。

278

逮捕中存在种族偏见的证据可能不如拦截、质询和搜身的证据那么清晰。研究方法上的问题使得研究逮捕中的偏见很困难，因为社会科学家需要知道有多少黑人和白人违法，以及这些违法者中有多少比例被逮捕。但是由于很多犯罪行为没有被报道，很难知道有多少不同种族违法者违法。

为了解决这个问题，一些社会科学家陪同警察巡逻，并记录了可能的嫌疑人的种族以及警察是否逮捕了这些嫌疑人。其中一些观察性研究发现警察在逮捕嫌疑人时没有种族偏见，但也有研究发现了种族偏见（Walker et al.，2018）。这些研究得出的最好结论可能是，逮捕有时会出现种族偏见，但没有半个世纪前那么多。考虑到非种族因素，如犯罪的严重性，一项对证据的值得注意的系统回顾得出结论，有色人种嫌疑人平均被捕的概率为 26%，而白人嫌疑人被捕的平均概率仅为 20%（Kochel et al.，2011）。该研究称，这种差异构成了在被逮捕时"一种强烈而又惊人一致的种族效应模式"（p.475）。

这里有一个有趣的变量是针对嫌疑人的证据的有力程度。如果警察倾向于只在针对白人嫌疑人的证据相当有力的情况下才逮捕他们，但是当证据相当薄弱时依然逮捕非洲裔美国人嫌疑人，那该如何？一些较老的证据发现，事实确实如此（Hagan and Zatz，1985；Petersilia，1983），但是需要更新的证据来确定这种更微妙的偏见在多大程度上仍然存在。

有明确的证据表明，因毒品犯罪而被逮捕时存在种族偏见。虽然非洲裔美国人并不比白人更可能使用非法毒品，但他们因非法持有毒品而被捕的比例远远超过了他们在美国人口中的比例（Mitchell and Caudy，2015）。更确切地说，非洲裔美国人约占人口的 13%，但占 2019 年所有因毒品被逮捕人数的 26%（Federal Bureau of Investigation，2020），是逮捕人数"公平份额"的两倍。拉美裔美国人的差距较小：尽管拉美裔美国人约占人口的 17%，但他们占 2019 年因毒品被逮捕人数的 20.6%。

自 20 世纪 80 年代美国对毒品发动法律战争以来，上述差异就一直存在，并导致了有色人种在监狱中的人数比例过高（Alexander，2012）。美国犯罪学学会的一位前主席在 1993 年就对这种情况提出警告："特别棘手的是"，"毒品战争的影响如此不成比例地强加给非白人的程度"（Blumstein，1993：4-5）。他补充说："人们有理由相信，如果类似的打击犯罪活动影响到白人社区，那么将会有强有力的、有效的努力来改变法律或执行的优先事项。"

279   **起诉**　研究人员越来越对检察官的行为感兴趣。检察官必须决定是否放弃指控被逮捕的嫌疑人或继续起诉，给予更严重的或不太严重的指控，以及是否坚持监禁作为辩诉交易过程的一部分（Pfaff，2017）。目前，对种族 / 族群和检察官决策的研究仍然相当少（尽管学界对此颇有兴趣），因此很难得出确切结论。在现有研究中，一些研究发现了检察官决策中的确存在种族偏见，但也有研究认为没有（Kutateladze et al.，2016）。例如，审理大麻案件的纽约检察官在辩诉交易中更有可能要求监禁非洲裔美国人被告，而不是白人被告；即使研究人员考虑到证据和其他法律因素，这种差异也是明显的（Kutateladze et al.，2016）。

在杀人和强奸案件中，起诉方存在种族偏见的证据更清楚（Myers，2000）。一些研究发现，在此类案件中，当被告是非洲裔美国人而不是白人时，检察官提出的指控更严重。当考虑到受害者的种族时，此类案件中存在种族偏见的证据就更加有力了——与受害者是黑人相比，当受害者是白人时，检察官提出的指控更严重。一位犯罪学家指出，后一种证据揭示了"一种令人不安的可能性，即一些检察官将白人受害——特别是当非洲裔美国人作为犯罪者的时候——定义为比非洲裔美国人作为受害者更严重的犯罪事件"（Myers，2000：451）。

定罪和量刑　超过 1/3 的囚犯是非洲裔美国人，约 1/5 是拉美裔美国人。这些比例超过了他们在美国总人口中的占比。尽管这种差异可能在某种程度上反映了这两个种族群体对犯罪行为的参与度（Barkan，2019；Spohn，2015），但诸多研究确实发现，有色人种比白人更有可能因类似的罪行被判入狱，而且一旦被判刑，也有可能被判处更长时间的监禁（Bales and Piquero，2012；Franklin，2015；Walker et al.，2018）。这种差异出现在非洲裔美国人被告身上比出现在拉美裔美国人被告身上更常见，当然，也有一些研究没有发现量刑方面存在种族差异。研究指出，法官决定是否对被告进行监禁比法官决定被告的刑期更可能出现种族差异。

虽然关于种族／族群和量刑之间关系的证据有些不一致，但死刑案件和毒品案件的情况是比较清楚的。被判谋杀罪的非洲裔美国人比被判同样罪行的白人更有可能被陪审团判处死刑，当考虑到受害者的种族时，这种差异会变得更加明显（Bohm，2017）。对谋杀案中的检察官进行回溯性研究，可发现当受害者是白人而非黑人时，死刑更可能被适用，尤其当受害者是白人而被告是黑人时，死刑被适用的可能性更大。有关毒品犯罪的回溯性研究同样表明，对非洲裔美国人被告和拉美裔美国人被告的判决远比对白人被告的判决严厉（Alexander，2012）。

最近的一项有趣的研究发现了量刑过程中的另一种种族偏见（Chokshi，2017）。这项研究调查了自 1989 年以来的 1 900 起案件，其中被告被判谋杀、 *280* 性侵犯或毒品相关罪，但后来因有证据证明被告是无辜的而被宣告无罪。无罪释放源于证人或警察的错误辨认或检察官的不当行为等。在 1 900 起无罪释放案件中，47% 涉及的被告是非洲裔美国人。更重要的是，在这三项罪行的判决中，被无罪释放的非洲裔美国人被告的比例超过了被定罪的非洲裔美国人被告的比例。正如一份新闻报道对这一研究的总结："被判谋杀或性侵罪的黑人被告后来比白人被告更有可能被发现是无辜的。"（Chokshi，2017）

第二节　社会阶层

从婴儿期到老年期，穷人和低收入人群在美国社会中经历了许多不利因素的影响。其中一个重要的劣势处于司法系统中。诸多证据表明，穷人在民事司法系统和刑事司法系统中的处境比富人要糟糕。这是因为穷人没有钱请一个好律师，或者通常的情况是请不起任何一个律师，也因为他们不了解法律知识以及缺少"社会资本"，从而他们在复杂的民事和刑事法庭场域中如履薄冰。虽然美国宪法要求在刑事案件中为被告提供辩护律师，但在实践中，这一要求相当没有意义，因为穷人没有得到有效辩护，或者至少不能够像富有的被告那样聘请技能娴熟的律师。

前面的章节已经提到，在民事诉讼领域，诉讼费可能非常昂贵，偶然性用法户处于劣势地位，因为他们根本不知道法庭的运作方式。这两个问题叠加在一起，使低收入者很难在民事法庭上赢得正义。如果他们最终因为金融公司或房东的诉讼而进入司法场域，他们多半会输。如果他们遇到法律问题，他们请不起律师为自己辩护。就这一点而言，法律援助协会可以提供帮助，但法律援助协会的律师工作量大，不能像富人聘请的律师那样有充足的时间和精力参与其中。借用格兰特（Galanter，1974）讨论这个问题的经典著作的标题来说：由于上述种种原因，"富人"在民事法庭上占有优势，"穷人"处于劣势。在过去几十年里，几项经验研究支持了格兰特关于穷人在民事法庭上处于劣势的观点（Carlin, et al., 1966; Farole, 1999; Songer et al., 1999）。

低收入人群在刑事司法领域的境况可能更糟，哪怕只是就他们的人身自由可能受到威胁来说。政治学家赫伯特·雅各布（Jacob，1978：185）很早就观察到刑事法庭"本质上是敌视穷人的"。这是因为刑事法庭处理的几乎所有刑事案件都牵涉贫穷或低收入的嫌疑人和被告。富有的被告可能牵涉白领犯罪，但他们不太可能犯下刑事法庭关注的"传统"暴力和财产犯罪。

由于几乎所有的犯罪嫌疑人和被告都是穷人或低收入者，我们没有足够的富人被控暴力和财产犯罪的刑事案件来进行比较研究，以确定贫穷的嫌疑人和被告在刑事司法系统中究竟处于怎样的劣势地位。然而，正如雅各布（Jacob，1978：185-186）所指出的："那些富有的被告往往可以逃脱他们从事犯罪所导致的惩罚。"雅各布说，之所以如此，部分原因是富有的被告可以支付保释金，他们可以聘请一名有能力的私人律师，也可以投入很多时间处理他们的案件。

自从雅各布提出上述观察结果以来，有两个著名的案例支持了他的观点。1994 年，前橄榄球运动员和电影名人辛普森因涉嫌残忍谋杀前妻和她的朋友而被捕，他聘请了一支高技能的法律辩护团队，估计花费了 1 000 万美元，帮助他赢得了陪审团的无罪释放判决。十年后，篮球球星科比·布莱恩特（他在 2020 年 1 月的直升机事故中去世）因强奸罪被起诉，他可能花费了几百万美元来聘请律师为自己辩护，并帮助他赢得了自由——因为受害者拒绝作证，检察官被迫放弃了指控（Saporito，2004）。

除了上面的例子之外，自 20 世纪 60 年代以来，许多社会学研究报告和新闻报道都证实，贫困的被告通常没有得到有效的律师辩护，甚至没有得到足够的律师咨询（Downie，1972; Fritsch and Rohde，2001; Strick，1978;

Sudnow，1965；Van Cleve，2016）。美国城市法院的刑事案件通常被称为"流水线司法"，因为过度劳累的公共辩护律师或被指派的私人律师几乎没有时间处理任何一起案件。

白领犯罪的被告犯下的罪行可能比许多暴力和财产犯罪更严重，当我们对它们的量刑进行比较时，我们可以看到量刑中社会阶层偏见的证据。当公司生产危险的产品或维持危险的工作环境时，很少有一名公司高管被监禁，尽管许多人可能因公司的犯罪行为而受到伤害甚至因此死亡（Rosoff et al.，2020）。一项被广泛引用的研究发现，加州被判重大盗窃罪的被告入狱的可能性是被判医疗补助欺诈罪的医生的两倍，尽管医疗补助欺诈造成的经济损失是重大盗窃的 10 倍（Tillman and Pontell，1992）。

第三节 性 别

曾经有一段时间，女性在司法系统里并不享有平等地位。她们不能投票或拥有财产，不能签署合同或担任陪审团成员，甚至不能立遗嘱。雇主在法律上可以自由地拒绝雇用她们。谢天谢地，由于联邦立法以及最高法院和其他法院的各种裁决，那些日子已经一去不复返了。在当今世界，女性在法律形式层面上是平等的，她们享有比几十年前更多的法律权利。

尽管法律领域里的性别平等已取得巨大进步，但在青少年司法和刑事司法领域，仍然存在一些性别不平等。女性青少年比男性青少年更有可能因性行为或离家出走等身份犯罪而遭受司法干预（Chesney-Lind and Shelden，2014）。在一种相反的性别不平等形式中，与犯了相同罪行的成年男性相比，成年女性被判处监禁的可能性要低，因为法官和检察官明显认为女性对社会的威胁不如男性，而且女性往往有照顾儿童的责任（Brennan and Spohn，2009；Griffin and Wooldredge，2006）。

在性侵犯、家庭暴力以及其他以女性为目标的犯罪中，受害女性仍然发现她们的指控往往被警察、检察官和法官所轻视，这是因为许多刑事司法专业人员仍然认为女性应该为她们所遭受的暴力负责任（George and Spohn，2018；Shaw et al.，2017；Tasca et al.，2013；Visher et al.，2008）。如果这些专业人士继续坚持这一信念并秉持其他有关女性遭受暴力的错误观念，那么司法系统就助长了女性的不平等。

282

第四节 性取向和性别身份

在美国的许多州，同性性行为是非法的，并且同性伴侣不能合法地结婚。最高法院的判决废除了针对同性伴侣性行为的法律，并赋予同性伴侣在每个州和每个社区结婚的权利。2020 年 6 月，最高法院还禁止了性少数群体的就业歧视。在这些判决发生时，许多美国人进行了庆祝，并且性少数群体中的个人比过去享有更多的法律权利和更多的法律平等。

尽管取得了上述进展，但是性少数群体仍然缺乏完全的法律平等。特别是，没有联邦法律禁止对性少数群体的就业或住房歧视，而大多数州的雇主、房东和业主可以自由地实行这种歧视。由于没有联邦法律禁止在公共设施中歧视性少数群体，在大多数州，餐厅老板、零售商店经理和酒店经理也可以自由拒绝为性少数群体客户服务。在性少数群体实现完全的法律平等之前，美国的法治建设还有很长的路要走。

总　结

1. 作为一个有着长期社会不平等历史的国家，美国的法律系统也具有不平等性。

2. 从殖民地时期直到 19 世纪，美国法律助推了奴隶制和对美洲土著的种族灭绝。

3. 当今基于种族和族群的法律系统不平等没有过去那么明显，但这种不平等仍然存在，这很大程度上源自法律专业人士的隐性偏见。

4. 穷人和低收入者在法律场域中面临许多劣势，就像他们在更大的社会中处境困难一样。这些劣势源于他们穷以及其他与贫穷相关的问题。与富人不同，穷人和低收入者聘请不起有技能的律师，而且他们缺乏富人拥有的其他资源。

283　　5. 在法律系统中，女性以往在许多重要方面处于不平等境地，但今天她们享有正式的法律平等。然而，对于女性遭受暴力问题，刑事司法系统仍然不认真对待。

6. 现今，同性伴侣可以合法结婚，发生同性关系也不用担心被捕。然而，在大多数州，他们仍然可能在就业、住房等方面遭受歧视。

---------------------------- 关键术语 ----------------------------

　　盲眼正义（blind justice）：认为法律应该是客观公正的，人们获取正义的机会不应该取决于一个人的种族、族群、财富或者其他非法律因素。

　　隐性偏见（implicit bias）：认为很多人持有无意识的种族和族群刻板印象。

　　社会分层（social stratification）：基于财富、权力、种族和族群、性别以及其他因素的社会不平等。

---------------------------- 推荐阅读 ----------------------------

　　Walter Frank, *Law and the Gay Rights Story: The Long Search for Equal Justice in a Divided Democracy*. New Brunswick, NJ: Rutgers University Press，2014. 这本书对过去几十年有助于确定同性恋特定权利的各种庭审案件进行了深入剖析。

　　Elizabeth Hinton, *From the War on Poverty to the War on Crime: The Making of Mass Incarceration in America*. Cambridge, MA: Harvard University Press, 2016. 这是一本讲述种族以及其他因素导致美国历史上大规模监禁的优秀著作。

　　John Pfaff, *Locked In: The True Causes of Mass Incarceration and How to Achieve Real Reform*. New York: Basic Books, 2017. 这本书对检察官决策的变化如何导致美国监狱人满为患进行了有说服力的分析。

参 考 文 献

Alexander, Michelle. 2012. *The New Jim Crow: Mass Incarceration in the Age of Colorblindness*. New York: The New Press.

Andersen, Margaret L. and Patricia Hill Collins, eds. 2020. *Race, Class, and Gender: An Anthology*. Belmont, CA: Wadsworth.

Baker, Al. 2010. "New York Minorities More Likely to Be Frisked." *The New York Times* May 13:A1.

Bales, William D. and Alex R. Piquero. 2012. "Racial/Ethnic Differentials in Sentencing to Incarceration." *JQ: Justice Quarterly* 29(5):742–773. doi: 10.1080/07418825.2012.659674.

Barak, Gregg, Paul Leighton, and Allison Cotton. 2018. *Class, Race, Gender, and Crime: The Social Realities of Justice in America*. Lanham, MD: Rowman & Littlefield.

284 Barkan, Steven E. 1986. "Interorganizational Conflict in the Southern Civil Rights Movement." *Sociological Inquiry* 56:190–209.

Barkan, Steven E. 2019. *Race, Crime, and Justice: The Continuing American Dilemma.* New York: Oxford University Press.

Blumstein, Alfred. 1993. "Making Rationality Relevant—the American Society of Criminology 1992 Presidential Address." *Criminology* 31(1):1–16.

Bohm, Robert M. 2017. *Deathquest: An Introduction to the Theory and Practice of Capital Punishment in the United States.* New York: Routledge.

Brennan, Pauline K. and Cassia Spohn. 2009. "The Joint Effects of Offender Race/Ethnicity and Sex on Sentence Length Decisions in Federal Courts." *Race and Social Problems* 1:200–217.

Burns, W. Haywood. 1998. "Law and Race in Early America." Pp. 279–284 in *The Politics of Law: A Progressive Critique*, edited by D. Kairys. New York: Basic Books.

Carlin, Jerome, Jan Howard, and Sheldon Messenger. 1966. "Civil Justice and the Poor." *Law & Society Review* 1:9–90.

Chesney-Lind, Meda and Randall G. Shelden. 2014. *Girls, Delinquency, and Juvenile Justice.* Malden, MA: Wiley-Blackwell.

Chokshi, Niraj. 2017. "Black People More Likely to Be Wrongfully Convicted of Murder, Study Shows." *The New York Times* March 7:https://www.nytimes.com/2017/03/07/us/wrongful-convictions-race-exoneration.html?hp&action=click&pgtype=Homepage&clickSource=story-heading&module=first-column-region&region=top-news&WT.nav=top-news&_r=0.

Davis, Mark. 2017. "Study: Vermont Police Stop, Search Black Drivers More Than Whites." *Seven Days* January 9:https://www.sevendaysvt.com/OffMessage/archives/2017/01/09/study-vermont-police-stop-search-black-drivers-more-than-whites.

Downie, Leonard, Jr. 1972. *Justice Denied: The Case for Reform of the Courts.* Baltimore: Penguin Books.

Dunbar-Ortiz, Roxanne. 2015. *An Indigenous Peoples' History of the United States.* Beacon Press: Boston.

Farole, Donald J. Jr. 1999. "Reexamining Litigant Success in State Supreme Courts." *Law & Society Review* 33:1043–1057.

Federal Bureau of Investigation. 2020. *Crime in the United States, 2019.* Washington, DC: Federal Bureau of Investigation.

Franklin, Travis W. 2015. "Race and Ethnicity Effects in Federal Sentencing: A Propensity Score Analysis." *Justice Quarterly* 32(4):653–679. doi: 10.1080/07418825.2013.790990.

Friedman, Lawrence M. 2004. *Law in America: A Short History.* New York: The Modern Library.

Fritsch, Jane and David Rohde. 2001. "Lawyers Often Fail New York's Poor." *The New York Times* April 8:A1.

Gabbidon, Shaun L. and Helen Taylor Greene. 2019. *Race and Crime.* Thousand Oaks, CA: Sage Publications.

Galanter, Marc. 1974. "Why the 'Haves' Come out Ahead: Speculations on the Limits of Legal Change." *Law & Society Review* 9:95–160.

George, Suzanne St. and Cassia Spohn. 2018. "Liberating Discretion: The Effect of Rape Myth Factors on Prosecutors' Decisions to Charge Suspects in Penetrative and Non-Penetrative Sex Offenses." *Justice Quarterly* 35(7):1280–1308.

285 Griffin, Timothy and John Wooldredge. 2006. "Sex-Based Disparities in Felony Dispositions before Versus after Sentencing Reform in Ohio." *Criminology* 44:893–923.

Hagan, John and Marjorie S. Zatz. 1985. "The Social Organization of Criminal Justice

Processing Activities." *Social Science Research* 14:103–125.

Hassett-Walker, Connie. 2020. "The Racist Roots of American Policing: From Slave Patrols to Traffic Stops." *The Conversation* June 2:https://theconversation.com/the-racist-roots-of-american-policing-from-slave-patrols-to-traffic-stops-112816.

Jacob, Herbert. 1978. *Justice in America: Courts, Lawyers, and the Judicial Process.* Boston: Little, Brown and Company.

James, Lois. 2018. "The Stability of Implicit Racial Bias in Police Officers." *Police Quarterly* 21(1):30–52.

Kochel, Tammy Rinehart, David B. Wilson, and Stephen D. Mastrofski. 2011. "Effect of Suspect Race on Officers' Arrest Decisions." *Criminology* 49(2):473–512. doi: 10.1111/j.1745–9125.2011.00230.x.

Kutateladze, Besiki Luka, Nancy R. Andiloro, and Brian D. Johnson. 2016. "Opening Pandora's Box: How Does Defendant Race Influence Plea Bargaining?" *Justice Quarterly* 33(3):398–426. doi: 10.1080/07418825.2014.915340.

LaFraniere, Sharon and Andrew W. Lehren. 2015. "The Disproportionate Risk of Driving While Black." *The New York Times* October 25:A1.

Lee, Erika. 2003. *At America's Gates: Chinese Immigration During the Exclusion Era, 1882–1943.* Chapel Hill: University of North Carolina Press.

Litwack, Leon F. 2009. *How Free Is Free? The Long Death of Jim Crow.* Cambridge, MA: Harvard University Press.

Lum, Cynthia. 2016. "Murky Research Waters: The Influence of Race and Ethnicity on Police Use of Force." *Criminology & Public Policy* 15:453–456. doi: 10.1111/1745–9133.12197.

Mitchell, Ojmarrh and Michael S. Caudy. 2015. "Examining Racial Disparities in Drug Arrests." *Justice Quarterly* 32(2):288–313. doi: 10.1080/07418825.2012.761721.

Musto, David F. 1999. *The American Disease: Origins of Narcotic Control.* New York: Oxford University Press.

Myers, Martha A. 2000. "The Social World of America's Courts." Pp. 447–471 in *Criminology: A Contemporary Handbook*, edited by J. F. Sheley. Belmont, CA: Wadsworth.

Petersilia, Joan. 1983. *Racial Disparities in the Criminal Justice System.* Santa Monica: Rand Corporation.

Pfaff, John. 2017. *Locked In: The True Causes of Mass Incarceration and How to Achieve Real Reform.* New York: Basic Books.

Quillian, Lincoln. 2006. "New Approaches to Understanding Racial Prejudice and Discrimination." *Annual Review of Sociology* 32:299–328.

Rector, Kevin. 2016. "Black Motorists in Md. Are Pulled over, Searched at Higher Rates." *The Baltimore Sun* November 16.

Rosoff, Stephen M., Henry N. Pontell, and Robert Tillman. 2020. *Profit without Honor: White Collar Crime and the Looting of America.* Hoboken, NJ: Pearson.

Rothstein, Richard. 2018. *The Color of Law: A Forgotten History of How Our Government Segregated America.* New York: Liveright Publishing Corporation.

Rugemer, Edward B. 2018. *Slave Law and the Politics of Resistance in the Early Atlantic World.* Cambridge, MA: Harvard University Press.

Russell-Brown, Katheryn. 2017. "Making Implicit Bias Explicit." Pp. 135–160 in *Policing the Black Man: Arrest, Prosecution, and Imprisonment*, edited by A. J. Davis. New York: Pantheon Books.

Saporito, Bill. 2004. "Kobe Rebounds." *Time* September 13:72–73.

Shaw, Jessica, Rebecca Campbell, Debi Cain, and Hannah Feeney. 2017. "Beyond Surveys and Scales: How Rape Myths Manifest in Sexual Assault Police Records." *Psychology*

286

of Violence 7(4):602–614.

Smith, Clint III. 2021. *How the Word Is Passed: A Reckoning with the History of Slavery across America*. Boston: Little, Brown and Company.

Soffen, Kim. 2016. "The Big Question About Why Police Pull over So Many Black Drivers." *The Washington Post* July 8:https://www.washingtonpost.com/news/wonk/wp/2016/07/08/the-big-question-about-why-police-pull-over-so-many-black-drivers/?utm_term=.37f595a98f9.

Songer, Donald R., Reginald S. Sheehan, and Susan Brodie Haire. 1999. "Do the 'Haves' Come out Ahead over Time? Applying Galanter's Framework to Decisions of the U.S. Courts of Appeals, 1925–1988." *Law & Society Review* 33:811–832.

Spohn, Cassia. 2015. "Race, Crime, and Punishment in the Twentieth and Twenty-First Centuries." *Crime and Justice* 44(1):49–97. doi:10.1086/681550.

Strick, Anne. 1978. *Injustice for All*. New York: Penguin.

Sudnow, David. 1965. "Normal Crimes: Sociological Features of the Penal Code in a Public Defender's Office." *Social Problems* 12:255–276.

Tasca, Melinda, Nancy Rodriguez, Cassia Spohn, and Mary P. Koss. 2013. "Police Decision Making in Sexual Assault Cases: Predictors of Suspect Identification and Arrest." *Journal of Interpersonal Violence* 28(6):1157–1177. doi: 10.1177/0886260512468233.

Tillman, Robert and Henry N. Pontell. 1992. "Is Justice 'Collar-Blind'? Punishing Medicaid Provider Fraud." *Criminology* 30(4):547–573.

Van Cleve, Nicole Gonzalez. 2016. *Crook County: Racism and Injustice in America's Largest Criminal Court*. Stanford, CA: Stanford University Press.

Venables, Robert W. 2004. *American Indian History: Five Centuries of Conflict and Coexistence*. Santa Fe, NM: Clear Light Publishers.

Visher, Christy A., Adele Harrell, Lisa Newmark, and Jennifer Yahner. 2008. "Reducing Intimate Partner Violence: An Evaluation of a Comprehensive Justice System-Community Collaboration." *Criminology & Public Policy* 7(4):495–523.

Walker, Samuel, Cassia Spohn, and Miriam DeLone. 2018. *The Color of Justice: Race, Ethnicity, and Crime in America*. Belmont, CA: Wadsworth Publishing Company.

Wildenthal, Bryan H. 2002. "Fighting the Lone Wolf Mentality: Twenty-First Century Reflections on the Paradoxical State of American Indian Law." *Tulsa Law Review* 38:113–145.

索 引

（所标页码为原书页码，即本书边码）

A

C

F

G

H

M

N

O

P

T

U

Y

young people 青年
　　gambling 赌博 153

Z

第 12 版译后记

　　承蒙中国人民大学出版社人文分社社长潘宇女士的信任，我和梁坤很荣幸再次承担《法律与社会》这本经典教材第 12 版的中文翻译工作。2010 年，我和梁坤合作翻译《法律与社会》第 9 版时，得到史蒂文·瓦戈教授的指导和帮助，瓦戈教授还很热情地给中文读者写了一个序，但在译稿交稿出版之际，瓦戈教授仙逝，令人嗟叹，不免为这本经典教材的未来命运担忧。但让人感到欣慰的是，美国缅因大学史蒂文·巴坎教授接手了这本经典教材的更新修订工作，并且在过去十来年里更新修订了3 版，使这本教材不断与时俱进，焕发出新的生命力，造福更多的读者。

　　巴坎教授在瓦戈教授的教材基础之上，为更加方便学生学习和课堂教学，对教材的体例做了一些调整，删除了一些相对冗杂、不好理解的内容，更新了一些案例、数据和信息，并精简了推荐阅读和参考文献。与第 9 版相比，第 12 版篇幅缩减了不少，内容不仅更加简洁明了，而且反映了法律与社会领域的最新进展。值得一提的是，与第 9 版相比，巴坎教授还专门撰写了有关"法律与不平等"议题的章节，使教材内容更加全面。在翻译新版时，笔者明显感受到巴坎教授在法律与社会领域的深厚积累，以及在新版修订工作中所花费的心思。

　　第 12 版中译本翻译工作分工如下：第一、二、六、七、九章依然由邢朝国主译和校对，新增加的第十章社会学内容较多，也由邢朝国主译；第三、四、五、八章依然由梁坤主译和校对。

　　感谢郭星华教授一如既往的指导和支持！感谢梁坤兄的慷慨，让我在此次中译本中担任第一译者。感谢盛杰编辑在翻译过程中给予的支持！

　　衷心希望这个译本能够给相关领域的读者带来知识上的收获和阅读上的愉快体验。对于译本中的不妥或错漏之处，恳请读者诸君指正！

北京科技大学社会学系　邢朝国

2023 年 2 月

北京市版权局著作权合同登记号：01-2020-0735

图书在版编目（CIP）数据

法律与社会：第12版 / (美)史蒂文·瓦戈
（Steven Vago），(美)史蒂文·巴坎
（Steven E. Barkan）著；邢朝国，梁坤译. — 北京：
中国人民大学出版社，2023.6
（社会学译丛）
ISBN 978-7-300-31520-1

Ⅰ.①法… Ⅱ.①史… ②史… ③邢… ④梁… Ⅲ.
①法律社会学 – 研究 Ⅳ.①D902

中国国家版本馆CIP数据核字（2023）第078048号

社会学译丛

法律与社会(第 12 版)

［美］史蒂文·瓦戈
　　　　　　　　　著
［美］史蒂文·巴坎

邢朝国　梁　坤　译

郭星华　审校

Falü yu Shehui

出版发行	中国人民大学出版社			
社　　址	北京中关村大街31号		邮政编码	100080
电　　话	010-62511242（总编室）		010-62511770（质管部）	
	010-82501766（邮购部）		010-62514148（门市部）	
	010-62515195（发行公司）		010-62515275（盗版举报）	
网　　址	http://www.crup.com.cn			
经　　销	新华书店			
印　　刷	北京昌联印刷有限公司			
开　　本	787 mm×1092 mm　1/16		版　　次	2023年6月第1版
印　　张	22.5插页2		印　　次	2023年6月第1次印刷
字　　数	380 000		定　　价	89.00元